本书为江苏省社会科学基金后期资助项目
"现代智库概论"（23HQA004）成果

南大智库文丛

李刚 主编

现代智库概论

李刚 主编

Introduction to Modern Think Tank

南京大学出版社

图书在版编目(CIP)数据

现代智库概论 / 李刚主编. -- 南京：南京大学出版社，2024.11
(南大智库文丛 / 李刚主编)
ISBN 978-7-305-28019-1

Ⅰ.①现… Ⅱ.①李… Ⅲ.①咨询机构 Ⅳ.
①C932.4

中国国家版本馆 CIP 数据核字(2024)第 047024 号

出版发行	南京大学出版社
社　　址	南京市汉口路 22 号　　邮　编　210093
丛 书 名	**南大智库文丛**
丛书主编	李　刚
书　　名	**现代智库概论**
	XIANDAI ZHIKU GAILUN
主　编	李　刚
责任编辑	张　静
照　　排	南京南琳图文制作有限公司
印　　刷	江苏凤凰通达印刷有限公司
开　　本	718 mm×1000 mm　1/16 开　印张 28.75　字数 450 千
版　　次	2024 年 11 月第 1 版　印　次　2024 年 11 月第 1 次印刷
ISBN	978-7-305-28019-1
定　　价	158.00 元

网　　址：http://www.njupco.com
官方微博：http://weibo.com/njupco
官方微信：njupress
销售咨询：(025) 83594756

＊ 版权所有，侵权必究
＊ 凡购买南大版图书，如有印装质量问题，请与所购
　图书销售部门联系调换

目 录

理论篇

第一章　现代智库概述 / 003

　　一、现代智库范畴论 / 003

　　　　（一）现代智库定义 / 003

　　　　（二）现代智库属性 / 010

　　　　（三）现代智库特征 / 013

　　二、现代智库类型 / 014

　　　　（一）国外智库类型 / 015

　　　　（二）中国特色新型智库类型 / 038

　　三、现代智库的功能 / 047

　　　　（一）现代智库的基本功能 / 048

　　　　（二）现代智库功能定位的新拓展 / 052

第二章　现代智库的理论基础 / 059

　　一、政治学理论 / 059

　　　　（一）精英理论 / 059

　　　　（二）多元主义民主理论 / 061

　　　　（三）法团主义理论 / 063

　　　　（四）政策网络理论 / 064

　　　　（五）领导权理论 / 066

　　二、公共管理学理论 / 068

　　　　（一）政策过程理论 / 068

（二）知识运用理论 / 071

　三、社会学理论 / 073

　　（一）社会网络理论 / 073

　　（二）价值理论 / 075

　　（三）智力资本理论 / 076

　四、经济学理论 / 077

　　（一）信息不对称理论 / 077

　　（二）竞争力理论 / 078

第三章　现代智库与政策过程 / 081

　一、政策过程相关理论 / 081

　　（一）相关概念解析 / 082

　　（二）政策过程理论与模型 / 083

　二、智库在政策过程中的角色 / 090

　　（一）问题建构阶段：政策知识供给者与信息储存库 / 091

　　（二）议程设置和政策规划阶段：多元主体参与和辩论的公共平台 / 092

　　（三）政策决定与执行阶段：政策解读者和舆论引导者 / 093

　　（四）政策评估与政策终结阶段：政策实施效果的评估和反馈者 / 095

　三、现代智库影响决策的方式 / 096

　　（一）直接方式 / 096

　　（二）间接方式 / 104

　　（三）具体路径的选择 / 108

第四章　中国特色新型智库建设 / 110

　一、党的决策咨询变迁 / 110

　　（一）新民主主义革命时期：涌现一批具有智库职能的组织与机构 / 110

　　（二）社会主义建设时期：政策研究与决策咨询工作的系统化 / 115

　　（三）改革开放时期：决策咨询体系初步形成并蓬勃发展 / 119

二、新时代中国特色新型智库建设 / 125
　　　　（一）建设背景 / 125
　　　　（二）新型智库治理体系与发展格局 / 128
　　　　（三）新型智库实体建设进展 / 134
　　三、中国特色新型智库的溢出效应 / 137
　　　　（一）中国特色协商民主机制的体现 / 137
　　　　（二）反哺学科建设 / 139
　　　　（三）推动中国特色哲学社会科学研究范式转变 / 140

第五章　世界智库 / 142
　　一、北美智库 / 142
　　　　（一）美国 / 142
　　　　（二）加拿大 / 146
　　二、欧洲智库 / 152
　　　　（一）欧盟智库 / 152
　　　　（二）中欧智库 / 153
　　　　（三）西欧智库 / 157
　　　　（四）东欧智库 / 162
　　三、拉美智库 / 164
　　　　（一）巴西 / 164
　　　　（二）阿根廷 / 166
　　四、亚洲智库 / 168
　　　　（一）东亚智库 / 168
　　　　（二）南亚智库 / 173
　　　　（三）东南亚智库 / 181
　　　　（四）亚洲其他国家智库 / 187
　　五、撒哈拉以南非洲智库 / 195

第六章　现代智库管理体制 / 198

一、美国独立智库管理体制 / 198

（一）美国独立智库类型 / 199

（二）美国独立智库政治法律内涵 / 200

（三）美国独立智库治理特征 / 200

二、英国政党附属型智库管理体制 / 201

（一）英国政党型附属智库及政治文化内涵 / 202

（二）英国政党型附属智库治理特征 / 202

三、德国政治基金会管理体制 / 203

（一）德国政治基金会及政治文化内涵 / 204

（二）德国政治基金会治理特征 / 205

四、日本独立行政法人智库管理体制 / 206

（一）日本独立法人智库及政治法律内涵 / 206

（二）日本独立行政法人智库的治理特征 / 207

五、中国党管智库体制 / 207

（一）党管智库体制含义及政治文化内涵 / 208

（二）党管智库下的智库政治建设与党建工作 / 209

（三）党管智库体制下我国智库治理特征 / 209

第七章　现代智库内部治理 / 211

一、国外智库内部治理结构 / 211

（一）核心决策层：理事会（董事会） / 212

（二）常态化决策层：委员会制度 / 217

（三）智库执行层：由各研究部门、行政部门的管理者构成 / 220

（四）智库监督层：监事会履行监督职能 / 221

二、我国智库组织管理架构 / 222

（一）党领导下的智库 / 223

（二）党政部门智库组织架构 / 225

　　（三）社科院智库组织架构 / 226

　　（四）党校（行政学院）智库 / 229

　　（五）高校智库组织架构 / 229

　　（六）企业智库 / 232

　　（七）社会智库 / 236

第八章　现代智库制度与文化建设 / 238

　一、制度与文化 / 238

　　（一）制度与文化定义 / 238

　　（二）制度与文化的相对作用 / 239

　二、智库制度建设 / 240

　　（一）智库基础制度——组织结构管理制度 / 240

　　（二）智库运行管理制度——组织资源管理制度 / 243

　三、智库文化建设 / 258

　　（一）致用文化 / 258

　　（二）创新文化 / 259

　　（三）情报文化 / 260

　　（四）保密文化 / 260

　　（五）包容文化 / 260

　　（六）理性文化 / 261

实务篇

第九章　现代智库人力资源 / 265

　一、人员组织与科学配置 / 265

　　（一）智库人才 / 265

　　（二）团队配置 / 266

二、人才引进 / 269

 （一）引进类型 / 269

 （二）引进渠道 / 271

三、人才培养 / 273

 （一）职业道德培养 / 273

 （二）专业能力提升 / 273

 （三）交流合作 / 275

四、考核与激励 / 277

 （一）人员考核 / 278

 （二）人员激励 / 283

第十章　项目与课题管理 / 288

一、课题项目流程管理 / 288

 （一）科学选题 / 289

 （二）研究组织 / 291

 （三）研究实施 / 293

 （四）产品生成 / 295

 （五）资料归档 / 296

二、质量控制 / 297

 （一）控制体系 / 298

 （二）评审程序 / 301

三、经费管理 / 305

 （一）筹资渠道 / 305

 （二）经费使用 / 312

 （三）财务审计 / 314

第十一章　现代智库传播 / 316

一、现代智库传播理论 / 316

（一）传播目的 / 316

　　　（二）传播层次 / 320

　　　（三）传播内容 / 322

　二、传播体系建设 / 326

　　　（一）传播手段 / 326

　　　（二）传播载体 / 329

　　　（三）传播受众 / 334

　　　（四）传播策略 / 338

　三、国际传播 / 342

　　　（一）国际人才团队 / 342

　　　（二）国际合作平台 / 344

　　　（三）常态国际会议 / 345

　　　（四）国际媒体建设 / 348

第十二章　开源情报工作与数字化建设 / 352

　一、开源情报工作 / 352

　　　（一）情报源 / 352

　　　（二）情报采集与获取 / 354

　　　（三）情报存储与组织 / 357

　　　（四）情报开发与利用 / 359

　二、信息化系统建设 / 362

　　　（一）智库数据信息化 / 362

　　　（二）智库研究信息化 / 364

　　　（三）智库产品信息化 / 366

　　　（四）智库文档信息化 / 367

　三、信息资源库建设 / 371

　　　（一）数据库 / 372

　　　　（二）知识库 / 377

　　　　（三）模型库 / 382

　　四、数字化保障体系建设 / 384

　　　　（一）政策制度保障 / 384

　　　　（二）人才队伍保障 / 386

　　　　（三）投入资金保障 / 390

第十三章　研究与咨询 / 392

　　一、研究方法与技术 / 392

　　　　（一）智库方法论 / 393

　　　　（二）智库研究方法 / 398

　　　　（三）数据处理技术 / 405

　　二、智库咨询 / 408

　　　　（一）咨询的类型 / 409

　　　　（二）咨询过程 / 410

　　　　（三）咨询的原则 / 415

　　三、智库报告撰写 / 417

　　　　（一）报告的特点 / 417

　　　　（二）报告分类 / 418

　　　　（三）研究报告的撰写 / 420

参考书目 / 426

机构名中外文对照表 / 430

人名中外文对照表 / 442

后　　记 / 446

理论篇

第一章　现代智库概述

经济、政治、文化与科技问题的持续挑战推动现代智库的发展,综合性、复杂性的社会问题不断涌现,需要智库生产出更具专业化、针对性的思想、知识和解决方案来满足政府和社会机构日益增长的政策研究和咨询服务需求。智库是主要从事理论性和应用性的跨学科研究组织,生产创新性思想,提供政策咨询服务,倡导先进的正确价值观等,都是智库的基本功能。[①] 现代智库作为一个概念框架,有着丰富的内涵。

一、现代智库范畴论

现代智库的概念起源于西方现代社会,在现代政治生活中占据重要的地位,也是现代知识阶层一个重要的栖身之地。推动现代智库建设,就必须从理论层面认识本质内涵,明确基本范畴。本节从现代智库的定义、属性与特征入手,剖析中西方智库范畴,为后续智库外部治理和内部治理搭建理论基础。

(一) 现代智库定义

研究智库必须面对一个根本问题,那就是智库概念尚不明确,争议广泛。詹姆斯·西蒙(James Simon)认为,"当涉及智库时,人们往往会陷入一个关于智库概念定义的恼人问题,这种活动往往会退化为无效甚至没有结论的讨论"[②]。智库作为一个

[①] Hartwig P. New Labour in Government: Think Tanks and Social Policy Reform, 1997—2001[J]. British Politics, 2011, 6(2): 187-209.

[②] James S. Review of Capturing the Political Imagination: Think Tanks and the Policy Process[J]. Public Administration, 1998(2): 409-10.

发展中的事物,其多样化的存在形态导致其定义的所指也变动不居。由于智库的复杂性,不同的研究者在研究过程中会基于主观认识和学术背景进行定义,但很难达成共识,使得智库很难获得公认的定义。

1. 西方学者对智库概念的定义

西方学界对智库的界定历经五十余年,大多数学者强调智库的独立性、非营利性、公共性、跨界性等特点,始终认为智库是为政府、企业和社会组织提供专业决策咨询服务的稳定性研究组织。

从智库的机构性质来看,西方学者多将其定义为独立性的研究机构。1971年,保罗·迪克森(Paul Dickson)出版《智库》(Think Tanks),认为"智库是稳定、相对独立的政策研究机构,其研究人员使用科学方法对政策问题进行跨学科研究"[1]。肯特·韦弗(Kent Weaver)认为智库是非政府的非营利性研究机构,可以在政府、公司和政党等利益集团之外保持独立性。[2] 詹姆斯·艾伦·史密斯(James Allen Smith)提出智库是在正式政治进程的边缘运作的非营利性私立研究机构。[3] 詹姆斯·G.麦甘(James G. McGann)着重强调智库的机构运作特点,认为智库是独立于政府、社会利益集团,如公司、利益团体以及政党等力量的具有相对自治性的政策研究组织,[4] 不仅将智库的性质界定为从事公共政策研究的非营利性机构,还强调了智库的独立性问题,成为西方传播最广泛的定义之一。蒂姆·哈姆斯(Tim Hames)和理查德·费塞(Richard Feasey)强调智库的独立性,认为智库是稳定的、自我组织的、非营利性

---

[1] Paul Dickson. Think Tanks[M]. New York: Atheneum, 1971. p.189.
[2] R. Kent Weaver. The Changing World of Think-Tanks[J]. Political Science and Politics, 1989, 22(3): 563-578.
[3] James A. Smith. The Idea Brokers: Think Tanks and the Rise of the New Policy Elite[M]. New York: Free Press, 1991. pp.89-92.
[4] James G. McGann. Academics to Ideologues: A Brief History of the Public Policy Research Industry[J]. Political Science and Politics, 1992, 25(4): 733-740.

的公共政策研究机构。[①] 2011 年,麦甘与理查德·萨巴蒂尼(Richard Sabatini)共同提出,智库是具有高度自治的政策研究组织,是开展政策导向型研究和分析并提供国内外问题咨询服务的常设机构,而不是特设组织,[②]在进一步强调智库独立性的同时,提出智库组织稳定性的特点。

从智库的角色定位与作用看,智库是政府、企业、高校间的桥梁。詹姆斯·艾伦·史密斯在《思想的掮客:智库与新政策精英的崛起》(*The Idea Brokers: Think Tanks and the Rise of the New Policy Elite*)中提出智库是"在国家正式政治程序的边缘运作的私立非营利机构,在角色定位上介于学院派社会科学、高等教育、政府及党派政治之间"[③]。联合国开发计划署(The United Nations Development Programme,UNDP)(2007)对智库概念进行界定,认为智库是从事任何与公共政策相关问题的研究和宣传的组织,发挥知识与权力之间的桥梁作用。[④]

从智库的功能看,其主要功能是政策研究。麦甘团队发布的《全球智库报告2015》中明确指出,智库是参与和分析公共政策研究的组织,对国内和国际问题进行以政策为导向的研究、分析和建议,以便政策制定者和公众能够对公共政策做出明智的决策。[⑤] 英国学者詹姆斯·西蒙从功能的角度定义,即智库是寻求影响公共政策和公共关系多学科研究的独立组织。[⑥] 布拉德·罗伯茨(Brad Roberts)认为智库应该是经资助开展研究的机构,是能够发现问题、提出解决方法,并提供研究人员对话

---

① Tim Hames, Richard Feasey. Anglo-American Think Tanks under Reagan and Thatcher[M]. Manchester: Manchester University Press,1994:216.
② James G. McGann, Richard Sabatini. Global Think Tanks: Policy Networks and Governance[M]. New York: Routledge Press, 2011. 234.
③ 詹姆斯·艾伦·史密斯.思想的掮客:智库与新政策精英的崛起[M].李刚,邹婧雅,赖雅兰,等译.南京:南京大学出版社,1991.256.
④ Stone D. L. Recycling Bins, Garbage Cans or Think Tanks? Three Myths Regarding Policy Analysis Institutes[J]. Public Administration, 2007, 85 (2): 259-278.
⑤ TTCSP. 2015 Global go to Think Tank Index Report[R]. University of Pennsylvania, 2016.
⑥ James Simon. The Idea Brokers: The Impact of Think Tanks on British Government [J]. Public Administration, 1993, 71(4): 491-506.

机会的研究机构。① 耶鲁大学政治学博士安德鲁·里奇（Andrew Rich）认为智库以专业知识和思想理念为产出获取支持并影响公共政策。② 弗兰克·科尔博姆（Frank Collbohm）作为美国兰德公司（RAND Corporation）创始人将智库定义为一个"思想工厂"，一个没有学生的大学，一个有明确目标和坚定追求的"头脑风暴中心"，也是一个敢于挑战权威的"战略思想中心"，③突出智库是一个多重职能于一身的创新型组织。

2. 我国学者对智库的概念界定

国内学者对智库的概念界定主要经历三个阶段，第一个阶段是沿用国外学者的观点，强调智库的独立性和非营利性；第二个阶段是注重智库的现实属性和社会职能，更强调智库是以影响公共政策为目的的组织，④尝试将智库建设和智库研究置身于中国的政治文化和中国的本土特色中；第三个阶段是强调智库的多功能性和跨界属性，充分体现智库的理论创新、决策咨询、社会服务、舆论引导和公共外交这五大功能，强调中国智库应该具有中国特色、中国气派和中国风格。

我国学者对智库的定义起初多借鉴西方对智库的定义，强调智库的独立性和非营利性。孙哲将智库特指为针对各种内政外交政策问题，由学有专精的学者组成的决策服务团体和咨询机构。⑤ 薛澜与朱旭峰合作提出智库的四大要素，即以政策研究机构为本体，以影响政策制定为目标，以独立运作为地位，以机构稳定为状态，将智库定义为一种相对稳定且独立运作的政策研究和咨询机构，⑥也强调了智库的独立

---

① Roberts B. Think Tanks in a New World[J]. Washington Quarterly, 1993, 16(1): 169-182.
② Rich A. Think Tanks, Public Policy, and the Politics of Expertise[M]. Cambridge: Cambridge University Press, 2004.
③ 亚历克斯·阿贝拉. 兰德公司与美国的崛起[M]. 梁筱芸,张小燕,译. 北京:新华出版社,2011: 4-5.
④ 任恒. 国内智库研究的知识图谱:现状、热点及趋势:基于CSSCI期刊(1998—2016)的文献计量分析[J]. 情报科学,2018,36(9):159-166.
⑤ 孙哲. 中国外交思想库:参与决策的角色分析[J]. 复旦学报(社会科学版),2004,46(4):98-104.
⑥ 薛澜,朱旭峰. "中国思想库":涵义、分类与研究展望[J]. 科学学研究,2006,24(3):321-327.

性问题。随后,薛澜在《瞭望》发表文章,强调智库主要是以影响公共政策为宗旨的政策研究机构,通过公开发表研究成果或其他与政策制定者有效沟通的方式来影响政策制定,指出了智库影响公共决策的方式或途径。李凡认为智库与非政府组织有所不同,智库是独立的、无利益诉求的非营利性组织。[①] 陈卓武等也认为智库主要是那些以政策研究为核心、以影响政府公共政策选择为目的、非营利的、独立的机构。[②] 承婧认为智库是相对稳定并独立于政治体制之外的一种以政策研究为中心,以直接或者间接方式服务于社会为目的的非营利性独立研究机构。[③]

自2009年开始,国内学者开始将"坚持国家利益""影响公共决策""为社会公众服务""决策科学化民主化""服务党和政府"等符合我国实际的观点融入智库的概念中。王莉丽较早便关注了智库,并多次对智库进行界定,她在2009年发表在《红旗文稿》上的一篇文章中指出智库是从事公共政策研究的非营利组织,其目标客户是政策制定者和社会大众,目的是通过各种传播渠道影响公共政策的制定和社会舆论,[④]将智库概念的界定视野拉到影响公共决策和服务社会公众上来;又在2010年出版的《旋转门:美国思想库研究》著作中将智库宽泛地表示为一切以政策研究为己任、以影响公共政策和舆论为目的的政策研究机构;[⑤]2015年在《智力资本:中国智库核心竞争力》中对智库概念进行细化,强调智库是诞生在特定的政治、经济、文化土壤中,服务于国家利益和公共利益,以影响公共政策和舆论为目的的非营利性政策研究机构,立足中国国情,将智库研究置于中国自己的土壤之中。[⑥] 张新霞认为智库是以从事多学科研究为依托、以对公共政策施加影响为目的、以提供思想支持为基本方式的非

---

① 李凡.公共政策和中国民间智库的发展[EB/OL].[2021-05-13].http://www.ngocn.org/Article/ShowArticle.asp?ArticleID=1397.
② 陈卓武,韩云金,林逢春.试析美国思想库的运行机制:兼论其对中国发展思想库的启示[J].华南农业大学学报(社会科学版),2007,6(1):54-58.
③ 承婧.政府的外脑:美国思想库取得成功的制度性分析[J].社科纵横,2007,22(2):44-45.
④ 王莉丽.美国思想库发展历程及面临挑战[J].红旗文稿,2009,14:33-36.
⑤ 王莉丽.旋转门:美国思想库研究[M].北京:国家行政学院出版社,2010:4.
⑥ 王莉丽.智力资本:中国智库核心竞争力[M].北京:中国人民大学出版社,2015:3.

营利性组织、团体和机构。① 徐晓虎等将智库定义为一种专门为公共政策和公共决策服务、生产公共思想和公共知识的社会组织,并提出思想创新性、政策影响力和公众关注度等基本特征。② 于今认为智库是由多学科的专家组成的,为决策者在处理社会、经济、科技、军事和外交等领域的发展出谋划策,提供最佳理论、策略、方法、思想等的公共机构。③ 胡鞍钢认为智库是代表国家利益,以创新理念、思想为重要产出的思想库。④ 李凌认为,智库是以战略问题和公共政策为研究对象,以公共利益为研究导向,以服务党和政府科学民主依法决策为研究目的,以社会责任为研究准则的研究机构。⑤ 朱旭峰从智库的作用和功能角度出发,强调智库作为相对稳定且独立运作的政策研究和咨询机构,是实现决策科学化民主化的一种制度和组织安排,发挥着抢占思想高地、提高决策质量、提升国家软实力的重要功能。⑥ 2018 年,朱旭峰重新对智库概念进行界定,指出智库是以战略问题和公共政策为主要研究对象、以服务科学民主决策为宗旨的非营利性研究咨询机构,并强调了智库对政策制定及经济社会发展所发挥的重要作用。⑦ 王辉耀等以服务对象、工作核心和组织属性为着眼点,将智库界定为服务于政府、社会及整个国家,以政策研究为核心的,具有鲜明社会公共属性的非营利性组织,将其与古代智囊团、西方思想库和私人幕僚等区分开来。⑧

2015 年 1 月,中共中央办公厅、国务院办公厅印发的《关于加强中国特色新型智库建设的意见》(以下简称"意见")强调,中国特色新型智库是以战略问题和公共政策为主要研究对象、以服务党和政府科学民主依法决策为宗旨的非营利性研究咨询机

---

① 张新霞.英国思想库在公共政策形成过程中的作用[J].石家庄学院学报,2009,11(1):11-14.
② 徐晓虎,陈圻.中国智库的基本问题研究[J].学术论坛,2012,35(11):178-184.
③ 于今.中国智库发展报告:智库产业体系的构建[M].北京:红旗出版社,2012:3.
④ 胡鞍钢.建设中国特色新型智库:实践与总结[J].上海行政学院学报,2014,15(2):4-11.
⑤ 上海社会科学院智库研究中心项目组,李凌.中国智库影响力的实证研究与政策建议[J].社会科学,2014(4):4-21.
⑥ 朱旭峰.构建中国特色新型智库研究的理论框架[J].中国行政管理,2014(5):29-33.
⑦ 朱旭峰.改革开放与当代中国智库[M].北京:中国人民大学出版社,2018:4.
⑧ 王辉耀,苗绿.大国智库[M].北京:人民出版社,2014.12-13.

构。① 国内学者对智库概念的界定始终以此为基础,从不同角度出发对中国特色新型智库内涵、外延、功能、作用等进行揭示和分析。王凤满从工作内容角度解释智库是专门从事信息分析、调查研究和决策咨询等工作的研究机构,从事思想观点的生产、价值目标的创造、社会公益的代言、政策研究人员的培养和国际合作交流等活动。② 闫志开等从本质属性上将智库视为以公共政策为研究对象的机构,目的是与咨询公司、媒体和大学研究机构区别开来。③ 荆林波在《全球智库评价报告》中将智库定义为通过自主的知识产品对公共政策的制定产生影响的组织。④ 储节旺等认为智库是集合不同学科不同领域的专家、学者等为决策者提供政策建议的研究机构。⑤ 符宁将智库视为国家的汇智中心,认为它是具有社会责任感,维护公共利益,研究公共政策和战略性问题,为决策者提供最佳方案和策略,是由各学科专家组成的专业研究机构,更强调智库的国家利益导向和公益性特征。⑥ 韩玉梅等认为智库以政策研究咨询和智力资源供给为核心业务,是由跨领域、跨学科专业精英组成的社会空间结构,是依托政治、学术、媒体等多场域交汇而成的边际组织,是以资源整合的运行规则、通过特定组织形式和研究路径从事跨学科知识生产和决策转化的专业组织机构。⑦ 申静等提出,智库是由有明确研究方向的、复合学科背景的各类专家组成,基于对知识的获取、开发利用和创新,为决策者处理复杂问题提供最佳理论、策略、方法、思想等的政策研究咨询机构。⑧ 黄晋鸿等认为智库是以学术研究为基础,以国家与人民利益为导向,对政府开展咨政建言、对公众提供社会服务,兼具学术与智囊属

---

① 中国政府网.中共中央办公厅、国务院办公厅印发《关于加强中国特色新型智库建设的意见》[EB/OL].http://www.gov.cn/xinwen/2015-01/20/content_2807126.htm.
② 王凤满.我国高校图书馆智库型服务体系研究[J].图书情报工作,2015,59(23):45-50.
③ 闫志开,王延飞.智库运转机制比较分析[J].情报理论与实践,2015,38(5):5-11.
④ 荆林波.全球智库评价报告(2015)[M].北京:中国社会科学出版社,2016.
⑤ 储节旺,朱丽娜.服务于创新驱动发展战略的政府智库运行机制研究[J].情报理论与实践,2018,41(1):22-27.
⑥ 符宁.中国新型高校智库面临的挑战与突破路径[J].黑龙江高教研究,2019,37(5):67-70.
⑦ 韩玉梅,宋乃庆.新型教育智库的组织形态和研究路径[J].教育研究,2019,40(3):145-153.
⑧ 申静,蔡文君,毕煜.智库研究的现状、热点与前沿[J].情报理论与实践,2020,43(12):33-41.

性的独立组织,强调智库的国家利益导向,并指出智库是一个集学术研究、决策咨询、公共传播和舆论引导等职能于一体的多功能跨界机构,丰富了智库的内涵。①

基于智库的核心功能,本书将现代智库定义为服务公共福祉,非营利的,从事基于证据的政策分析工作,具有理论创新、决策咨询、社会服务、价值倡导等功能的专业组织。

(二)现代智库属性

根据国内外学者对智库的定义可见,他们普遍认为智库具有专业性、公共性、媒体性、中介性、现实性等属性。本节针对学者普遍认可的智库属性进行单独分析和解释。

1. 公共性

智库的公共性主要指智库产品凝结着国家或地区社会经济文化因素,智库的研究成果是特定社会文化的反映。不同国家、地区各有其特征,面临的问题呈现出多样化、特殊性,导致智库的研究也各具特色。智库的公共性和社会性不能在狭义上理解为市民社会的生活空间,而是广义上存在的公共性。② 公共性除了公众的社会生活,还包括一国政治、经济、文化的环境,甚至是全球的发展格局。智库是以公共政策为研究对象的机构,本质上应致力于公共性的治理问题研究。智库一方面对社会进行政策传播、政策教育,发挥舆论引导的功能,起着凝聚价值观共识的作用;另一方面,通过知识的研究,对公共政策进行科学的论证,为政府决策提供可靠的依据。③ 从当前知名的智库看,其学科设置与研究部门的设置均能反映其以社会公共事务为研究对象、开展全球的政策研究、以影响政府的公共决策为目的的特征。

---

① 黄晋鸿,曲海燕. 新时代中国特色新型智库的行为评价研究:基于 2016—2019 年全国 31 家省(市)级社会科学院的调查数据[J/OL]. 情报理论与实践,1-11[2021-04-21]http://kns.cnki.net/kcms/detail/11.1762.g3.20210204.0946.002.html.
② 郭宝,卓翔芝. 智库产品的属性及独特性研究[J]. 智库理论与实践,2016,1(2):20-26.
③ 何萍. 智库建设的三重意义[J]. 黑龙江社会科学,2018(5):7-11,159.

2. 媒体性

智库的传播能力是其知名度的重要标志,智库的媒体性是指智库有影响和引导公众的功能。智库应当树立自身的品牌,建立品牌公信力。智库通过向公众进行舆论引导,通过宣传、解读、引导为政策的实施扩大社会基础。例如美国布鲁金斯学会(Brookings Institution)为联邦政府、总统撰写的研究报告会发布在官网上,供大众观看,有效提升了智库的知名度。在现代社会,智库应充分发挥媒体性的特征,积极搭建宣传平台促进成果传播,扩大自身影响力。

3. 专业性

智库的专业性体现在研究对象、研究方法与研究过程上。从智库的研究对象角度来看,智库研究往往集中在某个领域,研究人员利用特定专业知识或对特定社会问题开展深入的储备性专业研究。智库根据自身优势和特点确立正确的研究方向,总体上具有较强的专业性。例如,胡佛战争、革命与和平研究所(The Hoover Institution on War, Revolution, and Peace),简称胡佛研究所(Hoover Institution),专注于长期战略和预测性研究,并始终坚持促进自由市场经济的概念;兰德公司的研究偏重于综合性和操作性,重点是利用多学科的综合研究优势,针对政府决策中的疑难问题提出可行的解决方案。[1] 从研究方法的角度来看,智库通常采取一定的方法论和具体的研究方法,如归纳和演绎法、定性分析与定量分析相结合的方法,以及SPSS(Statistical Product Service Solutions)统计分析、问卷调查等,并根据不同的研究目的采取不同的研究方法。[2] 从研究过程的角度出发,智库通过对社会问题和现象进行公正客观的研究,把握事物发展的现状,预测未来趋势走向,得出尽可能准确、公正和客观的结果,为领导者提供决策储备或支撑。

---

[1] 刘克崮,沈晓晖.借鉴国外经验 加强和完善我国政府决策咨询体系:美国思想库考察报告[J].决策与信息,2009(7):8-14.

[2] 何绍辉.论智库的一般特征[J].社会科学管理与评论,2013(3):95-102.

4. 中介性

詹姆斯·麦甘指出"智库本质上是知识和权力之间的桥梁"。智库在政策制定者和学术界之间架起桥梁，是知识与权力交流的渠道，立足于社会实际，将学术和决策相结合，具有媒介性。一方面，现代社会具有复杂性，知识的专业化导致政府决策部门不可能充分准确地掌握所需的信息与专业知识，无法在短时间内对政策问题进行深入研究。另一方面，学术界作为知识生产者和提供者具有相对独立性，其关注点与理论和决策需求之间存在较大的差距。此外，学术界给出的理论通常是抽象的，甚至是复杂和烦琐的，决策者在决策时需要直接简单的政策建议，无暇在逻辑论证和学术语言之间反复切换。因此，知识与权力、理论与实践、大学与政府之间存在着巨大的差距。

在这种情况下，智库的中介作用开始显现。智库不仅是知识和权力之间的桥梁，而且从实际的角度将学术与决策联系起来。在进入智库之前，智库的研究人员往往具有丰富的社会经验，有的曾担任过政府官员，有的曾是大学教授，有的曾担任过资深编辑等，这些研究人员不仅学术造诣高，对实践领域也非常熟悉。许多国家流畅的"旋转门"机制，让智库的中介性有了更好的实现空间，在其中起到了媒体桥梁的作用。在政策知识和信息方面，智库对高校复杂的政策理论分析进行简化和通俗化，为决策部门提供简明易懂的建议。因此，智库发挥了将政策制定者和学术研究人员联系起来的作用，他们对某些政策问题进行了深入研究，使其更易于理解和采用。[①]

5. 实践性

实践性是智库的一个鲜明特征，智库的主要使命是解决现实问题，它的大部分思想产品都强调面向实际，解决实际问题，提出的方案要具备可操作性。智库通过智力产品的生产，满足不同用户不同层次、不同领域、不同类型的咨询需求及政策思想产

---

① James G. McGann. Comparative Think Tanks, Politics and Public Policy[M]. Northampton: Edward Elgar Publishing Limited, 2005.

品的需求。智库以科学的研究方法为主，致力于做实事研究，搭建科学技术与政府决策之间的桥梁。智库依托自身的人才、技术、信息和文化等优势，在学术研究的基础上提出切实的结论和政策建议，以解决实际问题、促进复杂社会问题的有效解决。智库为某些具体的公共政策问题提供最优理论、策略和解决方案，通常侧重于解决实际政策问题，强调具有实用性、有效性和对策性的研究，从而真正实现"研用结合"。

（三）现代智库特征

智库的特征体现在多个层面，不同国家和区域的智库特征也存在一定差异，但是总体而言，现代智库有一些共性特征。

知识密集。作为思想市场的供给方，现代智库聚集了一大批优秀的政策研究学者，涉及政治、公共政策、经济、文化等多个领域。他们利用自己丰富的知识，为政府的重大战略问题提供政策建议。智库的研究人员包括退休的政府官员、转行的商界精英、知名专家学者，他们在政界、商界、学术界、媒体等不同领域的工作经验使其具有广阔的视野和源源不断的创新理念。此外，智库的产品包括学术理论、咨询成果、评价报告和政策建议等，是理论、知识和意见的集合，呈现出知识密集型的特征。[①]

知行合一。现代智库研究必须以事实数据为基础，强调公共政策分析的规范性和实证性，以及提出建议的可操作性。智库注重"实知"，在理论与实践、学术与实践的沟通、创造性转化和双向反馈中发挥重要作用。与哲学范式研究不同，智库范式更侧重于实践逻辑。智库学者能够根据理论界或自身发现的事物发展的客观规律，根据社会经济基础和上层建筑的实际环境，提出切实可行的政策组合和政策实施路径。

视野国际化。智库的国际化包括合作范围的国际化和研究视野的全球化。合作范围的国际化要求智库坚持"走出去"和"引进来"相结合的开放战略，形成内外兼顾的交流网络。中国智库积极与国内外知名智库开展合作交流，主动参与高端智库交

---

① 任恒.我国智库思想市场的内涵特征、运行机制及优化策略研究[J].情报杂志,2018,37(9)：7-14,6.

流对话,为全球智库搭建高端交流合作平台。智库开阔的视野和前瞻性研究意识是现代智库发展壮大的基本要求,研究视野的全球化要求智库具有国际化、前瞻性的研究意识和研究视角。全球化进程的加快促进了各国智库对国际问题的重视,促使他们在国际活动中越来越活跃,为各国政府和经济组织提供研究报告、建议和预测分析等服务成为不同国家智库研究的共同特征。①

相对独立性。西方国家强调智库本身的独立性,从外部和结构性视角考察智库与外部的政治、法律层面的关系,强调独立性是智库赖以生存的前提。智库作为专门从事公共政策思想知识生产和交流的组织主体,具有较为稳定的组织架构、固定的工作地点和长期运作的能力,是其有别于其他政策研究机构的重要特征。现代社会是高度融合的网络,没有任何一类机构能够维持绝对的独立性,智库也不例外。只有从独立开展决策咨询业务和独立进行决策咨询研究的视角来理解智库独立性才是正确的。服务社会公共利益,坚持不受任何利益集团干涉的"独立研究"应该是现代智库的基本原则,因此,智库的独立性是指智库在开展研究时的独立性。智库立足于为政府等服务对象提供智力支持,其基础是提供客观真实的研究成果。智库要在诸多领域给出专业意见,就必须追求成果的客观真实性,保持研究的独立性。具体而言,这种独立性并不意味着机构资本、营运资金、人力资源完全独立于政府、公司或大学,也不独立于国家的法律和政策,而是在研究过程中的独立性。智库在外在形态上表现为中介性机构,但是不能受资本投入影响,歪曲事实。②

二、现代智库类型

智库是一个数量众多、组成复杂的系统。古今中外学者对于智库类型说法不一,但无论是哪种观点,智库范围的界定都需要植根于所处国家的政权组织形式和体制

---

① 刘宁.智库的历史演进、基本特征及走向[J].重庆社会科学,2012(3):103-109.
② 石伟.准确把握智库的四重属性.学习时报[EB/OL]. http://www.cssn.cn/fx/fxyzyw/201801/t20180129_3832501.shtml.

特点。政权组织形式和体制不同,划分智库类型的标准也存在不同。本节选取北美地区、欧洲地区、亚洲地区具有代表性的国家智库,通过意识形态、机构性质、设置方式、资金来源、运作方式等对国外智库类型进行较为系统的总结和梳理,同时,也从组织属性、所属行业、认定主体三个角度对中国特色新型智库的类型进行详细阐释,使读者对现代智库有更全面、清晰、深入的认识。

(一)国外智库类型

1. 北美智库类型

(1)美国智库

美国智库诞生于20世纪初的"进步主义运动时代",这是美国社会经济变革的关键时期,美国社会的工业化和城市化引发了复杂的治理问题,移民潮引发了就业、住房、犯罪等复杂的社会问题。随着国家干预增强、海外领土扩张和投资增加、贫富差距日益突出等挑战到来,同时,在进步主义和科学管理思潮的助推下,美国统治者亟须一批专业、独立、客观的智囊团为其出谋划策,为国家与社会改革提供新的治理办法。

① 按照意识形态划分

在"进步主义运动"中,自由主义、进步主义等不同政治派别皆有自己的主张,形成了不同价值取向和政治倾向的智库,而不同政治立场的智库又都千方百计同政党、政府和政策发生关系,试图通过决策咨询和建议影响政府决策以实现自身目的,[1]因此美国智库从诞生之初就具备了意识形态属性,智库的政治主张倾向便开始被公众用来作为一种类型划分依据。20世纪70年代以来,美国又进入了政治、经济、文化的关键转折期,日本和欧盟的崛起、"冷战"的影响等因素造成意识形态斗争日益激烈,智力需求日益增强,智库数量迎来爆发性增长,规模和影响力不断扩大,其意识形

---

[1] 吴艳东,吴兴德.美国智库参与国家意识形态治理的路径及其对中国特色新型智库建设的启示[J].重庆大学学报(社会科学版),2020,26(2):96-107.

态色彩也愈加浓厚。执教于美国纽约城市大学的安德鲁·里奇发现"在过去的一个世纪里,智库的数量,特别是带有明显意识形态倾向的智库数量在显著增加"①。他将智库分为保守主义、自由主义、中间派或没有明显意识形态倾向的智库。

具体来说,按照意识形态可以将智库分为右派(Right-Leaning,如保守派Conservative)、中间派(Centrist)、左派(Left-Leaning,如自由派 liberal、激进派progressive),也有些智库属于过渡流派,如中—左(Center-Left)派、中—右(Center-Right)派等。右派智库强调自由市场机制和有限政府,反对福利主义。削减政府开支,主张个人自由、宗教情感和传统家庭价值,在对外政策上强调单边主义、新现实主义和实用主义,对外推行强硬政策,主张军备优势,鼓吹部署导弹防御体系等,认为"强权即真理";左派智库在对内政治上主张改革,实施福利政策,扩大福利开支,主张政府介入社会各个领域以克服经济、社会或性别的不平等,注重社会公正、可持续发展、环境保护,而在社会生活领域则主张减少干预,对外政策信奉理想主义和国际主义,支持温和、宽容的外交政策,主张裁军和军备控制,重视国际合作机制等。② 中间派智库则介于自由与保守之间,或者是两者的综合,是"温和的或没有可辨的意识形态的组织"③,强调政策研究的中立性和非党派性,④在对内事务上,它强调政府治理能力,强调社会福利,主张社会正义与保护环境,对外在强调国际合作的同时也主张有限的国际干预。朱旭峰认为美国智库大致分三类:一是右保守派。他们奉行美国特殊论,特别强调意识形态的作用,认为输出意识形态从长远看符合美国的根本利益,同时,他们对有损于美国民族和主权的建议均表示敌意;二是左自由派。他们认

---

① 安德鲁·里奇.美国智库:专业知识与意识形态的政治[EB/OL].[2022-10-08]. https://m.huanqiu.com/article/9CaKrnJWgOx.
② 李艳,王凤鸣,王军.美国保守主义思想库的演变以及主导美国政治的原因[J].当代世界与社会主义,2007(4):82-88.
③ 安德鲁·里奇.智库、公共政策和专家治策的政治学[M].潘羽辉,等译.上海:上海社会科学院出版社,2010:11.
④ 李艳,王凤鸣,王军.美国保守主义思想库的演变以及主导美国政治的原因[J].当代世界与社会主义,2007(4):82-88.

为应该大规模削减军事开支,致力于消灭国家间的贫富差距,并支持通过联合国加强全球合作,减少国家间的冲突;三是中间派,这是在右派和左派之间选择的一条中间路线,也称为"第三条道路",他们认为美国除强化其实力外别无选择,要支持联合国,使其成为国际论坛和世界秩序的象征。①

保守派智库。美国传统基金会(Heritage Foundation)是当今美国规模、名气和影响力都首屈一指的保守派智库,可谓是美国保守派的大本营。由保罗·韦里奇(Paul Weyrich)和约瑟夫·库尔斯(Joseph Coors)于1973年建立。传统基金会,作为保守派智库,有非常明确的意识形态倾向,传统基金会的使命是"根据自由企业、有限政府、个人自由、美国传统价值观和强大国防原则为基础制定和推进公共政策",致力于"建设一个自由的、充满机遇的、繁荣的和公民社会蓬勃发展的美国",同时,在其使命中提及"为动员保守党—团结保守派运动共同努力"。传统基金会宣扬的理论观点、政治立场、政策主张均围绕该理念,这体现了其保守主义的核心价值观,对美国国家政策的保守化倾向发挥了重要作用。美国保守派智库与美国共和党政府保持着密切联系,哈德逊研究所(Hudson Institute)是美国五大保守派智库之一,主要在国防安全、国际安全、经济学、医疗保健等领域开展研究和从事智库活动。其号称致力于"为促进全球安全、自由和繁荣"进行研究分析,但是,实际上处处维护美国利益,不惜歪曲事实,充当美国政府外交战略的马前卒。哈德逊研究所在成立后的四十多年间一直与美国共和党保持紧密联系,不仅直接影响了特朗普政府对华政策的设计、制定和宣传,还通过公共平台、媒体传播等外部途径影响企业和民众,进而间接影响美国对华关系和特朗普政府的政策走向。② 卡托研究所(Cato Institute)也属于保守派智库,自由市场、有限政府等保守理念深刻影响着其公共政策研究,过于强烈的政治色彩严重影响了研究的客观性和可信度。

---

① 朱旭峰.美国思想库对社会思潮的影响[J].现代国际关系,2002(8):42-46.
② 宋鹫,伍聪.美国保守派智库如何影响政府对华政策[J].人民论坛,2020,(26):125-127.

中间派智库。中间派智库一般在宗旨、使命、责任中便清楚地阐明其无党派立场,甚至禁止研究人员参与党派活动以免受到政治或利益倾向影响。布鲁金斯学会是独立的非营利公共政策组织,声称坚持无党派性与公民性的立场,经常被各类智库排行榜誉为最有影响力和最受信任的智库。虽然布鲁金斯学会里有很多学者曾经在美国政党中担任要职,但学会规定每一位学者不应受到政治、经济、宗教等势力影响,其思想和研究应避免政治偏见,需要根据自己的研究得出客观合理的判断和结论。同时,学会作为"非党派组织"不能参加党派政治活动,学者允许以个人身份去参加政治集会,但不能动用学会的任何资源关系;在工作时间学者不能利用学会资源参加政治活动或竞选活动等内容。① 据布鲁金斯学会约翰·桑顿中国中心主任李成介绍,如果布鲁金斯邀请一个党派的代表来做讲座,也一定会邀请另一个党派的代表。这既体现了布鲁金斯学会在美国两大政党制度下保持独立性的原则,也代表着该智库的中间派立场。正如原纽约市市长迈克尔·布隆伯格(Michael Bloomberg)所言:"布鲁金斯学会因为它的'超党派'性质在华盛顿获得了特别的尊重,在华盛顿这个充满党派色彩的地方,这并不是一件容易的事。"② 此外,皮尤研究中心(Pew Research Center,PRC)、美国外交关系协会(Council on Foreign Relations,CFR)、加利福尼亚公共政策研究所(Public Policy Institute of California,PPIC)、城市研究所(Urban Institute,UI)等都是颇具代表性的中间派智库。皮尤研究中心不直接或间接地为政治竞选活动以及为政治竞选筹集资金的政党/团体服务,该中心还禁止高级工作人员的党派政治活动,即使是以他们的个人身份或在私人时间参与也不被允许。美国国家经济研究局(National Bureau of Economic Research,NBER)是一家非营利无党派的研究机构,其宗旨为"开展和传播无党派的经济研究"③。加利福尼亚公共政策研

---

① 杨希通.美国布鲁金斯学会独立性研究[D].长沙:湖南师范大学,2019.
② 王莉丽.旋转门:美国思想库研究[M].北京:国家行政学院出版社,2010:242-245.
③ 美国国家经济研究局. About the NBER[EB/OL].[2022-10-08]. https://www.nber.org/about-nber.

究所是一个非营利、无党派的智囊团,其使命是"通过独立、客观、无党派的研究来宣扬和改进加州的公共政策",PPIC坚持无党派、客观的严谨研究,其报告基于公正的实证调查发现。① 美国城市研究所一直以分析客观、重第一手材料、评议公正著称,是中间派智库的典型代表。②

自由派智库。美国进步中心(Center for American Progress,CAP)是由美国民主党领导委员会成立的公共政策研究与咨询机构,因此其与生俱来就是美国民主党的政策智囊团,带有浓厚的民主党派色彩,对于推动美国政府特别是民主党决策具有强大的影响力,此智库曾是美国总统奥巴马的幕后智囊团,在奥巴马执政期间与政府联系密切,贡献了许多重要研究成果与政策建议。美国政策研究所(Institute for Policy Studies,IPS)提供社会政策研究产品,持自由派立场,其宗旨是致力于建设一个更加公平、生态可持续与和平的社会。

② 按照智库的专业特长划分

政治性智库。耶路撒冷希伯来大学的戴维·M.里奇(David M. Ricci)在《美国政治的转变:新华盛顿与智库的兴起》(*The Transformation of American Politics: The New Washington and The Rise of Think Tanks*)一书中提及:"智库对官员的长期影响要大于公众观点和特殊利益集团,而且在许多情况下大于大众媒体的报道以及和国会成员的交流,智库在华盛顿的政治事务中非常活跃,已深深扎根于美国的政治文化中。"③但是,随着美国政治极化愈加严重,思想、知识市场与政治实践的高速绑定刺激着美国智库越来越多关注如何获取政府影响力的方面,许多美国智库将大量资源投入政治运作活动,进而影响政策走向,以期获得政党的关注和信任。传统基金会在这方面对特朗普政府的政治运作最为典型,其通过提前设置政策议程、储备政

---

① 加利福尼亚公共政策研究所. About PPIC[EB/OL].[2022 - 10 - 08]. https://www.ppic.org/about-ppic/.
② 金子琦. 美国内政决策的外脑研究[D]. 长春:吉林大学,2012.
③ 戴维·M.里奇. 美国政治的转变:新华盛顿与智库的兴起[M]. 李刚,邹婧雅,王爽,等译. 南京:南京大学出版社,2018:2-3.

策候选人、协助其政治盟友赢得公职竞选、安排智库成员和政治盟友进入新政府这四种政治运作手段施加对特朗普政府的影响。① 美国智库与政府之间的"旋转门"机制也是政治化的体现,保守主义智库传统基金会创始人之一约瑟夫·库尔斯便是里根总统"厨房内阁"的成员,据不完全统计,在奥巴马执政期间,有36位布鲁金斯学会成员进入其执政团队,成为他的政治幕僚。与此同时,部分独立性不强的美国智库十分依赖资金提供方,容易受到利益集团、捐赠者等间接控制并影响研究走向。例如,传统基金会实际上非常依赖于保守派共和党导向的支持者,他们的资助成为该智库资金来源的重要构成,在一定程度上影响该智库的研究观点。②

学术性智库。学术性智库是以研究为向导的机构,被称为"没有学生的大学"(University without students),即名义上与大学研究机构类似,但不从事教学和行政工作,只有研究人员,不招收学生。该类型智库重视学术声望,倾向于征募拥有卓越学术声望的专家学者,强调科学精神,追求冷静客观的科学分析,使用精确的社会科学研究方法,因此其研究通常具有较强的客观性和专业性,享有较高的学术声誉。学术型智库关注的议题广泛且具有长期性,议程设定通常由内部组成,部分是通过由下而上(bottom up)的过程,研究倾向反映学术训练和幕僚的研究偏好,研究结果常以学术论文、期刊和文章形式发表。③ 学术型智库的研究始终与政治保持一定距离,不受政府、基金会或是其他捐款的企业或个人影响,坚持资金多元化以确保财务独立性,不接受资助机构的合约项目,并会在年报中披露财务信息与专家信息。④ 布鲁金斯学会、胡佛研究所、美国企业研究所(American Enterprise Institute, AEI)、美国外交关系协会均为此类型智库的典型代表。胡佛研究所作为世界一流大学智库,具有

---

① 孙冰岩,王栋.美国智库的政治运作与政策营销:以传统基金会对政府军事预算的影响为例[J].东北亚论坛,2021,30(5):23-39,127.
② 雷蒙德·斯特鲁伊克,邹婧雅,李刚.面临日趋政治化压力的美国智库[J].社会科学文摘,2017(8):13-15.
③ 马骏.现代智库及其功能分析[J].人民论坛,2012(14):48-49.
④ 卢小宾,黎炜祎.国外智库的类型与评价模式研究[J/OL].情报理论与实践,2018,41(8):17-21.

良好的学术传统和深厚积淀,其图书馆和档案馆已成为具有影响力的国际文献和研究中心,目前已收藏了超过 100 万册图书/档案和 6 000 余件档案藏品。胡佛研究所也拥有大量学术成果、活动以及丰富的传播途径,在其网站上按照类型划分出浏览体系,包括期刊[如《胡佛文摘》(The Hoover Digest)、在线期刊 Strategika、Eureka 等]、研究人员的随笔、著作、工作稿件、研究者博客、播客(如 Caravan Notebook)等。①

媒体性智库。美国智库积极借助新型传播渠道传播政策理念和影响公众舆论。媒体性智库重视各类媒体的重要作用,采取多种方式打造传播矩阵来提高成果曝光度,展现其影响社会议题和政策决策的能力以及在美国公众和政府的品牌形象。成立于 2007 年的新美国安全中心(Center for a New American Security,CNAS)是一个小型新兴智库,但其影响力却非比寻常。该智库积极打造政策研讨与辩论平台,根据某一特定议题发起各类活动,包括报告发布活动、圆桌会议、图书讨论、小组讨论等,积极组织各界人士参与其中。如 2016 年 3 月推出"德尔文佩雷拉东南亚外交政策圆桌会议",汇集了包括现任和前任政府官员等众多高级专家,就东南亚的经济、外交和安全问题展开讨论,其最终目的是为下届政府提供具体建议,该会议共计 4 次,每次讨论的关键问题都会以政策简报的形式发布。② 美国战略与国际问题研究中心(Center for Strategic and International Studies,CSIS)则是较早尝试实现成果数字化交互体验的智库,该中心确立了"数字为先(Digital-First)"的传播模式,创办了"多媒体创意实验室(Andreas C. Dracopoulos iDeas Lab)",创建出视频、博客、播客、网站、数字报告、交互式可视化项目等产品,希望以此吸引受众并推动政策研讨的多元性和吸引力。

---

① 王瑞芳.从高校图书馆到世界一流大学智库:斯坦福大学胡佛研究所转型与发展研究[D].保定:河北大学,2016.
② 冯志刚,张志强.新美国安全中心:美国国家安全政策核心智库[J].智库理论与实践,2018,3(6):78-88.

③ 按照传播性的强弱划分

政策研制型智库。该类智库一般具有比较完善的研究体系和研究机制,致力于对重大、关键性政策问题进行持续关注和深入研究,以高质量、高品质的公共政策研究为政府提供解决方案和创新思想。这类型智库主要通过设计政策、参加国会听证、设定议程、引领讨论、与政商界团体召开小范围闭门会议等途径影响国家政策制定。例如,布鲁金斯学会创立之初就宣称自己是"第一个致力于在国家层面分析公共政策问题的私人组织",以政府研究为目的,是以实现政府研究的科学性、提升公共服务效率和效能的主要倡导者。[1] 布鲁金斯学会曾帮助美国国会起草了很多重要的法律或法案,比如《1921 年联邦预算与会计法》(The Budget and Accounting Act)、"马歇尔计划"等,对税收改革、福利改革、对外援助等方面政策产生了重要影响。此外,布鲁金斯学会还为联合国等国际组织起草法律、规章准则等,例如为联合国机构间常设委员会起草《关于自然灾害中人员保障的业务准则》(IASC Operational Guidelines on the Protection of Persons in Situations of Natural Disasters,IASC 准则)及业务手册,已被纳入作为灾害中保护民众权利的黄金标准适用。[2]

政策倡导型智库。该类型智库主要产生于 20 世纪 60 至 80 年代,该类型智库具有强烈的政策、党派或意识倾向,它们宛如推销员一般积极地想把其思想理念和产品推广出去,以期影响政策辩论环境。政策倡导型智库职员注重倡导自己的政策取向和赢得政策辩论,他们的主要目标重点在于改变决策者对于某些政策问题的看法,或者希望他们继续维持某种立场,进而助推达成自己的政治目标。研究结果更多是通过媒体上讨论或报刊上政策短评和政策建议来呈现的,主要受众是官员、广大民众以及草根组织。[3] 传统基金会是此类型智库的典型代表。它形成"研究、传播、倡导"三

---

[1] 叶怀凡.美国布鲁金斯学会对高校智库建设的启示[J].高教探索,2019(11):64-69,77.
[2] 唐颖侠.国际灾害治理法对疫情防控的启示:基于人权的视角[J].兰州学刊,2021(1):92-105.
[3] 余章宝.作为非政府组织的美国智库与公共政策[J].厦门大学学报(哲学社会科学版),2007(3):114-121.

个支柱,善于借助各种传播渠道传播其保守主义思想,极力影响政府官员和社会大众的思想意识。传统基金会创始总裁埃德温·福尔纳(Edwin Forner)曾说:"传统基金会的目标就是要尽可能地影响华盛顿的公共政策圈……最重要的是影响国会大厦,其次是行政管理部门,最后是全国性的综合媒体机构。"①

④ 按照资金来源划分

资金是维持智库运营发展的"血液",美国的大多数智库属于非营利性组织,主要依赖捐赠和资助获取经费。根据资金来源的不同,可以将美国智库划分为合同型智库、基金会资助的智库、个人或企业捐款维持的智库。

合同型智库。该类型智库大量出现在20世纪40年代末至20世纪60年代末,政府需要拥有多领域专家学者的意见来解决战后重建、经济发展等问题,合同型智库因此迅速发展。合同型智库通常与政府关系密切,主要为政府机构服务,通过与政府签订合同的方式获得资金支持,提供资金的政府部门往往在确定智库议事日程中发挥着重要作用,并且此类智库产品往往以向这些部门提供报告的形式呈现,而不是公开发行著作或文章。② 最著名的合同型智库就是兰德公司,其业务收入以美国政府和军方拨款为主。以2021财年为例,美国卫生和公共服务部、美国国防部长办公室和其他国家安全机构给予的经费均为6 000万美元以上,来自美国空军和美国陆军的经费为8 000万美元以上,政府和军方拨款数额约占全部收入的82%。此外,哈德逊研究所和美国城市研究所也是依靠政府机构的合同研究获得资金支持。

由基金会创办或资助的智库。美国著名的企业家和慈善家会出资创建智库,为其提供强大的资金支持。如罗伯特·布鲁金斯(Robert S. Brookings)成立了布鲁金斯学会、安德鲁·卡内基(Andrew Carnegie)出资成立卡内基国际和平基金会(Carnegie Endowment for International Peace)。此外,亨利·福特(Henry Ford)、约

---

① Donald E. Abelson. Think Tanks in the United States: Think Tanks across the Nation[M]. Manchester: Manchester University Press. 1998: 111.

② 詹姆斯·麦甘. 第五阶层[M]. 李海东,译. 北京:中国青年出版社,2018:16-17.

翰·戴维森·洛克菲勒(John Davison Rockefeller)、拉塞尔·赛奇(Russell Sage)等都成立了长期资助智库的大基金会，例如2015年，洛克菲勒基金会(Rockefeller Foundation)对美国城市研究所捐助612万美元、布鲁金斯学会100万美元、兰德公司53万美元、外交关系协会27万美元等。①

通过企业或个人捐款维持的智库。战略与国际研究中心最主要的收入来源就是公司赠款和捐款，2016年达到1489.2万美元，占当年总收入的34%，其中埃克森美孚石油总公司(Exxon Mobil Corporation)和赫斯公司(Hess Corporation)的捐赠均超过500万美元。② 还有些智库的大部分资金来源于个人的免税捐款。典型代表是传统基金会和卡托研究所，大量认同其保守主义思想的个人积极捐款给这两家智库。随着卡托研究所影响力不断扩大，资金来源更加多元化，到20世纪90年代中期，卡托研究所的董事会成员中至少有12人是美国各类大型企业和公司的首席执行官或董事长，③其商业化属性愈加明显。卡托研究所官网年报数据显示，2018—2021年该智库最重要的收入来源为个人资助，这三年占营业收入比重分别为74.8%(2018—2019)、75.1%(2019—2020)、71.8%(2020—2021)；其次为基金会捐助，这三年占收入比重分别为16.7%、19.8%、12.4%；最后是企业资助，这三年占收入比重分别为2.1%、2.7%、2.7%，且三年来项目支出均占总支出费用的80%以上，说明这是卡托研究所的主要支出去向。因此，卡托研究所的日常营运和发展主要依赖于会员个人资助，并且这些资金多用于各类项目支出。

（2）加拿大智库

智库在加拿大政治和社会发展中扮演重要角色，加拿大智库大多参与社会经济生活密切相关的公共事务，注重全球化、公民社会等主题。根据设立方式及资金来源

---

① 张文珍.美国智库的重要资金来源[J].决策探索(上半月),2017(5):68-69.
② 张旭.智库背后的资本力量：美国智库筹资市场及其制度分析[J].情报杂志,2018,37(5):6-12,5.
③ Thomas Medvetz. Think Tanks in America[M]. Chicago：University Of Chicago Press. 2012. p. 134.

的不同,可以将加拿大智库大致分为三种类型:政府智库、学院派智库和民间智库。

由政府设立但独立运作的政府智库。这些智库主要是由政府设立,资金主要来自政府的拨款或者政府出资的基金,以及政府的定向委托课题费收入,智库的发展定位主要是围绕政府所设定的特定目标进行,这是加拿大最典型的一类智库。与美国相比,加拿大完全由私人发起的智库数量极其有限,由于机制体制以及党政组织结构的限制,加拿大智库普遍遵循"尽量不与政府作对"的原则,能够发起政策研究与讨论的智库专家们几乎均来自政府自身或高级公务员。① 譬如成立于 1972 年的加拿大公共政策研究院(Institute for Research on Public Policy,IRPP)是一个独立的双语非营利组织,背后出资支持该研究所的基金会是由联邦、省级政府以及私营部门成立的。2021 年,加拿大政府拨款 1 000 万美元资助该研究所工作。正由于与政府关系紧密,这类型智库对公共政策制定的影响也相对较大。2020 年,加拿大公共政策研究院的研究成果被 388 项学术研究和 24 份政府报告所引用。此外,加拿大外交政策发展中心(Canadian Foreign Policy Institute,CFPI)、隶属于加拿大外交部的加拿大亚太基金会(The Asia Pacific Foundation of Canada,APF Canada)也属于该类型的智库。

学院派智库。该类智库一般直接隶属于大学,在政策分析研究及应用性基础研究中具有传统优势,进行学术研究或与政策相关的研究是它们的主要功能之一。该类机构的人员由经济学家、政治学家和其他研究各种政策问题的训练有素的学者构成,他们将绝大多数的资源都投入研究上。② 譬如设在艾伯塔大学的帕克兰研究所(Parkland Institute)、隶属于不列颠哥伦比亚大学的刘氏全球议题研究中心(The Liu Institute for Global Issues,LIU Global)、隶属于加拿大渥太华大学的科学、社会与政策研究所(Institute for Science,Society and Policy,ISSP)、隶属于滑铁卢大学的国际治理创新研究中心(Centre for International Governance Innovation,CIGI)等都属于

---

① 杜骏飞.全球智库指南[M].南京:江苏人民出版社,2018:107.
② 唐纳德·E.埃布尔森.北部之光:加拿大智库概览[M].复旦发展研究院,译.上海:上海社会科学院出版社,2017:29.

此类智库的代表。

具有倡导性质的民间智库。该类智库一般是通过私人发起并通过捐赠融资成立的,其资金主要来源于捐赠、课题费收入、报告销售收入等,然后通过广泛的媒体渠道来影响政治。例如,加拿大知名民间智库麦克唐纳—劳里埃研究所(Macdonald-Laurier Institute,MLI)的资金支持来自公司、个人捐助者以及私人基金会,而加拿大著名智库弗雷泽研究所(Fraser Institute)是一个独立、非营利性、没有任何政党背景的组织,是加拿大少见的不接受政府资助的智库,2020年该智库通过捐赠、出版物销售、利息和其他方面共收入九百余万美元。除此之外,也有学者建议将加拿大的智库看作政策俱乐部(学者、政策分析师,偶尔还有政策制定者在此汇聚一堂,共同探讨公共政策问题),比看作能够提供长期战略分析的政策研究机构更为贴切。①

2. 欧洲智库类型

(1) 英国智库

英国智库的萌芽和发展与工业革命息息相关,是欧洲智库的发源地,也是政策研究的先驱。英国智库发展已有上百年历史,因起步早,经过长期演进已经形成了比较成熟的运行模式,目前英国智库数量众多,总体质量也维持在较高的水平。

从研究主题角度,英国智库可以划分为政治类、经济类和外交类智库。例如公共政策研究所(Institute of Public Policy Research,IPPR)由英国工党组建,目的是活跃左翼思想,具有明显的政治性,属于政治类智库;经济类智库——英国经济事务研究所(Institute of Economic Affairs,IEA)认为自由经济、低税收、教育自由、健康和福利等仍然是目前英国智库面临的问题,其使命是通过分析市场从而解决经济和社会问题中的难题,提高对自由社会基本制度的理解;欧洲改革中心(Center for European Reform,CER)主要研究欧盟内部改革、跨大西洋关系与欧俄关系。

---

① 唐纳德・E.埃布尔森.北部之光:加拿大智库概览[M].复旦发展研究院,译.上海:上海社会科学院出版社,2017:32.

从隶属角度来看，英国智库可以划分为政府智库、政党智库和独立智库。比如成立于1998年的外交政策中心（The Foreign Policy Centre，FPC）由时任首相托尼·布莱尔（Tony Blair）和时任外交大臣罗宾·库克（Robin Cook）共同发起组建，是一个典型的政府型（中央政府）的智库。英国是一个两党制国家，分为宣扬保守主义的右翼保守党和宣扬激进主义的左翼工党。党派属性是英国智库的重要特点，而这个特点是源于其政治体制的影响。英国政体是威斯敏斯特模式议会制（Westminster System），议会由政党组成，内阁由议会成员产生。在这种模式下，英国文官系统较少依赖外部资源进行政策咨询，且政党内部相对比较团结。智库只有隶属于政党或具有党派倾向，才能借助政党的力量在英国政治生活中发挥更大的作用。[①] 因此，很多英国智库具有鲜明的政党倾向性。比如，公共政策研究所（Institute of Public Policy Research）是英国最大且最有影响的中左派智库，在布莱尔时期受到新工党的青睐，新工党2001竞选纲领中"儿童信托基金（Child Trust Fund）"部分就出自公共政策研究所；对高等教育收费也是公共政策研究所首先提出的观点。[②] 独立智库指政府和政党以外（包括个人建立）的智库，如欧洲改革中心、市民研究所（Civitas）等。

从意识形态角度，可以划分为中左派智库、中右派智库、中间派智库。中左派智库与英国工党联系密切或存在隶属关系，其他还有费边社（The Fabian Society）、外交政策中心等智库。中右派智库与保守党关系密切，主要有亚当·斯密研究所（Adam Smith Institute，ASI）、政策研究中心（Centre for Policy Studies，CPS）、改革研究所（Reform）等。中间派智库在政治上追求中立，具有代表性的智库是"狄莫斯（Demos）"和海外发展研究所（Overseas Development Institute，ODI）。

（2）法国智库类型

根据《全球智库报告2020》数据显示，法国目前建有272家智库，智库数量排名

---

① 李文良.欧盟区智库发展特点及启示[J].人民论坛,2013(35):15-17.
② 闫温乐,尹钰钿.英国智库"公共政策研究所"述评[J].外国中小学教育,2017(10):75-80.

全球第六。^① 法国智库建设起步较晚,在20世纪70年代末才逐渐蓬勃发展起来,智库机构呈现"小而精"的特点,但整体水平较高,在世界范围内产生了较大的影响力。尤其值得一提的是,法国智库中独立智库的影响力很强,甚至大于官办智库,且它们与政府关系十分密切,在法国的决策咨询研究领域中占据不可忽视的地位。

法国智库大致可分为官办智库、高校智库、独立智库、企业智库四类。官办智库即为官方性质的政府研究机构,由政府部门建立,比如,法国外交部、贸易部、经济部、文化部等部门设立的有关国际政治、社会发展、财政税收等问题的政策研究机构,目的是为促进国家的社会、经济现代化提供决策参考,减少决策失误。[②] 例如,法国国家科学研究中心(Centre national de la recherche scientifique,CNRS)是一所由法国国家高等教育研究暨创新部(Ministère de l'Enseignement Supérieur, de la Recherche et de l'Innovation,MESRI)直接管辖的国立科学技术机构,其下属10所研究所,32 000名科研人员,拥有超过1 100个研究实验室,是名副其实的大型研究机构。高校智库是高等院校设立的智库,包括一些专门研究机构及其附属智库。例如巴黎政治学院、法国巴黎高等商学院、巴黎高等师范学院等都建立了相关研究机构,这些机构的规模普遍不大,一般只有10多个人,但对促进科研教学相结合,繁荣、活跃、发展和推动法国的决策咨询起到了重要作用。[③] 独立智库具有民间性质,具有很强的独立性、专业性和非营利性,例如法国国际和战略关系研究所(Institut de Relations Internationales et Stratégiques,IRIS)是一个独立的研究机构,虽然成立时间较短,人员规模相较欧美大型智库也不大,但其与政府和国际组织关系密切,主要靠政府和国际组织的项目和会议资金、合作伙伴捐赠款和教学活动维持运转;巴黎蒙田研究所(Institut Montaigne)常驻研究专家只有50人左右,每年却能获得200多家公司和社会组织的

---

① James G. McGann. 2020 Global Go To Think Tank Index Report[R]. Philadelphia:University of Pennsylvania,2021.
② 王佩亨,李国强,等.海外智库:世界主要国家智库考察报告[M].北京:中国财政经济出版社,2014:29.
③ 王贵辉,宋微,史琳.全球高端智库建设[M].北京:科学技术文献出版社,2021:24.

捐赠,以及大约300名个人捐赠的支持,几乎95%的收入来自这些会员费。但该智库通过控制捐赠额度(没有一家公司或个人的捐赠超过其年度预算的3%)来确保其研究的独立性。此外,法国国际关系研究所(L'Institut français des relations internationales, IFRI)、法国可持续发展与国际关系研究所(L'Institut du développement durable et des relations internationales, IDDRI)等也是该类型智库。企业智库是由企业财团投资设立的独立研究机构,在20世纪90年代以后兴起,这些企业智库并非仅仅关系本企业的业务,也会涉及社会科学一些学科乃至边缘学科的研究,对于社会科学适应现代化以及法国智库的整体发展也有推动作用。①

(3) 德国智库类型

德国智库在冷战之后迅速发展,现有智库中有很大一部分建于1975年以前。根据麦甘团队《全球智库报告2020》的数据,目前德国有266家智库,②智库数量相比于其他多数欧洲国家占优势。德国智库近几十年来持续发展,逐渐形成了自己的格局和特色,大致包括学术型智库、宣传型智库、政党型智库、合同型智库,通过与各类机构组织建立合作关系、大众传媒、学术出版、提供教学培训等方式对政策产生影响。

学术型智库大致占德国智库的75%,目前依然占据主流。该类型智库主要包括由政府创立、在公共部门的指导方针下独立运作的研究院所,非高校的研究机构(通常指莱布尼兹学会的各研究院所),附属于高校、从事政策研究的应用研究中心,以及拥有相当数量私人基金的学术型智库。③ 该类型智库具有明显的独立性与非党派性,虽然也受助于政府支持,但不希望研究进程与结果受到影响,因此,由政府官员直接进行管理的学术型智库比较少,对于成果的评估也采用同行评议制。德国外交政策协会(Deutsche Gesellschaft für Auswärtige Politik, DGAP)研究员约瑟夫·布拉

---

① 王科.世界视野下的中国智库建设[M].北京:九州出版社,2020:162.
② James G. McGann. 2020 Global Go To Think Tank Index Report[R]. Philadelphia:University of Pennsylvania, 2021.
③ 马丁·W.蒂纳特,杨莉.德国智库的发展与意义[J].国外社会科学,2014(3):41-50.

姆尔(Josef Braml)的研究数据表明,60%的德国智库没有特定的意识形态烙印,而是坚持学术研究的方法和准则。① 同时,学术型智库在运营理念与模式上都与高校相似度较高,研究人员中大学教授居多。例如,德国著名的莱布尼茨学会(Leibniz-Gesellschaft)下属有80多个研究所,资金多来源于联邦政府和各州政府。宣传型智库往往隶属特定的利益团体,例如工会、雇主联合会、教会的研究机构。该类型智库的资金大多来自私人资金或社会捐助,一般不接受政府直接的资金支持,意在宣扬特定利益集团的观点,对民意产生影响,并作用于实际决策。政党型智库一般是政党的政治基金会。德国的社会民主党、基督教民主联盟、基督教社会联盟等六大政党分别设立了自己的政治基金会,这些基金会承担着智库角色,支持并维护各个政党的理念和利益。该类型智库负责为政党收集数据、提供理论支持、开展理念宣传、学术研究、国际研发合作等活动,虽然数量不多,只占德国智库总数的5%左右,但政策影响力不容小觑。值得说明的是,这些基金会与政党没有隶属关系,资金上也不直接依赖于政党。例如德国基督教民主联盟关联的康拉德·阿登纳基金会(Konrad Adenauer Stiftung,KAS)和社会民主党关联的弗里德里希·艾伯特基金会(Friedrich Ebert Stiftung e. V.,FES)便是典型代表。合同型智库指主要接受委托项目的智库,该类型智库在德国智库中所占比例较小。

3. 亚洲智库类型

(1) 日本智库

日本智库相比于欧美智库起步较晚,在20世纪70至80年代随着经济繁荣而呈现迅猛发展态势。日本智库的性质与大多数国家的智库所认定的不同,大部分是企业或财团的子公司,类似于营利性质的咨询机构。例如,日本《广辞苑》中对智库的定义为"以头脑为资本进行买卖的企业或研究所"②。因此,日本智库具有独特性,并因

---

① 中国改革网.德国怎么做智库评估[EB/OL].[2022-10-08]. http://m.chinareform.net/index.php?m=content&c=index&a=show&catid=56&id=5387.
② 新村出.广辞苑[M].东京:岩波书店,1978.

其卓越的发展经验和产生的巨大影响而具有很强的借鉴意义。

从智库的研究领域看,日本智库重视的专业领域有产业领域、经济领域、国土开发利用领域等。日本综合研究开发机构(Nippon Institute for Research Advancement, NIRA)对日本国内政策研究机构信息及成果情况的调查报告《智库信息 2014》中收录了 2012 年度的 2 726 件研究成果,在这些成果中,有 731 件属于经济领域,332 件属于国土开发利用领域,297 件属于产业领域,230 件属于环境领域,其余还有国际问题领域、政治行政领域、福祉医疗教育领域、国民生活领域、交通领域、文化艺术领域、通信情报领域等,均在 200 件以下。可以看出日本智库研究的侧重与倾向,并可以通过研究领域对智库进行分类。

从智库的组织形态(智库注册的经营性质)来看,日本智库可以分为独立行政法人型智库、营利法人型智库、财团法人型智库、社团法人型智库和其他(特定非营利活动法人,如学校法人等)五种。独立行政法人是国家机关外部化的一种形式,介于政府和民间之间,运营不受政府行政干预,运营经费全部来自国家预算,[①]但需要接受评估委员会的审查与评价。比如经济产业省管辖的日本经济产业研究所(Research Institute of Economy, Trade & Industry, RIETI)、总务省管辖的情报通信研究机构(National Institute of Information and Communications Technology, NICT)等均属于此类智库。营利法人一般指株式会社、合同会社和其他营利法人,该类型智库带有浓厚的商业色彩,例如株式会社野村综合研究所(Nomura Research Institute, NRI)就是在东京交易所上市的公司,为营利性智库。财团法人分为"公益财团法人"和"一般财团法人",社团法人也分为"公益社团法人"和"一般社团法人",一般财团法人、一般社团法人和公益法人[②]均属于非营利法人,公益法人型智库主要进行"公益目的业务"。如静冈经济研究所(Shizuoka Economic Research Institute, SERI)是典型的一

---

① 张锋.日本智库与日本外交决策[D].北京:中共中央党校,2019.
② 公益法人是指以公益为目的的法人,包含财团法人和社团法人两种形式。

般财团法人型智库,该研究所是日本最早的地方银行系智库,采用"评议员会—理事会—监事会"的管理架构,其评议员、理事、监事少量来自静冈经济研究所及其母公司静冈银行,其余大多为静冈县当地大企业的主要负责人。[①] 日本调查综合研究所、世界经济研究协会等则属于公益社团法人型智库,综合研究开发机构和日本国际问题研究所(The Japan Institute of International Affairs, JIIA)属于公益财团法人型智库。日本综合研究开发机构对日本国内政策研究机构信息及成果情况的调查报告《智库信息2014》显示,收录的181家智库中,营利法人有82家,几乎占到半数,财团法人有65家(一般:32家、公益:33家),社团法人16家(一般:13家、公益3家),其他机构有18家。

以智库的所属上级母体机构属性为参考依据进行划分,可以将日本智库划分为官方智库、半官方智库、企业智库、政党团体附设智库、高校附设智库、自治体智库以及民间非营利智库。[②] 官方智库主要指直接隶属于政府或某个部门的智库,这类型智库专门承接相关课题为政府决策服务,经费主要是由政府以"补助金"名义提供的,由政府财政预算进行拨款。官方智库受到日本政府和首脑人物的重视,对政策影响最为直接,有些政府官员还在智库中兼职。例如,成立于1952年8月的日本防卫研究所(National Institute for Defense Studies, NIDS)直接隶属于日本防卫省,成立之初名为日本国家安全学院,后于1954年改名为国防学院;1985年,为了增强其政策研究能力,正式更名为日本防卫研究所,并沿用至今。作为核心政策研究机构,日本防卫研究所主要研究方向是日本国家及军事安全,同时,还有作为战略型教育机构培养日本自卫队高级军官的用途。[③] 半官方智库主要是指由政府主导或支持的独立行政法人型智库,是以独立的法人组织形式从政府各官厅部门中剥离出来设立的准政府

---

① 人民资讯.日本地方银行系智库的主要功能:以静冈经济研究所为例[EB/OL].[2022-10-08]. https://baijiahao.baidu.com/s?id=1700266067939925512&wfr=spider&for=pc.
② 胡薇.日本智库研究:经验与借鉴[M].北京:中国社会科学出版社,2021:8.
③ 郭周明.日本智库为何能产生"经世之学"[EB/OL].[2022-10-08]. https://finance.sina.cn/zl/2020-04-09/zl-iirczymi5379797.d.html?vt=4&cid=79615

机构，其主要职能是为社会公共事业的开展和公共政策的制定提供综合研究服务，以承担政府委托研究项目为主，其研究成果也多服务于政府的政策决策。该类型智库的前身很多是日本中央省厅（相当于中国的中央部委）的直属官办研究机构，改制后主管部门仍为相应的国家行政机关，运营经费几乎全部来源于国家拨款。[①] 例如，日本环境省主管的国立研究开发法人国立环境研究所（National Institute for Environment Studies, NIES）在1974年作为一家研究日本环境的机构成立，后在2001年4月被确立为独立行政法人。该研究所根据与环境省政策体系的对应关系，划定了资源回收、生物多样性、灾害环境等8个研究方向，积极参加国家和地方公共机构、研究小组、委员会等政策审查论坛，展示其研究成果，提出政策建议。日本的企业智库大多数是由企业、财团、银行、证券等金融机构出资创办的，该类型智库是营利性质的，背靠雄厚的企业资金，既为本企业服务，也接受政府和社会的有偿委托项目，提供与决策和经营管理有关的信息和策略。企业智库在日本的发展最具规模化和特色化，是日本政府、企业和社会都不可或缺的咨询机构，在日本的智库产业中占据重要地位。例如，1965年成立的株式会社野村综合研究所前身是野村证券公司调查部，是日本民间设立最早、规模最大的咨询公司，号称"日本第一个现代思想库"。其分支机构遍布日本国内和世界主要经济中心或城市，截至2021年3月，该研究所拥有6 507名员工，强大的人才团队和高规格的质量管理使得其研究实力和影响在日本乃至全世界都是十分突出的。此外还有三菱集团的株式会社三菱综合研究所（The Mitsubishi Research Institute, Inc., MRI）、富士通集团的株式会社富士通综合研究所（Fujitsu Research Institute, FRI）、日本投资银行的株式会社日本经济研究所等。政党团体附设智库是指由各级政党或社会团体等设立的、为该政党或社会团体服务的智库，其使命在于协助制定中长期战略和政策。[②] 例如，日本自民党2005年成立

[①] 胡薇.日本智库研究：经验与借鉴[M].北京：中国社会科学出版社，2021：12.
[②] 胡薇.日本智库研究：经验与借鉴[M].北京：中国社会科学出版社，2021：15-16.

的"日本智库2005"以及民主党2001年成立的市民政策调查会(日语:自由民主党政務調査会),2005年成立的"公共政策平台"均为此类型智库。由于各政党负责政策制定的人员工作繁忙,缺乏对某项议题进行中长期视角深入研究的条件,因此,这些政党团体附设智库可以在这方面起到很好的补充作用。高校附设智库即隶属于大学的智库,日本高等教育产业发达,庞大的大学群体为高校附设智库的发展创造了良好条件。许多日本著名高校都设有研究所或研究中心,例如,京都大学东南亚研究中心(Center for Southeast Asian Studies,CSEAS)、庆应义塾大学东亚研究所(Keio Institute of East Asian Studies,KIEAS)、早稻田大学亚太平洋研究生院(Graduate School of Asia-Pacific Studies,GSAPS)等。高校附设智库依托大学的深厚科研力量和人才储备资源,产出了高水平的研究成果,具有广泛的社会影响力和强大号召力。自治体智库是指在制定政策的过程中,进行全方面调查、研究后为地方自治体提供数据信息、政策建议等相关智力支持的机构(团体)。自治体智库类型多样,包括广域自治体、基础自治体以及两者共同作为主体设立或参与设立的智库。① 自治体智库作为政府的一个行政单位,主要工作是为政府制定总体规划,并为相关部门提供咨询,例如,丰中都市创造研究所(Toyonaka Institute for Urban Management)作为丰中市政府执行机关的辅助机构,具有调查研究、数据库普及与研发、人才培养等功能。日本的民间非营利智库在20世纪90年代末期随着《特定非营利活动促进法》(简称NPO法)、《信息公开法》的实施而逐渐兴起,该类型智库以"民间、非营利、独立、公益"作为价值追求和工作目标,多由企业财团、各类社会团体或个人创办。该类型智库的经费来源相对更加多元化,其运营机制和日常活动相对更为灵活,研究更加贴近社会大众,聚焦社会热点。比如,公益财团法人东京财团政策研究所(Tokyo Foundation for Policy Research)便是典型代表,该研究所致力于成为以理论和数据为

---

① 董顺擘.日本自治体智库的发展现状、运作机制、特点及其对中国的启示:以市区町村智库为中心[J].情报杂志,2018,37(8):32-37.

基础的具有高质量研究能力的政策智库,倡导从外交与安全保障、经济与社会保障、环境与社会基础三个视角开展研究。其研究人员主要为活跃在日本相关研究领域第一线的专家、学者及政府退休官员,研究队伍强大,有效保证了研究质量和研究影响力。

(2) 韩国智库

韩国智库主要分为政府智库和民间智库两类,并逐渐形成以政府研究机构为主体、企业附属机构为辅的格局。韩国政府智库大部分是为了支援扶持有关部门研究和制定政策而设立的,需要依靠政府预算建设和运营,为政府提供全方位的政策咨询服务。[①] 成立于1971年的韩国开发研究院(Korea Development Institute, KDI)是由韩国政府出资创办的以研究宏观经济政策为主的研究机构,是韩国的第一家社会科学领域智库,影响力最为广泛。50年来,韩国开发研究院通过对宏观经济、金融、社会保障等经济和社会的深入研究,为理性的政策制定和制度改革做出了重要贡献。此外,韩国其他的政府研究机构全部归属于韩国国家经济人文社会研究会(National Research Council for Economics Humanities and Social Sciences, NRCS),该研究会是韩国政府智库的管理机构,也是法律地位上的研究机构。它负责规划旗下管辖的经济、人文和社会科学研究机构的发展方向,负责制定管理制度和章程,以此调整和完善研究机构职能,并且每年对旗下研究机构的成果和运行状况进行评估。目前,韩国国家经济和人文社会研究会管理下属23家政府研究机构和3个附属机构,包括经济政策领域的韩国对外经济政策研究院(Korea Institute for International Economic Policy, KIEP)、韩国能源经济研究院(Korea Energy Economics Institute, KEEI)等,人力资源领域的韩国教育研究院(Korean Educational Development Institute, KEDI)、韩国劳动研究院(Korea Labor Institute, KLI)等,公共政策领域的韩国科学

---

① 搜狐网.世界顶级科技决策智库系列:韩国篇[EB/OL].[2022-10-08]. https://www.sohu.com/a/298412174_120025912.

技术研究院（Korea Advanced Institute of Science and Technology，KAIST）、韩国法制研究院（Korea Legislation Research Institute，KLRI）等。韩国民间智库以大企业附设的研究院为主，这些大企业设立的研究机构是商业导向的，主要为本企业的战略发展提供咨询服务。比如，韩国三星经济研究院（Samsung Advanced Institute of Technology，SAIT）是三星集团的重要"大脑"，其任务是制定集团长期的发展战略，出台行业报告、经济报告，智库成果通过两种形式落实，一是拟定集团战略项目，二是针对有关重大问题进行针对性分析并出台报告提供给三星中高层管理人员。[①] 此外，韩国也有由大企业或公共财团（如一些基金会）出资建立的智库，这种智库更偏重公益性和独立性，积极主动参与公共事务，也对政策起到一定影响作用。例如，韩国现代重工集团于2008年成立的现代峨山政策研究院（The Asan Institute for Policy Studies，AIPS）是一所非营利研究机构，从事独立的外交政策研究，致力于推动半岛以及东北亚地区的和平与稳定。此外，韩国并没有形成单独的高校智库机构，高校学者一般以个人参与政策研究方式为主。

（3）印度智库

印度智库的发展历程虽然不长，但发展势头十分强劲。2020年，印度智库总数为612个，智库数量仅次于美国和中国。[②] 按照隶属关系划分，印度智库主要有官方智库、民间智库、高校智库和企业智库四种类型。印度官方智库即"政府主办型智库"，政府拨款为资金主要来源，包括由中央直接设立的和下属政府部门建立的智库。例如，印度国防研究与分析研究所（Institute for Defense Studies and Analyses，IDSA）是由印度国防部资助的非党派自治组织，主要研究领域为国防军事和安全战略，经常接受印度国防部、外交部、内政部和国家安全委员会的课题委派，并配合政府出台重

---

① 高鹏，朱翊民. 韩国企业服务型智库突出查询功能［EB/OL］.［2022 - 10 - 08］. https://www.cssn.cn/skgz/bwyc/202208/t20220803_5463919.shtml.

② James G. McGann. 2020 Global Go To Think Tank Index Report［R］. Philadelphia：University of Pennsylvania，2021.

大研究报告,研究成果官方色彩较为浓厚,在印度国内外都享有盛誉。比如,2011年印度总理辛格(Manmohan Singh)访问孟加拉国前夕,该研究所推出《印孟关系,迈向融合》的著作。此外,研究所还经常邀请现任或退役高官莅临演讲,既为政府官员提供阐述政策的平台,也提升了研究所在影响政府政策方面的地位。[①] 20世纪90年代至今,为印度智库的快速发展期,这一时期涌现出了很多民间独立智库。印度民间智库主要由民间团体或社会组织自发成立,该类型智库独立性较强,不希望研究成果受到政府和资助者的影响而失去中立性和客观性,印度政策研究中心(Centre for Policy Research,CPR)、观察家研究基金会(Observer Research Foundation,ORF)、德里政策集团(Delhi Policy Group,DPG)以及战略远见集团(Strategic Foresight Group,SFG)等均为其典型代表。印度高校智库主要由高校内部的科研院所组成,并充分依托高校资源优势开展研究,这些智库更注重学术理论研究的开展,重点研究政治、经济及社会问题,例如德里大学和尼赫鲁大学共同组建的印度中国研究所(Institute of Chinese Studies,ICS)等。印度企业智库即由企业发起设立的智库,例如,印度塔塔财团(Tata Group)设立了科学研究所、基础研究所、社会研究所、能源研究所等一系列研究所,在印度享有相当高的声誉。

(4)新加坡智库

新加坡的智库主要是直接为本国政策制定、解读和传播服务的。2021年3月由美国宾夕法尼亚大学"智库研究项目"(TTCSP)研究编写的《全球智库报告2020》显示,新加坡只有21家智库,[②]虽然智库数量不多,但质量普遍较高。新加坡智库主要可以分为官方智库与独立智库两类。

官方智库。新加坡智库的建设大多数是由政府牵头倡议成立的,政府重视且愿

---

① 共产党员网.国防研究与分析所:印度战略思想领军者[EB/OL].[2022-10-08]. https://news.12371.cn/2013/05/06/ARTI1367771319091398.shtml?from=groupmessage.

② James G. McGann. 2020 Global Go To Think Tank Index Report[R]. Philadelphia:University of Pennsylvania,2021.

意为智库发展设立政策与投入大量资源。新加坡国立大学李光耀公共政策学院顾清扬曾言:"新加坡对智库的支持主要体现在三个方面,其一是加大政府资助力度并通过鼓励政策带动其他渠道的经费投入;其二是鼓励智库进行独立的政策研究;其三是善于将智库作为与民众沟通和加强国际交往的渠道和桥梁。"[1]并且,很多新加坡官方智库都坐落在知名高等学府,是由官学合作构建而成的。例如,新加坡国立大学新加坡东亚研究所(East Asian Institute,National University of Singapore,EAI)与政府合作关系紧密,其经费来源主要包括政府的专门资助和新加坡国立大学的配套经费;新加坡南亚研究所(Institute of South Asian Studies,ISAS)是新加坡国立大学之下的一所相对独立的研究所;国防与战略研究所(Institute of Defense and Strategic Studies,IDSS)设立于新加坡南洋理工大学拉惹勒南国际关系学院;新加坡政策研究所(Institute of Policy Studies,IPS)隶属于新加坡国立大学李光耀公共管理学院等。

独立智库。新加坡的独立智库数量不多,1962年成立的新加坡国际事务研究所(Singapore Institute of International Affairs,SIIA)是典型代表。新加坡国际事务研究所是一家非营利性独立智库,也是新加坡最早成立的国际问题智库,致力于为国际事务和推动环境可持续性的问题提供政策分析,一直被评为东南亚和太平洋地区领先的智库之一,其资金来自研究资助、私人捐赠、企业赞助和会员订阅。此外,尤索夫·伊萨东南亚研究所(Yusof Ishak Institute,ISEAS,前身为东南亚研究所)也是有名的独立智库,该智库是1968年根据议会法案成立的自治组织,致力于研究东南亚等地的地缘战略和经济环境的社会政治、安全、经济趋势和发展。[2]

(二) 中国特色新型智库类型

国内对智库的分类研究较为普遍,目前,对于中国特色新型智库类型的划分标准

---

[1] 人民日报.新加坡打造全球影响力智库[EB/OL].[2022-10-08]. http://sg.xinhuanet.com/2015-02/25/c_127514682.htm.

[2] 尤索夫·伊萨东南亚研究所.ABOUT US[EB/OL].[2022-10-08]. https://www.iseas.edu.sg/about-us/key-non-financial-and-financial-information/.

相对一致，多数按照组织属性和隶属关系区分智库，也有个别学者以职能性质、圈层结构、运作方式为标准划分智库。本书以国内较为普遍的分类方式为参考，结合我国智库的发展现状，从组织属性、所属行业、认定主体三个维度对中国特色新型智库进行划分，并对各类型智库的内涵和特点进行总结说明。

1. 按组织属性划分

根据中办、国办下发的《关于加强中国特色新型智库建设的意见》，新型智库按照组织属性大致可分为党政部门智库、高校智库、社科院智库、党校(行政学院)智库、军队智库、科研院所智库、企业智库、社会智库等八大类。[①]

党政部门智库又称官方智库，是指通过立法程序或行政组织条例组建的存在于党政军系统内部，以战略问题和公共政策为主要研究对象，为中央和地方部委办局提供决策服务的政策研究咨询机构，在党政机关内部发挥决策"内脑"的职能。通常包括：(1) 党政军系统直属的事业单位性质的政策研究机构，属于最纯粹的官方智库，如国务院发展研究中心、国家行政学院、中共中央党校(国家行政学院)等；(2) 党政部门内设研究院(所)模式的智库。这种模式主要是在党政部门下设独立的政策研究机构，专门为本部门决策提供支持，目前中央一级党政部门普遍采用该模式。[②] 如科技部中国科学技术发展战略研究院、国家发改委宏观经济研究院、外交部中国国际问题研究院、财政部中国财政科学研究院等；(3) 全国各省(自治区、直辖市)级政府部门所属专业科研机构。党政部门智库数量比例庞大，在中国特色新型智库体系中具有主导性地位，发挥着政治引领作用。该类型智库与决策者联系更为紧密，由中央财政全额拨款，具有得天独厚的渠道优势和资源优势，是目前为党和政府提供决策咨询服务的主力军，政策影响力大。

---

① 中国政府网.中共中央办公厅、国务院办公厅印发《关于加强中国特色新型智库建设的意见》[EB/OL].[2022-10-08].http://www.gov.cn/xinwen/2015-01/20/content_2807126.htm.

② 周湘智.科学推进党政部门智库建设[EB/OL].[2022-10-08].https://dangjian.gmw.cn/2021-11/05/content_35290070.htm.

高校智库、社科院智库和党校（行政学院）智库分别是隶属于高校、社科院、党校行政学院系统的专门从事决策咨询研究的科研机构，这些智库也被称为半官方学术性智库，在进行政策咨询的同时也承担着学术研究的任务。高校智库也称为大学智库，是由高校单独或与其他组织协作共同创办的政策研究组织。作为中国特色新型智库发展新格局的重要组成部分，高校智库依托学科齐全、人才密集的优势，近年来建设总量迅速攀升，成为服务政府科学决策、服务社会发展的重要力量。高校智库一般分为院系内嵌型和独立自主型，资金渠道多元，有政府资助、学校拨款、企业捐助以及各类基金会的支持，有些机构也通过自身开展营利性业务板块来生存，能够专门培养政策研究人才，直接或间接影响政策制定和实施的过程，如北京大学国家发展研究院、清华大学国情研究院、复旦大学中国经济研究中心、中山大学粤港澳发展研究院等都是典型代表。高校智库最突出的特点是专业性，体现在研究队伍的专业性、研究问题的专业性和研究程序的专业性。社科院智库作为综合性研究实体，具有强大的资源统筹力，经费来源稳定，是具有一定"官方背景"的科研事业单位，也是中国特色新型智库体系的重要支柱，主要包括省级社科院、市级社科院和城市社科院等。社科院智库具有便利的政府联络渠道以及综合性管理优势，因此，相对而言，政策灵敏度更高，实践调研点更多，社会组织动员力更强，且注重把研究成果运用于各项决策中。地方社科院作为地方党委政府的参谋助手，主要围绕本地区经济社会发展实际开展基础理论研究和应用对策研究，提供智力支持。党校行政学院智库是肩负干部培训、思想引领、理论建设、决策咨询四大重任的科研机构，具有更靠近党委政府决策实际的先发研究优势，扎实的党史、马哲等学科基础，以及充沛的学院资源优势。

企业智库是企业的智囊机构，独立法人实体与非法人实体形式皆有，主要从事企业相关行业的公共政策研究，为企业提供决策战略支撑与运营管理支持，同时，也面向政府和社会提供社会管理、经济发展等方面的信息数据、研究成果与政策建议，是中国特色新型智库体系中不可或缺的一部分。我国企业智库的主要形式有：(1) 大型国有企业设立的下属政策研究机构，如能源行业的中国石油经济技术研究院、国家电网能源研究院,电力行业的国家电力投资集团中央研究院,通信信息行业的中国电信股份有限公司北京研究院等;(2)大型民营企业投资创办的具有智库属性和功能的政策研究机构,如阿里研究院、美团研究院、腾讯研究院、敏捷智库等。此外,还有以企业形式注册的智库,如福卡智库,以及由企业咨询公司转型形成的智库,如德勤咨询(北京)公司等。

社会智库由境内社会力量举办,以战略问题和公共政策为主要研究对象,以服务党和政府科学民主依法决策为宗旨,采取社会团体、社会服务机构、基金会等组织形式,具有法人资格,是中国特色新型智库的重要组成部分。[①] 目前我国社会智库实行民政部门和业务主管单位"双重管理"的体制,民办社科研究机构由省(自治区、直辖市)社会科学界联合会担任业务主管单位,并由省级人民政府民政部门在民政系统登记注册,由民政部门牵头规范、引导和管理。"双重管理"体制进一步扶持社会智库健康发展,促进与政府的良性互动。此类型智库具有独特的优势。一是机制灵活:社会智库资金来源多元化,包括政府财政支持、捐赠收入、服务性收入、基金会资助等;二是研究客观:社会智库相对其他类型智库身份更为独立,能够提供更为客观中立的咨询服务;三是类型多元:社会智库的组织形式多样,既有半官方半民间智库,也有挂靠事业单位但基本独立运营的智库,也有完全独立化运营的智库;四是渠道更国际化:社会智库因其身份角色优势,积极发挥民间交流与"二轨外交"作用,推动国际关系新发展。如海南改革发展研究院、中国国际经济交流中心、综合开发研究院(中国·深圳)、全球化智库和盘古智库等都是社会智库的优秀代表。

2. 按所属行业划分

按照所属行业划分,我国智库已出现党建智库、统战智库、教育智库、传媒智库、军事智库、科技创新智库、体育产业智库、文化和旅游行业智库、国家语言文字智库等

[①] 新华网.关于社会智库健康发展的若干意见[EB/OL].[2022-10-08]. https://www.gov.cn/xinwen/2017-05/04/content_5190935.htm.

类型。

党建智库。党建智库是专门服务于党的建设工作的"内脑",是为政党理论与实践研究建言献策的非营利性政策研究咨询机构,其资金来源主要为政府直接拨款,也有部分来自社会捐赠和会员会费。按照机构性质和隶属关系,党建智库主要包括官方、半官方和民间智库三类。[①] 官方和半官方党建智库主要包括中央和国家机关所属政策研究机构、党校行政学院、干部学院、社会科学院和高校相关研究院(中心、所)、全国各级党建研究会、媒体类党建研究机构,如新时代基层党建研究中心、复旦大学政党建设与国家发展研究中心、南方党建智库等;民间党建智库存在于体制之外,形式和机制灵活,但资金与人才较为匮乏,数量也不多,缺乏政策支持,发展较为缓慢。如全国首个省级社会组织党建智库——北京新华社会组织党建研究中心等。

统战智库。统战智库即为"统一战线智库",是以服务党委政府科学决策、服务新时期统战工作为宗旨,以统一战线事业发展和统一战线工作政策为研究对象,开展长期性、战略性、前瞻性的政策研究咨询工作,为党委和政府民主科学决策提供高质量思想产品的非营利研究咨询机构。统战智库是中国特色新型智库的重要组成部分,并且由于统一战线成员广泛,包括各民主党派、无党派人士、宗教界人士、新的社会阶层人士等各界人士,因此,具有紧密联系群众、智力人才荟萃的独特优势和职能地位。统战智库的实现形式多样,按照研究主体划分主要包括:(1) 社会主义学院智库,作为统一战线的人才培养基地、理论研究基地和方针政策宣传基地,充分发挥聚智辅政的功能,如江苏省社会主义学院多党合作理论研究中心;(2) 人民政协智库,其作用既体现在对政协自身的咨询服务功能,更体现在通过政协平台对国家政治生活和经济社会发展的决策影响,具有综合性、稳定性、跨界性、前沿性及多样性的特点,如宁夏人民政协理论研究会;(3) 民主党派智库(参政党智库),是汇聚各方智力资源进行专业研究的平台,一些党派、利益团体和社会组织通过智库研究成果来表达意愿和利

---

① 王永志,张亚勇.中国特色新型党建智库建设:内涵、困境与对策[J].理论导刊,2018(7):4-9.

益诉求,如致公党福建省委会。

教育智库。教育智库是以教育领域重大战略问题和公共政策为主要研究对象,聚焦国家教育战略和社会现实需求,长期从事教育教学实践应用研究并提供决策服务的专业化研究机构。教育智库是中国特色新型智库建设的重要内容。根据智库与政府部门关系的密切程度和经费来源状况,可划分为官办教育智库、高校教育智库、和民间教育智库三类。(1)官办教育智库指由政府设立的、依附于某个政府机构之下并享受全额财政资助的教育智库。这类智库直接为政府部门提供决策咨询,与政府关系紧密,具备稳定的资金、人员、信息等方面的优势。如隶属于教育部的教育发展研究中心、中国教育科学研究院等。(2)高校教育智库主要包括在高校内设立的各类教育研究机构,该类智库虽不隶属于政府部门下设机构,但又与政府保持较为密切的关系。这类智库具有半官方性质,数量众多,经费直接或间接来自政府拨款。如北京师范大学教师教育研究中心、厦门大学高等教育发展研究中心等。(3)独立型教育智库指由民间团体或个人利用自筹经费创建和运营的智库。这类智库独立于政府之外,数量非常稀少,大多都面临经费短缺、影响力不足等问题,但具有很强的独立性和自主性。如2002年成立的21世纪教育研究院、2006年成立的长江教育研究院就是典型的社会教育智库。

传媒智库。传媒智库也称媒体智库,是依托于具备一定公信力、传播力和研究能力的媒体组织或媒体机构所设立的公共研究平台或机构,旨在为各方传递主流思想、提供决策服务。作为中国特色新型智库构建过程中的重要一环,传媒智库拥有大量用户资源和独特品牌优势,在舆论引导、政策解读、公共外交等方面具有重要的作用和意义。媒体智库可以分为内生型和外生型媒体智库两类。(1)内生型媒体智库即各大媒体进行的"媒体智库化"探索,主要作用是制定公共政策,提供思想、知识和服务。如新华社建立"瞭望智库",《光明日报》成立"智库研究与发布中心",《湖北日报》建立"长江智库"等。(2)外生型媒体智库主要是由传媒集团与外部组织联合创办的传媒智库,如2015年成立的江苏紫金传媒智库,是由江苏省委宣传部和南京大学共同牵头,在江苏广电集团、新华报业传媒集团等文化企业和传媒集团资助下,南京大学社会学院、新闻传播学院、信息管理学院、政府管理学院等学院创办的行业智库。[1]

军事智库。军事智库是定位于国家与地区安全、国防事务、军事战略等军事领域问题研究而建立起来的非营利性研究咨询机构、组织或团体。按照服务对象和自身功能将军队智库区分为三个层次。(1)在全军层面建设的顶尖智库,其职能是围绕新形势下国家安全战略和军事战略等全局性、根本性、长远性、储备性、战略性问题提供咨询建议和理论支撑,发挥党中央、中央军委的思想库、智囊团作用。例如,军事科学院是全军军事科学研究的拳头力量,承担着加强军事理论创新、加强国防科技创新的职责,下设"非战争军事行动研究中心"和"国防政策研究中心",负责提供非传统安全相关问题的军事决策咨询和撰写中国年度《国家安全环境战略评估报告》,[2]强化决策咨询能力,有力支撑着国防和军队建设、改革以及军事斗争实践。中国人民解放军国防大学是中国最高军事学府,从事有关战略和国防现代化建设、军事安全等重大问题的教学和研究,同时,担任着服务决策、人才干部培养等任务;(2)每个军种(战区)打造的中心智库,以本军种(战区)的战略任务为注重方向,提供政策咨询;(3)军种(战区)所属院校或研究机构根据兵种和战术需要建设的专项智库。[3]

科技创新智库。科技创新智库是指以国家科技创新重大决策为宗旨,专门从事战略研究、科技规划、技术预测、政策评估、政策解读的公益性咨询研究机构。在凝练科学问题、引导核心科学发展方向、推动科技重点布局、深化科技体制改革、促进科技与经济社会发展结合等方面具有重要作用。[4] 根据机构的隶属关系或经费来源,科技创新智库一般分为三类:(1)党政军内部依法组建的研究机构,这类智库由政府拨

---

[1] 张艳,杜浩.传媒智库的类型、瓶颈及生态网络构建[J].中国传媒科技,2017(1):43-45.
[2] 翟东航,孙德翔,钟新海,等.军民融合视角下我国军事战略智库体系建设研究[J].情报理论与实践,2017,40(1):18-24.
[3] 温勇,张瑶.军队智库建设重在搞好顶层设计[EB/OL].[2022-10-08].http://military.people.com.cn/n/2015/0322/c172467-26729683.html.
[4] 周湘智.建设高水平科技创新智库[EB/OL].[2022-10-08].https://m.gmw.cn/baijia/2022-07/21/35898002.html.

款,如中国科学技术学会和各个地方科学技术协会以及它们的下设机构,如江苏省苏科创新战略研究院;(2)高校内部的科技创新智库,该类智库呈现出三种组织形态,即智库与高校内的研究院所/中心"合二为一"、智库挂靠在二级学院作为内部部门、直接隶属于学校的独立研究机构,如南京理工大学科学技术研究院等;(3)民间出资建立的企业型科技创新智库,如北京市长城企业战略研究所等。

体育产业智库。体育产业智库是以体育产业战略与发展为研究对象,聚焦于为各方主体在体育事业领域进行政策措施的规划、研究制定、评估等工作提供高质量智力支持的专业性研究咨询机构。作为政府和公共决策的服务机构,它能够切实完善体育治理的决策咨询制度体系和人才培养流动体系等运行机制,为深化体育改革和深挖体育改革释放更多红利。[①] 我国体育产业智库主要分为三类[②]:(1)官方体育智库,一般存在于党和政府内部,直接向各级领导人提供决策服务。例如,体育决策小组、科学研究所等;(2)半官方体育智库,一般指体育学术团体、体育行业协会以及研究论坛等;(3)高校体育智库,指在大学或者其他独立的团体、机构协助下建立的智库,如沈阳师范大学的国家体育总局体育社会科学重点研究基地、武汉体育学院的国家体育总局体育工程重点实验室等。

文化和旅游行业智库。文化和旅游行业智库是在文化和旅游融合、公共文化服务、文化产业、对外文化交流和旅游推广等方面提供决策咨询和智力支持的行业性智库。2021年8月19日,文化和旅游办公厅公布了首批19家文化和旅游行业智库建设试点单位,包括国家图书馆、中国艺术研究院、江苏省文化艺术研究院等5家中央和地方党政部门所属的科研事业单位,中国科学院地理科学与资源研究所1家科研院所智库,北京大学国家对外文化交流研究基地、中国人民大学文化产业研究院等8

---

① 杨涛,刘艳娜.国家治理现代化视域下我国体育智库的责任与担当[J].河北体育学院学报,2020,34(6):50-55.
② 徐铮.我国体育产业智库研究之进展[C].第十一届全国体育科学大会论文摘要汇编,2019:4024-4026.

家高校智库,中国旅游集团有限公司研究院、美团文旅政企合作中心等5家企业型智库。①

国家语言文字智库。2015年3月3日,国家语言文字工作委员会颁布了《国家语言文字智库建设规划》,明确了国家语言文字智库是以语言政策和语言战略为主要研究对象、以服务党和政府语言文字科学民主依法决策为宗旨的非营利性研究咨询机构,是组织高水平研究、汇聚和培养优秀研究人才、引导社会舆论、提供语言服务、推进语言文字合作交流的重要平台。② 如武汉大学中国语情与社会发展研究中心、上海外国语大学中国外语战略研究中心、上海市教科院国家语言文字政策中心等。近年来,国家语言文字智库机构和专家团队在国家与区域语言生活状况、甲骨文传承、汉语方言保护、国家语言能力建设、海外华文传承、国际中文传播、应急语言服务等方面积极建言献策,对繁荣国家语言文字事业作出了积极贡献。

3. 按是否具有独立法人地位划分

根据智库是否具有独立法人地位的划分依据,可将中国特色新型智库划分为法人智库和非法人智库两类。

法人智库。法人智库的判定标准为该智库是否通过法律程序进行注册登记,获得法律意义上的独立法人资格,在"人、财、物"的管理运行方面具有独立性和实际话语权。该类型智库的典型代表是社会智库,2017年民政部等部委印发的《关于社会智库健康发展的若干意见》中指出社会智库采取社会团体、社会服务机构、基金会等组织形式,具有法人资格,③因此我国社会智库是具有独立法人地位的民间非营利组织,具有较强独立性,在资金筹措、吸纳人才、二轨外交等方面具有更为灵活多元的机

---

① 科技教育司.文化和旅游行业智库建设试点单位简介[EB/OL].[2022-10-08]. https://www.mct.gov.cn/preview/special/kygz/9551/202202/t20220211_930982.htm.

② 国家语言文字工作委员会.国家语言文字工作委员会关于印发《国家语言文字智库建设规划》的通知[EB/OL].[2022-10-08]. http://www.moe.gov.cn/s78/A19/tongzhi/201504/t20150428_187589.html.

③ 人民网.关于社会智库健康发展的若干意见[EB/OL].[2023-03-09]. http://politics.people.com.cn/n1/2017/0505/c1001-29255043.html.

制。也有一些高校智库积极探索体制机制创新,争取智库的法人主体地位并取得一定突破。如南京大学采取"两块牌子、一套人马"的双主体模式建设长江产业经济研究院和紫金传媒智库,在省民政厅注册民办非企业单位法人主体,由省有关部门进行业务指导,同时,在学校层面成立校级跨学科研究机构,由学校相关部门进行指导并整合学科资源,但与学校行政系统相对分离并独立运行,学校给予一定政策支持和资金扶持。①

非法人智库。我国智库体系中大部分智库都是母体机构下属的非法人的实体智库和非法人挂靠性质智库,这些智库外部治理结构类似"三明治",三明治的上层是国家/省市部委智库管理部门,中间是母体单位(比如高校、社科院),下层才是智库,国家/省市部委智库管理部门无法直接管理到这些母体单位下属的非独立智库,而是要通过母体单位(或称"平台单位")才能作用到智库。② 非法人智库的典型代表便是大部分高校智库,大多为附属于某个学科或者二级院系的机构,难以进行实体化运作;社科院和党校行政学院智库也多为附属型的非法人智库,例如,地方社科院是隶属于地方党委或政府的直属事业单位,其经费管理及使用、人才引进与招聘、干部选拔与职称评定等事项均由上级主管部门及地方政府相关部门决定。

三、现代智库的功能

智库在国家治理过程中发挥着越来越重要的作用,智库功能也有着丰富内涵。根据国内外发展实践,现代智库具有五大基本功能,即咨政建言,为政府决策提供思想方案;理论创新,在理论研究的学理深度与学术厚度上持续发力;舆论引导,疏导公众情绪、凝聚社会共识;社会服务,彰显服务人民群众的责任担当;以及公共外交,利

---

① 徐宁."一核两力":中国特色新型高校智库建设的框架与模式[J].智库理论与实践,2018,3(6):58-64.
② 李刚.创新机制、重心下移、嵌入决策过程:中国特色新型智库建设的"下半场"[J].图书馆论坛,2019,39(3):29-34,41.

用"二轨外交"积极传播本国声音。此外,随着智库现代化进程不断推进,复杂的现实语境衍生出了储才育才、战略规划、政策沟通及协调、政策教育、信息搜集、政策评议、社会监督等功能。本节将详细阐述现代智库的基本功能和新拓展功能,以更深入了解智库在公共政策制定、社会生活领域等方面发挥的影响和作用。

(一) 现代智库的基本功能

智库在不同阶段、不同的国家和政治文化环境下不仅表现出不同的运行功能,还表现出不同的时代特征。从不同的角度分析,智库的功能会存在较大差异,智库的基本功能为以下几个方面。

1. 咨政建言

智库是稳定的、相对独立的、专业的政策研究机构,为政府、企业及公众提供决策咨询服务。从概念上看,智库最重要、最传统的功能是生产专业知识和思想,并在决策过程中发挥举足轻重的作用,可以说提出政策思想是智库的基本任务。[①] 智库的基本目的就是通过自身的研究成果和其他社会影响力影响政府决策者制定政策,通过分析、研究和预测政治、经济、科技、外交、文化、生态等领域中所面临的困难和可能出现的问题,提供具体的政策建议和解决方案。智库从事公共政策和公共关系研究的根本目的就是处理公共关系,协调社会各方公共利益矛盾,为公共决策和相关政策制定提供专业知识、思想和行动方案,具体工作流程及内容包括信息搜集与筛选、信息分析和知识运营、政策研究与评估等多个环节。从本质上讲,智库开展政策研究和服务,是为社会公共关系和政府事务处理提供可行的方案,协调服务对象间的利益关系,帮助政府实现社会公共利益的最大化和目标的最优化。

在智库发展的初期,为了解决国内外复杂的社会问题,政策制定者选择向智库主动寻求建议和咨询,智库是"被咨询"的一方。美国智库受政治环境与智库文化的影

---

① R. Kent Weaver. The Changing World of Think-Tanks[J]. Political Science and Politics. 1989,22(3):563-578.

响,决策咨询的功能尤为明显,是美国政治生活中不可或缺的一部分,智库也被称为"影子政府"和"政府外脑"。例如,在 20 世纪中叶,企业研究所推行的凯恩斯主义在美国民生领域盛行;二战后,布鲁金斯学会提出的马歇尔计划被美国政府采纳,成为智库在前瞻性问题研究和实践相结合的成功典范。随着智库产业的不断发展,智库的关系网络也越来越广泛,学术影响力日益增强,智库开始主动寻求与政府的合作,主动向政府提出政策建议,嵌入政策制定过程,影响决策,提升政策影响力。智库利用各种直接或间接的手段对社会进行诊断,发现社会问题,寻找问题的解决办法,在政策研究和咨询中发挥作用。中国智库参与政策过程、影响决策核心层、发挥影响力的方式主要包括提供内参、为领导层集体授课等。

现代社会处于信息爆炸的时代,决策者往往被大量信息包围,难以在短时间内进行大量的信息处理工作。参与政府决策和公共政策的制定,协调处理公共关系和社会利益冲突,是现代智库的核心功能,也是其社会价值的集中体现。现代智库充分发挥自身独立性和专业性,对大量信息进行过滤和转化,产出宝贵思想成果,为世界经济社会发展和国际问题的处理提供系统分析、理性选择和正确的政策措施或解决方案。

2. 理论创新

深厚的学术理论积淀是智库显著区别于一般咨询公司和内部政策研究机构的特征。智库影响公共政策的诸多创新性观点和关键性证据,归根结底都来自扎实的学术研究。[1] 智库的研究工作不仅仅是原有知识、思想和方法的简单叠加、排列组合,更是运用新思路、新理念对原有知识结构、社会结构、关系结构和制度环境进行新认识、新探索,形成新成果。因此,学术性、理论性、创新性是中国特色新型智库的基本属性,也是主要功能。

---

① 余晖,刘福才.英国高校智库:功能定位、运行机制和服务模式[J].比较教育研究,2018,40(12):59-66.

20世纪中后期,计算机技术、网络技术、信息通信技术、生物技术的发展为智库发挥决策支撑功能提供了基础动力。在此期间,专业知识思想与权力、文化、宗教等领域的交流互通进一步深化,实现了较大程度的融合,拓展了智库自身发展和业务能力提升的空间。新的知识结构发生了较大变化,新的知识类型和模式开始出现:新人文主义知识类型和新技术统治论知识类型,既有满足人类基本生产生活需求的物质生产领域,也有长期战略性的预测研究。社会问题的复杂性和综合性不断提升,研究分析的领域更为广泛,专业学科划分更加精细化,涉及的学科也由单一学科向多学科交叉拓展。具有共同研究范式、理想信念和目标的人群逐步形成了专业性的研究组织,针对具体的社会问题提出针对性的解决对策,"科学共同体"由此诞生。

现代智库已经成为知识创新和思想开拓的重要基地,在研究过程中不断形成新的理论成果,既包括对原有政策过程和制度选择的创新发展,也包括对理论、方法的根本性变革,产生新的概念网络、范式和智库研究共同体,形成新的智库研究方法论和理论观。[①] 例如,著名的"华盛顿共识"和"G2"等思想概念出自彼得森国际经济研究所,兰德公司、哈德逊研究所等智库是系统分析方法、博弈论、理性选择理论的开创者。这些理论经过激烈的交流、辩论和分歧消除等多个过程最终问世,帮助解决社会发展和和平稳定等焦点问题,为学术研究和知识理论界留下了宝贵的思想理论财富。

3. 舆论引导

除了为政府直接提供政策建议,智库的另一个重要功能是通过间接的方式引导公众舆论。智库以多种方式引导舆论,包括"自上而下"地向公众传播政府政治思想和支持。同时,还包括向公众传播自己的研究成果和思想,通过影响公众来形成舆论压力,从而影响政府决策。不同智库根据自身特点和规模采用的传播形式存在一定

---

① 托马斯·库恩.科学革命的结构[M].3版.金吾伦,胡新和,译.北京:北京大学出版社,2012:88.

差异，传播模式主要包括人际传播、媒体传播和组织传播三种，基本传播形式包括智库自身的期刊、书籍、出版物、网站等，有时还举办相关的新闻发布会、吹风会、学术会议、沙龙讨论会、培训项目等。

智库通过出版物、媒体评论、举办讲座、举办培训班等方式引导舆论。美国的知名智库每年都会出版大量的专著、研究报告、简报等。例如，外交关系协会的旗舰期刊《外交》刊登的文章经常会涉及全球性的话题，对世界舆论有着较大的影响力。随着新媒体的快速发展，智库还可通过在媒体上发表解读国内外政策和全球问题的文章和评论，通过推特、播客、微博等新媒体平台传播思想，起到政策解读、舆论引导的作用。布鲁金斯学会在"9·11"事件发生后的第一时间向社会发布了《恐怖组织与美国外交政策》，介绍美国面临的形势，提出相应的对策。

此外，智库还通过举办讲座、培训班、研讨会等形式，为公众、智库专家、政府官员之间搭起沟通的平台，不仅可以加深公众对政策问题的理解，还可以为公众提供提出建议和意见的各种渠道。

4. 社会服务

社会服务是智库影响力建设的重要手段，也是智库发展核心能力的直接表现。智库作为以公共关系、公共政策为研究对象的政策研究和咨询服务机构，具有社会服务、监测与风险应急的功能。智库深入基层，进行实地走访调研，真正了解公共关系与社会实情，实现问题研究与政策制定的有效衔接。

智库监测社会热点与动态，是社会热点的"晴雨表"和动态预报站。早在 2001 年，中国人民大学和复旦大学便共同开展了 21 世纪中国生育政策研究项目，开展了相关调查、模拟预测，并提出了计划生育政策调整的建议。2009 年，中国社会科学院人口研究所田雪原在权威报纸发表文章，呼吁调整计划生育政策。2012 年，国务院发展研究中心社会发展研究部的研究人员又通过相关媒体呼吁调整人口政策。正是多个智库数年的努力，对政策效果和人口数量进行监控预测，我国的人口政策得以及时调整。

5. 公共外交

公共外交是指政府通过文化交流、信息项目等方式,了解、影响国外公众,提升本国国家形象和国际影响力,进而争取更多的国家利益。智库作为对外关系的"参谋"和"尖兵",承担着宣传国家政策、参与国际事务和舆论引导等重要使命,因此,智库是国家"第二外交通道"和"软实力"构建的重要途径,在国家形象、国家政策、公共事务各方面都被赋予了极为重要的使命和意义。

当前,智库发展的国际视野和战略眼光日益凸显,业务领域和合作范围不再局限于国内市场,"引进来、走出去"战略逐步成为智库发展的新定位,智库也逐渐成为学术交流和外交对话的新平台。一方面,智库致力提升本国形象。例如,卡内基教学促进会(Carnegie Foundation for the Advancement of Teaching,CFAT)以"促进人类教学进步"为宗旨在全球范围内拓展教学改进计划与教师支持项目,成了美国政府对外营造良好形象、提升全球教育影响力的重要助手。另一方面,智库为新时代的外交工作咨政建言。例如,中国国际问题研究院作为外交部直属专业研究机构,近年来先后出版《普京大外交:面向21世纪的俄罗斯对外战略(1999—2017)》《国际秩序演变与中国特色大国外交》《国际形势和中国外交蓝皮书(2019)》《CIIS研究报告》,主办国际问题类期刊《国际问题研究》(中英文版),产出在国内外有较大影响的理论成果。此外,智库还积极引导国际舆论。例如,新华社作为国家高端智库,聚焦一系列对外战略和外交重要活动,第一时间组织智库专家发声解读,并综合运用全媒体传播形态,充分发挥海外传播优势。国防大学、军事科学院智库专家从军事战略视角出发,揭露美国、菲律宾在南海仲裁案中的无理要求,系列文章《南海仲裁案十问十答》等在互联网上被广泛转载。

(二)现代智库功能定位的新拓展

1. 储才育才

作为知识的生产机构和传播机构,智库对于人才汇聚、储备与培养作用不言而喻。人才是智库建设的核心资源,专家的学术思想和对策研究经验是智库持久生命力的重要保障。首先,智库提供的研究平台和资源吸引着高端智力人才的靠拢,并依托广泛的学术网络和政策网络,汇聚了来自全国各学科、各领域以及实际工作部门的专业领军人物和政府领导干部,高校智库在此方面功能更明显也更具优势。智库形成合理科学的人才梯队,构建灵活的人才协同机制,能够有效提高知识产出效能,实现人才生产和知识生产的良性循环,进一步激发人才的溢出效应。其次,智库也发挥了政府和知识界之间"旋转门"的作用。一方面,智库能够为政府决策部门储备和输送所需人才或干部,例如美国兰德公司下设帕蒂兰德研究生院(Pardee RAND Graduate School),采用理论与实践结合的"在职法"进行教学,学生们掌握了跨学科的分析工具和研究方法,也拥有了丰富的项目经验。据统计,2008—2018 年,帕蒂兰德研究生院 39% 的博士毕业生就业于政府单位。[1] 也有很多智库为年轻人提供"实习生项目"等锻炼机会,帮助他们培养分析问题和解决问题的能力,提高参与公共政策研究的能力。另一方面,智库也能进一步打通与官方之间的人才沟通渠道,为离退休的政府官员提供继续发挥余热、施展才华的平台和机会,也利用他们的实践经验进一步优化完善政策计划。如中国人民大学国家发展与战略研究院通过设置"智库科研岗",打造多层次人才梯队,吸收其他研究机构的学者、社会名流和学者型官员作为高级研究员进入智库平台,构建中国式"旋转门",如秦虹、黄石松、陈稹都是从中央部委或政府部门引进的"学者型官员";通过"旋转门"机制,来自江苏广电集团和新华报业传媒集团的编辑和记者加入紫金传媒智库,退休官员的加盟为智库对接政府需求、拓展政策建议上行渠道带来了便利。[2] 智库的人才输送、交流功能实现了研究者和执政者之间身份的转换,打通了决策层和知识界之间的界限,畅通了学界、政界等多方之间的交流,进一步提升了智库的政策影响力。

---

[1] Rand Graduate School. Pardee Rand Alumni Are in High Demand[EB/OL]. https://www.prgs.edu/careers/alumni-careers.html,2018-09-10.

[2] 中华智库影响力报告(2018)[EB/OL]. (2019-10-28)[2020-08-27]. http://www.clas.ac.cn/kxyj2016/yjbg2016/201910/t20191028_5413180.html.

2. 战略规划

智库是思想理论的容器,是理论话语的策源地和发散场,是国家治理体系和治理能力现代化的重要内容,[①]智库建设在国家发展中的战略地位日益凸显。智库最基础的功能定位便是"咨询国是、参谋智囊",智库聚合了大量的专业人才,累积了丰厚的知识资本,经年累月从事政策研究,能够为国家科学决策提供第一手材料和重要参考意见,为制定国家重大战略、促进社会发展贡献重要智慧和力量。如果说国家战略是"船",政策导向是"帆",那么智库便是"压舱石",以服务国家战略为导向,勇担时代责任和紧迫使命。习近平总书记指出,国家高端智库要重点围绕国家重大战略需求开展前瞻性、针对性、储备性政策研究,不断提高决策咨询服务质量和水平。[②] 近年来,我国国家高端智库紧紧围绕服务于中央决策的根本宗旨,牢牢把握为党和政府决策服务的根本方向,围绕经济增长新动能、跨境旅游合作、实施国家创新战略、"十四五"规划等核心议题开展研究,致力于为中央重大决策急需和经济社会发展需要贡献一大批有分量、有水准的智库成果,充分彰显强大的决策支撑作用。例如,中国科学院科技战略咨询研究院积极承担和开展国家重大规划研究及编制工作,牵头完成或参与数项"2021—2035年国家中长期科技发展规划"项目与中央及国家部委"十四五规划战略研究"项目。国外许多知名智库也与决策机构联系紧密,在世界范围内的政治生活中发挥重要作用。比如,美国国际战略与研究中心成立60年来,网罗了大批国际关系学界泰斗和政坛精英,以发挥政策影响力为宗旨,以战略问题为研究重点,致力于为世界各国领袖提供战略观察及各国与全球问题的政策方案。

3. 政策沟通及协调

智库开展政策研究和服务,从本质上来讲就是要提供社会公共关系和政府事务

[①] 陈明琨. 中国特色新型智库建设的理与路[EB/OL]. [2022-10-08]. https://theory.gmw.cn/2021-01/08/content_34529213.htm.

[②] 王灵桂. 加强中国特色新型智库建设[EB/OL]. [2022-10-08]. http://www.cass.cn/yuanlingdao/wanglinggui/zhongyaoyanlun/202105/t20210520_5334837.shtml.

处理的可行性方案,协调智库服务客体间的利益关系,帮助政府实现社会公共利益的最大化和目标的最优化。① 智库是独立于政府之外的公共非营利机构,通过举办论坛、内部座谈会等形式构建起谋策互动机制,形成"智政、智智、智社、智媒"四大有机互动体系,为社会大众、政府官员、媒体平台、智库专家的互动提供有效沟通的桥梁,既引导公众对于公共政策的进一步理解,又为公众发声提供了渠道。同时,智库作为"信息枢纽站",站在第三方的独立客观视角更方便快捷地传达政策思想和社情民意,对决策层与社会之间的矛盾进行政治调解,增强政府与民众互信。当前国内外环境复杂险峻,各种社会矛盾和社会问题交替出现,形形色色利益诉求的梳理和表达成为政治生活的常规内容,而不同类型的智库能够代表不同社会群体的利益诉求,借助实地调研、专家分析以及客观的立场,提请相关政策在制定的过程中,关注到更多社会成员的利益诉求,以此寻求政策效果的最大公约数②。同时,由于智库在发展中会与许多群体产生联系,包括企业、学界、政界、媒体等,智库作为联结多方的纽带,常作为各领域政策议题的沟通讨论协调平台。比如,卡内基国际和平基金会就通过设立特殊的项目构建了一个共同探讨全球性或区域性政策问题的沟通交流平台,参加者不仅有企业领袖,也有政府官员,还有智库和大学中的专家学者,有的项目甚至延续到今天。③

4. 政策教育

智库作为"思想工厂",启迪民智、引导公众也是其重要职能。一方面,智库肩负公共责任,通过出版著作、报告,在媒体上发表观点评论、接受访谈等形式在各种重大事件上发声,向社会公众开展政策宣传与解读,加深公众对政策研制和实施过程的理性认知,增进社会公众对国内外形势、社会热点难点问题的了解,提升公众对政策议

---

① 王厚全.智库演化论[D].北京:中共中央党校,2016.
② 张伟.新型智库基本问题研究[M].北京:中共中央党校出版社,2017:36.
③ 唐纳德·E.埃布尔森.国会的理念:智库和美国外交政策[M].李刚,等译.南京:南京大学出版社,2017:61-62.

题的敏感度和热情度,在一定程度上也促进了社会政治民主化的发展。另一方面,在国家和地方的政策执行过程中,智库作为"政策宣介者"在其中发挥着不可或缺的引导作用,推动政策的有效执行。这是因为智库本身具有很强的独立性和专业性,开展政策宣传和教育的方式也更为多元,对外宣传的自由度较高,能够把政府的政策想法更为简明易懂地向社会公众解读,从而使民众更加全面、准确、深刻地理解政策,推进政策落地。例如,长江教育研究院围绕阳光教育的实施背景、理论构建、人才培养等问题,以"合育"为核心理念,构建了系统的教育理论,在广东、湖北、山东等地的诸多学校开展了教育实验,为义务教育的改革与发展进行了前瞻性、创新性的探索,进一步发挥了政策引导和教育作用。[1]

5. 信息搜集

信息化、数据化充分发展的当下,智库正不断借助数据这种新型要素的力量,以数字化赋能,实现高质量发展。正如智库学者芭芭拉·米兹塔尔(Barbara A. M.)所述,智库的根本目的在于收集真实、有效的信息,能够为政治精英和普通民众提供建议,这也让公共决策者认识到智库的重要作用。[2] 随着新一代信息技术的不断发展和智库所带动的政府决策机制的改变,智库的研究范式逐渐从经验型信息决策转变为大数据驱动的研究范式——个体化、全样本的发现和预测研究。智库将自身研究沉淀的特色成果、权威的一手数据进行存储、加工、处理,形成特色数据库,实现纵深化、个性化发展,同时,也借助各类新兴软件工具、量化模型和研究方法,为政策研究提供知识、信息、数据、模拟仿真、预测分析、结果验证等支持,形成科学合理的结论和规律,提高决策的可信度和准确性。与此同时,智库仍然沿用实地调研、田野调查、问卷调查、专家访谈等方法获取更多一手的、非结构化数据并加以统计分析,为政府决

---

[1] 中国昌,程功群.中国特色新型教育智库的角色定位及建设路径[J].华东师范大学学报(教育科学版),2018,36(6):85-92,157.

[2] Barbara A. M. Public Intellectuals and Think Tanks: A Free Market in Ideas? [J]. International Journal Politics, Culture, and Society, 2012,25(4):127-141.

策提供更为科学的数据依据。智库的信息功能不仅能够为研究提供实时数据,同时,也能通过信息数据进行预测分析,起到"预警机"的作用。例如,上海前滩综研(以下简称"前滩综研")具备数据挖掘和资源集成优势,和资深大数据团队孵化了上海前知数据技术有限公司,基于社会开放数据、移动通信数据、社会网络数据等海量数据挖掘技术,致力于为政府部门、企事业单位、金融机构等提供决策支持服务和专业化、定制级大数据服务。近年来,成功将大数据应用于城市战略研究、产业发展研究、区域经济评估等领域。为持续跟踪研究"一带一路"建设,前滩综研自主研发全国首款"一带一路"研究机器人(搜索引擎),对互联网上的"一带一路"相关资讯,进行实时抓取、精细分类和深入研究。[1]

6. 政策评议

一项公共政策的实施过程充满着不确定性,政策落地效果如何,是否达到预期目标,是否需要修正调整,都是需要考虑的问题。智库作为相对独立于政府的第三方机构,本身对社会问题进行了长期研究,具有高度的敏感性,能够及时诊断社会问题,突破思想局限和知识视野。智库机构的专业研究团队具备丰富的知识和实践经验,能够较为独立、客观、公正、专业地对政策进行评价和鉴定,更为全面综合地将社会公众和社会各界人士的观点和态度展现出来,从而及时调整政策目标,保障政策施行的科学性和有效性。并且,智库参与政策的后续修订工作,有利于及时化解政策相关利益方的矛盾,以体现政策公平。[2] 例如,中国工程院以第三方政策评估为国家高端智库建设的工作重点之一,积极开展国家重大工程、重大科技计划的立项、进展情况及实施效果等方面的第三方评估,如可再生能源法实施情况评估、三峡工程试验性蓄水阶段评估等,为国家决策提出客观公正的评估意见;南京农业大学金善宝农业现代化研究院专家积极参与政府咨政决策,多次为政策评估建言献策,智库专家应邀参加《江

---

[1] 前滩综研.前滩总览[EB/OL].[2021-03-01].http://www.idss.org.cn.
[2] 李婉芝.智库在公共政策过程中的作用分析[D].武汉:湖北大学,2012.

苏省"十四五"现代畜牧业发展规划》论证会；大运河文化带建设研究院专家参加 11 个设区市大运河文化保护传承利用实施规划审议会等。国外许多知名的智库也具有相对固定的政策评估领域，兰德公司主要对国家安全进行评估性研究；外交关系委员会主要评估外交关系，如美国与朝鲜、巴尔干半岛、古巴、巴勒斯坦等国家和地区的关系及政策；布鲁金斯学院主要关注公众福利问题，如税收政策、社会保障以及医疗补助等；传统基金会对美国教育进行经常性的评估；美国企业研究主要评估社会保障、最低工资、环境保护政策以及消费者权利等方面的政策。①

7. 社会监督

社会监督是指由国家机关以外的社会组织和公民对社会事务进行不具有直接法律效力的规范和管理的行为，其在监督主体、客体、内容、范围和影响上具有广泛性和普遍性，②具有专业权威形象的智库便是其中的重要主体之一。因受各种因素的影响，政府在行使管理职能时，有时会"偏离轨道"，这时智库便可发挥补充功能，进行监督并提出批评和改进建议。③ 一般来说，智库会通过召开会议论坛、公开对社会问题发表观点、借助各类媒体平台发声等方式对社会问题进行分析、对政策施行进行评议和实时监督，甚至也会与记者一起调研采访、讨论分析，将智库观点和建议融入媒体报道中，从而让建设性舆论监督报道中的建议对策权威、实用，实现社会监督政治效果和社会效果的最大化。例如，南京政务舆情研究院承担南京市 12 区及数十家企事业单位舆情数据监测与舆情监测报告撰写工作，同时，协助多区和部委办局开展社会面舆情报送工作，为相关部门提供了重要决策参考。

---

① 余章宝.作为非政府组织的美国智库与公共政策[J].厦门大学学报(哲学社会科学版)，2007(3)：114-121.

② MBA 智库·百科.社会监督[EB/OL].[2022-10-08]. https://wiki.mbalib.com/wiki/社会监督.

③ 彭灵灵."社会政策时代"智库的价值、影响机制与体系建构[J].湖北社会科学，2019(3)：48-52.

第二章　现代智库的理论基础

现代智库的缘起与兴盛离不开理论的发展与完善,多元的理论流派、融合的理论背景和系统的理论框架是现代智库的价值实现与影响扩散的重要支撑因素,也是满足现代智库跨界发展、融合创新的基本要求。因此,厘清现代智库的理论基础,勾勒现代智库发展历程中的理论进展,有利于为现代智库建设提供路径参照和学理依据。

一、政治学理论

（一）精英理论

1. 精英理论概述

精英理论认为,政权是由少数人或者少数群体掌握的,权力是被拥有大量社会、经济资源的少数派主导的。

也就是说,精英理论下的公共政策主要是由精英视角从上往下落实的,而不是以公众的视角为准则。C. 赖特·米尔斯（Charles Wright Mills）在《权力精英》(*The Power Elite*)中提到精英是指上层阶级中拥有绝对财富或绝对地位的人,通常集中在经济、政治和军事领域,包括富豪、政府高官和军界领袖等。[①] 精英理论中的精英概念适用于社会生活中的各个领域,并不局限于行政体制内的政府官员,经济、军事、政治、人文等多个领域拥有话语权、占据权威地位的个人都可以被视作精英。

19世纪末20世纪初期精英主义诞生,并在20世纪70年代发展到巅峰。学界

---

① C.赖特·米尔斯.权力精英[M].李子雯,译.北京:北京时代华文书局,2019.

普遍认为传统精英主义起源于意大利,由意大利经济学家维尔弗雷多·帕累托(Vilfredo Pareto)及政治学家加塔诺·莫斯卡(Gaetano Mosca)等提出。现代精英主义的主要代表人物是约瑟夫·熊彼特(Joseph Schumpeter)、C. 赖特·米尔斯等。相对于传统精英主义对民众的悲观否认、主张精英治国,现代精英主义的核心思想依然是强调精英治国,但其并没有直接否认公民在政治体系中的重要地位。现代精英主义认为精英既可以来自贵族阶级,也可以来自后天成功的普通公民,精英本身并不具备不可替代性,其领导地位可能被其他精英取代,但是精英主义的治理规则不变。

精英主义下的金字塔型科层制度认为,上层阶级由精英扮演,因此,往往是掌握着大量资源的少数群体做出最主导性的政策决定;中间阶层是在政策决策中同时具有主导性和被主导性的群体,负责连接上层精英和底层大众;底层则是大众,被动地接受政策,受到上层阶级的主导。

政治学家杰弗里·温特斯(Jeffrey Winters)在《寡头政治》(*Oligarchy*)一书中提出了"寡头政治"的概念,该概念认为最具有资源(包括知识、经济、权力等)的人主导政策。精英理论根据政策影响力的高低,直接将公民划分为寡头和普通公民,寡头通常指大垄断资本家和公司企业。罗伯特·米歇尔斯(Robert Michels)提出的"寡头统治铁律"将政治精英化推向极致,他认为由于种种原因,人类的一切党派组织、进而一切政治系统和社会系统,都必须也只能由少数寡头统治,大部分群众只是没有政治意识、没有组织的乌合之众,这是亘古不变的"铁律"。[①]

2. 精英理论与智库的关系

在精英理论的框架下,一方面,智库的利益相关方,比如,智库领军人物、负责人、投资方、专家等,本身就拥有良好的资源禀赋,在学界、政界或商界具有一定影响力和话语权,属于中间阶层或上层阶级,也就是精英本身,扮演着主导、推进政策的角色,因此,智库研究成果就能直接为精英服务或折射出精英自己的判断,对政策制定有着

---

① 金贻顺. 当代精英民主理论对经典民主理论的挑战[J]. 政治学研究,1999(2):62-70.

直接影响力;另一方面,建立常态化"反馈联系机制"——智库咨政建言的重要途径之一——本质上是通过报告、内参或口头讨论等方式,直接向政治精英提供决策咨询服务的过程,代表政治精英的信任与支持。智库通过此类反馈机制影响政治精英、政治精英主导政权,产生间接性影响。

精英理论一定程度上支持了智库基于专家和证据的建设研究理念,认可了专家是智库建设核心的要义。在智库建设中,领军人物对于智库发展与建设起到引领带动作用,可以视为智库最为突出的"人格化IP";智库专家也是智库的核心,是最能反映实力的因素之一。

(二)多元主义民主理论

1. 多元主义民主理论概述

多元主义民主理论认为,政治权力并没有被特定阶层、利益集团或少数人占有,而是广泛分散于各个阶层、各个组织之间。政策并不是简单的从上至下颁布的结果,而是由下至上的、经过众多社会组织(利益集团)和公众为自己争取利益、相互竞争后达成一致的产物。理论的核心在于政治决策权的去中心化和融合多方竞争妥协的决策过程。

多元主义民主理论在20世纪50年代由美国政治学家罗伯特·A.达尔(Robert Alan Dahl)正式提出后成为主流理论广泛流传,被认为是继承并融合完善了多种西方民主理论的产物。基于对精英民主理论的批判、修正,达尔提出了多元民主理论。该理论并没有完全否定精英统治在民主运行中不可避免,同时,认为精英民主理论忽略了社会组织的重要政治地位和影响力。多元民主的核心思想是实现"多重少数人的统治",也就是"多头政体"(Polyarchies),即少数人的统治回避了多数人暴政,且在多重的"少数人"相互竞合中避免了少数人暴政。"社会组织"一词在多元主义民主理论中具有举足轻重的地位,因为数量众多的社会组织的参与是实现多元民主的重要前提:"少数人的统治"正是将社会组织作为载体发挥政治作用及影响;数量庞大、性质复杂、代表着不同利益的社会组织也是制约"少数人的统治"的重要表现。传统的政治民主理论只是侧重于政府内部相互制衡,而多元主义民主理论强调公民、社会、政府的多重制衡关系,认为在民主体制下,权力不是集中于单一政体,而是分布于公民、社会组织、政府之间,政府、社会和公民等多元主体之间达成相对权力平衡的状态是保证民主的充分条件。

尽管多元民主主义是在多种民主主义的基础上完善加工而来的,但它依然不是面面俱到的,无法解决公共政策中遇到的所有问题。在《多元主义民主的困境——自治与控制》(Dilemmas of Pluralist Democracy)中,达尔指出多元主义带来的四大困境:"它们可能有助于固化政治不平等、扭曲公民意识、扭曲公共议程、让渡对于议程的最终控制权。"[1]

达尔认为造成这些困境的根本原因在于经济不平等,经济不平等导致了政治不平等。达尔提出经济民主来应对这些困境,让一般的经济秩序也符合民主主义,把民主主义应用到公司和企业的组织内部。此外,达尔还提出了"微型公众"(mini-populus)的概念,旨在让公众参与政治公共问题协商。通过抽样,选取非专家、非党派人员的普通公民参与协商讨论,为民主政治决策提供来自大众的视角,反映公民对政策的接受度。

2. 内部多元主义

在西方政治环境下,多元主义体现在多党派之间的竞争性选举执政,可以看作是外部多元主义(external pluralism)。而外部多元主义并不适用于中国这样一党主导的政治体系,因此郑永年等人在《内部多元主义与中国新型智库建设》中提出了内部多元主义(internal pluralism)的概念,[2]以区别中国和西方的政治体系。中国的内部多元主义体现在以中国共产党为领导的前提下,面对多方利益时,中国共产党充分吸纳其他民主党派进入政治体系,多方政党在体制内部合作协商,共同治理国家。

---

[1] 罗伯特·A.达尔.多元主义民主的困境:自治与控制[M].周军华,译.长春:吉林人民出版社,2011:33-43.
[2] 郑永年等.内部多元主义与中国新型智库建设[M].北京:东方出版社,2016:41-42.

3. 多元主义理论与智库的关系

在多元主义的视角下，智库凭借其特殊的性质，以"专家知识"和"与决策者畅通的沟通渠道"等优势，作为多元民主的一环，拓宽了民众、专家学者、企业等多方组织或个人参与政策制定的途径，支持和鼓励政治的多元化，促进民众对政策制定过程的多元化参与。从所属性质的角度，智库可以分为官方智库、半官方智库和民间智库，其中，官方智库离权力中心相对更加接近，其资金来源更充足、官方资料来源更直接准确、对接渠道更畅通，但是，其独立性容易受到外界的影响和质疑；半官方智库和民间智库则能够相对独立地进行研究、发挥咨政建言作用，是一种从下至上的影响决策的过程。

（三）法团主义理论

1. 法团主义理论概述

法团的概念源于社团，在法团主义（Corporatism）中指代与国家政府机关共同参与公共政策制定的规模有限的由国家建立或者受到国家认可的组织化功能单位。法团主义认为国家的权力凌驾于所有组织之上，是拥有绝对主导权和独立权的独立政治机关，国家作为主导公共政策的主体，应该主动积极地将代表各利益集团的团体吸收进政策决策体系，既给予利益团体表达观点、争取利益的机会，又要求其服从于公共责任与公众利益。

法团主义早在19世纪初就兴起流行，后逐渐淡出主流讨论，一直到20世纪70年代末，再次进入人们的视野。当时许多西方国家面临着资本主义危机，法团主义的兴起就是希望国家能够作为具有主导权的权力主体对经济危机和政治动荡进行正面干预。

德国学者卡尔·施米特（Carl Schmitt）将法团主义定义为一种由若干个组织构成的利益代表系统。利益代表系统是由多个团队、组织构成，这些构成单元在系统中层级分明、没有利益竞争、安排合理，分别被国家选择、扶持成为能够垄断性、主导性地代表某领域的组织，参与并影响相关领导者的决策和要求。相应的，组织的要求等行为是受到国家主导、约束的。相对于精英理论认为政权是由少数人或者少数群体直接掌握并决策；多元主义认为公共政策的制定是由下至上的、是众多利益集团为自己争取利益、相互竞争后达成一致的产物。法团主义则强调国家主体在政治决策中的绝对地位，认为国家主体是主动邀请利益集团参与、协商决策，国家在过程中掌握主动权，进行决策时需要把国家和公众的利益置于首位，节制利益集团的私利。

根据国家政权主体给予组织的自主权力，法团主义可以分为"社会法团主义"和"国家法团主义"。在社会法团主义中，组织拥有较高的自主权利，组织的建立、等级和领导人都是通过竞争选举出来的；而在国家法团主义中，组织活动都是由国家主导或直接任命的。这两者本质上是由社会政治形态中心化程度、开放程度决定的。

2. 法团主义与智库的关系

从组织的定义来看，被中央部委办局和各省市认定的高端智库、重点智库和重点培育智库等形式的智库，具有数量有限、功能分化，具有等级属性、彼此非竞争关系等特点，可以视作法团主义视阈下的"法团"；从功能上看，智库职能之一就是提供决策咨询服务，根据属性和服务对象的不同，既可以为利益集团服务，作为利益代表系统中的一环，帮助集团争取集团利益，又能够直接服务于部委办局等国家单位，为国家主体更好地满足公众利益和履行公共职责提供咨询建议。因此，法团主义理论对我国智库现象有较好的解释力，值得重视。

（四）政策网络理论

1. 政策网络理论概述

政策网络理论认为公共政策的制定是由国家与多种行动主体进行利益竞合、资源置换而最终得到的结果。不同的主体单元基于资源流动、交换等关系搭建形成了政策网络，政策网络具有多个行动主体，主体之间的关系错综复杂、互相影响，没有突出的单一主导者。

政策网络理论在20世纪70年代美国经济危机变局的情况下被提出，以期解决当时的社会问题。当时的美国由于政体出现碎片化、去中心化和部门化等趋势，经济和社会问题愈加严重,政府决策的范围不断拓宽,影响政府决策的单位组成也越来越复杂。政策网络理论认为多元主义和法团主义将国家主题和社会组织过于简单地区分开,并不适用于当时的公共决策体系,无法解决经济危机,因此该理论将国家和社会划分为若干子系统,认为子系统之间相互作用,子系统之间不存在完全独立的关系。后来政策网络理论又在英国、德国和荷兰有着更广泛深入的发展,成为当今西方政治学界的主流思潮之一,传播范围遍布全球。

目前政策网络的定义众说纷纭,接受度最高的定义由政策网络理论的代表人物之一 R. A. W. 罗茨(R. A. W. Rhodes)提出,他认为政策网络是有些团体和组织出于资源依赖而形成某种集群,集群之间的区别在于资源依赖关系的不同。[①] 政策网络描述了现代公共决策过程中国家和社会多个主体在政策决策行为中的关系模型,并将其纳入分析框架,多主体分为国家主体和社会行动者,社会行动者包括但不限于利益集团、民间组织、私营企业、社会大众、专家学者等团体或个人。

政策网络理论将参与公共政策制定的主体门槛设置为国家、部门、企业、团体和个人,模糊了传统科层制的等级划分,认为国家与社会是相互作用的整体,国家作为政策网络的重要环节,依然遵守网络的特点和原则,并不占据绝对主导地位,与其他行动者依然存在资源依赖、相互利益输送的关系,需要通过协商参与决策。因此,政策网络理论的研究对象较为全面,兼收并蓄,为研究决策行为开辟了新的视角。

2. 政策网络理论与智库的关系

政策网络理论承认多元的决策参与行动主体,政策参与者的门槛降低,将不同层次、类型的智库以及智库专家都纳入现代决策分析框架中,从理论上认可并支持了智库的职能。同时,政策网络理论也拓宽了智库影响政府决策的路径,智库可以不受限于影响单一行动主体,还可以将政策网络中的资源流动关系、利益竞和关系纳入考

---

① David Marsh, R. A. W. Rhodes. Policy Networks in British Government [M]. Oxford: Clarendon Press, 1992.

量,突破了传统的思维范式,带来了多维的新视角。

(五) 领导权理论

20世纪意大利共产党的创始人、马克思主义理论家安东尼奥·葛兰西(Antonio Gramsci)在《狱中札记》(*Selections from Prison Notebooks*)中提到,国家是由"政治社会"和"市民社会"构成的,[1]政治社会依靠暴力进行强制性统治,指国家的暴力机构,如军队、法庭、监狱;市民社会则依靠文化和道德伦理的同一性,主张公众的自驱性、不具有强制性,指非暴力的民间组织,如学校、教堂。对应的,领导权分为以列宁(Lenin)为代表的政治领导权(Political Hegemony)和以葛兰西为代表的文化领导权(Cultural Hegemony)。

1. 政治领导权理论概述

列宁并未直接提出领导权的概念,但其思想蕴含着领导权理论。列宁认为国家的本质是暴力统治,统治阶级依靠暴力和武装占据统治地位,因此无产阶级想要推翻当前政权,必须以暴制暴,将各阶级的力量(尤其是农民阶级)联合起来,通过暴力革命的方式夺取政权,推翻旧政权、建立无产阶级新政权。列宁认为精神文化的意识形态建设对革命结果难以产生直接的影响,文化和意识形态的改变、熏陶是锦上添花的巩固政治领导权的方式。

2. 文化领导权理论概述

葛兰西在《关于南方问题的笔记》中提出"无产阶级的领导权"[2],后又在《狱中札记》中进一步将领导权划分为"统治"和"智识与道德的领导权"[3],后者即现代讨论的文化领导权。文化领导权是指潜移默化地改变公民的世界观、价值观和文化理念,以

---

[1] 安东尼奥·葛兰西.狱中札记[M].曹雷雨,姜丽,张跣,译.北京:中国社会科学出版社,2000:218.

[2] Antonio Gramsci. Selections from Political Writings 1921—1926[M]. London: Lawrence & Wishart Ltd, 1978: 443.

[3] 安东尼奥·葛兰西.狱中札记[M].曹雷雨,姜丽,张跣,译.北京:中国社会科学出版社,2000:38-39.

非强制手段来获得公民发自内心的支持,核心思想是需要公民发自内心的"自愿支持"(the free consent)。文化领导权描述了一种通过塑造新的世界观、价值观来赢得民意的举重若轻的非暴力革命手段。

值得一提的是,葛兰西和列宁并没有绝对否定彼此的观点,他们都认为统治和文化有着重要作用,但两者对于革命的重要性的判断并不一致。葛兰西认为市民社会的核心是公民"自愿支持",与公民的阶级属性无关,因此掌握文化领导权、获得公民的"支持"是无产阶级获得政治领导权并且维持领导地位的根本保障,拥有文化领导权就可以和平地实现政治领导权的改革。文化领导权理论认为阶级斗争的核心在思想而不是武器,阶级斗争应该重视软实力的潜在价值,引导市民社会的伦理道德和思维风尚,潜移默化地主导市民的内心追求,这个过程并不是统治性、强制性的文化灌溉,不能违背市民的自主意愿。

葛兰西认为占领文化领导权主要是靠公民的认可和舆论宣传引导,后者的实现离不开知识分子。《狱中札记》又进一步将知识分子分为"传统的知识分子"和"有机的知识分子",[①]葛兰西认为有机的知识分子能够在无产阶级革命中发挥重要的组织、宣传传播等方面的作用,作用过程不拘泥于理论上的专业知识,要求充分结合现实问题,积极发挥实际作用、参与实际生活,是无产阶级革命的有力推动者、传播者,能够将无产阶级的新思潮传递给公民,使得大众自愿地认同无产阶级领导。

3. 领导权理论与智库的关系

党的十九大报告强调,中国特色社会主义进入新时代,我国社会主要矛盾已经转化为人民日益增长的美好生活需要和不平衡不充分的发展之间的矛盾。这说明公民的意识形态与当前社会物质条件存在一定差异,国家在着力发展经济的同时也需要满足公民不断增长的精神和文化的需求。随着网络和信息技术的广泛运用,传媒智

---

① 安东尼奥·葛兰西.狱中札记[M].曹雷雨,姜丽,张跣,译.北京:中国社会科学出版社,2000:2-5.

库的社会能见度越来越高,在传递主流思想、舆论引导、政策解读、公共外交方面具有得天独厚的优势。因此,我国政府可以依托传媒智库,将传媒智库作为与大众沟通交流的桥梁,以弘扬国家主旋律为导向,积极面对大众宣传中国特色马克思主义,牢牢把握文化领导权。

此外,根据葛兰西对于有机知识分子的定义,智库专家以群众面临的实际问题为研究重点、力争发挥实际作用,是有机知识分子的重要组成部分。基于文化领导权理论,智库专家可以充当主流意识形态和价值观的"传播者",引导民众自愿认可党的领导,发挥智库的舆论引导职能。

二、公共管理学理论

公共管理作为一种现代管理模式,是指政府组织和非政府组织(Non-Government Organization)为共同管理主体的公共组织整合社会各界力量、追求公共利益、提供公共社会服务的管理架构,其核心思想是公共性与服务性。

(一)政策过程理论

1. 政策过程理论

一般认为,政策过程是国家政府作为主体与其他非政府组织在政策制度下的若干环节中相互作用、彼此影响的运作过程。西方学界对政策过程理论主要分两大派系:一种是以哈罗德·拉斯韦尔(Harold Lasswell)等人为代表的阶段框架理论,另一种是以约翰·W. 金登(John W. Kingdon)为代表的多源流理论。[①] 本书第三章会对政策过程理论作详细介绍。

(1)阶段框架理论概述

拉斯韦尔在《决策过程》(*The Decision Process*)中将政策阶段性的过程分为七个

---

① 王传奇,李刚,丁炫凯.智库政策影响力评价中的"唯批示论"迷思:基于政策过程理论视角的研究[J].图书与情报,2019(3):11-19.

阶段,①即政策情报、政策建议、政策规定、政策行使、政策运用、政策终结、政策评估,认为每一阶段都具备独特的制定周期和政策角色。瑞普利(Randall B. Ripley)总结前人经验,认为政策过程可以分为议程设置、政策目标及计划形成合法化、政策执行、政策评估、政策反馈五个阶段,②并指出政策过程的任何一个阶段都可以终止、重启和进入,部分阶段可以被省略。

(2) 多源流理论概述

1984年,美国公共政策学家约翰·W.金登基于组织行为学的垃圾桶理论(The Garbage Can Theory)在《议程、备选方案与公共政策》中提出了多源流理论。③ 垃圾桶理论主要讨论企业决策制定过程,金登对垃圾桶理论进行了修订,把理论中的四大要素:问题流、提出方案的效率、决策参与者、决策时机整合为三大源流:问题源流、政策源流和政治源流,并认为三大源流一般以不同路径运行,在政策窗口处耦合,从而产生政治压力和公共问题解决办法迫使政策过程启动,如图2-1所示。

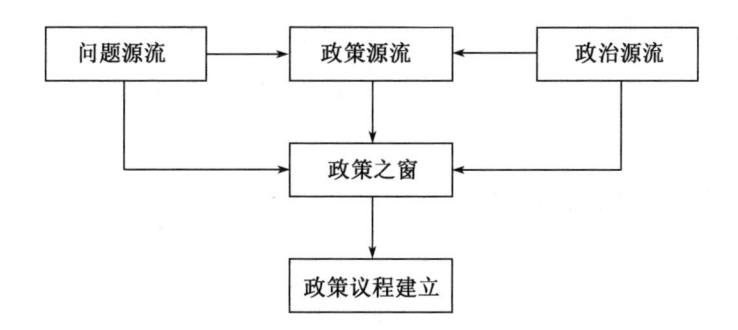

图 2-1 多源流理论分析框架

---

① Lasswell H. D. The Decision Process: Seven Categories of Functional Analysis [M]. Maryland: University of Maryland Press, 1956.

② Randall B. Ripley, Grace A. Franklin. Bureaucracy and Policy Implementation[M]. Homewood: Dorsey Press, 1982.

③ 约翰·W.金登.议程、备选方案与公共政策[M].2版.丁煌,方兴,译.北京:中国人民大学出版社,2004.

问题源流。问题源流是指社会环境中存在的社会问题,其核心在于问题的界定,因为并不是每个社会问题都会推动政治议程,问题的识别与界定对政策结果有着重要影响。当公共管理的主体和客体均认为应当针对某项事实采取措施时,该事实就可以被认为是一种问题。

政策源流。政策源流是指漂浮在政策原汤中的思想碰撞。在政策流中,多种政策建议、应对措施、政治灵感被公共管理的主客体提出,在此阶段经历碰撞、修改、完善。大部分想法都难以成为真正的政策,因为政策方案需要满足多种标准,例如大众接受度、可落地性等。

政治源流。政治源流是指现存的与政策形成相关的政治因素考量的过程,包括公众情绪、利益集团、选举换届等。可以理解为政治背景和社会环境对于政策制定的影响。

政策之窗。政策之窗是指三大源流汇合的时间,这是政策提案最容易吸引公众注意、发挥影响、进入政策议程的绝佳时机,被视为打开的政策之窗。三大源流平时有独自的运行规则,不会互相影响,因此,政策窗口只有在多元主体协同工作、公众参与之时才会打开。

2. 政策过程理论与智库的关系

从阶段框架理论的角度,智库通常主要在政策情报阶段和政策建议阶段发挥较大作用。但是,在我国决策权高度集中的政治体系中,行政主体推行决策并不是每一个决定、每一个流程都需要民意机构表决通过,决策者可以根据社会反响、舆论反馈等自行调节。因此,我国智库参与决策咨询并不仅仅局限在政策过程的前流程,还可以在政策决策过程的后半段,在政策执行、推广、评估反馈等环节发挥咨政建言职能。

从多源流理论的角度,智库虽然并不能直接主导决策的制定,但是可以在问题源流和政策源流发挥重要作用。在问题源流阶段,智库能够通过自己的影响力和传播力,将决策主客体的视野聚焦某一事件,让其充分了解事件的真实状况和亟待解决的迫切程度,助推决策主体对问题的合理判断;在政策源流阶段,智库位于政策产业链的下游，能够提供咨询方案和专家智慧，传播决策咨询产品，提供决策咨询服务，有效拓宽行政主体决策范围和能力的疆界。

（二）知识运用理论

1. 知识运用理论概述

20世纪70年代，知识运用理论（Knowledge Utilization Theory）被提出，探讨知识如何转化为政策、研究知识如何架构与政策的桥梁的过程。知识运用，就是知识被研究者创造出来，并借助一定的渠道传递给使用者的过程。

基于政策制定者是否使用知识，学界对于知识运用理论主要分为两大派系：一种是以内森·卡普兰（Nathan Caplan）为代表的两大群体理论，另一种是以卡罗尔·韦斯（Carole Weiss）为代表的启迪模型。总的来说，两大群体理论认为专家和政策制定者之间的文化壁垒决定了知识能否转化为政策，而启迪模型认为知识的传播足以让政策制定者接收到，政策制定者在吸收新知识的同时产生政策思维的进步，能够将知识运用到政策制定中。

（1）两大群体理论（Two-communities Theory）

在20世纪70年代，很多学者认为，由于专家个人的价值观不同，专家产生的知识被政策制定者认可的程度也不尽相同，专家的知识难以被政策制定者接受，进而无法对政策制定产生影响。因此，卡普兰根据是否运用知识视为专家和政策制定者之间差异的标志，[1]认为两个群体的差异需要通过人际交流来弥合，这就是两大群体理论。

该理论的核心思想是二分法，将专家学者和政界人员一分为二，认为两个群体处于截然不同的环境，并不共享知识以及价值观等意识形态；把知识的运用状态划分为用和不用，将知识转化为政策的过程简单线性化。

---

[1] Nathan Caplan. The Two-Communities Theory and Knowledge Utilization [J]. American Behavioral Scientist, 1979: 459-470.

(2) 启迪模型(Enlightenment Model)

韦斯认为两大群体理论简单地将知识划分为用和不用并不符合实际情况,她认为知识与政策之间的关系并非绝对线性、一成不变的,会随着时间发生变化。因此,她提出了启迪模型,认为如果政策制定者长期处于专家学者提出的新知识的环境中,潜移默化中能够接受并学习到专家学者提出的知识,从而影响政策的制定。启迪模型认为知识和政策的联系并不是直接明了、一成不变的,而是变化的。

韦斯将知识假设为具有积累性的,并认为知识可以通过科学的方式影响政策,但并不是一经提出就能立刻形成对应的政策,而是需要一定的时间。这一理论的关键在于两点:一是聚焦"知识",该理论认为知识或科研成果的质量是转化运用的核心;二是强调"运用",该理论注重对所创造知识的实际应用。

2. 知识运用理论与智库的关系

习近平总书记在 2016 年 5 月 17 日的哲学社会科学工作座谈会上指出:"要加强决策部门同智库的信息共享和互动交流,把党政部门政策研究同智库对策研究紧密结合起来,引导和推动智库建设健康发展、更好发挥作用。"强调了智库作为政府"外脑"的重要作用。因此,在两大群体理论下,智库作为外脑部署,有责任也有能力将学者和政府官员联系起来,成为弥合两大群体差异的桥梁。

在启迪模型下,韦斯概括出六种知识运用模式,即"问题解决模式""知识驱动模式""相互作用模式""政治模式""策略模式""启蒙模式"。其中"问题解决模式"认为政策制定者的需求决定了知识运用的动力,也就是说当决策者面对事件存在智力支持不足、专业知识缺失时,智库正好能够介入公共政策决策环节,协助决策者科学决策。此外,智库作为具备对外发声职能的思想机构,能够将智库研究的内容和专业知识融入外部环境中,熏陶政策制定者,逐渐改变其知识储备、价值观等,间接影响公共决策过程。

三、社会学理论

（一）社会网络理论

1. 社会网络概述

社会网络定义。巴里·威尔曼（Barry Wellman）认为，社会网络研究起源于20世纪20—30年代英国人类学的研究，[1]并在1988年提出较为成熟的社会网络（Social Networks）的定义，即"社会网络是由某些个体间的社会关系构成的相对稳定的系统"[2]。

社会网络理论的发展历程。社会网络思想发端于20世纪30年代埃米尔·涂尔干（Émile Durkheim）、阿尔弗雷德·拉德克利夫—布朗（Alfred Radcliffe-Brown）等对社会结构的分析和描绘，成熟于20世纪70年代的巴里·威尔曼、林顿·克拉克·弗里曼（Linton C. Freeman）等人创立的数学分析方法对其进行测算并将该分析方法科学化，快速发展于20世纪90年代，林南的社会资本理论和罗纳德·斯图尔特·伯特（Ronald S. Burt）的结构洞理论。[3]

2. 社会网络理论主要内容

强弱关系理论。社会网络思想自古典社会学以来，一直隐性存在于社会结构思想中，而真正使它成为一门显学，成为"一种相对独立的研究社会结构的方法"和有自己"专门的概念体系和测量工具的研究范式"，则始于以哈里森·科利亚尔·怀特（Harrison C. White）及马克·格兰诺维特（Mark Granovetter）为代表的"新哈佛学派"。其中，尤其以马克·格兰诺维特的"弱连带的优势"和"嵌入性"研究最为

---

[1] Barry Wellman. Structural analysis: From method and metaphor to theory and substance[C]. Barry Wellman, S. D. Berkowitz. Social Structures: A Network Approach. Cambridge: Cambridge University Press, 1988. 19-61.

[2] 李艳. 社会学"网络理论"视角下的网络空间治理[J]. 信息安全与通信保密, 2017, 15(10): 18-23.

[3] 马健云, 陈亮. 社会网络理论视阈下的高校弱势学科建设[J]. 高教发展与评估, 2021, 37(3): 10-19.

显著。①

格兰诺维特在《弱关系力量》一文中指出,强关系代表更密切的友谊和更频繁的互动,弱关系代表相识的人或是泛泛之交。一个人会从弱关系中受益更多,因为一个人的弱关系可以提供获得我们通常不熟悉的信息圈。通过密切联系联结在一起的紧密团体的成员往往会接触到相似的信息来源。真正新颖、有价值的信息通常可能来自较远的相识的人或是泛泛之交,他们可能充当通往网络中难以到达的部分渠道。综上所述,从个人层面看,弱关系是创造可能的流动机会的重要资源;从宏观层面看,弱关系对社会凝聚力具有影响作用。②

结构洞理论(Structural Holes)。结构洞的概念最早是由美国社会学家罗纳德·斯图尔特·伯特于1992年提出。结构洞指的是一个人的人际网络中联系人之间的"空白空间"。联系人可能知道彼此的存在,但接触并不密切。结构洞两侧的参与者可以接触到不同的信息流。因此,结构洞反映了"一个在人们之间协调信息流的机会,并控制将来自结构洞两侧的人们聚集在一起的项目"③。结构洞理论有四个标志性特征。第一,竞争是一个关系问题,并非玩家自身之间的竞争。第二,竞争是一种突现的关系(A Relation Emergent),是不可见的。第三,竞争是一个过程,而非结果。第四,不完全竞争是一个自由的问题,而不仅仅是权力的问题。这四个特征并不是各自独立于结构洞的理论,而是互相联系的。

社会资本理论。社会资本可以操作化地定义为行动者在行动中获取和使用的嵌入在社会网中的资源。④ 1961年,简·雅各布斯(Jane Jacobs)在论述美国大城市存亡时提出邻里关系网络是城市不可替代的社会资本。美国经济学家洛瑞(Glen

---

① 王露燕.格兰诺维特的社会网络研究综述[J].学理论,2012(3):17-18.
② Mark S. Granovetter. The Strength of Weak Ties[J]. American Journal of Sociology, 1973, 78(6): 1360-1380.
③ Ronald S. Burt. The Network Structure of Social Capital[J]. Research in Organizational Behavior, 2000, 22: 345-423.
④ 林南(Nan Lin).社会资本:关于社会结构与行动的理论[M].张磊,译.北京:社会科学文献出版社,2020:25.

Loury)在1977年分析种族收入差别的原因时,论及在家庭和社区组织中存在着作为社会结构资源的社会资本,其与物质资本和人力资本相对应,为个体人力资源发展以及社会化提供了条件。1986年,法国社会学家皮埃尔·布尔迪厄(Pierre Bourdieu)将"社会资本"的概念引入社会学领域,明确提出以社会关系网络为核心的社会资本概念。① 1988年,詹姆斯·塞缪尔·科尔曼(James Samuel Coleman)引入社会资本的功能性定义,明确提出从社会结构和功能方面定义社会资本,认为社会资本是一种"结构性资源",其功能在于为结构内的个体提供便利。②

3. 社会网络理论与智库的内在联系

思想是强有力的政治工具,专家则是思想的载体。当一定数量的专家凝结在一起,这样的群体就构成了所谓的"智库"。一般来说,智库是政策研究和咨询机构,但是,由于智库以影响公众政策为目的,智库的研究成果最终只有影响了政府和社会才能产生实质意义,而为了扩大影响力,关键的一点就是信息的整合与传播。智库产品发挥影响力大致需要经过议题设置、研究、传播这三个步骤,每一步都需要社会网络提供信息资源,在议题产生阶段需要获取前瞻性政策议题方向的信息,在研究阶段需要超越机构有限成员的限制,获得更深入的观点信息,在研究成果的传播阶段需要传递信息的渠道和媒介,将信息定点或广泛发布,所以,智库产品从计划到最终发挥影响,每一个阶段都体现了社会网络的重要作用。③

(二)价值理论

1. 价值理论概述

经济学的系统性发展源自亚当·斯密(Adam Smith),中间经过大卫·李嘉图(David Ricardo)、西斯蒙第(Sismondi)、约翰·穆勒(John Stuart Mill)、让·巴蒂斯

---

① 苗红娜.社会资本研究:分类与测量[J].重庆大学学报(社会科学版),2015,21(6):123-131.
② 林南.社会资本:关于社会结构与行动的理论[M].张磊,译.北京:社会科学文献出版社,2020:1-57.
③ 郑永年等.内部多元主义与中国新型智库建设[M].北京:东方出版社,2016:223-224.

特·萨伊(Jean-Baptiste Say)等伟大的经济学家的研究和拓展,逐渐形成了一个经典的经济学理论体系,这就是古典经济学(Classical Economics)。20 世纪以后,经济学又经历了张伯伦革命、凯恩斯革命和理性预期革命三次大的革命性变革,形成了包括微观经济学和宏观经济学的基本理论框架,这一新框架被称为新古典经济学(Neo Classical Economics)。[1]

2. 价值理论与智库的关系

智库是现代社会重要的社会行为体之一,智库的社会角色和功能存在于智库与其他社会行为体之间的互相建构和相互作用之中。智库的社会价值得以体现的主要载体是智库在对有关社会现实问题进行深入系统研究的基础上形成的思想主张、政策方案等智力产品,并通过一定的传播渠道和机制作用于其他社会主体;与此同时,其他社会行为体在与智库的社会互动中,又形成对智库功能、角色和作用的一种社会建构,进而形成对智库的评价与认识。由此,智库价值在这种社会评价和认知建构过程中被确立起来,换句话说,智库的社会形象其实可以被看成是智库价值的外在体现,反映了其社会行为体对智库及智库产品的社会认同程度。[2]

(三) 智力资本理论

1. 智力资本概述

智力资本的概念起源于德国经济学家李斯特(Friedrich List)的经典著作《政治经济学的国民体系》。[3] 李斯特提出了"精神资本"的概念且有广义和狭义之分。狭义的"精神资本"与当今经济学中的"人力资本"的概念基本一致,广义的"精神资本"概念则包括人力资本和所有"外化"的精神存量,即文化艺术、政治制度等。因此,广义的"精神资本"与目前学者认定的"智力资本"结构相似,基本思想一致,可以看作智

---

[1] 袁曦临,吴琼. 智库咨询理论、方法与实践[M]. 南京:东南大学出版社,2018:83-92.
[2] 李安方,王晓娟,张屹峰,等. 中国智库竞争力建设方略[M]. 上海:上海社会科学院出版社,2010:100-102.
[3] 朱旭峰. 改革开放与当代中国智库[M]. 北京:中国人民大学出版社,2018:34-35.

力资本的雏形。

加尔布雷思(John Kenneth Galbraith)是最早给智力资本下定义的学者,在他看来,智力资本是一种知识性的活动,是一种动态的资本,而不是固定的资本形式。他指出,智力资本不仅是纯知识的动态资本,还包括有效利用知识的动态过程,并与组织目标密切相关,智力资本的概念由此从一种静态资本拓展到动态资本,从个体层面延伸到组织层面。[①]

2. 智力资本理论与智库的内在联系

知识经济时代,知识是主要的驱动力。而智库在知识经济中起着知识的生产和传播的关键作用,是知识经济时代国家和社会进步与发展的智力之源。相对于一般社会组织而言,智力资本在智库的发展与创新上更占据了主要地位。智库主要由受过高等教育的知识分子组成,其产生和存在的主要目的是向全社会提供智力资源和思想服务,研究领域关系到国计民生和社会的可持续发展,是国家发展不可缺少的智力支撑。[②]

四、经济学理论

(一)信息不对称理论

1. 信息不对称概述

信息不对称定义。信息不对称是指参与交易各方所拥有、可影响交易的信息不同,买卖双方中一方比另一方拥有更多信息。

信息不对称理论发展历程。信息不对称理论是指在市场经济活动中,各类人员对有关信息的了解是有差异的,掌握信息比较充分的人员,往往处于比较有利的地位。最早的经济学理论有一个重要的假设条件,即信息是完全充分的,因此市场是可

---

① 李飞,邵怀中,陈劲.产学协同关系对企业智力资本影响实证研究[J].科学学研究,2017,35(2):282-288,301.

② 朱旭峰.改革开放与当代中国智库[M].北京:中国人民大学出版社,2018:36-37.

以出清的。但赫伯特·西蒙（Herbert Alexander Simon）和肯尼思·阿罗（Kenneth J. Arrow）在20世纪60年代率先对充分信息假设提出了质疑，指出在市场交易中任何决策都是不确定的，而不完全信息是造成经济行为不确定性的原因之一。[①] 20世纪70年代，三位美国经济学家乔治·阿克罗夫（George A. Akerlof）、迈克尔·斯彭斯（Michael Spence）及约瑟夫·斯蒂格利茨（Joseph Eugene Stiglitz）开始关注和研究信息不对称理论。

2. 信息不对称理论与智库的内在联系

决策者如何能在信息不对称现象层出不穷的情况下，准确、及时、充分地把握信息，研究生产能力的发展规律和趋势，把握经济、技术和社会的发展趋势，是一个非常重要的问题。市场竞争中的信息不对称和信息不完全对称是科学决策的主要障碍，也是智库要解决的主要问题。[②] 现代国家虽然掌握着大量数据和信息，但是在公共政策制定时国家和社会依然存在着信息不对称点，所以对于国家而言，尽量减少信息不对称依然是个治理中面临的基本问题。正是这些功能需求使智库得以产生，智库正是为了满足社会组织实现理性选择的需要而产生的。对智库而言，各级各类行政决策机构无法在充分占有相关信息的基础上作出完全准确的判断，正是因为存在着信息不完全对称和信息不对称，智库才有了存在的必要和土壤。

（二）竞争力理论

1. 竞争力概述

竞争力定义。20世纪80年代美国就出现竞争力研究热点，"竞争力"在社会各界产生了广泛的认知。竞争力可以理解为在竞争环境中竞争主体对竞争目标实现的能力。竞争力可以分为产品竞争力、企业竞争力、产业竞争力、区域竞争力和国家竞争力。

[①] 张莹.信息不对称理论研究文献综述[J].中国管理信息化,2016,19(16):135-136.
[②] 袁曦临,吴琼.智库咨询理论、方法与实践[M].南京:东南大学出版社,2018:83-85.

竞争力理论发展历程。早期的战略理论起源于古典经济学,其中以经济学家亚当·斯密的社会分工理论和大卫·李嘉图的比较成本理论为代表。20 世纪 80 年代以来,有关竞争战略的理论多是从管理学角度进行研究,代表人物有美国经济学家肯尼斯·安德鲁斯(Kenneth R. Andrews)和迈克尔·波特(Michael E. Porter)。肯尼斯·安德鲁斯认为竞争战略是企业内部优势、企业内部劣势、企业外部机会优势与企业外部威胁劣势的平衡。迈克尔·波特指出产业是竞争战略的基本分析单位,不同产业群体凭借各自独特的竞争优势彼此竞争。一个企业竞争战略的选择要考虑两个核心问题:一是产业结构是否具备足够的吸引力,以赢取和维持竞争优势;另一个是对该企业在产业群体内的竞争地位进行科学判断,与竞争对手不断进行对比,持续修正其竞争战略。迈克尔·波特提出了"产业竞争的五力分析""钻石理论""区域经济发展的波特聚类"等理论。

2. 竞争力理论与智库的内在联系

知识经济的时代,知识是主要的驱动力。而智库在知识经济中起着知识生产和传播的关键作用,是知识经济时代国家和社会进步与发展的智力之源。智库的核心竞争力是智力资本,相对于一般社会组织而言,智力资本在智库的发展与创新上更占据了主要地位。智库主要由受过高等教育的知识分子组成,其生产和存在的主要目的是向全社会提供智力资源和思想服务,而且其研究领域关系到国计民生和社会的可持续发展,是国家发展不可缺少的智力支撑。[①]

智库的智力资本转化为思想产品,并在市场竞争中进行检验。这里的市场指的是政策分析市场,政策分析市场的产品就是智库生产的研究成果和政策建议。政策分析市场最终的需求方政府决策者、媒体和大众也是一定程度上的消费者。政策制定者往往对政策建议的科学性很难判断,需要建立政策建议同行评审和同行竞争的机制。在辩论过程中,当一个政策方案优于另外一个方案时,提出或支持这一方案的

---

① 王莉丽.智力资本:中国智库核心竞争力[M].北京:中国人民大学出版社,2015:36-37.

学者在辩论中就会获得更高的政府声誉和公众知名度。同时,相关智库也能够提高声誉,并获得更多资金支持者的青睐。一个能够让多种政策主张公开辩论的平台,可以帮助政府和其他政策参与者更加科学地评判不同观点,借助政府分析市场的竞争,政府总体决策质量就能够提高,智库政策分析能力也会提高。[①]

[①] 朱旭峰.改革开放与当代中国智库[M].北京:中国人民大学出版社,2018:5-6.

第三章　现代智库与政策过程

现代智库通常致力于成为在多个政策领域都具备足够专业知识的研究机构,这会大大提高智库在决策者及公众心目中的可信度。对于智库而言,专业知识就相当于一块足够分量的筹码,可以用来赢得公众、决策者以及其他重要利益相关方的信任。如果智库有足够的能力可以及时提供相关的政策建议,并逐步积累其可信度,便可以在激烈的政策思想市场竞争中脱颖而出。虽然不同的智库在定位、规模、资源、专业领域乃至思想倾向等方面可能有着相当大的差异,但它们有一个共同的愿望:在公共政策领域留下不可磨灭的印记。[1]

本章从政策过程的相关理论研究出发,梳理了现代智库视角下的政策过程模型,探究在政策过程的不同阶段现代智库所扮演的角色以及发挥的作用,并详细介绍了现代智库影响决策的方式以及中西方智库在这些方式的选择上呈现出的不同倾向与特点。

一、政策过程相关理论

自政策科学产生以来,政策周期或阶段模型一直占据公共政策分析的主流地位。拉斯韦尔曾指出:"我们应该意识到政策本身是一个适合的研究对象,这主要是因为我们需要提高决策的理性程度。政策取向正在发展过程之中,它是要跨越现有分工。这一取向有两方面任务。一部分是指向政策过程,另一部分是政策的智力需求

---

[1] 唐纳德·E.埃布尔森,斯蒂芬·布鲁克斯.智库、外交政策和地缘政治:实现影响力的路径[M].严志军,周诗珂,译.南京:南京大学出版社,2019:20-35.

(Intelligence Needs)。"① 因此，在讨论智库在政策过程中的角色与功能前，梳理政策过程的相关理论与经典模型，有利于精准明晰地认识政府决策流程、模式与规律，由此剖析智库在政策链的不同环节如何影响政府决策。

（一）相关概念解析

公共政策的运行是一个过程，它有各种环节、阶段，这些环节和阶段的有序衔接，构成公共政策的运行周期。② 政策学者约翰曾说：政策循着连续过程的概念乃是最为普遍的公共决策制定特征；政策开始于政策创议与形成阶段，经过协商与立法而加以修改，于是进入执行的实务。③ 一般而言，学者们大多用广义的视角界定公共政策过程，认为从问题出现到问题解决的所有阶段都包含在这个过程中。在构建政策过程理论与模型的时候，大多数学者使用的是"政策过程模型""决策过程模型""政策过程阶段理论""政策过程分析模式""政策循环"等说法，例如托马斯·R.戴伊（Thomas R. Dye）认为公共政策过程是一系列政治过程，是政策形成、贯彻和变迁的过程，过程模型可以帮助我们理解决策过程中的各种行为。④ 也有学者提出阶段性"政策生命周期理论"等说法，例如，马海韵认为政策生命周期是指一项政策从原初政策问题进入议程开始至该项政策的终结所经历的时间跨度和期限。⑤ 伍启元在概括政策过程时提出了"政策生命过程"的比喻，⑥还有一些学者将两者等同，例如，谢明认为政策的生命周期理论也被称为政策的过程模型，它试图通过阶段性的描述，对政策进行程序化的分析。⑦ 以上可以看出，中外学者们对这两种说法没有清晰的界定和区分。本书认为，"公共政策过程理论"侧重于表现从问题出现到政策终结的一系

---

① 李文钊.拉斯韦尔的政策科学：设想、争论及对中国的启示[J].中国行政管理，2017(3)：137-144.
② 胡宁生.现代公共政策研究[M].北京：中国社会科学出版社，2000：110.
③ 丘昌泰.公共政策：基础篇[M].高雄：巨流图书股份有限公司，2009：55.
④ 托马斯·R.戴伊.理解公共政策[M].谢明，译.北京：华夏出版社，2005：13,49.
⑤ 马海韵.政策生命周期：决策中的前瞻性考量及其意义[J].安徽师范大学学报（人文社会科学版），2012,40(3)：348-352.
⑥ 伍启元.公共政策（上）[M].台北：商务印书馆，1985：41-43.
⑦ 谢明.公共政策概论[M].2版.北京：中国人民大学出版社，2014：133.

列具体行为,广义上的要素包含决策环境、决策主体、决策方式、决策流程等,而"公共政策生命周期"则是针对公共政策运行研究的一种角度,一定程度上可通过政策过程模型体现,主要从政策本身视角出发,侧重于阐述政策的产生与结束。

(二) 政策过程理论与模型

1. 国外代表性政策过程阶段理论

关于政策过程的研究大致在 20 世纪 40—50 年代逐渐形成。赫伯特·西蒙主要从行为科学的角度探讨了决策理论,认为决策过程包括三个阶段,即情报活动(Intelligence activity)、设计活动(Design activity)、抉择活动(Choice activity)。[①] 1956 年,拉斯韦尔在《决策过程》这一著作中提出功能和阶段理论(Functional Course Theory),对政策阶段性的过程与功能做了更为详细的划分和阐述,他将政策分为七个阶段(七类功能),即情报阶段(Intelligence)、建议阶段(Promotion)、规定阶段(Prescription)、行使阶段(Invocation)、运用阶段(Application)、终结阶段(Termination)、评估阶段(Appraisal)。[②] 拉斯韦尔的功能和阶段理论认为政策过程的每一阶段都涉及独特的时间周期、政治制度和政策角色,任何层级的政治实体(国家及其次级行政单位)的决策过程都可以通过其特定机构的某一项职能进行描述。[③] 该理论成为政策过程研究流派的雏形,后来关于政策过程的划分,基本上都建立在这一划分的基础之上,[④]因此其也被称作"启发性的阶段论"(stages heuristic)。

随后,加里·布鲁尔(Gary Brewer)根据拉斯韦尔的思路,提出了一个派生的流程,即政策过程的六个阶段学说,这六个阶段分别是创议(Initiation)——制定目标,设计方案;预评(Estimation)——讨论问题,提出方案;选择(Selection)——讨论方

---

① Simon, Herbert A. The new science of management decision. New York, Harper, 1960, p. 3.
② Lasswell, H. D. The Decision Process: Seven Categories of Functional Analysis[M]. College Park, Maryland: University of Maryland Press, 1956.
③ 鲁坤.拉斯韦尔公共政策思想研究[D].深圳:深圳大学,2020.
④ 杰伊·沙夫里茨,卡伦·莱恩,克里斯托弗·博里克.公共政策经典[M].彭云望,译.北京:北京大学出版社,2008:15.

案,选择方案;执行(Implementation)——制度实施规则,监控实施情况;评估(Evaluation)——比较与判断绩效;终止(Termination)——分析成本效果,改善或结束政策。[①] 该框架对20世纪70年代中期以后政策过程的阶段框架的形成产生了深刻的影响。20世纪70年代以后,查尔斯·琼斯(Charles O. Jones)在《公共政策研究导论》(*An Introduction to the Study of Public Policy*)中根据系统分析的概念,将政策分析过程分为五阶段,分别为问题认定(Problem Identification)——感知、定义、聚集、组织、描述等;政策发展(Program Development)——酝酿、立法、拨款等;政策执行(Program Implementation)——组织、解释、应用等;政策评估(Program Evaluation)——包括详述、测量、分析等;政策终结(Program Termination)——修改方案、终结政策等。[②] 詹姆斯·E. 安德森(James E. Anderson)的《公共政策制定》(*Public Policy Making*)一书中将政策过程的功能活动划分为五个范畴:问题形成与议程设定阶段(问题的形成)、政策规划阶段(政策方案的制定)、政策采纳阶段(政策方案的通过)、政策执行阶段(政策的实施)、政策评估阶段(政策的评价),这些学者对政策过程的概括更为精练,也被广为接受,为大多数教科书所采纳。[③] 梅伊(May)与阿伦·威尔达夫斯基(Aaron Wildavsky)在《政策循环》(*The Policy Cycle*)一书中提出,他们认为政策过程包括六个阶段,这些阶段是相互循环的过程,没有开始,亦无结束:问题界定、方案设计、方案评估、方案选择、政策执行、政策评估。[④] 1983年,布鲁尔与彼得·德利翁(Peter Deleon)两人合著的《政策分析基础》(*Foundation of Policy Analysis*)一书共同确立了政策过程的基本阶段及理论基础。

20世纪80年代之后,西方的政策分析学者们对政策过程阶段展开了更深入的

---

① Brewer, G. D. The Policy Sciences Emerge: To Nurture and Structure a Discipline[J]. Policy Sciences, 1974, 5(3): 239-244.
② Jones, C. O. An Introduction to the Study of Public Policy, 2nd. ed. North Scituante: Duxbury Press, 1977, p. 12.
③ Anderson, J. E. Public Policy-Making, N. Y.: Praeger Publishers, 1975, p. 26.
④ 丘昌泰. 公共政策:基础篇[M]. 3版. 高雄:巨流图书股份有限公司, 2009:55.

研究和反思。瑞普利在《政治学中的政策分析》(*Policy Analysis in Political Science*)中把政策过程划分为如下阶段:议程设定,目标和计划的形成与合法化,计划执行,对执行、表现和影响的评估,以及对政策和计划未来的决定。同时,瑞普利也着重指出政策过程具有动态性和一定的弹性,"政策过程也许会在任何一个阶段终止",并且"有些过程会被缩减……过程在任何一点任何时间可以重新进入、得以恢复"。① 20 世纪 90 年代之后,不少学者对阶段途径提出了质疑和批评,并提倡建立更具解释力及科学性的理论框架。制度分析与发展框架(Institutional Analysis and Development Framework,IAD)、多源流理论(Multiple Streams,MS)、倡导联盟框架(Advocacy Coalition Framework,ACF)、间断均衡理论(Punctuated-Equilibrium,PE)、政策扩散理论(Policy Diffusion)、社会构建与政策设计(Narrative Policy Framework,NPF)等成为第二代政策过程理论的核心内容,这些理论试图建立概括性的理论框架,将现实问题概念化以及模型化,以此打开政策过程的黑箱,用以更好地解释与制定政策。②

2. 我国学者的代表性政策过程理论

(1) 陈庆云的四阶段划分

陈庆云综合中外学者的相关论述,建立起公共政策分析的基本框架,并总结出公共政策分析的基本要素:政策问题、政策目标、政府模型、政策资源、政策评价标准、政策效果、政策环境和政策信息。陈庆云认为政策过程主要包括四个阶段:公共政策问题的构建、公共政策方案的制定与通过、公共政策内容的实施、公共政策效果的评价,③并详细阐述了每个阶段涉及的具体问题和对象,进一步推进了我国公共政策理论与方法的本土化实践。此外,他认为思想库是政策主体非常重要的构成要素,现代

---

① 转引自:Daniel C. Mccool, Public Policy Theories, Models, and Concepts, 1995, by Prentice-Hall Inc. p. 157.
② 王亚华,陈相凝.探寻更好的政策过程理论:基于中国水政策的比较研究[EB/OL].[2022-10-07]. https://www.sohu.com/a/436558116_120052883.
③ 陈庆云.公共政策分析[M].北京:北京大学出版社,2011:53-55.

科学决策离不开政策咨询。①

(2) 胡宁生的四阶段划分

胡宁生结合我国政府部门公共政策实践的情况,将公共政策过程划分为四个阶段,分别为阶段一:公共政策的问题与议程——公共问题确认、公共政策诉求、公共政策议程;阶段二:公共政策的规划与决定——公共政策规划、公共政策选择、公共政策决定、公共政策宣示;阶段三:公共政策的实施与调整——公共政策实施、公共政策调整;阶段四:公共政策的评估与终结——公共政策评估、公共政策终结。②

(3) 陈振明的五阶段划分

陈振明将政策系统的运行看作是由政策制定、政策执行、政策评估、政策监控和政策终结等环节所组成的过程,这些环节构成了一个政策周期。政策制定——包含议程设立、方案规划和方案的合法化等功能活动环节或阶段;政策执行——是政策执行者通过建立组织机构,运用各种政策资源,采取解释、宣传、实验、实施、协调与监控等各种行动,将政策观念内容转化为实际效果,从而实现既定政策目标的活动过程;政策评估——依据一定的标准和程序,对政策的效益、效率及价值进行判断后取得相关信息,作为决定政策变化、政策改进和制定新政策的依据;政策监控——对政策过程各个活动环节进行监督和控制,促进及订正目标的实现和提高政策效率。政策终结——通过对政策进行慎重评估后,采取必要措施以中止那些过时的、多余的、不必要的或无效的政策。③ 陈振明对于公共政策过程的五阶段划分方法进一步拓展了我国学者对于政策过程理论的认识。

(4) 谢明两部分八阶段划分

谢明将政策过程理论作为政策生命周期进行理解,他认为政策生命周期理论有

---

① 陈庆云.公共政策分析[M].北京:北京大学出版社,2006:73.
② 胡宁生.现代公共政策研究[M].北京:中国社会科学出版社,2000:116-117.
③ 陈振明.政策科学:公共政策分析导论[M].2版.北京:中国人民大学出版社,2003:210,260,309,344,390.

助于对生命过程中各种政治行为的把握,为政策制定与执行提供了一个科学的分析框架。他将公共政策的过程划分为两部分八阶段,两部分即为广义决策与广义执行两大部分。广义决策包括四阶段,分别为社会问题的发生——公共政策的制定大多是为了解决社会问题进行的;社会问题的确认——这是发现社会问题的内涵和界限,界定社会问题的性质、深度和广度、严重程度和关联性,寻找进入政府政策议程的途径以及进行社会分析的过程;政策议程的建立——是社会问题转化为政策问题的关键环节;政策规划——指政策方案策划、设计、评估和选择的过程,这是政策制定的核心环节。广义执行包括四部分,分别为政策方案的执行——使观念形态的东西转化为现实形态的东西;执行效果的评估——是信息不断反馈的过程,目的是确定政策的价值和决定政策取向;政策的调整与改变——不断修正主观以适应客观是政策执行过程中的必然选择;政策的终结(见图3-1)。[①]

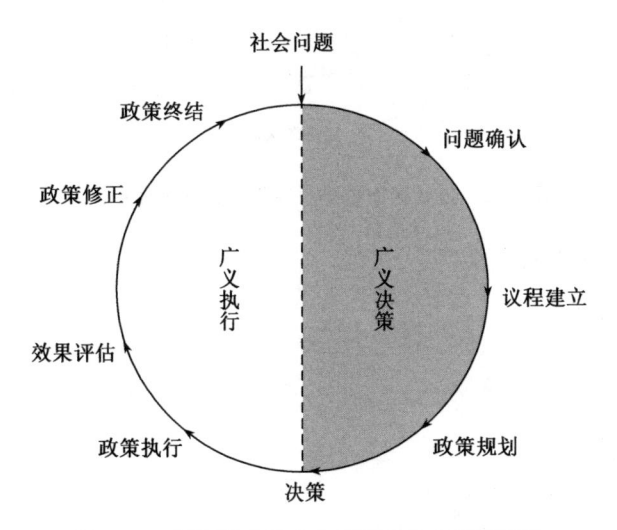

图3-1 谢明的政策生命周期理论(过程模型)

图片来源:谢明《公共政策概论》(第二版)[②]

[①] 谢明.公共政策概论[M].2版.北京:中国人民大学出版社,2014:134-136.
[②] 谢明.公共政策概论[M].2版.北京:中国人民大学出版社,2014:134.

3. 两种视角下的公共政策过程讨论

狭义的政策过程理论虽然遭受了一些批判,但仍然是公共政策过程中非常重要的理论框架,且阶段途径依然居于当代公共政策过程理论中的主流地位。本书结合过程阶段视角和生命周期视角,将二者结合并对应探讨,大致包括以下环节和阶段(见图3-2):

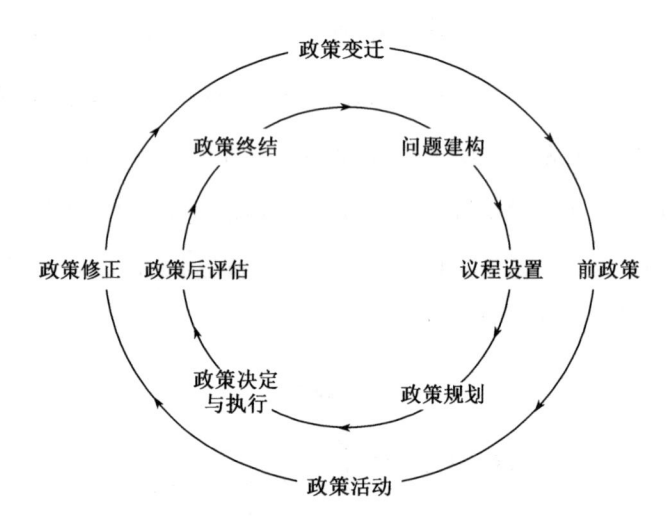

图3-2 公共政策过程阶段与公共政策生命周期

(1) 公共政策过程阶段

Ⅰ. 问题建构

Ⅱ. 议程设置

Ⅲ. 政策规划

Ⅳ. 政策决定与执行

Ⅴ. 政策后评估

Ⅵ. 政策终结

(2) 公共政策生命周期

Ⅰ. 前政策阶段

Ⅱ. 政策活动阶段

Ⅲ. 政策修正阶段

Ⅳ. 政策变迁阶段

政策问题是公共政策产生的根源,当一个社会的大部分成员和一部分有影响的人物认为某种社会状况不理想或不可取的时候,[1]社会问题便产生了。再加上触发机制的催化剂效应,这种消极状况便转变为要求变化的政治压力。在察觉到社会问题之后,决策主体对问题进行界定和确认,有时候也会向媒体、社会公众公布,这就是问题建构的过程。在问题建构之后,便是议程设置这一关键步骤。议程设置是公共问题转化为政策问题的必要途径,是该问题被提上政府公共部门的议事日程,正式被立法、司法或行政机构认可并合法化的象征。在进行政策辩论和选择之后,决策者对支持和反对的意见进行汇总,研制出最佳的政策方案。问题建构、政策规划、政策决定与执行三个环节对应着公共政策生命周期的前政策阶段,即一个问题受到广泛的社会关注,演变为公共政策问题,成为受到权威决策者审慎考虑的项目,在经过多方讨论后形成了共识与正式方案,即将被采纳、贯彻落实的阶段。

政策决定与执行环节即为政策活动阶段,在政策规划之后,进行切实的前评估,初步预测政策贯彻的成本和影响,在必要的情况下进行调整。随后便根据政策执行纲领,由政府部门组织必要的执行人员,进行政策解读,执行各项具体措施以解决问题,实现预期目标。在这个阶段,政策真正开始施行并发挥作用,故用"活动"来象征生命周期中此阶段的状态。

政策修正阶段即为政策后评估环节,是测定政策施行效率和实际影响,以决定政策调整、持续或终止的重要阶段。通过监测并评估政策执行过程中的一系列活动以及现有执行结果,基于反馈信息判断政策目的的达成程度、政策方案的预期效果、政策执行中的困难,等等,对政策结果和未来走向作初步判断。

---

[1] 乔恩·谢波德,哈文·沃斯.美国社会问题[M].太原:山西人民出版社,1987:1-2.

当一项政策进入政策终结环节,一般分为以下三种情况,一是当一项政策目标达成,一个公共政策问题得到解决,这项政策的使命已完成;二是政策已过时或多余,或发现已背离既定目标,无法发挥预期功能,予以终止或结束;三是该项政策已经造成了严重的负面影响,必须尽快让政策活动停止。政策终结代表着原来的问题已经解决或需要变更,此时,这项政策便进入了政策变迁阶段,这项旧政策或许维持不变,或许需要调整修改,或许被终结和取代,因此旧政策的调整或终结也预示着新政策的启动,这既是新旧公共政策在形式上的连续性表现,也构成了政策生命的周期性循环。

公共政策的过程复杂而漫长,政府在公共决策过程中,尤其是重大决策过程中,从前期的议题发起、内容制定,中期的执行落实,到后期的决策评估、政策反馈都给智库提供了广阔的参与空间,现代智库在其中发挥智力支撑、舆论引导、沟通桥梁等作用。① 公共政策过程理论为智库嵌入政策过程提供了行动框架,智库作为政府"外脑",应充分认识政策生命周期的理论价值并深入研究,在保持独立性的基础上真正嵌入政策全过程和决策制定的各个流程,在每一个政策环节都能充分发挥特有专业优势,找准自己的定位和角色,去接近、服务、影响政府决策,推动政策的顺利实施,保持政策的连续性和稳定性。

二、智库在政策过程中的角色

智库是具有政策研究、决策咨询、知识传播、舆论引导等功能的知识服务组织,作为政府的"外脑",是政策思想的重要来源,也发挥着纽带作用,充当政府决策者与社会公众之间的"中转站"。本节以公共政策过程阶段理论为依据,分阶段阐述智库参与决策、影响决策和服务决策工作过程中所扮演的角色及发挥的作用(见图3-3)。

---

① 李刚,王斯敏,冯雅,等.CTTI智库报告(2019)[R].南京:南京大学出版社,2020:57-58.

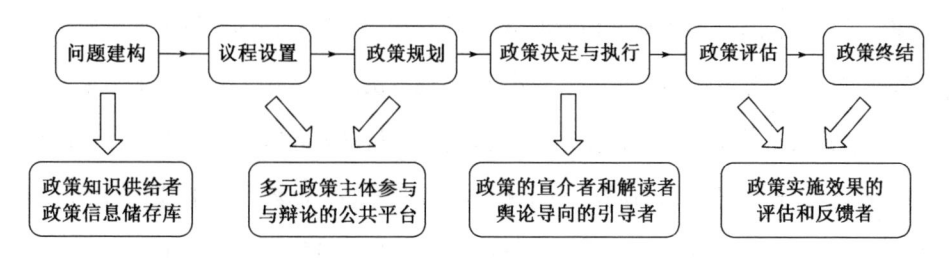

图 3-3 智库在政策过程中的角色

（一）问题建构阶段：政策知识供给者与信息储存库

1. 政策知识供给者

现代智库以知识的创新与运用、政策的研究与咨询为中心工作，知识生产是智库的核心。[①] 当前，世界经济、政治、文化格局正在发生深刻变化，公共政策研究具有即时性、跨界性、纵深性、开源性等显著特点，决策者所面临的决策环境日益复杂。由于决策者自身能力有限，难以全方位掌握决策所需的相关知识，也很难仅依靠少数人的力量及时准确地制定和完善相关政策，加之全球智力资本水平不断提高，决策者亟须智库为其提供更专业的政策知识和观点。现代智库承载着社会政治、经济和文化发展的责任和义务，不同类型、不同领域的智库长期聚焦各自专业方向进行学术研究与理论创新，具有深厚的研究积累和突出的专业优势，再通过有效的知识共享进行咨政建言，为决策者提供高质量的知识服务，参与政策进程，进而对政府决策产生直接有效的影响。我国国家高端智库围绕国家重大战略、重大任务和主要工作，主动服务党中央、国务院和国家部委办局，开展了长期性、战略性、储备性课题研究，通过内参、座谈交流、文件起草、授课等多种形式提供政策方案和咨询意见。[②]

2. 政策信息储存库

决策者要正确决策，需要获取大量信息资料，并认真筛选、加工、处理和制作，这

---

① 周湘智.中国特色新型智库：出场逻辑、运作机理与基本范式[J].图书情报工作,2021,65(15)：51-60.
② 詹姆斯·麦甘恩,理查德·萨巴蒂尼.全球智库：政策网络与治理[M].韩雪,王小文,译校.上海：上海交通大学出版社,2015：20-21.

是繁忙的领导者个人没有时间做到的,只有依靠如同智库这样的决策咨询机构作为信息储存库,充分发挥多学科专家的作用,才能解决决策者个人知识储备不足的问题。① 智库具备多元丰富的信息资源渠道、高精尖信息人才团队以及前沿科学的信息工具技术,能够充分利用现有资源和优势建立起专题特色数据库、档案库、知识库,将日常研究的信息数据资源沉淀下来,为决策者提供优质高效的信息服务。例如,美国布鲁金斯学会的都市政策项目(Metropolitan Policy Program at BROOKINGS)对全球 300 多个大都市经济、人才、产业结构等方面进行了深入调查,形成了极其庞大和复杂的数据群,并依此创建了专业化的都市数据库(Metropolitan Database),为都市政策项目研究提供权威、专业、精准的数据资源,增强其领域研究竞争力。江苏敏捷智库对 2019—2020 年的期刊文献(48 种核心管理刊物文献 1 万篇、高关注度热点文献 3 万篇、企业研究刊物 21 种、文献 1 万篇)、网络文章(4 万篇网页采集和 5 万篇微信采集)及其他文章(650 场经济与管理会议、500 项国家级管理奖项、自科基金项目 2 000 项、社科基金项目 4 600 项)进行数据采集和数据分析,最后输出管理热词、热点、活跃度、趋势分析等数据,形成分析报告。

(二)议程设置和政策规划阶段:多元主体参与和辩论的公共平台

传统的决策咨询体系以政府内部政策研究部门为主要成员,而现代决策咨询体系催生出全新的、多元的政策共同体成员,智库就是其中之一。在政策制定的过程中,因不同价值观念的存在会导致问题决策需要考虑多方诉求,协调多方矛盾。而由于智库本身在公共政策不同领域的深厚积累以及立场中立的特点,可以成为对这些政策进行系统分析、对政策利弊进行价值判断的交流沟通平台。② 智库大大提升了传统决策咨询体系的包容性和互动性,将来自学界、商界、媒体界等智库学者的意见和建议带入政策共同体内部,成为政府与社会各界的连通器,营造出合理、公开、竞

---

① 陈振明.政策科学与智库建设[J].中国行政管理,2014(5):11-15.
② 薛澜.智库热的冷思考:破解中国特色智库发展之道[J].中国行政管理,2014(5):6-10.

争、开拓的政策讨论空间。[1] 例如,由全球化智库(Center for China and Globalization, CCG)打造的"中国与全球化论坛"是少有的由智库举办的全面汇聚政、产、学、研等各界精英于一体并取得广泛社会影响力的系列高端国际论坛,该论坛是为顶尖理论研究专家、政府政策制定者和企业界精英搭建的国内高层次跨界交流平台,为推进全球化与全球化进程中的中国角色建言。[2] 可见,智库成为思想交流的促进者,由智库打造的会议论坛成了联系和呈现各界观点的纽带,"议题网络"也由此产生。由于政府并不了解具体的现状,集思广益成为政策过程中的必备环节。[3] 因此,面对不同政策情境中的价值差异和利益分歧,现代智库在增进理解、调和矛盾、寻求共识方面发挥着独特的作用,保障不同观点都能进行发声辩论,使其成为议程设置和政策规划阶段的重要推手。

(三)政策决定与执行阶段:政策解读者和舆论引导者

1. 政策的宣介者和解读者

智库里汇聚了大量学者、专家等精英人才,具备专业化理论知识与分析能力。因此,在一项政策已经发布或即将落实后,智库作为政策阐释和政策传播的重要主体,常常充当启发民智的"思想源泉",通过各类传播手段,以通俗易懂的方式进行政策宣介和政策教育,将公共政策传递给大众,帮助公众更好地理解决策意图和政策目标,最大程度争取民意对公共决策的支持,起到咨政启民、疏导公众情绪、提高政策执行力等作用。自党的十九大召开以来,中国人民大学国家发展与战略研究院举办各类十九大精神学习和解读相关活动,编写《习近平新时代中国特色社会主义思想》研究丛书30卷本和《治国理政新理念新思想新战略》研究丛书,并出版中文版和英文版在国内外发行;组织专家在《求是》《人民日报》《光明日报》等主流媒体发表理论文章,组

---

[1] 李刚,王斯敏,吕诚诚,等.CTTI智库报告(2020)[R].南京:南京大学出版社,2022:3.
[2] CCG.中国与全球化论坛[EB/OL].[2022-10-06]. http://www.ccg.org.cn/brand?zjcat=中国与全球化论坛.
[3] 李莎莎.智库在日本能源外交中的作用分析[D].重庆:重庆大学,2019.

织研究人员在媒体发声,建立并完善学习宣讲十九大精神的培训班和教育阵地,组织开展一系列十九大精神相关专题调研等,在研究阐释宣传方面发挥了示范引领作用。① 浙江师范大学非洲研究院践行学人使命,刘鸿武开设的"非洲经贸投资的机遇与风险管理"讲座,有 13 万人通过在线直播收听观看,对中非合作政策起到了很好的宣传阐释作用,产生了广泛的社会影响。

2. 舆论导向的引导者

智库具有专业性、权威性、独立性,作为政府与民众的桥梁,其政策宣传相较于政府更容易获得公众的信任和认可,因此,也能取得更好的舆论效果。从 20 世纪 90 年代开始,美国智库不仅视自己为政府顾问,更是公众舆论的塑造者。世界银行前行长罗伯特·麦克纳马拉(Robert Strange McNamara)写道:"智库的最终目标应该是教育政治领导人以及公众知道公共利益在哪里。通过上电视和召开新闻发布会而外伸至公众,美国的智库分析家影响公众,进而通过公众而影响决策者。"② 智库对于社会舆论的引导和推动主要通过以下方式。一是出版各类读物。如图书专著、皮书报告等;二是举办论坛、会议、培训等各类活动,通过这些活动为政府官员与社会公众之间搭建一个沟通平台,达到良性互动和交流思想的目的;三是利用媒体渠道发表观点,如智库人士通过媒体发布解读报告、发表相关专家时事评论、以专家身份接受媒体采访等。例如,在德国,政策执行阶段的宣传活动中,智库发挥作用的途径"首先是出版物,其次是电视,偶尔也选择教堂,并越来越多地借助于互联网。许多同类的智库愿意聘用那些不仅在自身领域内有较高声望,同时掌握超常的口头和文字交流技巧的学者"③。中国教育科学院发表了《中西部地区招生协作计划实施的成效及意义》,以教育智库的视角对协作计划的初衷和取得的成效进行了梳理,知名民间教育智库 21

---

① 人大国发院.筚路蓝缕,以启山林:人大国发院三年巡礼[EB/OL].[2022 - 10 - 06]https://share.gmw.cn/www/xueshu/2019-03/13/content_32636461.htm
② 任晓.第五种权力[M].北京:北京大学出版社,2015:131.
③ M.蒂纳特.德国的思想库[J].国外社会科学,2005(1):99 - 100.

世纪教育研究院与搜狐教育合作,通过网络沙龙的方式对相关问题进行了深入探讨,并从学者的角度提出了若干意见建议,对舆情的焦点和趋势及时开展有针对性的疏导。①

(四)政策评估与政策终结阶段:政策实施效果的评估和反馈者

智库长期从事决策咨询和政策研究,拥有丰富的专业知识和政策经验,与政府机构合作密切,熟悉政府工作思路,又因其具有独立性,也能更容易方便地了解到社会的真实情况,因此智库以第三方视角进行政策评估,集科学、公正、客观、专业为一体,具有显著优势。在政策执行之后,智库充当社会与政府之间的桥梁,依托自身优势进行社情民意调研,通过重大决策通告会、听证会听取民众反馈,通过微博、微信、论坛等社会媒体平台捕捉公众舆论风向,充分搜集民众的意见和建议等评价信息,着重观察该政策是否正常运作、执行结果与政策目标是否契合、社会大众的情绪和态度如何等问题,及时发现决策实施过程中所产生的偏差和不良影响,梳理成文反馈给政府决策者,协助政府从这些问题中找到根本的症结所在。例如,我国国务院发展研究中心积极参与《关于规范金融机构资产管理业务的指导意见》修改工作和《国家"十三五"规划纲要》中期实施情况评估任务,对海南自由贸易港建设开展全过程评估,对防范化解重大金融风险攻坚战实施情况进行评估;商务部国际贸易经济合作研究院近三年对中央、国务院出台的政策文件提供第三方评估报告40余份,涉及自贸区建设、服务业对外开放等。② 除了向政府反馈存在问题与修正建议,智库也会对一些创新的、成功的政策经验进行总结,促使政府加以修正、改进,总结成败得失,吸取正反两方面的经验教训,让政策制定不断得到最大程度的优化。

---

① 刘慧婵,耿丹青,蔡炜,等.新媒体环境下教育智库舆论引导功能的发挥[J].教育评论,2019,(7):14-20,94.
② 李刚,王斯敏,吕诚诚,等.CTTI智库报告(2020)[R].南京:南京大学出版社,2022:32-33.

三、现代智库影响决策的方式

基于不同的理论视角,智库对决策的影响可以有多种多样的评价方式。但是,智库对决策体系与政治过程的影响方式是具有普遍性的,现代智库服务决策的路径与方法大体总结如下。依据智库影响力是否直接施加于决策者,又可以将这些方式划分为直接方式与间接方式两类。

(一) 直接方式

1. 制度化途径

(1) 美国智库的制度化途径

"旋转门"机制。智库及智库专家参与政策过程最直接的方式就是自己成为决策者中的一员,而智库与政府间的"旋转门"(revolving door)便能提供这样的一个平台。"旋转门"这一概念主要是用以描述美国的一些政策专家频繁变换身份,来回任职于智库和政府机构的现象。作为一种行政体系与智库界之间特殊的人才交换渠道,位于"门"两侧的双方都能够从这一机制中受益。对政府而言,那些在政策研究领域深耕多年的学者从智库进入政府机构任职,能够为传统的行政体系带来新颖且专业的思路与视角,有助于提高决策的合理性与科学性;而对智库方面而言,政府官员的加入能够带来最为真实直接的政策视野,他们远比长期活跃于学术界的政策研究员们清楚政府实际运作的情况,可以有效避免智库原本的专家学者闭门造车,以至于研究的内容脱离实际。这些政治家的加入,还能够增进权力世界与知识世界间的沟通,他们所拥有的丰富人脉可以帮助智库更加接近决策机构,有助于智库研究成果的落地。总而言之,"旋转门"机制促进了政府机构与智库之间的人才交流,智库得以在公共政策的研究、制定、执行等整个阶段发挥其影响力,"旋转门"也成了智库与决策者之间展开对话的有效渠道。[1]

---

[1] 任恒.构建我国新型智库"旋转门"机制:内涵、现状及思路[J].北京工业大学学报(社会科学版),2021,21(1):75-84.

独特的美国"旋转门"机制与其政治制度密切相关。首先,美国智库与政治党派形成的利益共同体给智库成员顺畅地进入政府机构任职提供了条件。一方面,智库专家通过在政府任职的方式可以将自己在知识界长期积累的影响力转化为真正的政策影响力,通过政府平台实践自己关于政治、政策、国家治理的理念;另一方面,在美国的选举制度下,政治党派在选举中需要借助智库与智库专家的影响力及智库资源,以求获取执政地位。其次,美国的行政体系并不会给智库专家进入政府机构任职设置壁垒。美国政治系统中的官员可以分为政务官和事务官两类。其中,事务官属于公务员系统中的职业文官。相对于政务官而言,事务官在政治上需要保持中立,他们的任职通常较为稳定,任期不由选举和党派转换所影响。政务官则是来源于美国总统、州长、市长等各级政府首脑的选举,当选人上任后可以任命各自下属的政务官。这些政务官属于享有政治地位的非职业政府公务人员,却能够对相应的政策制定与执行造成影响,也是智库专家们进入政府任职的理想渠道。最后,美国两党轮流执政的政治形式造就了一批政策精英在政府和智库之间流动的现状。长期以来,共和党和民主党轮流入主白宫,而两党在许多政策领域都有不同的理念和思路,当政权在两党之间更替时,那些与自己理念相近的智库专家所组成的智囊团同时进入政府,上届政府从智库中提拔任命的政务官们可以选择再度回归智库研究员的身份,在学术界开展研究的同时谋求下次总统大选时重新进入政界的机会。如此一来,就会出现智库专家在政府机构内部周期性轮转的现象。

需要指出的是,虽然"旋转门"机制是美国政治体制下的独特产物,若将这一现象泛化看待,智库与政府部门之间的人才流动已经成为现代智库影响政策的普遍方式。《中华人民共和国公务员法》规定:"国家实行公务员交流制度。公务员可以在公务员和参照本法管理的工作人员队伍内部交流,也可以与国有企业和不参照本法管理的事业单位中从事公务的人员交流。"我国大部分的官方智库属于事业单位性质,智库内的专家学者可以较为顺畅地进入政府机构挂职锻炼,直接参与决策实践。从政府部门到智库的人才流动则更为常见,有条件的智库基本都热衷于吸纳退休的政府官员进入智库担任专家或顾问。例如,全球化智库组建了一个高规格的顾问委员会,其成员包括来自全国人大外事委员会、教育部、科学技术部、财政部、人力资源和社会保障部、商务部等机构的退休或在任高级别领导。①

总统大选。美国总统集国家元首、政府首脑和武装力量元首三大职务于一身,是美国政治体系中毫无疑问的核心人物。智库为谋求对政府决策的影响力,通常会想方设法从每4年一次的总统大选开始就与总统候选人建立起紧密的合作关系。事实上,智库与总统的合作已经逐渐拓展到了包含竞选、组阁、施政直至总统卸任之后的各个阶段,并逐步形成了美国总统在政策制定、宣传、执行、追踪等方面向智库寻求建议的惯例。②

在总统选举阶段,智库通过为候选人提出内政外交等各领域的政策建议来影响竞选。由于普遍缺少在联邦政府的执政经历,总统候选人在竞选阶段,通常需要寻求那些与其政治理念和意识形态相近的智库政策专家的建议与帮助,为其在竞选活动中出谋划策。智库总是热衷于与总统候选人建立这样的合作关系,因为对他们来说,这样的合作通常收获颇丰。首先,智库的政策研究成果与理念通过竞选活动得到大力宣传,能够提升智库的知名度与影响力,也可以借此机会寻求更多的捐赠。其次,一旦候选人成功当选,这些智库专家可以相当顺利地通过"旋转门"机制进入政府任职,将智库的政策研究成果转化为实实在在的政策条文。

与国会的关系。美国国会是美国的最高立法机构,是美国"三权分立"的政治体制中的一极,在美国的政策制定过程中占据了关键地位。智库在美国国会的各项活动中都表现得相当活跃。对于国会的议员们而言,在两党激烈竞争的背景下,他们需要将越来越多的时间投入到竞选活动当中去,以争取自己的议员身份和所在政党的执政资格。而随着现代政策制定的愈发专业和复杂,议员们很难拿出足够的时间和

---

① 王辉耀,苗绿,邓莹.中国社会智库的运营创新探析[J].智库理论与实践,2016,1(2):55-62.
② 元利兴.美国智库与政治[M].北京:中国经济出版社,2018:156-175.

精力投入到各项细致的政策议题的分析中去。在此背景下,国会议员们选择与专业的政策研究机构——智库的合作,似乎是水到渠成的事情。

智库在美国国会的议程中主要扮演了两个关键角色:政策信息的"传递者"和立法过程中的"辩论选手"。作为政策信息的"传递者",智库的职责是为国会议员们提供各种政策信息的相关资料以及智库专家们的分析与意见,直接或间接地参与相关政策法案的撰写;而作为立法过程中的"辩论选手",智库专家们经常被邀请参与国会举行的各种听证会等活动,为相关的法案代言发声。

包括传统基金会在内的一些智库会通过建立联络处与参众两院保持联系。这种密切的联系能够令智库专家非常方便地与立法机构成员就一些焦点议题展开讨论并反映政策需求,这也有利于智库对参众两院的重大议题进行持续跟踪与研究,能够让智库在服务决策者的政策决定前做好更充分的准备。

(2) 我国智库的制度化途径

内参报送。内参的全称是内部参考,原本是属于新闻报道的一种特殊形式。广义上说,任何机构撰写的,报送各级党委、政府领导参阅的内部资料都属于内参。智库内参一般涉及政治、经济、文化及社会生活中的重大问题以及党和国家政府的路线方针政策等问题,[①]由智库专家学者在深入的研究后,形成内参形式的文稿,通过特定的渠道递送至决策者手中。

内参报送是一种颇具中国特色的智库参与决策过程的方式。我国很多智库办有自己的内参,通过与体制内单位固定的信息交换渠道报送给相关决策者,例如,国家高端智库中,有新华社主办的《国内动态清样》《国内动态清样附页》《参考清样》《内部参考》《内参选编》等一系列的国家级内参,中央党校主办的《思想理论内参》《理论动态》《研究报告》等,都是一系列国家级的重要内参。智库也可以利用其他党政机构等创办的内参呈报智库专家撰写的内参报告,例如,国家社科规划办的《成果要报》、中

---

① 黄松菲.中国智库内参研究[D].南京:南京大学,2017.

宣部的《内参简报》、中组部的《党建研究内参》,等等。内参报送可以在政策过程的各个阶段发挥作用。

一篇优秀的智库内参应该具备以下几个要素:在选题方面,要选取国家大政方针、重大战略中的重大问题和关键事项,并结合国内、国际最新形式确定选题的重要性。在内容分析方面,要重视经济、社会发展的科学客观规律,结合当前具备的技术、管理等具体条件与手段,增强分析的现实性和政策的可操作性。在写作技巧方面,应该尽可能使得语言简洁准确、判断清晰明确、问题切中要害、政策具体精准、结构合理有序。需要注意的是,内参的最终目的应该是促进生产力发展和社会进步,而不是一味地追求刊发层级、领导批示等表层效果。优秀的内参要有一定的正向产出,帮助决策者进行政策研判和决定。①

作为制度化的非公开信息交换渠道,内参报送是我国智库发挥智库政策影响力的一个极其有效的路径。在我国的政治体系下,内参可以说是智库服务决策的最直接有效的方式,因为智库可以通过这一渠道直接接触到党和政府中枢的决策者,智库专家所撰写的内参报告可以直达决策者的办公桌。若这些内参报告最终被采纳,获得相应的领导人批示,最终影响了政策的出台与实施,无疑是对智库影响力的有效增强。

列席政府各级工作会议。我国的根本政治制度是人民代表大会,很多智库专家在作为学者的同时,还肩负着人大代表的使命。其他包括政协委员、政府参事很多职位也都可以由智库专家兼任。我国的各级人民代表大会、政治协商会议以及政府的其他各工作会议中,具有参会资格的智库专家就需要利用自身政策学术素养,行使提案、选举、表决、审议等一系列政治职权,直接参与政治决策。

举办"政治吹风会"。党校智库在中国的政治系统中扮演着一个特殊的角色,即"政策输出"的实验阵地。尤其是中央党校,更是成为党中央传达重要思想和论断的

---

① 罗来军.我的高端智库管理之路[M].北京:中国财富出版社,2019:4-17.

关键场地。

1992年以来，中央领导人在历次党的全国代表大会前，都会在中央党校发表"政治吹风"性质的讲话，传达党中央重要思想和论断，为即将召开的大会做政治、思想和理论准备。中央党校作为国家高端智库，在此扮演着"政策输出"实验阵地的角色。[①] 1992年，邓小平一系列南方谈话之后不久，江泽民在中央党校省部级干部进修班上的讲话中指出，"加快经济体制改革的根本任务，就是要尽快建立社会主义的新经济体制"。同年10月，党的十四大报告明确提出建立社会主义市场经济体制的改革目标。在此之后，这种在中央党校开展的"政治吹风"行为逐渐成了惯例，包括2017年十九大之前，习近平总书记的"7·26"重要讲话，以及2022年二十大召开前夕的"7·26"重要讲话等等。

(3) 其他制度化途径

经由决策机构委托开展的课题项目。决策机构委托的课题项目通常是决策者关注的重大问题或当前面对的急切难题。智库对这些课题项目开展的研究可以保证切合决策者的关注要点，产出的优秀研究成果很容易得到决策者的重视并被最终采纳。类似兰德公司这样的政府承包商每年与美国国防部、国土安全部、卫生与公共服务部门以及美国陆、空军等机构签署大量的研究合同，其研究成果在多个领域得到了广泛应用。我国各级政府、各部门会将一些政策研究任务以课题招标的形式发布，智库对这些研究课题有着很高的参与热情，智库专家们可以通过这些课题了解决策者的政策关注点，并将自己的政策思想运用在课题的研究当中，通过最后的课题报告传达给决策者。

在决策者和领导干部的集体学习中进行讲解或授课。中共中央政治局成员以及各级党委、政府班子的集体学习已经成为常态，从2002年12月26日第十六届中央政治局开展第一次集体学习以来，中央政治局集体学习从未间断。在中共中央政治

---

① 李刚,王斯敏,吕诚诚,等.CTTI智库报告(2020)[R].南京:南京大学出版社,2022:127-128.

局集体学习中,常常会邀请有关专家就特定问题进行讲解,并提供意见和建议。此外,2017年1月中共中央办公厅印发了《中国共产党党委(党组)理论学习中心组学习规则》。在党委(党组)理论学习中心组的集体学习研讨中,有时也会邀请智库的专家进行专题讲座。

参与决策者组织的政策文本起草或政策调研。资深的智库专家在学界和政界都可以积累到相当程度的名望,政府部门经常会邀请这些智库专家参与政府政策文本的起草工作。智库专家的政策意见与想法可以通过这种工作在政府文本中得以体现。中国社会科学院、国务院发展研究中心等智库的政策专家经常会受邀参与中共中央、国务院及相关部门组织的文件起草工作,各级政府部门在政策文件起草时也都经常问计于智库专家。同时,决策者组织的各类政策调研活动中也经常出现智库专家的身影,学者们在政策调研的过程中能带给决策者他们的思考与见解,对政策调研的效果大有裨益。[①]

2. 非制度化途径

参加有决策者参与的会议讨论。智库可以邀请政府成员参与研讨会、学术会议以及专题讨论会等活动。智库是具备公共外交与政策沟通属性的平台,能够为包括决策者在内的政策各方主体提供一个对话的平台,进行非官方的政策交流。根据政府成员参与程度的不同还有二轨对话和1.5轨对话的差异。在这种讨论中,政府成员以私人的身份参会,与包括学者以及社会各界代表在内的民间人士就一些共同关注的政策议题展开对话,政府官员并不代表官方立场。在这种讨论活动中,政府官员可以听到智库学者及社会各界人士之间的开放式讨论意见。

近年来,各国领导人纷纷意识到,在外交场合,"二轨外交"活动与完全官方层面的正式渠道相比,能够发挥更大的作用,也表现得更为高效。在处理一些对抗性较

---

① 柏必成. 直接介入与间接介入:智库介入政策过程的方式分析[J]. 党政干部论坛,2020(9):27-30.

强、争议性较大的问题时,情况尤其如此。而智库内部专家与政府机构千丝万缕的联系又能够赋予智库开展"二轨外交"活动的权威性。[①] 像是隶属于中国外交部的中国国际问题研究院,就长期活跃在一系列国际高级别论坛和研讨会上,例如,斯德哥尔摩—中国论坛、中法圆桌会议、中欧智库圆桌会议、欧洲外交官研讨班,等等。[②] 这些论坛和研讨会大多是与欧洲的各顶尖智库联合创办,拥有双方政府背书,旨在推动各方政治研究机构及政策专家的交流与互动,也是了解欧盟及其各成员国政治形式、政策倾向的重要途径。正因如此,各智库以及与外交事务相关的政府机构积极参与并组织这些能够供各方交流思想和阐明政策的会议活动。来自双方的智库专家学者以及政府官员的发言、陈述和评论的解读成了中国外交政策的决策者重要的信息来源。

智库与决策者共同参与的会议讨论还包括一些小型的双边会议,特别是一些面向决策者的内部决策汇报活动,对政策可能有着更加直接、更具有实质性的影响。例如,上海国际问题研究院与中共中央级别官员、外交部官员、军事官员、上海市委、市政府官员以及欧盟及其成员国代表等中外各方决策者均进行过双边的小型会议活动。

邀请决策者参与智库事务。智库与决策者的合作还包括邀请决策者参与智库的内部事务,包括课题的研究以及运营相关的事务。在这一过程中,智库管理者、专家以及其他相关工作人员都可以得到与决策者交流沟通的机会。大部分智库都乐意接受政府官员到智库内部挂职进行锻炼,在这一过程中政府官员可以熟悉智库的工作流程与机构文化,拉近两者间的距离。不仅如此,决策者的实践经验与视角对智库研究的帮助也非常大。决策者亲身参与智库的课题研究能够有效增强政策的制定者与政策研究群体之间的互动与沟通,有助于消除双方理念、思维方式中存在的分歧与隔

---

① 库必来·亚多·阿林.新保守主义智库与美国外交政策[M].王成至,译.上海:上海社会科学院出版社,2017:3-5.
② 唐纳德·E.埃布尔森,斯蒂芬·布鲁克斯.智库、外交政策和地缘政治:实现影响力的路径[M].严志军,周诗珂,译.南京:南京大学出版社,2019:132-151.

阁,促进智库研究成果的落地应用。

与决策者进行私下的非正式交流。智库施加影响力并不一定要通过那些正式的渠道或方式,智库专家们在非正式场合与决策者的交流也是一种行之有效的方法。这种交流可能是决策者就某些问题向智库专家咨询意见或看法,也可能是智库专家在特定的场合主动与决策者进行讨论,甚至是一些意外会面情况下并没有特殊准备的对话沟通。这样的交流很难为外界所知,也基本不会出现在官方档案中,但经由此种方式对决策者的影响确实不容小觑。

(二) 间接方式

1. 通过公众和媒体的介入

(1) 官方网站

官方网站是智库向公众展示自身实力、成果、文化等软、硬实力的最有效平台,也是智库对外交流的窗口。通过有效的官网建设,智库可以将自身的机构基本信息、人才团队、研究方向、研究成果等内容一一呈现给公众,以此来传播智库的思想与理念。

作为智库传播影响力的有效手段,全球顶尖的智库,例如布鲁金斯学会的官网2020年总浏览量达到了4260万次。大多数智库官网为浏览者提供了丰富的信息,从机构的最新出版物到即将举行的会议、与会人员名单,等等,公众可以很方便地浏览智库的研究领域与成果。许多智库会在官网提供电子刊物、影像资料等各类型产品供用户下载,例如,兰德公司自1946年起至今共发行了超过2.6万份出版物,包括报告、评论、书籍、年鉴等,其中大部分能够以电子书的形式在官网免费下载,传统基金会的官网则提供了年度报告、文章、国会证词、图书章节以及讲座等内容的下载链接。如今,规模较大的智库已经不限于单一语种的网站,兰德公司官网首页提供英语、中文及阿拉伯语的切换选择;斯德哥尔摩国际和平研究所(Stockholm International Peace Research Institute, SIPRI)官网提供英语、中文、日语、韩语及阿拉伯语等多种语言的电子年鉴以供不同语种人群阅读。这种多语种的选择打破了语言的障碍,有助于智库思想的跨地域传播。

（2）社交媒体平台

社交媒体是互联网 Web2.0 技术的产物。相比于传统媒体,新兴社交媒体在质量、覆盖范围、频率、可用性、即时性和持久性等方面均有了极大革新,播客产品的出现则打破了传统广播只能在一个时刻内提供单一节目的限制,节目订阅者可以通过多个来源订阅希望收听或观赏的节目,不再受到时间限制。海外智库活跃于脸书（Facebook）、推特（Twitter）、油管（YouTube）等社交媒体,提供丰富的播客栏目订阅服务,积极进行公众互动,从而帮助智库推动思想传播,提升研究成果的关注度。

国际一流智库往往在多个社交媒体上都注册了官方账号,各账号之间信息互通,及时发布最新研究成果。为了招揽更多的关注者,保证研究成果的关注度,高明的智库运营者往往会根据每个社交媒体的特性调整发布的形式与内容。例如布鲁金斯学会在 Twitter 上发布的推文主要是转发官网的文章并附上简短的评论或总结,但是在照片墙（Instagram）这个主打图片分享的平台上则会通过一套精心编辑的组图覆盖报道重点,使其符合用户的浏览喜好,而在 YouTube 视频平台上,智库则多采用视频的形式进行成果传播。布鲁金斯学会在各个社交媒体平台的粉丝均是数以万计,并且该智库在 YouTube 上发布的关于《埃塞俄比亚的安全局势及其与更广泛的区域的关系》长视频目前已收获了近两百万次观看量。智库内汇集了许多高级知识分子、各领域专家、政客等精英人才,通过官方账号在社交媒体与播客平台上积极地与公众进行互动,以拓展智库的人脉网络。在社交媒体上,智库除了呈现基本信息与发布推文外,通常也不吝转发其他用户的相关推文,更多以交流而不是施教的姿态面对公众。社交媒体用户往往能在一家智库的相关检索界面发现其他智库,并且使用同一社交平台的智库之间常常会互相关注,这样不仅能拉近智库与公众的距离,还能加强智库之间的交流与合作,使得智库的政策思想得到充分的传播。

（3）出版舆情杂志

智库向公众传播其政策思想的另一项有效手段是出版舆情杂志,舆情杂志的特点在于其时效性强,所刊登内容通常是有关当下热点政策议题的研究与讨论,能够为决策者以及公众解读当下的政策难题。传统基金会出版的《政策评论》(*Policy Review*)会刊登很多保守派政治领袖撰写的与时事政策议题相关的短文章,布鲁金斯学会出版的《布鲁金斯评论》(*The Brookings Review*)、萨加莫尔研究所(Sagamore Institute)出版的《美国展望》(*American Outlook*)、美国企业研究所出版的《美国企业》(*American Enterprise*)等等也都是业内著名的舆情杂志。

(4) 媒体报道

现代媒体在很大程度上影响着公众的视角与思考方式,进而能在一定程度上影响到政府的决策。加州大学帕特里夏·林登(Patricia Linden)认为:"智库必须将自己的理想宣传给外界,否则智库专家们就只是在自说自话。"连续得到正面的媒体报道能够赋予智库足够的曝光度,可以不断扩大智库在公共心中的影响力。因此,大部分的智库非常重视自己在媒体报道中的形象,并愿意投入大量资源以提升媒体曝光率。在争取媒体曝光率方面,传统基金会早在 2003 年就花费了超过 660 万美元,占其当年预算的 19.3%。传统基金会的媒体公关有一个清晰的前提:"向媒体、意见领袖和公众提供保守主义的正面信息,甚至是在思想市场保持保守主义的竞争力。"其目标则更为明确:"确保媒体一定会引用保守派专家学者的观点,或在报道中带有保守倾向。"传统基金会的持续投入已经收获了成效,美国主流媒体的专家意见和政治评论大部分都来源于传统基金会以及华盛顿的几个保守派智库。①

值得一提的是,也并不是所有智库都会一味追求媒体曝光率。通常来说,与政府联系较为紧密的智库出现在媒体上的频率相对会低一些。例如,中国的大部分体制内智库由于保密、信息安全等方面的限制,在新闻媒体上的曝光有着严格的审查制度,自然不能像很多社会智库那样更加随心所欲地寻求与媒体的合作。同时,这些智库本身就与决策者保持着相对稳定的联系,许多时候,他们并不需要借媒体之口就可

---

① 唐纳德·E.埃布尔尔森.国会的理念:智库和美国外交政策[M].李刚,等译.南京:南京大学出版社,2017:156.

以成功向决策层传达自己的思想与观念。类似兰德公司这样相对依赖政府合约的智库也同样如此,他们与美国军方及国家安全部门之间的合作紧密,很多研究内容未必就适合公之于众。对这些合约型智库而言,与政府机构的直接对话显得更为重要。

(5) 向公众推送电子邮件

推送电子邮件也是智库主动传播思想的一种手段。电子邮件具有简便、快捷的优势,阅读人能够及时、动态地了解智库对有关问题的见解。兰德公司的双月刊《兰德评论》能够通过电子邮件免费订阅。中国人民大学重阳金融研究院每个工作日都要推送3万—5万份电子邮件,顶尖的国际智库电子邮件的推送列表规模可能更大。

2. 通过学界的介入

(1) 学术论文与专著

学术论文与专著是学术界记录与传播思想的主要手段。相对而言,学术论文与著作对决策的影响是长期并缓慢显现的。智库学者发表的学术论文和著作通常会具有较高的政策关联度,这些知识产品所承载的智库相关思想可以被公众或政策参与者阅读,还会通过学术引用等方式在知识界传播。

一些有能力的智库会选择自己创办同行评审期刊,例如,卡内基国际和平基金会出版的《外交政策》(*Foreign Policy*)、卡托研究所出版的《卡托学报》(*Cato Journal*)、战略与国际问题研究中心出版的《华盛顿季刊》(*Washington Quarterly*)等都在相关的学术研究领域具有相当的影响力。

(2) 举办或参加学术活动

各类学术活动例如公开的研讨会、论坛、座谈会等是智库介入某些政策议题的常用策略。智库研究员在这些学术场合与来自政府、高校、研究所等不同单位的专家学者就共同关注的政策、时事等议题各抒己见,交流思想,互通有无。

(3) 培育下一代的政策分析能力

许多知名智库例如美国进步中心、英国皇家国际事务研究所(Royal United Services Institute,又名 Chatham House)等会提供项目培训、工作实习、访学等机会给有志于进入政府机构或智库等机构工作的优秀年轻人才。兰德公司有自己的研究生院,开设选择性的多学科博士研究生课程,是唯一一所以公共政策研究机构为基础的政策学校。兰德研究生院的教师来自公司的上千名研究员,负责授课、项目指导与论文指导。每年有 20 至 25 名学生进入兰德研究生院,他们拥有各种各样的学术背景,且有约三分之一来自美国以外的国家。兰德研究生院的学生在校期间需要修读政策分析、经济学、定量和定性分析、社会和行为科学、技术与社会以及伦理学等课程,并与导师合作开展兰德研究项目,通过实践培养学生的政策研究与分析能力。目前,已经有超过 400 名研究生从兰德研究生院毕业,他们正活跃在学、政、商等社会各界的各部门岗位上,对政府决策产生着各种直接或间接的影响。

包括许多中国智库在内的很多高校智库本身就承担着研究生培养的责任。智库的研究专家同时作为研究生导师与学校教师,承担着人才培养和教书育人的工作。许多相关专业的研究生在校期间就已经在高校智库内进行项目研究等工作,这些学生中就有未来的政策制定者或政策研究者。培养下一代的政策分析能力是智库所承担的社会责任,其影响力也会随着时间的推移逐步显现。

(三) 具体路径的选择

需要指出的是,现代智库影响决策的方式虽然非常多样,但每个智库在具体实施时需要考虑很多因素的限制。智库应该在综合考虑各种制约条件后选择适合自身实际情况的方式。这些制约条件可以分为外部条件和内部条件两部分。

外部条件指的是智库所属国家的国情体制、政治环境、经济形式、社会文化等因素。中美两国截然不同的政治体系就直接影响到了两个智库施加政策影响的方式。大部分中国智库本身就属于体制内单位,甚至受决策机构直接管辖,因此必然肩负着服务于党和政府决策的使命。这与以美国智库为代表的国外智库有着很大的差别,它们普遍独立于政府之外,并不受决策机构直接管辖,可能带有一定的政治或党派倾向。然而,需要指出的是,西方智库虽然更多地标榜其自身的独立性与客观性,其背后资助方却多为基金会或大型企业、财团,智库对决策的影响很难不会带有一定的政治诉求。

内部条件指的是智库自身的类型、实力、特长与定位。隶属于党政部门、事业单位的智库在媒体报道、新媒体平台建设等方面受到的限制显然比社会智库更多,而这些体制内智库又普遍掌握更直接的与决策者的沟通渠道。因此,体制内智库显然更倾向于选择通过一些制度化或非制度化的直接途径服务决策者。类似的,高校智库在学术影响力方面本身就具备其他类型智库无法比肩的优势,其学术论文、著作等产品数量相对较多,培养的学生更是可能分布在社会的各行各业,其影响力通过学界进行传播显然相对容易。

第四章　中国特色新型智库建设

在我国历史长河中,"智者谋士"在治国理政中始终拥有一席之地,自近现代以来,中国共产党取得革命胜利也离不开科学专业的战略决策,我国社会主义建设的蓬勃发展更是与我国逐步完善的决策咨询体系息息相关,在新时代下,习近平总书记多次强调要推动中国特色新型智库建设与发展,《关于加强中国特色新型智库建设的意见》阐明了新型智库的时代意义,赋予了新型智库全新的时代内涵和价值,我国现代智库建设不断朝民主化、法治化、科学化、专业化、开放化、多元化方向发展。在我国"学为政本"的政治理性主义传统和中共百年决策咨询变迁下,我国新型智库的体制机制建设不断完善,在实体建设过程中取得了显著成效。

一、党的决策咨询变迁

(一)新民主主义革命时期:涌现一批具有智库职能的组织与机构

中国共产党的诞生与壮大离不开马克思主义理论的研究与学习,离不开革命实践中不断总结、不断优化的战略布局与大政方针。在新民主主义革命时期,在毛泽东同志的带领下,中国共产党调查研究的理论与方法体系不断完善,战略与政策的研究制定逐步建立在研究的基础之上,而在该时期涌现出的一批发挥理论学习、舆论引导、情报收集、政策研究功能的组织与机构,就是中国特色新型智库的历史基因、中国共产党百年决策咨询的历史起点,更是中国共产党带领全国人民实现新民主主义革命伟大胜利的重要支撑。

1. 发挥先进思想学习与传播功能的中国共产党早期组织——马克思学说研究会

马克思学说研究会是中国最早研究与传播马克思主义的团体,在中共一大以前,其作为一种机构设置就已存在于各地"共产主义小组"的工作和活动中,北京大学于1921年11月17日发布《发起马克思学说研究会启事》,正式公开其存在。① 马克思学说研究会在中共成立之初发挥学术研究、人才汇集与培养等重要作用,由先进知识分子组成,是推动中国共产党成立与发展壮大的重要研究机构。

在实际运作与定位转变上,马克思学说研究会最初虽然具有开展精深化马克思主义研究的意愿,但一手资料缺乏、外语难关等现实因素一定程度上制约了该意愿的实现,却也因此推动该组织成为开展理论学习研究、实施主题教育、做公开活动和发展党员的组织机构。1922年之后,随着中国共产党开始强化树立"革命"理念,逐步投入"革命"实践,马克思学说研究会的定位发生根本性转变,由具有精深化研究趋向的学术组织发展成为研究中国共产党采取的政策与战略、开展对外宣传与引导舆论活动、教育培养中共党员的机构。

从智库视角看,以马克思学说研究会为代表的中国共产党早期组织就类似于当今欧洲的政党智库,具备鲜明的思想教育、价值倡导、社会宣传和政策推广等功能。它们不仅为中国共产党早期马克思主义的引进与政策战略部署提供学理性支撑,为中国共产党提供人才输送与培养渠道,更成为中国共产党宣传马克思主义、开展革命实践活动的重要阵地。作为早期先进思想与宣传组织,马克思学说研究会的设立与演变反映了中国共产党成立之初就已存在政策研究、舆论宣传的意识与传统,研究会对中国共产党成立与发展的重要助推作用充分证明理论与政策研究对于一个政党进行重大决策、凝聚组织精神十分必要。

2. 土地革命战争时期开源情报搜集机构——红色中华通讯社

红色中华通讯社于1931年11月在江西瑞金创办,简称"红中社",后于1937年

---

① 昆明市文史研究馆.少年战士:云南早期共产党人播火记.[M].北京:人民出版社,2021:3.

1月改名为新华通讯社,是我国第一批国家高端智库试点单位——新华社的前身,是我国现代媒体型智库的鼻祖。在土地革命战争时期,敌方公开发表的文章、电台播报的新闻等公开信息均是重要的"开源情报",而中共领导人很早就意识到这类信息的重要价值,便组建以红中社为首的专门机构对这些公开信息进行加工、整合、分析,使之从公开信息转变为具有情报价值的重要信息,一方面以内参形式报送党中央,服务党的决策,另一方面转化为情报产品,通过舆论引导、对外宣传等方式扩大中国共产党的影响力与号召力。

从机构的智库属性视角来看,红中社在发挥国内外新闻播报作用的同时更肩负中央政策文件宣传与解读、敌方和国外重要情报收集并汇编成内刊进行报送的重要责任。一方面,"红中社"发挥重要的"耳目""喉舌"职能,坚持每天对外播报授权发布的中华苏维埃共和国临时中央政府的文件(声明、宣言、通电、文告、法律、法规等)。另一方面,"红中社"担负重要的情报收集与报送的重要任务,及时抄收国民党中央社及外国通讯社播发的新闻,编印成内部参考刊物,提供给苏维埃中央政府和红军领导人参阅,该内刊即为《无线电日讯》,也是当今新华社主办的《参考消息》的前身之一。在抗日战争时期,更名为新华通讯社的"红中社"在敌人的分割封锁下,成为抗日民主根据地对外发布新闻的唯一渠道。此时的新华社,除了继续抄收国民党中央社的新闻,还可以抄收国外通讯社的电讯,如日本同盟社、法国哈瓦斯社、美国合众社、德国海通社等,[1]通过对这些开源情报进行汇总、加工、整理、分析,编印成供中央参考的内部刊物,协助中央及时了解国外动态和国际局势,为党中央制定作战战略、处理国共及国际关系提供第一手情报支撑,为党中央及时制定战时应对政策、作出精准预判与决策,以取得抗日战争的最终胜利奠定重要情报基础。

3. 延安时期的政策研究机构

延安时期,中国共产党中央组织体系日趋完善,成立了专门决策咨询与政策研究

---

[1] 万京华.从红中社到新华社[J].百年潮,2011(8):58-64.

机构。自1935年开始,中共中央各决策咨询与政策研究机构在新建、更名、改组、合并、协调的过程中不断发展,并在战争时期发挥实际效用,为赢得战争胜利、成立新中国奠定扎实基础,是我国现代智库的直接来源。

延安时期与解放战争时期的党的决策咨询与政策机构发展脉络如图4-1所示,主要包括中共中央党校、马列学院、自然科学研究院、中央政治研究室、中央政策研究室等。1933年3月,中国共产党在江西瑞金革命根据地创办马克思共产主义学校,由董必武负责,是中共中央直接领导的培养高、中级领导干部和马克思主义理论工作干部的最高学府,1935年随中国工农红军长征到达陕北瓦窑堡后正式改称为中共中央党校。1938年5月中共中央在延安创办马克思列宁主义学院,专门从事马列主义基本理论学习、研究和宣传,为加深学生对于党的理论以及政治、哲学等方面的学习,建立了中国问题研究室、马列主义基本问题研究室等,发挥与中央党校相似的职能。[1]1941年7月,该学院改组为马列研究院,8月又改组为中央研究院,并于1943年5月并入中共中央党校。中共中央党校自成立以来,不仅是中国共产党领导干部的重要培养阵地,同时围绕中共中央的重大决策、理论和党建开展丰富的调查研究工作,基于调查研究提出对策建议。在延安整风运动中,中共中央党校的学员多次聆听毛泽东等中央领导同志的报告,认真学习中央规定的二十二个文件,运用马克思列宁主义分析研究中国革命的实际问题,为新民主主义革命和建设的胜利提供有力支撑。

与此同时,中央在成立中共中央党校、马列学院培养中共领导干部的基础上充分重视科学研究机构的组建与职能发挥,于1939年6月成立延安自然科学研究院,并在同年12月下旬召开了陕甘宁边区第一次科技盛会——自然科学讨论会,深入讨论边区经济建设与抗战生产问题,与会人员共同建议把自然科学研究院更名为自然科学院,发挥培养边区科技人才的重要职能。自然科学院作为中国共产党首家专门科研机构,深入贯彻落实毛泽东同志"调查研究是正确决策基础"的理念,对党的重大决

---

[1] 王纪刚.延安风尚[M].北京:世界图书出版公司,2017:151.

```
1933年成立的马克思共        马克思列宁主义学院改组为马列研
产主义学校更名为中共        究院。
中央党校。               中央调查研究局成立。
                      8月马列研究院改组为中央研究院。
                      直属中央宣传部。
                                        中央政治研究室成立

        1938.5   1939.6      1943.5              1948.6
─────●───────●──────●──────●────●──────●──────────→
   1935            1941.7         1945.8

         马克思列宁主义学   中央研究院并入中共中央党              中央政策研究室成立
         院在延安成立。    校。
                       此前3月曾部分并入中央调
                       查研究局。

                  延安自然科学研究
                  院成立。
```

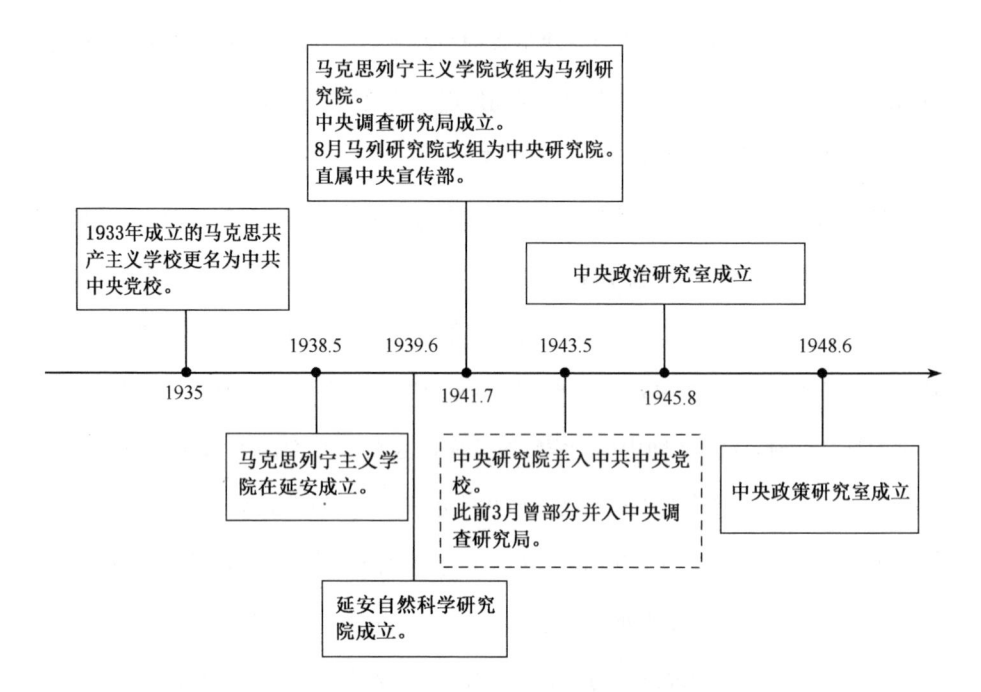

图 4-1　新中国成立前党的决策咨询与政策机构发展脉络

策产生深远影响,科学院生物系师生组成"陕甘宁边区森林考察团",于1940年考察了陕甘宁边区的森林自然状况和植被分布情况,在调查研究基础上向党中央正式呈报关于一处非常适合农垦和屯兵的"烂泥洼"的报告,得到了中央领导的高度重视,并推动了开发"烂泥洼"的重要决策,"南泥湾开发"由此诞生。

1941年8月1日,为了克服党内严重存在的理论脱离实际的倾向,加强对中国实际问题的研究,中共中央发布《关于调查研究的决定》,要求各级机关均设置调查研究机关,收集有关该地敌友我政治、军事、经济、文化及社会阶级关系各方面材料,[1]加以研究,以助力该地工作,同时给中央提供材料,例如,陕甘宁边区政府下设的研究室、西北局下设的研究室等。随后,从中央到地方,从党委到政府,初步建立起了党政系统上下互联互通的研究体系和工作机制,1945年8月,中央政治局扩大会议批准

---

[1] 杨畅.中国智库发展的萌芽形态与实践成效探析:基于延安时期和新中国成立初期的分析[J].湖湘论坛,2018,31(6):69-76.

在中央书记处之下设立政治研究室,负责研究政治理论与国际局势,并为中央决策提供参考。1947年底,在中共中央扩大会议上,毛泽东全面审视了政策对于团结力量、孤立敌人、赢得胜利的重要性,将党迎来战略转折点的政治原因归为"政策适当",1948年2月毛泽东就工商业政策问题,从理论与实践结合的角度指出"政策是革命政党一切实际行动的出发点,并且表现于行动的过程和归宿"[1],再次强调政策的重要性,认为政策必须在实践中证明其正确性;同年3月,毛泽东第一次向全党作出了"政策和策略是党的生命"的著名论断。[2] 在此背景下,1948年6月,中共中央在西柏坡成立中央政策研究室,负责根据中央指示研究解放区城市与农村各项政策,新区工作及不属于其他部、委、校的各项工作政策,同年12月,中央发出《中央关于中央政策研究室业务的通知》,分设新区政策组、土地改革及农村建政组、城市工商组、农业生产及合作社与人民负担组、蒋区调查组、职工运动组、编译组,明确中央政策研究室"是帮助中央了解与分析情况并制定与贯彻执行政策的助手之一,是党的政策参谋部的一部分"。

在不断总结与反思,不断推动理论与实践相结合、马克思主义与中国实际相结合的情况下,中国共产党第一批官方决策咨询与政策研究机构应运而生。这些机构在中央指示下开展系统的政策研究与分析,在马克思主义理论的宏观指导下具体分析中国国情,从而为实现全党新的团结与统一、为抗战胜利和新民主主义革命在全国的胜利奠定重要的思想政治基础,也为新中国成立以后战略研究和政策研究工作奠定了扎实的基础。

(二)社会主义建设时期:政策研究与决策咨询工作的系统化

1. 发挥民主党派参政功能

在社会主义建设时期,一些民主党派作为参政党也建立了自己的研究咨询机构,

---

[1] 毛泽东.毛泽东选集:第四卷[M].北京:人民出版社,1991:1284.
[2] 毛泽东.毛泽东选集:第四卷[M].北京:人民出版社,1991:1296.

每年都出版或者提交大量各类研究报告,有效支撑了社会主义工业化建设,三大改造、"一五"计划等重大政策的制定以及中国外交军事、科技发展等路线与战略的规划布局。20 世纪 50 年代开始,中国共产党还通过双周座谈会、协商座谈会、最高国务会议这三种形式与各参政的民主党派进行政策制定上的直接合作和协商,着重就党的方针、政策、国家大计等方面取得民主党派的建议或者与其沟通思想,当时,党和国家的许多重大决策都是经过或初步经过这些形式讨论协商之后作出决定的。1954 年 11 月,第一届全国人大常委会第二次会议决定设立国务院参事室,为国务院的直属机构,国务院参事室具有统一战线职能,也是顾问咨询的重要机关。其基本任务便有"学习中共中央、国务院制定的路线、方针、政策,并在工作中贯彻执行;组织参事进行力所能及的调查研究和考察参观,提出意见和建议,向国务院有关部门反映;组织参事对有关部门送来的法律、法规草案进行研究,提出意见"这两项。[1]

2. 成立一批专业政策研究机构

（1）隶属于党中央、国务院和中央军委

新中国成立后,中国共产党成为执政党,面临纷繁复杂的社会主义建设和经济社会发展任务,对高校、完备的决策咨询体系建设需求也日益增长。因此,一批隶属于党中央、国务院和中央军委的政策研究机构应运而生,充分发挥调查研究、建言献策、咨询国是的重要作用,体现出明显的智库特征,被国外学者普遍认为是中国的"第一代智库"。

中国科学院。1949 年 9 月 27 日,中国人民政治协商会议第一届全体会议一致通过《中华人民共和国中央人民政府组织法》,规定政务院之下设"科学院",列为政务院的政府部门,其行政职能是管理全国科学研究事业,与文化部、教育部、卫生部和出版总署等政府部门一样同受政务院文化教育委员会的指导,但又直接领导若干研究所,而不在各省、自治区、直辖市设置相应的地方管理机构。同年 11 月 1 日,中国科

---

[1] 叶文松.中华人民共和国政府机关总览[M].北京:中国物资出版社,1993:499.

学院在北京开始办公,宣告正式成立,接收、调整、整合了中央和地方的前国立中央研究院、前北平研究院、延安自然科学研究院等研究机构,又增设了4个研究单位,共计21个研究所。中国科学院在1950年,就已经在东北地质矿产调查、黄河水利勘探等国家项目上做出了重大贡献。① 其1955年成立的哲学科学研究学部提出的全国科技发展长远规则应该尽快制订的建议,得到了党中央的支持,由此成立了国务院科学规划委员会,集中科院400多位专家群策群力完成了"十二年科技发展远景规划"(1956—1967年),极大推动了20世纪中国科学技术、国防工业和经济的快速发展。

中国人民外交学会。1949年2月15日中国人民外交学会在北京成立,周恩来为名誉会长。它是以研究国际问题和外交政策,进行国际交流、开展人民外交活动为宗旨的人民团体。自成立以来,学会的主要工作是同世界各国的政治活动家、知名人士、国际问题的机构和学者进行交往和联系,同时组织和参加双边或多边的学术讨论会等活动,并就国际问题进行研究、探讨和交换意见。从1952年中日两国重开人民之间往来至1968年的十六年间,外交学会接待了日本朝野政党、国会议员、前军人等政治、经济、文化各界知名人士代表团107个,总计780多人次,并发表了和日本社会党第四次访华代表团的共同声明(1964年10月29日)。

新华社。1948年6月5日,中共中央颁发的《关于新华社应供给各种资料的指示》第一次正式赋予新华社决策咨询和情报收集职能。1949年9月22日,新华社根据中央指示正式出版《内部参考》,刊登记者反映的国内外重要情况,供中央领导同志参阅。毛泽东指出:"我认为此种内部参考材料甚为有益。凡重要者,应发到有关部门和有关地方的负责同志,引起他们注意。各大区和各省市最好都有此种《内部参考》,收集和刊印本区本省本市的内部参考材料。"②1959年2月16日,新华社成立参考资料编辑部,"以便在国际参考报道中为党中央和有关部门更好地起到'耳目'作

---

① 中共中央党校理论研究室,刘海藩. 历史的丰碑:中华人民共和国国史全鉴—科技卷[M]. 北京:中央文献出版社,2004,1-2.
② 中共中央文献研究室.建国以来毛泽东文稿:第四册[M].北京:中央文献出版社,1990:457.

用"。1959年3月,毛泽东在一次谈话中说:"现在的报纸我只看一些消息,但《参考资料》《内部参考》每天必看。"①

(2) 部委办局直属

部委办局直属的政策研究机构与党中央、国务院的综合性政策研究机关不同,它们更关注专业领域的政策研究,也把保障本部门本系统的决策咨询需求作为基本任务。例如,1956年6月,根据毛泽东主席关于财政部要加强财政经济问题研究的指示,财政部财政科学研究所正式成立,财科所一直围绕国家财政中心工作,开展财经理论和政策研究,为国家决策和国家治理建言献策,为财政政策提供智力支撑。② 同年11月,中国科学院国际关系研究所成立,1958年该机构从中科院脱离出来,并更名为"国际关系研究所",该机构是在时任外交部常务副部长张闻天的提议下,经国务院批准成立的,主要职能是研究国际政治问题,对国际事务提供咨询协助。③ 1957年1月26日,经国务院和中央书记处批准,中央教育科学研究所建立,开展教育科学研究工作。

3. 确立研究室体制

研究室是各级党委和政府内的政策研究机构,从机构属性上来说,研究室是党委政府部委办局的一部分,是正式的党委政府机关,其职员属于公务员。从业务性质上来说,研究室是专门的政策研究部门,但不同于作为事业单位性质的政策研究机构,党委政府的研究室主要是围绕党委政府的当前任务开展调查研究,甚至还要承担相当一部分重要文稿的起草工作。因此,研究室是靠近决策中枢、反应敏捷的政策研究部门,在社会主义建设时期,中央和地方均确定部署了研究室体制并不断建设发展。

国务院政治研究室于1975年6月成立,以政策研究和文稿工作为基本职能。

---

① 刘宪阁.毛泽东是怎样用内参来治国理政的[EB/OL].[2017-03-15]. http://dangshi.people.com.cn/n1/2017/0315/c85037-29145621.html.
② 中国财政科学研究院.中国财政科学研究院简介[EB/OL].[2021-08-01]. https://www.chineseafs.org/ckynewsmgr/staticpage_queryOneStaticePage.action?systemType=1&pageType=100001&retVal=cngw.
③ 董哲.中国国际问题研究院历史沿革[EB/OL].[2021-08-01]. http://www.ciis.org.cn/gyygk/gyyjj/lsyg/202007/t20200714_1563.html.

1975年7月,研究室在邓小平的指导下重新起草并修改了一些重要的国务院文件,包括《关于加快工业发展的若干问题》(《工业二十条》)和《关于科技工作的几个问题(汇报提纲)》等。1977年3月4日,国务院政治研究室被改组为"国务院研究室",主要工作仍以拨乱反正、思想引导为主。

地方各级党委和政府也建立了研究室体制。新中国成立之初,中央人民政府政务院在《关于各级政府机关秘书长和不设秘书长的办公厅主任的工作任务和秘书工作机构的决定》中规定,"大行政区和各省(行署、市)人民政府的政策研究机构,应视各地具体工作情况和干部条件建立"。在此背景下,广州、武汉等市开始着手,1949年11月,中国共产党广州市委设立研究室(原政策研究室),是市委调查研究、决策参谋部门,同年,中国共产党武汉市委政策研究室成立,第二年4月,中国共产党成都市委政策研究室正式成立。

(三) 改革开放时期:决策咨询体系初步形成并蓬勃发展

1. 党中央直属政策研究机构的恢复与创设

第一,成立中国社会科学院。1977年5月7日,党中央批准在中国科学院哲学社会科学部基础上成立中国社会科学院,并赋予该院"马克思主义的坚强阵地、中国哲学社会科学研究的最高殿堂、党中央国务院重要的思想库和智囊团"[1]三大定位。中国社会科学院的建立,被认为是中国现代智库体系初步建立的标志性事件和特点。[2] 从1977年起,以中国社会科学院和各省社科院为主干的社科院系统也基本建构完成。从1978年开始,中国社会科学院面向全国招收研究生,培养哲学社会科学方面的高层次的研究人才。[3]

---

[1] 特别策划小组.继往开来 锐意进取 书写中国特色哲学社会科学时代华章[EB/OL].[2022-10-11]. http://www.cass.net.cn/keyandongtai/keyanguanli/201704/t20170428_3502997.html.

[2] 上海社会科学院智库研究中心.2013年全球智库报告:影响力排名与政策建议[M].上海:上海社会科学院出版社,2014:13.

[3] 《中华人民共和国通鉴》编委会.中华人民共和国通鉴[M].辽宁:辽宁人民出版社,2000:983.

第二,国务院三大研究中心的成立与改组。1980年7月8日,薛暮桥报请国务院建议成立国务院经济研究中心。此时,经济体制才开始改革,一系列复杂的经济问题摆在面前,党和政府开始重视政策咨询研究工作,需要发挥经济专家和学者的参谋作用,但是,当时的经济决策咨询活动比较分散,未能形成正规的咨询研究体系,不能满足现实要求,需要建立由经济专家和学者参加的、非行政性的经济决策咨询研究机构,组织在京经济研究单位加强经济问题的研究,于是国务院经济研究中心应运而生。国务院在1982年8月14日《关于加强国务院经济中心工作的意见》中正式宣告了国务院经济研究中心的成立,明确其是国务院和中央财经领导小组领导下的一个咨询研究机构。[1] 此外,三大中心还包括1981年5月3日成立的国务院技术经济研究中心和1981年7月7日成立的国务院价格研究中心[2]。1985年6月29日,上述三大中心合并,国务院经济技术社会发展研究中心正式成立。《国务院关于成立经济技术社会发展研究中心的决定》中规定中心是咨询研究机构,在国务院和中央财经领导小组的直接领导下工作,主要任务是:研究经济、技术、社会发展中带有全面性、战略性、长期性和综合性的问题,经常分析经济发展、技术发展和社会发展方面的动态,预测发展的前景,并及时提供决策所需的各种建议和咨询意见。[3] 1989年12月18日,中心向国务院各部委、各直属单位,各省、自治区、直辖市人民政府,各计划单列市人民政府发出《关于更改名称启用新印章的通知》:"经国务院批准,原'国务院经济技术社会发展研究中心'更名为'国务院发展研究中心',仍属国务院直属事业单位。"1990年10月9日,国务院农村发展研究中心的部分职能和人员也并入发展研究中心,成为农村经济和城乡协调发展研究部。国务院农村发展研究中心成立于1982年

---

[1] 《国务院发展研究中心大事记》编委会.国务院发展研究中心大事记:1980—2013[M].北京:中国发展出版社,2015:2.

[2] 《国务院发展研究中心大事记》编委会.国务院发展研究中心大事记:1980—2013[M].北京:中国发展出版社,2015:28.

[3] 《国务院发展研究中心大事记》编委会.国务院发展研究中心大事记:1980—2013[M].北京:中国发展出版社,2015:66.

4月份,前身是中央书记处农研室,是我国著名的农村政策研究机构,主要任务一度是制定每年一度的中央一号文件,指导我国农村经济的发展,被称作"中国政府农村政策的高级参谋部"和农村经济体制改革方案的摇篮[①]。国务院发展研究中心和中国社科院这些事业单位型机构与隶属党委政府的研究室体制不同,它们的主要工作不是文件起草和文稿服务,而是政策调查与研究。作为独立的事业单位实体,一方面它们的研究经费有政府财政拨款,这保证它们的政策研究不会受到部门利益的影响;另一方面作为独立法人实体,也拥有完整的议程设置权限,可以展开自主选题的研究。

国务院三大研究中心对政府经济政策的制定起到了重大作用。比如,1981年6月10日,技术经济研究中心召开了国民经济模型研讨会,把数理经济学引入国民经济与发展的宏观经济研究,又在1982年12月20—24日召开了"建设和改造项目经济评价讨论会",对微观经济的项目进行评价研究,两次会议的成果被国家宏观发展战略吸收。1982年5月至9月,国务院经济研究中心同新成立的国家经济体制改革委员会为配合十二大的召开,组织了一次关于经济体制改革理论问题的讨论,十二大同意其提议,将贯彻计划经济为主、市场调节为辅的原则写入报告。[②]

第三,充实中央政策研究室的研究力量。中共中央办公厅原本有一个研究室,后改为中共中央书记处研究室,1981年又在此基础上成立中共中央政策研究室。1982年4月,根据中央决定,在国家农业委员会撤销后中央书记处下设农村政策研究室,杜润生任主任。其职责是:对农村工作进行系统的、深入的调查研究,及时地反映农村工作中的新情况、新问题;代中央起草或参加起草农村工作方面的文件、文稿;检查各地、各部门贯彻执行中央的有关方针、政策的情况;完成中央交办的其他事项。[③]从1982年到1986年的五年时间,中央"一号文件"都是农业发展相关,在背后出谋划

---

① 国家科委科技政策局.软科学的崛起:中国软科学研究机构[M].北京:地震出版社,1989:40.
② 樊宪雷.三中全会和改革开放[M].山东:青岛出版社,2016:45.
③ 中国中共党史学会.中国共产党历史系列辞典[M].北京:中共党史出版社,党建读物出版社,2019:89.

策的就是中央农村政策研究室,同时研究室的成果也直接推动了家庭承包经营制度的诞生。1988年1月,根据中央决定,中央书记处农村政策研究室改为中共中央农村政策研究室。杜润生继续担任主任。其职能是调查研究,为中共中央制定农村政策、农村发展战略和深化农村体制改革提供咨询服务。1989年7月,根据中央决定,中共中央农村政策研究室撤销,合并到中央政策研究室。①

2. 专门从事政策研究和决策咨询工作的高校智库和社会智库涌现

在中央和国务院直属政策研究机构恢复和发展的同时,随着新思潮的输入,改革开放催生的巨大政策研究需求,高校内的政策研究中心也悄然兴起。北京大学国际关系研究所(1985年)和复旦大学美国研究中心(1985年)是最早的一批。除了高校智库开始萌芽,1986年万里的发言也给民办政策咨询机构的起步提供了契机。当年7月31日,时任国务院副总理万里在全国软科学座谈会上作了题为《决策民主化科学化是政治体制改革的一个重要课题》的重要讲话,提出政治体制改革的一个极为重要的方面即是决策"民主化、科学化和制度化"。这次讲话着重点在要改变不适应改革开放的旧决策方法,并强调专业知识和科学研究在决策咨询中的重要作用。② 从这次谈话开始,因政策开放,非官方的决策咨询机构开始陆续出现,1986年,中国政治与行政科学研究所正式成立,它是第一个形态完整的民办政策研究机构,挂靠在国家科委人才交流中心下,主要研究对象是政治和行政体制改革问题,其运行方式完全自主,经费来源于自筹。同年,又成立了北京社会经济科学研究所,主要以多学科视角研究中国现代化建设中的改革发展和转型问题。伴随着第二次下海潮流,从政府部门和官方机构走出了一批专家,自主创办了属于自己的研究机构,如1989年初成立的深圳综合开发研究院(CDI),是当时的经济学家和社会活动家马洪、李灏、陈锦华、高尚全等人士自愿联合组建的。另外中国(海南)改革发展研究院(1991年)、上

---

① 中国中共党史学会.中国共产党历史系列辞典[M].北京:中共党史出版社,党建读物出版社,2019:100.
② 万里.万里文选[M].北京:人民出版社,1995:514-532.

海华夏社会发展研究院(1994年)等亦在几年间成立。①

3. "南方谈话"后政策研究与决策咨询体系的新发展

1992年初邓小平发表南方谈话，中国的改革开放提速，迎来了攻坚阶段。1992年，党的十四大报告提出"决策的科学化、民主化是实行民主集中制的重要环节，是社会主义民主政治建设的重要任务。领导机关和领导干部要认真听取群众意见，充分发挥各类专家和研究咨询机构的作用，加速建立一套民主的科学的决策制度"。1994年9月，中国共产党十四届四中全会在《关于加强党的建设几个重大问题的决定》中再次强调"决策民主化是发展党内民主的重要内容，也是实现决策科学化的前提。要建立健全领导、专家、群众相结合的决策机制，逐步完善民主科学决策制度"。从国内层面而言，政治经济环境日趋复杂，治理难题不断增加，经济改革、社会治理等方面亟须专业权威的政策咨询支撑；从对外关系层面而言，中国不断嵌入国际社会，需要聚焦于融入世界经济、应对中美关系、解决台湾问题等研究，国家外交政策研究需求与战略咨询需求不断扩大。一时间不同类型的智库在中国大地上喷涌而出，我国政策研究与决策咨询机构迎来了百花齐放的发展与转型时期。

高校智库迎来建制化发展时期，决策咨询功能不断强化。随着决策者更加倾向于寻求研究机构和高校的专业帮助，高校科研人员与专家学者的多元专业背景与知识基础为高校智库建设与发展提供了契机。最早的实体性高校决策咨询机构由国家外事部门和高校共建共管，以服务国家外交政策为建立宗旨，并不断走向规范化，逐步搭建起官方网站，创办起政策研究成果内刊要报，建立起常态化政府报送机制。1999年创设的教育部人文社会科学重点研究基地中包含大量政策研究机构，为高校智库建设与规模扩大打下坚实基础，与此同时，教育部文件也明确指出"研究基地应围绕体制改革、科学研究、人才培养、学术交流和决策咨询五大任务进行建设，将研究

---

① 张颖春.中国咨询机构的政府决策咨询功能研究[M].天津：天津人民出版社，2013：50.

基地的研究咨询报告被领导批示、政府相关部门的采用情况作为重要的评价指标"①。进入21世纪后,高校智库的政策研究与决策咨询功能进一步强化,2003年教育部发布《关于进一步发展繁荣高校哲学社会科学的若干意见》,强调"发挥高校哲学社会科学的决策咨询作用";2005年教育部发布《关于大力提高高等学校哲学社会科学研究质量的意见》,明确提出高校要"强化应用对策研究",成为"决策咨询服务中心";2007年党的十七大报告中首次提出"繁荣发展哲学社会科学,推进学科体系、学术观点、科研方法创新,鼓励哲学社会科学界为党和人民事业发挥思想库作用,推动我国哲学社会科学优秀成果和优秀人才走向世界"。

政府职能的转变和开放性决策理念为社会智库的发展提供了良好的发展环境,社会智库因其独立性、灵活性特征得以加速发展。 改革开放后我国涌现的首批社会智库创始人基本上是具备政府部门、科研事业单位从业经历,具有一定理论知识背景的社会精英人士,这一时期的社会智库具有较为显著的"学者驱动"特征。随着我国加入世贸组织,全球化蓬勃发展,中外学术交流、智库交流进入黄金时期。社会智库在经历短暂的发展困难后迎来新兴动能。虽然,2004年6月国家工商行政管理总局发布的《企业名称登记管理实施办法》(修订版)在出清一大批僵尸智库的同时也造成一些智库品牌价值的耗散,但2008年全球金融危机的爆发使得智库咨政建言、决策咨询作用凸显,政界、学界对智库的关注度再次升温,"社会智库"的概念更为明确,在研究领域、营利特征、注册方式、国际化程度等方面呈现出多样化发展态势。2009年3月,由时任国务院总理温家宝批准、时任国务院副总理曾培炎出任理事长、被称为"中国最高级别智库"的中国国际交流经济中心成立,整合了原来国家发改委下属的国际合作中心和对外开放咨询中心两大智库。中心一成立就组织召开了全球智库峰会和中国经济年会,②完成多项重点课题,其中涉及金融危机第二次被冲击的可能

---

① 《中国教育年鉴》编辑部. 中国教育年鉴(2007)[M]. 北京:人民教育出版社,2007:38.
② 董成颖,李刚. 改革开放以来中国智库研究综述[J]. 情报探索,2017(12):1-11.

性、构建国际金融新秩序、中美战略经济合作等宏观性、前瞻性问题。

总之，自 1978 年改革开放，到 1992 年邓小平南方谈话和党的十四大召开，再到 2012 年党的十八大报告明确提出"坚持科学决策、民主决策、依法决策，健全决策机制和程序，发挥思想库作用"，国内经济发展、体制改革和国际环境的纷繁复杂极大促进了我国决策咨询体制转变、提高了决策咨询的需求，从而为我国现代智库的多元蓬勃发展提供重要契机，中国的智库事业得到了前所未有的关注和重视，官方智库、高校智库、社会智库全面发展，并在各领域发挥重要的决策咨询职能，具有中国特色的现代智库崭露头角，具有中国特色的智库品牌逐步形成，关于智库的学术研究也日趋广泛和深入。可以说，该阶段我国智库的快速发展、百花齐放，为之后构建中国特色哲学社会科学体系、推进中国特色新型智库体系建设与发展奠定了重要的理论与实践根基。

二、新时代中国特色新型智库建设

（一）建设背景

1. 国家高度重视科学决策与软科学竞争力

21 世纪以来，随着国际和国内政治经济形势的变化，大国崛起的趋势要求我国必须建立与之相适应的政府决策咨询体制，经济强国的地位也要求我国必须不断提升国家软实力。[①] 基于我国决策民主化科学化的政治与社会环境和自改革开放以来现代智库建设的实践经验，以习近平同志为核心的党中央开启具有中国特色的新型智库探索之路，中国特色新型智库这一概念由此诞生，成为我国推进科学决策、实现决策咨询体制改革创新进程中的重要产物。

以习近平同志为核心的党中央围绕中国特色新型智库建设颁布多项政策文件、做出重要指示批示，为中国特色新型智库指明建设方向。早在 2012 年底，习近平总

---

① 彭瑛,李树德,曹如中.我国智库发展的历史追溯、实践探索与提升策略研究[J].图书馆理论与实践,2019(6):55-60.

书记在中央经济工作会议上指出,要健全决策咨询机制,按照服务决策、适度超前的原则,建设高质量智库;2013年4月,习近平总书记做出关于加强中国特色新型智库建设的重要批示,指出"智库是国家软实力的重要组成部分,随着形势的发展,智库的作用会越来越大。要高度重视、积极探索中国特色新型智库的组织形式和管理形式";2013年11月,中国共产党十八届三中全会发布的《中共中央关于全面深化改革若干重大问题的决定》提出了智库建设的"22字"方针,即"加强中国特色新型智库建设,建立健全决策咨询制度",这是在公开文件中首次出现"中国特色新型智库"的表述,与此同时,中央成立全面深化改革领导小组,开始着手推动一系列重大改革措施,其中就包含"中国特色新型智库"的顶层设计与发展规划;[1]2015年1月,中共中央办公厅、国务院办公厅正式发布《关于加强中国特色新型智库建设的意见》(以下简称"《意见》"),确立了中国特色新型智库发展的总体目标和发展路径;2015年和2017年,中央全面深化改革领导小组还分别就国家高端智库和社会智库的发展,发布了《国家高端智库建设试点工作方案》和《关于社会智库健康发展的若干意见》,分别对国家高端智库和社会智库的组织形式和管理形式给予了指导和规范。至此,中国特色新型智库建设正式上升为国家战略,同时也引起了公众的广泛关注。

"国家治理体系和治理能力现代化"的提出为中国特色新型智库提供建设发展的广阔舞台。 十八届三中全会提出全面深化改革的总目标是"完善和发展中国特色社会主义制度,推进国家治理体系和治理能力现代化",这是中共首次提出"国家治理体系"和"治理能力"的概念,是全面有效协调社会关系的概念,涉及如何更好地权力配置、提高政府自身的执政水平。[2]新兴的治理格局为中国特色新型智库的建设与发展提供了广阔的空间,使得中国特色新型智库成为推进国家治理体系和治理能力现代化的重要力量。

国家高度重视哲学社会科学发展,为中国特色新型智库提供重要支撑。 哲学社

---

[1] 李凌. 中国智库发展的四个十年[J]. 决策探索(上),2019,611(4):65-67.

[2] 于今. 国家治理体系和治理能力的现代化,为智库发展提供了舞台[EB/OL].[2021-06-27]. http://theory.people.com.cn/BIG5/n1/2016/1101/c40531-28826016.html.

会科学研究是智库建设与发展的重要理论基础,智库研究在咨政启民的同时也推动了哲学社会科学繁荣发展与守正创新。2016年5月17日,习近平总书记主持召开哲学社会科学工作座谈会并发表重要讲话,指出"各级党委和政府要发挥哲学社会科学在治国理政中的重要作用",智库建设"要把重点放在提高研究质量、推动内容创新上"。2017年10月,党的十九大报告中明确提出"深化马克思主义理论研究和建设,加快构建中国特色哲学社会科学,加强中国特色新型智库建设"。党中央在多种场合强调科学决策以及中国特色新型智库建设的重要性,在这样的政策激励背景下,中国特色新型智库建设成为中国改革开放以后政治发展的重要内容。

哲学社会科学的全面繁荣以及相应高级研究人才队伍的迅速扩大为中国特色新型智库建设发展提供政策、理论与人才三重保障。首部哲学社会科学类发展规划《国家"十四五"时期哲学社会科学发展规划》的出台为中国特色新型智库建设提供了全新的、厚重的、系统的政策环境,强调要"着力打造一批具有决策影响力、社会影响力、国际影响力的新型智库",并明确"高校作为建设中国特色新型智库的重要力量,必须走在中国特色新型智库建设前列"。此外,中国特色社会主义建设过程中理论研究水平不断创新高,大量实践经验得以总结,转化为各类哲学社会科学学术专著、论文、调研报告等也是中国特色新型智库在新时代建设与发展中的起点与根基,有效支撑新型智库进一步提升发展。同时,我国的哲学社会科学研究人才层出不穷,为中国特色新型智库的发展储备了大量的人才,成为中国特色新型智库建设的核心资源。

2. 全球"百年未有之大变局"提出新要求与新挑战

习近平总书记2018年7月在南非约翰内斯堡举行的金砖国家工商论坛上对国际形势和未来发展作出"当今世界正处于百年未有之大变局"的重要论断,因此面对不确定性极强的国际环境和政策环境,我国政府亟须准确研判世界局势和国际关系,通过对决策问题清晰、深入地分析和推演及时制定战略与政策方案。2020年2月14日,中央全面深化改革委员会第十二次会议对我国智库建设强调"要精益求精、注重科学、讲求质量、切实提高服务决策的能力水平"。可见世界百年未有之大变局下日趋增多、错综复杂的研究问题成为中国特色新型智库建设与发展的新挑战、新动力和新使命。

不断重构调整的全球治理体系要求中国特色新型智库全面融入全球各领域治理体系建设、全面提升国际话语权和影响力。中国特色新型智库基于我国目前已形成的共商共建共享全球治理观,通过主办全球会议、积极加强合作交流等途径协助中国持续发挥负责任的大国作用,积极参与全球治理体系的改革与建设。中国特色新型智库为我国创建减贫治理的全政府全社会参与模式和帮扶格局、创造减贫治理的中国样本提供高质量的学理研究基础与政策研究脉络。一方面,从事减贫研究的智库机构产出大量高水平研究成果,如中国社会科学院农村发展研究所连续28年出版《中国农村经济形势分析与预测》,对农业农村经济形势和发展趋势进行展望,为中国农业农村经济研究、决策和实践提供重要参考;新华社2021年2月向全球发布智库报告《中国减贫学——政治经济学视野下的中国减贫理论与实践》,为全球解读中国特色反贫困理论,为我国在全球占领话语高地贡献力量;另一方面,我国特色新型智库充分注重减贫成果的外宣水平与影响力提升,中国社会科学院下辖社会科学文献出版社打造全球首个减贫学术研究成果聚合、发布和推送平台——中国减贫研究数据库,与国务院扶贫办、中国扶贫发展中心等机构深度合作,共同开发减贫相关资源,为减贫学术研究领域提供理论支持,为政府相关部门提供决策参考。

总而言之,中国特色新型智库体系对于构建中国特色哲学社会科学体系、推进国家治理现代化、实现决策民主化与科学化起到了不可忽视的重要作用。全球百年未有之大变局的新形势下,中国特色新型智库的发展与壮大离不开中共百年决策咨询历史、精神与方法,离不开习近平新时代中国特色社会主义思想的宏观指导,观世界之变、谋全球之略、建高瞻远瞩之言成为中国特色新型智库的重要使命与根本任务,通过化被动的任务驱动为自主的探索驱动,协助中国面向世界解读中国、了解中国。

(二)新型智库治理体系与发展格局

1. 中国特色新型智库治理体系基本形成

我国新型智库不仅实体建设取得了长足的进步,而且内部治理与行业治理体系建设也逐步完善，瞄准"构建定位明晰、特色鲜明、规模适度、布局合理的中国特色新型智库体系"这一目标，坚持党管智库的基本原则，搭建科学合理、形式多元的治理结构，健全完善智库政策保障体系，搭建柔性协同、和而不同的智库治理网络，营造出规范有序、充满活力的智库行业治理环境，引领智库健康有序发展，推进新型智库更好地参与国家治理现代化。

"党管智库"是党牢牢掌握意识形态领导权的需要。社会科学工作者是意识形态建设的重要力量。当前，一方面，我国面临的意识形态领域情况颇为复杂、斗争尖锐，各种思想相互激荡，各种文化相互交融；另一方面，当前世界正处于百年未有之大变局，各种思潮对人民群众的精神世界带来的冲击越来越明显。互联网技术的快速发展在为经济社会发展带来重要机遇的同时，也对主流意识形态的安全带来更多的威胁和挑战。坚持党的领导能够确保智库沿着正确的政治方向发展，是智库健康发展的强大政治保障，坚持党的领导，能够为新型智库建设提供稳定的政治前提。党领导智库是中国特色新型智库与其他西方智库在意识形态属性上的本质区别，也是我国智库必须坚守的政治原则，对于智库而言，"党管智库"是中国特色新型智库最鲜明的特点，也是智库坚决贯彻党管智库原则的主要内涵。

条块协同的建设体制。智库治理通常分为宏观治理和微观治理，其中宏观治理是智库外部的权力部门对辖域内众多智库机构的治理，是对智库的引导、宏观控制、相关制度的确立以及评价与利用等多方面任务和过程的总和。形成了以宣传部门为主导，以决策咨询委员会、理事会等为补充的上下贯通的智库管理责任链条，形成了以宣传部门下属的社科工作办（规划办）组织实施，以决策咨询委员会为主，以理事会、社科联、联席会、联盟等为辅的推进模式。例如，江苏省"一体两翼"的工作格局和梯次发展的"雁阵布局"以及四川"五位一体"构建新型智库格局，打造出以智库管理部门为统筹、多类型智库为主体、多种服务平台为支撑的新型智库发展体系。

跨界融合互动加强智库共同体建设。一是智政互通，咨政建言只有谋实谋势，才能充分发挥智库共同体咨政之职，智库共同体的形成能够有效缓解个体智库差异，搭建政智交流合作的桥梁,促进政智互通。二是智媒互联,舆论引导及时发声传播技术与媒体平台的不断发展是当今社会的重要特点之一。在实践中,我国新型智库积极与媒体平台、网络平台合作,建立"线上+线下"的智库传播格局。三是智学互助,智库研究谋深谋远,智库不是单纯的学术研究机构,但学术研究为智库研究提供了理论与学术基础,专业性的思考是智库研究的出发点。四是智企互动,企业既是智库建设的积极参与者,也成为智库研究的重要合作伙伴,形成了更加强大的发展合力。五是智声海外,中外对话崭露头角,利用多边关系,搭建合作平台;参与国际议程设置,积极提出"中国主张";积极主动作为,倡导成立国际联盟,促成智库国际合作。

科学考核评估提升新型智库发展的健康度和管理质量。当前,智库考核评估分为三方评价:智库内部评价属于第一方绩效考核,是智库对内设部门、研究所、课题组和专家工作绩效的考核;第二方考核是管理方考核,一般表现在三方面,一是为重点智库量身定做绩效评价办法;二是突出质量和实效,定性定量、线上线下结合评估建设成效,既采用材料审核和实地考察相结合的形式,也采用自查自评、客观评价和专家评审相结合的形式;三是坚持激励与约束并重,考核结果决定智库去留和资源投入;第三方评价是指针对智库的第三方评价机构开始自发地对我国智库的发展水平进行评价与研究,其中既有国外机构对我国智库的评价,也有国内机构对我国智库的评价。三方评价呈现三点共性:一是现有的评价大多是以结果导向的评价体系,过程性、回应性的评价不多;二是对智库的评价大都采用同一个评价指标体系,没有充分考虑智库类型的不同、体量的不同;三是智库成果认定与评价以定性的主观评价方法为主,内容质量评价尚缺乏更科学准确的办法。

搭建了科学合理的智库内部治理结构。近年来,我国党政部门智库创新内部治理结构,建立以党委(党组)为中心的统筹协调机制,逐渐完善党委领导下的学术委员会或理事会业务管理体制,探索实行首席专家负责制,促进行政管理与科研管理分工协作,协调发展。社科院智库治理结构框架相对固定,一般由院党组、学术委员会、职能部门、研究所以及辅助部门组成。各级各地党校行政学院逐渐开展智库建设工作,围绕教学、科研与决策咨询三大职能设计适应发展的组织结构，划清各职能部门的职责权力，强化机构内部的决策咨询职能，优先从管理上真正使咨政底气"硬起来"。我国高校智库一般有两种类型，一类是校内有编制的实体型智库，此类智库和院系一个级别，负责人由学校正式任命，学校解决编制和经费；另一类是没有学校编制的智库，包括学校和部委办局共建的机构、学校和校外企事业共建的机构、学校和国际组织共建机构等。高校智库一般都采用自治模式，鼓励智库自我管理。

企业智库内部治理结构通常有两种情况，一种就是企业的业务单元，按照企业业务单元来治理，将智库管理与研究工作嵌入企业的业务部门之中，如电力规划设计总院、中石油经研院等；一种是企业的独立决策咨询部门或者软科学部门，按照企业的事业部门来治理，把部分研究机构和业务部门纳入新型智库体系当中，如国网能源研究院；甚至有些大型企业将运行过程中产生的大量数据或者某些技术团队提供给企业内部研究机构支撑其开展政策类研究，如阿里研究院、美团研究院、敏捷智库等。

形成了三级三层新型智库政策制度框架。政策支撑是智库参与决策过程、推进智库体系建设的先决条件，按政策的层级标准划分可将公共政策分为元政策、基本政策、具体政策，其中基本政策是元政策之下某个领域或某个社会内容的指导性原则，具体政策是基本政策的具体化，包括宏观具体政策和微观具体政策。我国新型智库坚持高起点推进、高标准建设，以体制机制创新为突破口，制定了一系列科学合理的政策设计，从中央层面的《意见》，到各省区市的一系列指导意见、管理办法和建设方案，再到地方性规章制度，基本形成了基础制度、运行管理制度、个性化制度三个层次的制度框架，为我国智库规范化管理和运行提供了基本遵循。

构建中国特色新型智库的治理体系，需要多方治理主体在多个层面重点发力：其一，在治理原则方面，始终把"坚持党管智库，坚持中国特色社会主义方向"作为新型智库建设必须遵循的基本原则；其二，在外部治理方面，建立宽严相济的条块管理体制，在党的全面领导、相关管理部门的统筹部署下，形成中央、行业与地方既协同又各负其责的建设体制；其三，在内部治理结构方面，依据自身性质及定位，搭建适合自身发展的科学合理的智库组织形式和管理架构；其四，在制度供给方面，在现有基础制度、运行管理制度、个性化制度三层制度框架的基础上，继续做好政策设计，自上而下要贯通，增强新型智库政策体系和其他相关政策的配套性、协同性、互补性；其五，在治理网络方面，借助新型举国体制优势，推动不同类型、不同区域、不同领域智库之间的交流合作，克服数据孤岛、信息孤岛、智库孤岛，打破传统条块分割管理体制壁垒，实现政策研究创新的分工协同，建立政策研究联合体，形成中国特色的智库集群。因此，当前我国新型智库建设需要从抓智库实体到抓智库行业治理，政府、智库、媒体、企业、社会公众等多元治理主体既需要分工负责又要互相配合、协同推进，共同为打造规范有序、特色鲜明、充满活力的新型智库行业生态而努力。

2. 坚持重点先行的新型智库发展格局

先开展政策试点，取得经验后复制推广是中国特色的政策过程。我国新型智库建设也遵循了"试点先行、分层分类推进"的思路，优先在国家和省一级层面完善顶层设计，选取一批基础条件好、专业特色突出的研究机构开展先行先试。随着国家高端智库试点和省级重点智库建设工作陆续展开，设区市因时而动、顺势而为，探索建设基层智库。我国形成了重点先行、梯次布局的新型智库发展格局。

国家高端智库是新型智库建设试点的"排头兵"。党中央在谋划国家高端智库战略布局的过程中，一方面注重高端引领，鼓励一批党中央、国务院、中央军委直属的综合性研究机构主动发挥示范带头作用；另一方面注重分类施策，党校行政学院智库、社科院智库、高校智库、科技创新智库和社会智库均被纳入试点单位名单，彼此之间有着明确的分工和密切的联系；此外，还注重分层治理，由一批国家高端智库先试先行，再筛选一批高端培育智库作为后备军，培育单位同样以国家高端智库的标准建设，是国家高端智库的重要补充，也是服务党中央和政府决策、推动国家治理现代化的重要力量。基于此，按照高端引领、分类施策、分层治理的原则，国家高端智库建设基本形成了高端示范、类型广泛、和而不同的发展态势和工作布局。近年来，国家高端智库作为我国新型智库建设的关键力量，在学术影响力、决策影响力、舆论影响力、国际影响力等方面均展现出不错的成绩,尽显国家高端智库引领示范的责任担当。

重点智库成为省级决策咨询体系的主力,省市重点新型智库实体化建设成绩斐然。实体化建设是新型智库健康发展的重要内容,地方省级重点智库紧跟国家高端智库步伐,通过成立负责重点智库建设的议事评估工作的智库理事会,健全完善智库成果报送渠道和工作机制,形成了结构合理、运行高效、规范有序的重点智库发展思路和培育模式,为服务地方决策咨询、实现地方治理体系与治理能力现代化提供智力支持。重点智库理事会着力抓好规划协调工作,重点智库报送渠道更加稳定畅通,省级重点智库除了通过编撰著作、发布研究报告、内部座谈讨论、媒体采访等方式建言献策,还会将成果以特定渠道定期或不定期编发给省委研究室、省政府研究室、省委宣传部等政策研究机构和智库管理部门。各省(自治区、直辖市)不断探索适应地方智库发展规律的改革良策,尝试培育和发展一批省级重点新型智库和行业性智库,逐渐形成结构合理、功能齐全的省级重点智库方阵。

地方省市重点智库的雁阵式发展。近年来,各省市逐渐加快重点智库建设进程,初步形成了以国家高端智库为引领,以省市级重点智库为支撑,以其他专业性智库为补充,布局合理、分工明确的地方重点智库发展体系,高校智库、科技创新智库、社会智库等类型智库彼此之间有着明确的分工和密切联系,省域智库联盟数量增多,省级重点智库发展的雁阵效应初步形成。

2023年3月5日十四届全国人大一次会议中,习近平总书记在参加江苏代表团审议时强调:"高质量发展是全面建设社会主义现代化国家的首要任务。"[1]新时代的"探路"就是要在高质量发展的道路上走在前列,这也是党和国家对重点智库这些"最强大脑"成色与水准的重要考验。未来,以国家高端智库和省市重点智库为代表的中国特色新型智库要在新时代肩负新使命、展现新担当,以增强政策供给为动力,以体

---

[1] 新华社.习近平在参加江苏代表团审议时强调:牢牢把握高质量发展这个首要任务.中国政府网[EB/OL].[2023-03-27]. https://www.gov.cn/xinwen/2023-03/05/content_5744877.htm.

制机制创新为关键,以精细化、精准化、精致化为手段,牢牢把握智库建设质量和智库产品质量双提升这条主线,继续为促进国家治理现代化水平提升和完善现代化国家治理体系贡献更多智慧和力量。

(三) 新型智库实体建设进展

2015年以来,新型智库建设成为国家治理体系和治理能力现代化的重要抓手,也成了我国决策咨询体系和哲学社会科学界持续关注和讨论的议题,智库实体建设取得了令人瞩目的突出成就。总体来看,从中央到省市地方建立起一批专业智库机构,类型涉及社科院智库、党校(行政学院)智库、高校智库、科技创新智库、企业智库和社会智库等,呈现出"行稳致远、多元互补"的中国特色新型智库发展新格局。

1. 社科院积极探索新型智库转型

社科院经过不断改革创新,从侧重"以学科为中心的基础研究"正在向学术研究、理论阐述、决策咨询"三管齐下"的治学范式转变,真正用好社科研究"三支笔"。[①] 社科院智库坚持学科发展和智库建设"双轮驱动"战略定位,优化学科布局,创办名刊名栏,强化课题项目管理能力,着力提升政策研究类成果质量,理论与现实问题相衔接,化"知"为"智",以智库建设带动学科发展,成效显著。近年来,社科院智库除注重研究与咨询能力的提升,还注重激活存量资源、用好增量资源,合理有效配置人力、物力、财力、信息等资源支撑智库建设,优化制度设计,改革管理机制,推进全院智库工作迈向新台阶。社科院智库的"四梁八柱"已基本建成,实体建设成效明显,核心能力建设和内部机制革新成为社科院智库"二次发展"的主要着眼点和突破口。社科院智库通过生产连续性的成果、联合地方共建调研基地、打造多维合作方阵等方式来树立社科院自己的智库形象,致力于向社会、向国家、向世界展现新型智库形象和特有文化贡献地方力量。

---

① 夏锦文.为改革开放再出发用好社科理论研究"三支笔"[N].新华日报,2019-01-08(11).

2. 党校(行政学院)加强新型智库建设

目前,党校(行政学院)的校刊院刊已经自成体系,近年来,党校(行政学院)开始拓展自办刊物的功能,尝试依托校刊院刊这一学术平台加强成果交流宣传,聚集研究队伍,加快科研成果的转化。目前,各级党校(行政学院)多数通过科学配置学校的各类要素、各种资源,逐步建立出自上而下、分工明确、相互配合、各部门齐抓共管的决策咨询工作体系。党校(行政学院)在完善智库建设相关制度和优化组织架构的基础上,创新智库成果考核激励机制,制定出台了一系列成果评价与转化政策,激发党校内部的工作创新性和主动性,促进党校(行政学院)智库持续健康发展。中央党校(国家行政学院)国家高端智库建设步入快车道,地方党校(行政学院)智库建设的工作热情空前高涨,在领导体制、平台建设、建章立制、成果转化、人才队伍、工作交流以及加强党校系统智库建设工作方面,均取得了不少成绩。①

3. 高校智库走出"象牙塔"

伴随国家级、省级和校级关于高校智库建设相关政策的出台,高校科研机构顺应时势,主动尝试向现代智库转型,引导高校学者更加关注国家发展的现实需求,进一步发挥高校的决策咨询和社会服务职能。目前,国内高校智库一方面实行党委领导下的校长负责制,切实发挥党委核心领导作用,另一方面积极设立理事会、学术委员会等治理结构,构建出以党委会、行政办公会、理事会、学术委员会、教职工代表大会等多种形式并行的决策机制。高校主要通过计分和评级的方式,从决策咨询成效和社会影响两方面对成果价值进行评价和认定。与高校传统科研机构不同,高校智库着力培养复合型智库人才。这种复合型人才不仅具有专业的研究能力和创新能力,还具有政策分析能力和对外宣介能力,为高校智库开展高质量研究提供强大人才支撑。高校智库在成果传播方面,除利用"报纸+电视+网络"这些传统媒体之外,也非常重视在微信公众号、官方微博、短视频平台等新兴媒体上宣传成果和活动。经过多

---

① 李刚等.推动智库建设健康发展研究[M].北京:经济科学出版社,2022:251-257.

年建设,高校智库总量迅速攀升,在完善治理结构、提升成果质量、创新科研评价、打造一流团队、搭建宣传矩阵、组建高端平台等方面取得了一定进展,立足国家需求服务社会发展的功能愈加凸显。

4. 科技创新智库与企业智库

科技创新智库和企业智库作为国家科技决策咨询制度建设的重要组成部分,在《关于加强中国特色新型智库建设的意见》中均被明确提及。我国科技创新智库通常以官方或半官方智库为主,一般直接或间接隶属于党委或政府部门,具有相应的行政级别;高校科技创新智库的管理机制主要呈现出三种组织形态,即智库与高校内的研究院所/中心"合二为一"、智库挂靠在二级学院内部作为学院的内部组成部分、智库直属于学校的独立机构。还有一些来自民间的科技创新智库,一般为企业,如北京市长城企业战略研究所等。尽管他们在建设背景和隶属关系上存在一定差异,但很多科技创新智库都建立了适合智库发展的治理结构。科技创新智库不断探索新型的体制机制,深化组织管理体制、科研体制、经费管理制度、成果评价和应用转化机制改革,成果丰硕,成绩突出,各项工作取得了长足的发展。企业智库作为行业产业一线的观察者,具有对行业产业较为现实的理解和政策诉求,在改革创新的时代背景下已成为我国新型智库体系中不可或缺的重要力量。企业智库紧密对接政府需求,充分发挥政府"外脑"作用。面向行业产业重大热点问题开展研究,为高质量发展建言献策。企业智库的发展,推动了知识价值的重塑、技术价值的释放和发展空间的拓展,也让政府逐渐意识到企业智库在决策咨询环节中的突出作用。

5. 社会智库努力建成政府的"社会传感器"

相比体制内智库,社会智库具有更强烈的市场意识、更灵活的体制机制、更多样的治理模式,在咨政启民、协商民主、国际关系的"二轨外交"、全球治理等方面具有独特优势,对我国实现国家治理体系与治理能力现代化的迫切需要发挥着举足轻重的作用。一是社会团体智库健康发展,社会团体智库聚焦研究主题,在推动学科建设、促进学科繁荣、服务行业创新发展、促进国际交流等方面扮演着重要角色。社会团体智库在各行各业发挥了团体力量和平台作用,凝聚行业人才,提供社会服务,引导政策优化,推动社会发展。二是基金会智库发挥智囊团和资金募集功能,直接或间接支持政策研究,促进科学决策,与中国公共政策的改革领域贴近,切实发挥带动效应,有效引导群众思想。并积极推动国际合作与交流,扩大影响力、公信力。三是社会服务型智库基于对自身优劣、定位、建设目标的清醒认知以及政策动向、发展机遇的精准把握,面向国内外的重大战略性问题开展研究,推动国际化向纵深发展。多年来积累了诸多连续性、专业性的品牌学术成果,在重视学术研究的同时,也着力推动成果的转化和传播。社会智库作为特殊"外脑"对于中国建立民主科学的公共政策、作为灵活"身份"对于公共外交互动和社会思潮引领的意义重大,同时,也为新兴社会智库树立了典范,对广大社会智库的发展起到一定推动作用。

中国特色新型智库是国家软实力的重要组成部分,新型智库建设是构建现代治理体系、增强现代治理能力、推动政策共同体更加开放化的重要抓手和重要路径。2015年以来,从中央到地方,各类型智库实体建设取得显著成效,社科院智库着力打造"三位一体"发展新格局,党校行政学院智库坚持走干部教育与决策咨询"双轮驱动"道路,高校智库走出"象牙塔",努力把论文写在祖国大地上,科技创新智库为建设创新型国家和实施创新驱动发展战略提供更多科技支撑,企业和社会智库以其强烈的政治责任和社会责任,更好地服务党和国家工作大局,智库内生动力不断增强。我国智库在实践发展中不断聚焦中国问题,提炼中国经验,发出中国声音,传递中国思想,展示中国风采,在服务国家战略、社会公共政策方面的作用日益凸显,新型智库实体建设任务基本完成,形成了规模适度、布局比较合理的中国特色新型智库体系。

三、中国特色新型智库的溢出效应

(一)中国特色协商民主机制的体现

协商民主作为中国社会主义民主的特有形式,也是党的群众路线的一个重要表现。党和政府历来重视智库对协商民主的重要影响,智库作为面向公共政策,促进党政决策科学化、民主化的高水平研究组织，承担着提升国家治理能力现代化的历史性任务；在价值取向上具有人民性、开放性、包容性、专业性等特点；在沟通渠道方面有广泛联系和配合；在政策监督与民意表达上有聚合功能。因此，要充分发挥好智库的功能，必须把其置于民主协商这一特殊制度环境中来考虑。协商的形式包括提案、会议、座谈、论证、听证、公示、咨询等多种形式。但新型智库由于本身就具有科研机构的性质，科学性与客观性是新型智库的特色，这就使智库受到大众媒介和民粹主义的影响较小，能够更加客观公正，用科学的角度提出建议，推动中国协商民主事业进一步发展。在推进国家治理现代化的进程中，充分发挥社会主义协商民主的优势和作用，让人民群众真正参与到地方政府的公共决策过程中来，既是保障人民民主权利、推动中央大政方针和决策部署落地见效的现实需要，也是推进国家治理体系和治理能力现代化的题中应有之义。[①]

通过新型智库建设，党和政府与思想界、理论界、知识界建立了制度化的决策咨询通道，知识分子感受到了党的信任，家国情怀空前增强。因此，从某种政治意义上讲，新型智库建设加深了决策层对科学决策基础问题的认识，也为我国协商民主发展找到新的切入点，借力新型智库建设来深化政治体制改革，促进科学民主决策，提升政府治理效能。

新型智库拓展了协商民主落实的广度和深度。中国智库的发展可以追溯到1949年新中国成立。改革开放之前，我国智库发展以政策研究室为主要形式，主要从事对重大政策的解释性研究。改革开放以来，我国形成了官方智库主导、半官方智库补充、社会智库参与的发展格局。智库拓宽了社会多元力量参政议政的渠道，新型智库建设强化了知识界参政议政的意识，给予学界、业界、媒体等"智库人"更多参与决策讨论的机会，其带来的交流效应大大拓展了民众话语权、增强了协商民主的广度。党和政府一直高度重视智库在协商民主中的重要作用，为协商和决策服务是党和政府对智库的一贯要求。新型智库通过内参方式服务政府决策咨询，参与政策过

[①] 凌锐燕.国家治理现代化进程中的协商民主问题研究[D].北京:中共中央党校,2015.

程、影响政府决策。当前国内智库决策咨询服务多聚焦于政策过程前端环节,智库产品主要以内参和成果要报的方式呈现。统计分析智库各类成果产出的变化,有助于了解新型智库参与政策议程的显示度与重要性,较好地说明新型智库建设对于加强协商民主发挥着良好作用。

(二) 反哺学科建设

智库不是一般性的纯学术研究机构,而是基于高水平学术研究能力支撑的政策研究与咨询机构。高校智库建设是现代大学体系的重要组成部分,世界一流大学大多拥有品牌智库。高校学科建设与新型智库建设互为依托、协同发展。建设高校智库是激发高校学科创新的催化剂,也是推动高校科研体制改革的突破点。因此,智库研究与高校学科建设可实现共享发展。

高校学科建设与新型智库建设的逻辑关系学科是指人们在认识客体的过程中形成的一套系统有序的知识体系,通常表现为一种学术制度、学术组织和教学科目。[1] 学科与智库在功能定位、价值取向、组织形态、评价标准上具有显著差异。从功能定位上看,学科以教学组织和人才培养为中心职能,智库以决策咨询为中心职能。从价值取向上看,学科建设更加重视学术性价值和学术研究学理性和创新性;但智库更加重视实践性价值和知识应用。[2] 在组织形态方面,学科的设置通常以既定的学科标准划分,而组织的设置则具有相对单一性、封闭性;智库的设置通常是针对需要解决的问题而设置的,往往需要多学科的支持与实务部门的合作,表现出多元性、开放性等特点。一流学科主要依据学术性标准与实践性标准,学术性标准主要是指相关学科是否具有一流的科研、教学、学术成果与师资队伍,实践性标准则是指是否能够为国家与地方经济社会发展提供一流智力支撑。而对于一流智库的评估,主要是衡量其研究成果是否优质,研究立场是否独立,以及对公共政策与社会舆论是否产生影

---

[1] 周光礼,武建鑫.什么是世界一流学科[J].中国高教研究,2016(1):65-73.
[2] 王厚全.智库演化论[D].北京:中共中央党校,2016:51.

响。① 就目前我国高等教育的发展现状而言,大学拥有学科优势、人才优势和学术资源优势等,具备在全国全面深化改革工作特别是学理支持下开展对策研究的能力。二者具有较强的互补性。一般而言,高校开展学科建设历时悠久、根基深厚,投入资源多,不断推动学科建设发展与时俱进。这为高校智库建设提供了生长的沃土。

高校智库可以充分依托学科优势、人才优势、学术网络等资源,开展研究与运营工作。反之,高校智库建设可以为学科建设带来新的发展思路。在人才培养方面,高校智库更加注重培养复合型人才,要求人才具备学术研究、决策咨询、运营管理等多方面能力,弥补纯学术型人才可能存在的"跛脚"之处。就科学研究而言,目前国内大学内"划界而治"式的学科壁垒难以突破,同时,学科的狭隘也无法匹配应对政策问题所需的广阔知识领域。② 因此,一个或多个学科出具的咨询报告很难得到其他领域专家的认同。智库则是以问题为导向、以课题为纽带和研究平台,集合不同学科的研究人员协同作战的研究机构,有效地整合了学术资源。在社会服务方面,学术研究往往与社会需求保持着一定的距离,难以被学术圈之外的受众所理解。高校智库研究则十分关注社会服务功能的发挥,注重政府部门和社会对决策咨询成果的反馈,希望不断提高研究成果的公信力和影响力。

(三) 推动中国特色哲学社会科学研究范式转变

中国特色社会主义进入新时代,我国经济社会发展正处于重要机遇期,面临难得的历史机遇和严峻挑战。面对这样一个重大现实,我们需要坚持马克思主义中国化时代化大众化相结合,推进思想文化建设的理论自觉和实践行动。这是实现中华民族伟大复兴的必然要求,也是哲学社会科学的使命所在。哲学社会科学的智库范式既是推动中国特色哲学社会科学研究范式转变,也是新型智库的创新之一。智库建设要顶天立地,事关我国哲学社会科学的建构问题。马克思主义强调哲学社会科学

---

① 汪锋.高校一流学科与新型智库建设的互动机制研究[J].中国高教研究,2016(9):35-41.
② 王莉,吴文清.地方高校智库建设的系统论分析[J].系统科学学报,2016,24(2):87-91.

的主要功能是"改造世界",事实上哲学社会科学存在偏学理的学术范式和偏实践的智库范式,以往我们没有区分这两种范式,混在一起,导致哲学社会科学改造世界的功能不明显,被自然和工程学界认为是消费性学科群,那么哲学社会科学的智库范式有助于改变这种错误认识。

加快建构哲学社会科学离不开发展智库范式。一是哲学社会科学从哲学范式到智库范式转换体现在智库具备"知行合一"的特征。智库是基于事实的独立的公共政策和战略研究机构,智库分析必须基于事实数据,强调公共政策分析的规范性和实证性,强调政策分析建议的可操作性。可以说,智库范式首先体现在对"真知"的追求上。智库不仅重视"知",而且强调"真知"和"实知"。二是智库范式体现在研究的"需求导向性"。智库范式以"用户需求"为逻辑出发点。这种需求导向决定了智库的价值取向——服务于政府决策、企业管理及个人发展等社会需要。三是智库范式体现在咨询与研究并重。哲学范式奉行学术与政治分野的原则。而智库范式强调科学思维下的理性思考,注重分析问题并提出解决方案。四是智库范式体现在智库强烈的经营意识。哲学范式并不赞成对学术研究过程加以"经营",学术研究的成果形式相对简单,例如论文与著作。而智库本质上是一种特殊类型的咨询公司,整体运行模式大多效仿国际知名的咨询公司,相对于哲学范式更加注重理论的实践性与可行性。综上所述,正是智库存在"知行合一""需求导向"等有别于哲学范式的特性,才能做到与哲学范式优势互补,最终形成具有中国特色的哲学社会科学研究范式。习近平总书记强调的中国特色新型智库建设找到了哲学社会科学从哲学范式到智库范式的创造性转换之伟大路径,哲学范式和智库范式都是加快构建中国特色哲学社会科学所不可或缺的。①

---

① 李刚.哲学社会科学的"智库范式"[J].理论与现代化,2017(3):20-22.

第五章　世界智库

中国特色新型智库是现代智库的重要组成部分,了解全球智库的发展历史、理论积淀与实践经验对中国智库工作者而言也非常必要。本章将分别介绍北美、欧洲、拉美、亚洲、撒哈拉以南非洲的智库,分析其历史沿革、智库体制及运行特点。通过剖析这些智库在各自国家或地区中的地位及其政策影响力,不仅揭示智库的区域特色,也探讨它们在全球战略与政策制定舞台上的角色和发展趋势。

一、北美智库

北美,又称北美地区,主要包括美国和加拿大两个国家,这两个国家是美洲地区仅有的发达国家,人文发展指数较高,两国之间同根同源,一体化程度很高。北美智库主要包括美国智库和加拿大智库,美国智库的起步和欧洲智库差不多,但在二战后美国智库的发展跃居世界首位。美国智库的数量全球最多、影响力也最大。

(一)美国

从20世纪初至今,美国现代智库发展了近100年,其间经历了美国社会的变迁,与美国历史上重大事件相互交织,对美国社会发展产生了重大影响,智库也随着美国社会政治发展和全球政治经济格局的变化而不断演化发展。回顾美国现代智库发展历程大致可以划分为五个阶段。[1]

第一阶段:萌芽期(19世纪末到20世纪20年代)。这一时期是美国现代智库的

---

[1] 元利兴.美国智库与政治[M].北京:中国经济出版社,2018:73-111.

雏形或早期智库开始形成的阶段，在进步主义思潮影响下，出现了专注于经济和社会政策研究的卡内基国际和平基金会、布鲁金斯学会和对外关系委员会等公共政策研究机构。

第二阶段：定型期（20 世纪 30 年代到 40 年代末）。在这一阶段，美国现代智库作为非营利的公共政策研究机构已经基本定型。美国企业研究所（最初名为 American Enterprise Association，1962 年改名为 American Enterprise Institute，AEI）是独立的专注于政府管理、政治、经济和社会福利政策研究的典型智库。而兰德公司（1946 年）致力于军事和国防研究，它的成立标志着美国现代智库的确立，推动了系统性和科学性的战略研究和政策研究。

第三阶段：扩展期（20 世纪 50 年代到 60 年代）。这一阶段美国智库逐渐增多，智库"市场"开始形成，提供思想产品的机构日益增加。其中，哈德逊研究所（Hudson Institute，1961）是这个时期成立的影响力较大的保守派智库之一，专注于经济政策、社会福利、政府治理等领域的研究。

第四阶段：转折期（20 世纪 70 年代至 80 年代）。在此期间，美国现代智库经历了发展兴盛的转折期，政府更倾向于采取意识形态立场明确的智库建议，倡导型智库大量涌现。其中，传统基金会（1973 年）以其明确的保守派立场著称，通过积极的政策倡导活动，在 20 世纪 70 和 80 年代影响了许多政府决策，标志着这一时期智库的转型。

第五阶段：成熟期（20 世纪 90 年代至今）。这一时期是美国现代智库的稳步发展期，20 世纪 90 年代是其快速成长期，智库逐渐趋于成熟，研究理论逐步完善。在智库数量方面，美国仍以 2 203 家智库的数量遥遥领先，是世界上拥有智库数量最多的国家。[①] 其中，美国进步中心（Center for American Progress，CAP，2003）和新美国

[①] James G. McGann. 2020 Global Go To Think Tank Index Report[EB/OL]. [2024-08-17]. https://www.bruegel.org/sites/default/files/wp-content/uploads/2021/03/2020-Global-Go-To-Think-Tank-Index-Report-Bruegel.pdf.

安全中心(Center for a New American Security,CNAS,2007)都是21世纪初成立的新型智库。CAP是左翼智库的典型,宣扬21世纪的进步主义政策议程。而CNAS专注于国家安全和国防政策,结合了严谨的学术研究和政策影响力,代表了现代智库的成熟和创新。

美国智库体制主要体现在三个方面:"多权力互动"、"旋转门"机制、法律和财务监管机制。通过上述机制,美国智库在政策制定、公共辩论和政策传播中发挥了巨大的影响力,成为美国政治体系中不可或缺的一部分。

"多权力互动"为美国智库提供了广泛的影响政策的机会。美国的政治体制基于互相制衡的原则,三权分立的制度使得权力由多个主体共享。由于这一体制和联邦制的存在,智库须与多个独立且互相制衡的权力中心(如行政、立法和司法机构)以及各州政府、地方政府和众多政策制定者频繁互动。尽管这种多样化的互动增加了沟通成本,但也为智库提供了更多影响政策的机会,使其能够在复杂的政治环境中发挥重要作用。[1]

美国的法律和财务监管保障智库的非营利性、教育性和科学性。美国政府通过法律对智库进行管理和控制,包括美国税法规定满足非营利性、教育性、科学性等事业,不能用于私人受惠,不影响立法和选举的三个条件的组织享受税收优惠政策。其中,《美国国内税收法》(Internal Revenue Code)第501条c(3)规定智库只有服务于公共利益才能享受税收优惠,美国国家税务局要求非营利的智库每年填写990表,公众可以查阅该表了解智库详细的收支情况。[2]

"旋转门"机制植根于美国的政治体制,是美国智库最具特色的现象。四年一度的美国总统大选,卸任的政治任命官员一部分会到智库从事政策研究,智库的研究者也会到政府担任要职,从研究者变为执政者,这种学者和官员之间的流通就是美国智

---

[1] 克里斯托弗·J.拉斯特里克(Christopher J. Rastrick).美国与欧盟智库:华盛顿与布鲁塞尔政策研究机构比较[M].上海社会科学院智库研究中心,译.上海:上海社会科学院出版社,2019:24-26.
[2] 元利兴.美国智库与政治[M].北京:中国经济出版社,2018:178-179.

库的"旋转门"。旋转门机制为智库的舆论传播提供两条通道：一是成为政府决策的直接制定者；二是形成强有力的人力传播网络。①

美国智库以其非政府性、非营利性、非党派性等特征在政府内外政策方面发挥巨大影响，其运行机制可以总结为以下三个主要特点：

治理结构稳定，多采取董事会或理事会管理制度。美国智库的顶层咨询架构一般包括董事会或理事会、顾问委员会、研究咨询委员会等。董事会一般由著名企业家、政治家、学者等组成，董事会的职责是为智库提供重大事务决策，决定智库的方向，包括重要的人事变更、制定、审议研究规划、审理财务的预算结算等。有的董事会或理事会下设顾问委员，总裁是智库的负责人。委员会监管智库的日常运行，总裁负责管理智库的日常项目，总裁之下设立具体的行政管理和研究部门。② 以兰德公司为例，实行"理事会"领导下的总裁负责制，"理事会"是公司的最高决策机构，负责审核公司的经费预算和课题立项及主要研究成果的审查等。③

资金来源多样，形成政府拨款、社会募集、经营收入三种筹资渠道。融资能力是政府可持续发展的根本保障。美国智库目前的资金来源方式形成了政府拨款、社会募集、经营收入为主的筹资方式。最著名的官方设立的政策研究机构包括国会研究服务处、政府问责局、国会预算办公室等，它们的经费主要来自政府拨款。社会募集的方式则包括企业和个人捐赠、基金会组织资助、委托项目等。营业收入包括会议收入、出版物收入等。更为重要的是，优惠的税收制度可以为美国智库提供良好的环境。智库可以根据《美国国内税收法》注册为免税机构，通过这样的方式获得慈善基金和企业捐款，作为捐赠的回报，捐助者可以享受高额的减税待遇。④ 这为美国智库

---

① 王莉丽.旋转门：美国思想研究[M].北京：国家行政学院出版社，2010：98.
② 孟磊.论美国智库的功能和运行机制[J].外语研究，2019，36(6)：52-57.
③ 王佩亨，李国强，等.海外智库：世界主要国家智库考察报告[M].北京：中国财政经济出版社，2014：11.
④ 唐纳德·E.埃布尔森，斯蒂芬·布鲁克斯，忻华.智库、外交政策和地缘政治：实现影响力的路径[M].严志军，周诗珂，译.南京：南京大学出版社，2019：117-118.

获取各方资金提供助力,为智库发展解决了合法的资金来源。

人才梯队搭配合理,人才培养和使用科学。美国智库从"人才招募"和"人才培养"两个维度强化人才管理。美国智库拥有多元人才招募渠道,研究人员既有硕士和博士毕业生,也有经由"旋转门"进入智库的大学教授、企业高管、卸任政府官员等。多渠道的人才招募机制为智库提供了充足的、专业的、高水平的人才资源,保证了智库的核心竞争力。① 同时,美国一流智库坚持多元化、平等性和包容性原则,合理建设人才梯队,以扁平化结构和矩阵式项目制开展相关研究,注重研究人员质量建设和人才培养,特别是重视中青年人才的培养和培育。②

(二)加拿大

加拿大智库自 20 世纪初由政府和学术支持起步,经过 20 世纪 60 至 80 年代的独立发展和多样化扩展,至 21 世纪逐渐成为具有全球政策影响力的多领域研究机构。《全球智库报告 2020》显示,加拿大智库总量为 85 家。③

加拿大智库的一类被称为"政策研究机构",具体包括莫厄特中心、公共政策研究所(Institute for Research on Public Policy,IRPP)、加拿大国际治理创新中心(Centre for International Governance Innovation,CIGI)和帕克兰研究所(Parkland Institute)等。其中,莫厄特中心设在多伦多大学,帕克兰研究所设在阿尔伯塔大学,加拿大国际治理创新中心的学者主要来自滑铁卢大学(University of Waterloo)和威尔弗里德·劳里埃大学(Wilfrid Laurier University)的各个院系。经济学家、政治学家和其他研究各种政策问题的训练有素的学者构成了这些智库的主要人员。学术研究或政

---

① 孟磊. 论美国智库的功能和运行机制[J]. 外语研究,2019,36(6):52-57.
② 张琳. 美国一流智库人才建设机制观察及其启示:以 13 家智库为例[J]. 智库理论与实践,2023,8(3):136-144.
③ James G. McGann. 2020 Global Go To Think Tank Index Report[EB/OL]. [2024-08-17]. https://www.bruegel.org/sites/default/files/wp-content/uploads/2021/03/2020-Global-Go-To-Think-Tank-Index-Report-Bruegel.pdf.

策相关的研究是这些智库的主要功能之一。①

其中,贺维学会(C. D. Howe Institute)是加拿大最具影响力的智库之一,以其对经济政策、财政政策和公共政策的深度研究和分析著称。该智库通常与政府和学术界保持紧密的合作关系,但它们努力保持中立和独立性,不受政府或特定利益集团的影响。其研究具有很高的公信力,是典型的政策研究机构。

加拿大的另外一类智库被称为"政府委托机构"。这一类智库与"政策研究机构"的区别不在于两者的研究类型,而在于两者的客户和资金来源。加拿大有几家智库一直完全依赖政府的支持。其中,加拿大政府政策前瞻中心(Policy Horizons Canada)是一个由政府设立的智库,专注于未来政策研究和战略展望,其几乎所有的资金都来自联邦政府。自20世纪70年代早期开始,加拿大逐渐出现了"倡导型智库",这些智库将强有力的政策、党派或意识形态倾向与积极的营销策略相结合,以影响当前的政策辩论。②

政策研究机构主要致力于独立、严谨的政策研究,提供客观的数据分析和政策建议。倡导型智库更侧重于通过研究和宣传来推动某种特定的政治或经济议程,目的是影响公众舆论和政策制定者,从而实现特定的政策目标。有些智库难以严格区分为政策研究机构或倡导型智库,因为它们的研究侧重点和政治立场可能会随不同的议题和项目而变化。因此,加拿大咨询局(Conference Board of Canada)和弗雷泽研究所(Fraser Institute)等不能单纯划分为政策研究机构或是倡导型智库。③

同时,加拿大智库还有其他三种主要分类方式。第一类将加拿大智库分为传统

---

① 唐纳德·E.埃布尔森. 北极之光:加拿大智库概览[M]. 复旦发展研究院,译. 上海:上海社会科学院出版社,2017:29.
② 唐纳德·E.埃布尔森. 北极之光:加拿大智库概览[M]. 复旦发展研究院,译. 上海:上海社会科学院出版社,2017:30-31.
③ 唐纳德·E.埃布尔森. 北极之光:加拿大智库概览[M]. 复旦发展研究院,译. 上海:上海社会科学院出版社,2017:33.

型智库、倡导型智库、行动型智库。① 传统型智库通常具有深厚的历史背景和较强的学术性，侧重于政策研究、提供专业知识和政策建议，维护其作为政策讨论平台的中立性和客观性。其中，贺维学会为典型代表。倡导型智库通常与特定的意识形态或利益群体紧密联系，积极参与公共辩论，倡导特定的社会、经济政策变革。其中，帕克兰研究所则兼具倡导型和政策研究双重角色。行动型智库通常与特定的政治运动或党派有紧密联系，注重通过培训、教育和政策推广来直接影响选举。以前身为曼宁中心(Manning Centre)的智库组织加拿大强大自由网络(Canada Strong and Free Network)是行动型智库的典型代表。

第二类是依据政治立场和意识形态倾向分类，将加拿大智库分为保守派智库(Conservative Think Tank)、中间派智库(Centrist Think Tank)、左翼/进步派智库(Left/Progressive Think Tank)。② 保守派智库通常倾向于支持自由市场经济、有限政府干预、传统社会价值观和保守的财政政策。保守派智库主要包括弗雷泽研究所、加拿大婚姻与家庭研究所(Institute of Marriage and Family Canada/FF)、加拿大税务基金会(Canadian Tax Foundation)、贺维学会、加拿大西部基金会(Canada West Foundation)、蒙特利尔经济研究所(Montreal Economic Institute)、前沿公共政策中心(Frontier Centre for Public Policy)、卡杜斯(Cardus)、大西洋市场研究所(Atlantic Institute for Market Studies)、麦克唐纳—劳里埃研究所(MacDonald-Laurier Institute)、国防协会研究所(Conference of Defense Associations Institute)、麦肯齐研究所(MacKenzie Institute)12家智库。其中，《全球智库报告2020》显示，弗雷泽研究所1974年位于"全球顶级智库"榜单第14位。

中间派智库主要包括加拿大咨询局、国际治理创新中心、社会研究与示范公司

---

① Donald E. Abelson, Christopher J. Rastrick. Handbook on Think Tanks in Public Policy [M]. Edward Elgar Publishing, 2021:239-252.

② Mclevey J. Think Tanks, Funding, and the Politics of Policy Knowledge in Canada [J]. Canadian Review of Sociology/Revue canadienne de sociologie, 2014, 51(1): 54-75.

(Social Research and Demonstration Corporation)、变革基金会(Change Foundation)、公共政策研究所(Institute for Research on Public Policy)、南北研究所(North South Institute)、亚太基金会(Asia Pacific Foundation)、加拿大政策研究网络(已解散)(Canadian Policy Research Networks)、治理研究所(Institute on Governance)、加拿大国际理事会(Canadian International Council)、加拿大社会发展理事会(Canadian Council on Social Development)、生活水平研究中心(The Centre for the Study of Living Standards)、加拿大战略研究所(Canadian Institute of Strategic Studies)、公共政策论坛(Public Policy Forum)等。

左翼/进步派智库主要包括大卫铃木基金会(David Suzuki Foundation)、加拿大政策选择中心(Canadian Centre for Policy Alternatives)、卡莱登研究所(Caledon Institute)。

第三类是依据资金来源分类,包括政府资助智库、非营利组织支持的智库及私人资助的智库等。其中,贺维学会2022年的收入来源包括年度学术、企业和个人捐赠(36%)、政策委员会和工作组(26%)、捐赠和研究资助(20%)、活动(12%)、公共部门订阅(5%)和其他(1%)。[1] 弗雷泽研究所的收入来源主要包括以下三个方面[2]:一是捐赠(Donations),这是弗雷泽研究所的主要收入来源,包括来自个人、企业和家庭基金会的捐款。弗雷泽研究所完全依赖私人捐赠,而不接受政府的资助或合同研究,以保持其独立性。二是出版物销售(Sales of Publications),弗雷泽研究所通过销售其出版的研究报告和书籍获得一定收入。三是利息及其他收入(Interest and Other Income),具体包括投资的收益和其他形式的收入。因此,上述两家智库均属于典型的私人资助的智库。

---

[1] C. D. Howe Institute. Our Funding[EB/OL]. [2024-08-17]. https://www.cdhowe.org/our-funding.

[2] Fraser Institute. Fraser Institute 2023 Annual Report[EB/OL]. [2024-08-17]. https://www.fraserinstitute.org/sites/default/files/uploaded/2024/fi-2023-annual-report.pdf.

加拿大《所得税法》(Income Tax Act，ITA)中明确了注册慈善机构的三大主要福利：免除所得税、有能力开具捐赠收据、享受优惠的销售税待遇。注册慈善机构(Registered Charities)的三种类型主要包括慈善组织(Charitable organizations)、公共基金会(Public foundations)、私人基金会(Private foundations)。《所得税法》没有明确定义"慈善"，而是依赖普通法中由法院定义的含义，慈善目的是指：缓解贫困、促进教育、促进宗教及其他被法院认定为慈善的目的(如促进健康或保护环境)。① 根据加拿大税务局的规定，要成为注册慈善机构，组织必须满足以下三点要求：一是证明其目的是符合以上四类慈善目的中的一个或多个。二是其活动必须符合这些目的，并且这些活动必须在相当大的程度上服务于公共利益。三是必须向加拿大税务局申请注册，并通过加拿大税务局(CRA)的审查。

根据加拿大《所得税法》第149(1)(e)或149(1)(I)，某些组织可以免除缴纳部分或全部应税收入的税款。这些组织可能包括特定的慈善机构、非营利组织、俱乐部、社团或协会等。② 加拿大的大多数智库都可以被认定为非营利组织，但在多数情况下，独立智库会根据《所得税法》注册为慈善机构，其中以弗雷泽研究所和贺维学会为典型代表。慈善机构或其他合格受赠人可以为收到的捐赠开具正式的捐款收据。根据加拿大税务局的说法，慈善机构的性质对于智库来说是非常合适的，因为其致力于通过政策研究达到教育的目的。与大学、学院和其他教育机构一样，注册为慈善机构的智库是免税的，并且被允许开具正式的捐款收据，这有利于它们吸引和留住捐赠。③

加拿大智库的法律和税务地位的多样性反映了它们在组织形式、资金来源和运

---

① Department of Finance Canada. Tax Treatment of Charities and Non-profit Organizations: Presentation to the Senate Special Committee on the Charitable Sector[EB/OL]. [2024 - 08 - 18]. https://sencanada.ca/content/sen/committee/421/CSSB/Briefs/CSSB_FinanceCanada_e.pdf.
② Canada. Department of Justice. Income Tax Act (R. S. C.，1985, c. 1(5th Supp.))[EB/OL]. [2024 - 08 - 18]. https://laws-lois.justice.gc.ca/PDF/I-3.3.pdf.
③ 唐纳德·E.埃布尔森.北极之光：加拿大智库概览[M].复旦发展研究院,译.上海：上海社会科学院出版社,2017:5 - 6.

营目的上的多样性,具体情况如下:

智库组织形式呈现多样性的特点。加拿大智库的组织形式可以分为两类:一类是注册为慈善机构的智库。这类智库能够享受免税待遇,并且可以为捐赠者提供用于税收减免的正式捐款收据。这类智库通常致力于公共教育、政策研究等与公益目标直接相关的领域。另一类是未能注册为慈善机构的智库。虽然这些智库也是非营利组织,并享有免税待遇,但它们不具备开具用于税收减免的捐款收据的资格。这部分智库包括不满足注册慈善机构要求的基金会、大学智库和政府设立的智库等。

智库资金来源呈现集中性的特点。虽然加拿大智库的资金有多个来源(如政府资助、私人捐款、国外捐款和自有收入),但其中一些智库高度依赖少数强有力的捐助者。特别是在保守派智库中,这种依赖性更为明显。加拿大智库的资金环境复杂,既不完全由精英控制,也不是由广泛分散的多元化捐助者构成。相反,智库的资金结构在很大程度上受到少数强有力捐助者与国家关系的影响。这意味着,智库在一定程度上依赖于这些主要捐助者和政府的支持,以维持其运营和政策影响力。然而,这种依赖性也在一定程度上限制了智库的独立性,并可能影响其研究方向和政策建议的客观性。[①]

智库运营目的呈现差异性的特点。加拿大智库的运营目的各不相同,一些专注于政策研究、公共教育。另一些则致力于推动特定的社会或经济议题。这些智库的运营方向在很大程度上取决于其资金来源和组织性质。

加拿大的智库与政党关系相对独立,但也存在一定的复杂性。[②] 具体情况如下:

智库的独立性与政党关系的复杂性。加拿大智库在选举活动中与政党的关系相对疏远。一个原因是加拿大的选举周期非常短暂(通常只有 36 天)。另外一个原因

---

① Mclevey J. Think Tanks, Funding, and the Politics of Policy Knowledge in Canada [J]. Canadian Review of Sociology/Revue canadienne de sociologie, 2014, 51(1): 54 – 75.

② 唐纳德·E. 埃布尔森. 北极之光:加拿大智库概览[M]. 复旦发展研究院, 译. 上海:上海社会科学院出版社, 2017:122 – 129.

是加拿大的大多数政党领导人更倾向于依靠自己的人员和政策研究核心小组。一些智库虽然与特定政党有联系，但出于政治和法律的原因，会避免过于亲密，以保持一定的独立性。例如，弗雷泽研究所虽然支持保守党的政策，但避免与政党走得太近。一些智库，如加拿大政策选择中心与新民主党（NDP）有较为密切的联系。这种联系可能与智库的政治倾向和研究方向有关，但仍在一定程度上保持学术和独立性。

智库高度依赖公共部门的支持。加拿大智库的建立和运作主要由公共部门主导，许多智库的起源和发展都依赖于政府内部的倡议和支持，高级公务员和政府机构在智库的创建中扮演了关键角色。同时，由于高度依赖公共资金，智库在政策建议方面往往须迎合政府的优先事项和利益，这使得智库在推动独立政策议程时受到限制。

二、欧洲智库

欧洲智库主要分两个层次，一是欧盟智库，二是欧洲各国的智库。19 世纪，欧洲就出现了政策研究机构，欧洲智库拥有深厚的历史传统和学术基础。为了更清晰地展示欧洲各国的智库状况，本节将按照欧盟、中欧、西欧、东欧各国智库进行介绍。

（一）欧盟智库

由于超国家层面的欧盟对整个欧洲地区发挥着深刻的影响，因而有些欧洲智库专注于研究欧盟层面的事物和覆盖全欧洲的区域性问题，如欧盟的对外政策与安全策略、欧盟作为"全球性行为体"参与世界和区域事务的方式、欧洲一体化进程等，而不是仅关注某个特定欧洲国家的事物，于是这些智库就成为欧盟层面的智库，由于其研究的专门性和专业分工程度较高，并且深度嵌入了欧盟的公共政策过程，因而在欧盟决策体系中占据较为特殊的位置。

目前，大致有 36 家被视为欧盟层面的智库，可以分为四种类型。一是欧盟决策机构内设的智库。1989 年，以欧洲共同体委员会主席雅克·德洛尔建立"前沿研究小组"为标志，欧盟最高决策层开始逐渐在各决策机构尤其是欧盟委员会内部设立研究机构，以帮助最高决策者应对特定领域较为急迫的决策难题。二是位于欧盟总部的"布鲁塞尔智库"。布鲁塞尔智库致力于推进欧洲一体化进程的政策辩论,从而形成以布鲁塞尔为中心的支持欧洲一体化的全欧洲"认知共同体"。欧洲政策研究中心(EPS)、欧洲政策中心(EPC)、里斯本委员会(Lisbon Council)、布鲁盖尔研究所(Bruegel)、"欧洲之友"(Friends of Europe)和比利时皇家国际关系研究所(Egmont)是6家著名的"布鲁塞尔智库"。三是总部设在成员国但是专门从事欧盟政策议题研究的智库。此类智库应包括德国的一些政党基金会和德国、英国、意大利等国家的一些从事外交与经济政策专业研究的机构,可以称之为"跨国智库"。四是带有信息搜集和分析功能的利益集团和政见社团等社会组织。不少传统意义上的利益集团陆续设立研究部门,雇用专家团队为其服务,实际上已逐渐具备智库的功能。[①]

(二) 中欧智库

一般来说,德国、波兰、捷克、斯洛伐克、匈牙利、奥地利、列支敦士登和瑞士被称为中欧八国。这些国家在地理位置上位于欧洲的中心地带,经济发达,文化底蕴深厚。中欧国家的智库以其严谨的学术研究和政策分析著称,尤其在经济、社会、环境政策等领域具有重要影响力。其中,以德国智库和瑞士智库最为显著。

1. 德国

德国是智库历史最悠久的国家之一,成立于1908年的汉堡世界经济档案馆(Hamburgisches Welt-Wirtschafts-Archiv,HWWA)被视为最早的德国智库。20世纪60至80年代,德国经济复苏,经济建设成为政府主要工作,政府以公共资金资助设立了多家大型学术型智库,多以经济问题为主要研究方向。自20世纪70年代起,随着德国重返国际社会,以外交、安全及环境问题为主要研究方向的智库不断增多。在过去的20年里,德国智库在数量上有了显著增长,组织形式更加多元化,逐步形成了自身独特的格局和特色。[②]《全球智库报告2020》显示,德国智库总量为266家,代

[①] 忻华.欧洲智库对欧盟中东政策的影响机制研究[M].北京:社会科学文献出版社,2017:57-60.

[②] 刘潇潇.德国智库的运营机制及启示[J].中国社会科学评价,2017(2):111-124.

表性智库包括弗里德里希·艾伯特基金会（Friedrich-Ebert-Stiftung,FES）、康拉德·阿登纳基金会（Konrad-Adenauer-Stiftung, KAS）、德国发展研究所（German Development Institute，DIE）、德国外交政策协会（German Council on Foreign Relations,DGAP）等。①

德国智库按照功能和研究方向,可以分为以下三类:学术型智库、倡导型智库(宣传型智库或代言型智库)和政党型智库(政治基金会)。学术型智库是德国智库系统的主力军,占据较高比例。这类智库专注于独立的学术研究,通常与大学和研究机构有密切合作,致力于提供客观、公正的政策分析和建议;倡导型智库主要通过宣传和倡导特定的政策立场和理念,影响公共政策和舆论。这类智库通常有明确的意识形态倾向,积极参与公共辩论,推动政策变革;政党型智库与德国的主要政党密切关联,提供政策研究和咨询,支持政党的政策制定和政治活动。这类智库在德国独具特色,对德国的政治和政策过程有重要影响。

德国智库对政策周期的影响是全方位的。政策周期分为问题界定和议题设定、决策、政策执行与评议三个阶段,在每个阶段智库的作用也不同:在议题设定阶段,智库多起到辩论作用;在决策阶段,智库提供合法依据和实施依据;在实施阶段,智库主要起到第三方评估的作用。②

德国智库坚持独立非营利机构的定位,采用市场化运作模式,注重多方位募集资金,强调智库人才的高端化和多元化。

德国智库一般为独立非营利机构。德国智库一般为私立性质的非营利法人机构,一般采用基金会和公益有限责任公司等名义的组织形式,也有些智库以协会、研究会、联合会名义登记。③ 公益有限责任公司是德国社会组织特有的一种组织形式,

---

① James G. McGann. 2020 Global Go To Think Tank Index Report[EB/OL]. [2024-08-17]. https://www.bruegel.org/sites/default/files/wp-content/uploads/2021/03/2020-Global-Go-To-Think-Tank-Index-Report-Bruegel.pdf.
② 马丁·W.蒂纳特,杨莉.德国智库的发展与意义[J].国外社会科学,2014(3):41-50.
③ 山东省政府研究室.德国智库政策研究的经验和启示[J].机构与行政,2015(4):58-59.

名义是有限公司,但是此类公司获利不分给股东,也不分给任何管理层人员,所有获利都要重新投入公益性研究中。公益性有限公司在法律上具有独立法人地位,并能够灵活地进行财务和运营管理,使智库能够自主进行资金筹集和项目管理,同时保持其非营利性质,确保研究和咨询工作的独立性。

资金来源丰富,以公共投资为主。德国智库都属于非营利性机构和团体,经费可以依靠基金会、个人、公司等捐助和资助。德国对智库的财政支持非常突出,智库的六成以上收入来自公共部门,而会费和慈善捐赠的收入只占不到四成。[1]

智库人才组成高端化和多元化。德国智库人才选拔是开放竞争的,一般采取公开招聘的形式,有严格的人员考核聘用制度,对研究人员的素质要求很高,一般来说,加入智库组织的人员都是具有专业资格的某领域的专家。纳入新人时,智库要进行专家集体评审,注重人才的多样性,将学科背景、学历、年龄结构、政治宗教信仰等作为考察内容,提升智库研究的客观性和创造性。[2]

2. 瑞士

1963年9月1日成立的戈特利布·杜特雅勒研究所(Gottlieb Duttweiler Institute)是瑞士早期的一个现代意义上的智库。该所由瑞士最大的零售商Migros等机构资助,其背后有瑞士联邦政府的支持。同样值得关注的早期智库还有创立于1979年的自由主义研究所(Liberales Institut)。进入21世纪,瑞士的智库发展日趋成熟和规范,已经形成了相当数量的侧重于具体问题领域的智库机构。这些智库在各自的专业领域内深入研究,为政策制定提供了科学依据和战略建议。[3]《全球智库报告2020》显示,瑞士智库总量为93家。[4]

---

[1] 张大卫,元利兴等.国际著名智库机制比较研究[M].北京:中国经济出版社,2017:84.
[2] 张大卫,元利兴等.国际著名智库机制比较研究[M].北京:中国经济出版社,2017:85.
[3] 王浩.瑞士智库的发展之路及对我国的启示[J].求知,2020(10):57-59.
[4] James G. McGann. 2020 Global Go To Think Tank Index Report[EB/OL]. [2024-08-17]. https://www.bruegel.org/sites/default/files/wp-content/uploads/2021/03/2020-Global-Go-To-Think-Tank-Index-Report-Bruegel.pdf.

瑞士智库的体制受其法律框架和自律规范的影响，能够有效地进行研究并在政策制定中发挥作用。具体情况如下：

瑞士智库的注册形式主要采用基金会和协会。这些智库在政治、经济和社会各个领域发挥着重要作用。这些智库中，有一些是以基金会形式注册的，例如，瑞士未来（Avenir Suisse）是一家非营利性基金会，总部设在苏黎世。还有一些是以协会形式注册的，如瑞士外交政策论坛（Foraus）。

瑞士法律框架为智库提供了法律基础，使其能够合法注册和运营，确保其独立性、透明度和问责性。瑞士民法典（Swiss Civil Code, SCC）和《瑞士基金会法》（Swiss Foundation Code, SFC）本身并未专门规定智库的定义和运行规则，但它确实为包括智库在内的各种非营利组织提供了法律框架。具体来说，智库通常以基金会或协会的形式注册，这两种形式都在瑞士民法典中有明确规定。

瑞士智库的运行特点体现出其多元化的资金来源、规范的人才管理、重视构建国际合作网络，具体情况如下：

多元化的资金来源来保持独立性和财务稳定性。瑞士智库的资金来源主要包括政府资助、企业支持、基金会捐助和私人捐赠等。以瑞士未来为例，其资金有多个来源，包括企业、基金会和私人捐助者。这种多样化的资金模式较好地保证了智库议程设置和研究结论不受捐赠者的影响。

瑞士智库在人力资源管理方面非常规范。瑞士智库的人才管理基本都包括人才招聘、薪资确定、绩效考核、人才培养和人才晋升与流动等五个环节。通过上述五个环节的全面管理，瑞士智库不仅能吸引和留住优秀人才，还能不断提升员工的专业素养和工作效率，从而推动智库的持续发展和创新能力的提升。

瑞士智库重视构建国际合作网络。瑞士智库非常重视国际合作，通过与全球各地的研究机构和智库建立合作关系，扩大其在国际事务中的影响力。例如，瑞士国际关系与安全政策研究所（Center for Security Studies, CSS）与全球安全政策研究网络紧密合作，提升了其在国际安全事务中的话语权。

（三）西欧智库

狭义的西欧是指欧洲西部濒临大西洋的地区和附近岛屿，包括英国、爱尔兰、荷兰、比利时、卢森堡、法国和摩纳哥七个国家。上述国家是经济和政治上较为发达的国家，智库数量众多且影响力巨大。其中，英国和法国的智库尤为突出，具有显著的政策影响力和学术贡献。

1. 英国

作为欧洲智库的发源地之一，英国的智库发展已有一百多年的历史。整体来看，英国智库的发展演变大体经历了以下四个阶段。[①]

第一阶段：萌芽期（19 世纪）。这一阶段以"哲学激进派"的出现为开端，是英国智库的萌芽期。其中，费边社（Fabian Society，1884 年）是英国最早的智库之一，致力于推动社会主义性质的改革，以渐进的方式实现社会正义，对英国的社会政策产生了重要影响。

第二阶段：发展期（1918 年至 1970 年）。大多数英国智库在两次世界大战期间和之后得到了很大的发展，这一阶段持续到 20 世纪 70 年代。20 世纪 70 年代之前的智库具有鲜明的特色，大多数智库都强调自己的非党派属性，反对任何意识形态的动机，主张开展基于科学研究的政策分析工作。其中，皇家国际事务研究所（1920 年）专注于国际事务和外交政策研究，以其独立和客观的分析著称，影响了英国及全球的外交政策。

第三阶段：多样化期（20 世纪 70 至 80 年代）。在此阶段，英国智库趋于多样性、专业性和多元化，特别是 20 世纪 80 年代的"新右派"智库，带有明确的政党背景和意识形态倾向。其中，亚当·斯密研究所（1977 年）是典型的新右派智库，倡导自由市场经济、私有化和减少政府干预，对英国的保守党政策产生了重要影响。

第四阶段：成熟期（20 世纪 80 年代后期至今）。为制衡"新右派"，英国出现了一

---

① 袁莉莉，杨国梁. 英国智库概况及对我国智库建设的启示[J]. 社会科学文摘，2016(5)：13-15.

批意识形态淡薄的新智库,强调独立和客观性。其中,新经济基金会(1986年)致力于经济公平、环境可持续性和社会公正,提供进步和替代性的政策建议,常与工党理念相符。《全球智库报告2020》显示,英国智库总量为515家。①

英国是一个两党制国家,分为右翼保守党和左翼工党,根据智库与政党在组织、思想方面存在的联系,可以将英国智库粗略地划分为以下三个阵营。

一是与保守党关系较密切的智库即右翼倾向智库。典型的有亚当·斯密研究所(Adam Smith Institute,ASI)、经济事务研究所(Institute of Economic Affairs,IEA)、政策研究中心(Centre for Policy Studies,CPS)等。其中,亚当·斯密研究所、经济事务研究所、政策研究中心在思想上与保守党志同道合。亚当·斯密研究所的历史与英国首相的保守党领袖撒切尔夫人的任期密切相连,它与经济事务研究所和政策研究中心构成了当时智库中的"三驾马车"。它们在自由市场经济、私有化和减少政府干预等方面发挥了关键作用,对英国的经济政策和社会改革产生了深远影响。

二是与工党关系密切的智库即左翼倾向智库。典型的包括新经济基金会(New Economics Foundation,NEF)、公共政策研究会、费边社、促进研究会(Catalyst)、外交政策中心等。②

三是非党派智库和跨党派智库。许多在英国乃至全世界都赫赫有名的智库,如伦敦国际战略研究所(International Institute for Strategic Studies,IISS)、皇家国际事务研究所、欧洲改革中心等都与政党保持着一定距离,相对中立。此外,英国还有一些声称要同时拥抱左和右的跨党派智库,如社会市场基金会(Social Market Foundation,SMF)。③

---

① James G. McGann. 2020 Global Go To Think Tank Index Report[EB/OL]. [2024-08-17]. https://www.bruegel.org/sites/default/files/wp-content/uploads/2021/03/2020-Global-Go-To-Think-Tank-Index-Report-Bruegel.pdf.
② 马科斯·冈萨雷斯·赫尔南多. 影响力的终结:2008年全球金融危机后的英国智库[M]. 李刚,雷嫄,朱建敏,等译. 南京:南京大学出版社,2022:69.
③ 陈瑜. 依附也精彩的英国政党智库[J]. 智库理论与实践,2021,6(2):84-90.

英国智库的运行特点主要体现在人才管理规范、资金来源多元化、注重成果传播和品牌管理等方面,具体情况如下:

英国智库的人才管理较规范。英国智库人才管理主要通过人才招聘、薪资确定、绩效考核、人才培养、人才晋升与流动等流程以达到筛选人才、吸引人才、留住和培养人次的目的。在招聘人才方面,学历是唯一的决定因素,一般要求其研究者具有多项专业知识、丰富的实践经验、综合的战略眼光以及必备的创新能力。在薪酬方面,英国智库一般根据研究人员的级别、参与研究的工作量等指标综合确定年薪。在人才培养交流方面,英国智库非常重视资深研究人员对年轻人员的"传帮带"机制。[1]

智库资金来源渠道多元化。英国智库为了保持其独立性,一般非常重视经费来源渠道的多样性,经费来源主要包括会员费、个人或者慈善机捐助、企业支持、政府资助、发行出版物或举办培训论坛活动、委托研究合同等。[2] 英国政府直接财政拨款用于资助智库发展。除了通过研究合同项目资助,英国政府设有"海外工程基金"以鼓励智库扩展国际影响力。[3]

重视成果传播和品牌管理。英国智库十分重视其思想和研究成果的传播,通过定期发行和传播出版物、建设并不断更新智库网站来宣传其成果,出版物的形式包括正式的书籍、深度的研究报告、工作论文、期刊及简报、快报等。英国智库经常举办各种主题的会议,举办讲座,邀请政府官员和知名学者到智库进行演讲或讨论,加强与各界、各领域的联系,有的甚至政邀请府首脑参加,由此影响政府的政策制定。[4]

2. 法国

随着 20 世纪初美国的崛起和英语的普及,美国和英国的智库在国际事务中具有显著的影响力。相比之下,法国的智库影响力则相对较小且话语权在 20 世纪 70 年

---

[1] 张大卫,元利兴,等. 国际著名智库机制比较研究[M]. 北京:中国经济出版社,2017:74-75.
[2] 丁宏.英国智库建设的启示[J].理论学习,2016(5):54-55.
[3] 李文良.欧盟区智库发展特点及启示[J].人民论坛,2013(35):15-17.
[4] 张大卫,元利兴,等. 国际著名智库机制比较研究[M]. 北京:中国经济出版社,2017:78.

代之前并不如英美智库那么大。在20世纪70年代末，法国智库逐渐在国内外展现出一定的影响力。[①]《全球智库报告2020》显示，法国智库总量为275家，代表性智库包括法国国际关系研究所（Institut français des relations internationales，IFRI）、法国战略研究基金会（Fondation pour la recherche stratégique，FRS）、蒙田研究所（Institut Montaigne）等。[②]

法国智库发展起来的主要原因：一是拥有自由的学术氛围。自法国大革命以来，"主权在民"的思想就扎根于法国民众的心中，这使得无论是政府背景的智库、独立智库还是大学附属智库，都致力于维护学术自由；二是法国智库与政府的互动紧密。政府不仅提供了丰富的资源支持智库的发展，智库也在很多情况下有效地参与公共政策的制定过程中。这种双向互动成为法国智库的显著特点。[③]

法国相对的中央集权模式为智库的发展提供了有利的条件。政府和主要党派组建的智库不仅是政策制定的重要参与者，而且是公共讨论和政策创新的主要推动者，其体制具有以下两个显著特点：

法国"半总统制"的政体模式为智库发展提供土壤。法国的政体模式被称为"半总统制"，这一体制融合了总统制与议会制的特点，为智库的发展提供了独特的政治环境。政府机构和各政党在处理复杂的政治议题时，会参考智库提供的数据分析、政策建议和战略方向。因此，在这样一个政治结构与文化背景下，法国智库的存在和发展显得尤为重要，它们不仅支持政府的决策过程，提供详尽的研究和切实的建议，还促进了民主参与和政策创新。[④]

政府和主要党派自身直接或者间接组建的智库是法国智库的主力军。法国智库

---

① 王佩亨. 与政府关系密切的法国智库[N]. 中国经济时报，2013-02-27(010).
② James G. McGann. 2020 Global Go To Think Tank Index Report[EB/OL]. [2024-08-17]. https://www.bruegel.org/sites/default/files/wp-content/uploads/2021/03/2020-Global-Go-To-Think-Tank-Index-Report-Bruegel.pdf.
③ 谭玉，朱思慧. 外交智库影响外交政策的作用机制研究：以法国国际关系研究所为例[J]. 情报杂志，2019，38(1)：73-78.
④ 褚鸣. 美欧智库比较研究[M]. 北京：中国社会科学出版社，2013：56-59.

主要包括政府研究机构、独立研究机构、大学研究中心和政治俱乐部，其中许多智库成立于 20 世纪 70 年代。这些智库在法国的政策制定和公共讨论中发挥着重要作用。法国中央集权程度较高，官僚体制几乎涵盖全国可能产生"思想和智慧"的领域，法国的思想精英普遍集中在国家机构。[①]

法国智库在政策制定和公共讨论中扮演着重要角色，其运行特点包括资金来源广泛、人才结构多样、研究机制自由且稳定，具体情况如下：

资金来源广泛。法国智库资金以公共资金为主，也吸收社会资金，主要包括以下六个方面：中央政府资金、地方政府资金、欧洲资金、个人捐助者、基金会以及私营公司。这些多样化的资金来源确保了法国智库能够保持独立性和灵活性，确保其研究工作的持续和高质量。其中，中央政府资助是许多智库的主要资金来源，确保了其能够持续进行政策研究和提供建议。法国国际关系研究所经常接受国家层面的资助，进行国际关系和外交政策的研究，这些研究直接影响国家的外交战略。

人员结构多样化。法国智库的人员结构主要包括研究人员、管理人员、支持人员。研究人员是智库的核心力量，他们负责开展政策研究、数据分析和撰写报告。管理人员负责智库的日常运营、财务管理、项目协调和战略规划。支持人员负责研究和管理工作的行政人员，包括秘书、档案管理人员、IT 支持人员等。法国的国家级智库人员层次较高，多数拥有博士学位且经过严格的选拔，并且重视吸纳退休高官和知名学者。

研究机制自由稳定。法国智库拥有自由稳定的研究环境。首先是研究方向的自主性。智库在确定研究方向后，研究人员可以自由选择具体的研究课题。这种自由度确保了研究的创新性和独立性。其次，长期性和战略性研究。在经费保障的前提下，一旦研究方向确定，研究人员可以专注于长期性、战略性的重要问题研究，这种机制有助于保障研究成果的深度和质量。此外，有部分法国智库会采用第三方评价机

---

① 张大卫,元利兴,等. 国际著名智库机制比较研究[M].北京:中国经济出版社,2017:92.

制确保研究成果的质量。

（四）东欧智库

东欧大多数定义包括白俄罗斯、俄罗斯、乌克兰、摩尔多瓦和罗马尼亚等国家。这些国家地理位置靠近欧洲的东部,历史文化独特,智库在国防、外交和区域发展方面具有重要影响力。其中,俄罗斯智库表现较为突出。

1. 俄罗斯

俄罗斯智库发展至今,已经取得了相当不错的成绩,其数量和质量在中东欧国家中均名列前茅。[①]《全球智库报告 2020》显示,俄罗斯智库总量为 143 家。[②]

虽然俄罗斯智库可以追溯到 1724 年成立的彼得堡科学院（St. Petersburg Academy of Sciences）,但是一般把苏联科学院看成是俄罗斯现代智库的典型。1991 年苏联解体后,苏联科学院的俄罗斯部分独立成为现在的俄罗斯科学院。在赫鲁晓夫和戈尔巴乔夫时期,智库的研究方向和结果受到官方意识形态的影响。苏联解体后,俄罗斯智库经历了重大变革,逐步向多样化和独立性发展。其中,盖达尔经济政策研究所（Gaidar Institute for Economic Policy）成立于 1990 年（原名经济政策研究所,2010 年更名）,作为俄罗斯首批独立经济智库之一,对俄罗斯的经济政策研究和改革产生了重要影响。西方资本涌入后成立的智库,如莫斯科卡内基中心（Moscow Carnegie Center）专注于国际关系、俄罗斯政治和经济问题,成为研究俄罗斯及其全球角色的重要机构。

俄罗斯智库在国内政策制定中发挥了重要作用,但在国际舞台上的影响力仍需进一步提升,其智库机制具有两个显著特点,具体如下:

以官方为主导,国际影响力相对较弱。 在"可控民主"的框架下,俄罗斯政府对智

---

① 陈广猛. 金砖国家智库研究[M]. 北京:时事出版社,2022:69-72.
② James G. McGann. 2020 Global Go To Think Tank Index Report[EB/OL]. [2024-08-17]. https://www.bruegel.org/sites/default/files/wp-content/uploads/2021/03/2020-Global-Go-To-Think-Tank-Index-Report-Bruegel.pdf.

库的主导作用非常明显。许多智库由政府资助和管理,研究方向和结论通常与政府政策和意识形态紧密相关。此外,尽管俄罗斯智库数量在全球排名靠前,但具备国际化水平和国际影响力的智库仍然较少。①

构建与政府和社会的多层次沟通机制。与政府的沟通机制主要包括直接咨询与报告、研讨会和会议及政府顾问。许多智库直接向总统、联邦委员会、国家杜马和其他政府机构提供政策建议和分析报告。同时,一些智库的领导者和高级研究人员被聘请为政府顾问或担任政府职务,进一步增强了智库与政府之间的联系。与社会的沟通机制包括发布研究成果和报告、公共讨论和辩论及民意调查和社会研究。②

俄罗斯智库运行特点包括经费来源多样化、人员背景多元化、研究过程合作化,具体情况如下:

经费来源多样化。作为非营利机构,智库的宗旨是政策研究和影响公共政策,而非牟利。但作为一个组织,要存续运行就必须有资金。俄罗斯智库的资金来源主要有三个:一是市场化运作收入。主要包括政府部门、大型国企委托项目合同经费以及组织会议、提供培训与咨询等获得经营性收入;二是政府财政拨款。例如,通过委托课题形式进行拨款;三是基金会、企业和个人的捐款。不同类型的智库,其经费来源所占的比例存在差异。社会智库受政府拨款较少,但委托性合同经费占的比例较大;而官方智库的政府拨款则占一半以上,如俄罗斯科学院的经费来源中政府拨款占比60%。③

人员背景多元化。智库人才主要来自不同领域、不同专业的研究人员,包括知名学者、企业精英、卸任的政府官员、专职研究人员等。另外,俄罗斯智库选聘注重学科、年龄、学历和实践背景等。④

---

① 郝赫. 俄罗斯智库建设特点及启示[N]. 中国社会科学报,2016-02-04(002).
② 欧阳向英. 俄罗斯主要智库及其发展情况[J]. 对外传播,2010(5):56-57.
③ 王佩亨,李国强,等. 海外智库:世界主要国家智库考察报告[M]. 北京:中国财政经济出版社,2014:222.
④ 张大卫,元利兴,等. 国际著名智库机制比较研究[M]. 北京:中国经济出版社,2017:99.

研究过程合作化。俄罗斯智库在研究过程中,积极加强与国内外多方力量的合作。在国内合作方面:一是与政府机构合作。许多智库直接与政府部门合作,承接政府委托的研究项目;二是与学术机构合作。智库与国内大学和研究机构合作,分享资源和研究成果。这种合作增强了研究的深度和广度。在国际合作方面:一是与国际研究机构合作。俄罗斯智库与国际研究机构保持紧密合作,通过联合研究项目和学术交流,提升研究水平和国际影响力;二是参与国际组织和会议。俄罗斯智库积极参与国际组织和会议,与全球智库和学者交流,分享研究成果和观点。

三、拉美智库

拉丁美洲,简称拉美,是指美国以南的美洲地区,也就是墨西哥及以南的广大美洲地区,包括北美洲的部分和南美洲的全部。这些区域在历史上多为西班牙和葡萄牙的殖民地,语言多为拉丁语系,所以统称为拉丁美洲。拉美智库中以巴西智库和阿根廷智库为典型代表。

(一) 巴西

巴西智库的发展因其特定的历史政治因素,其演变过程既符合各国智库发展的一般规律,同时,又呈现出立足国情的特殊性。与欧美国家智库相比,巴西智库建设起步较晚。巴西智库参与国家政策制定和执行始于 20 世纪 40 年代或更早,巴西智库发展的第一次浪潮出现在 20 世纪 60 年代之后,当时军人政变上台,实行独裁统治,一些被驱逐的著名大学教授开始创办独立研究机构,后逐渐进入公众视野并发挥重要作用。[①]《全球智库报告 2020》显示,巴西智库总量为 190 家,代表性智库包括巴西瓦加斯基金会(Fundação Getúlio Vargas,FGV)、巴西应用经济研究所(Instituto de Pesquisa Econômica Aplicada,IPEA)、巴西国际关系中心(Centro Brasileiro de

---

① 王佩亨,李国强,等. 海外智库:世界主要国家智库考察报告[M]. 北京:中国财政经济出版社,2014:243.

Relações Internacionais，CEBRI)等。①

巴西最大最著名的私营智库巴西瓦加斯基金会(FGV)成立于1944年,是由时任巴西总统热图利奥·瓦加斯(Getúlio Dornelles Vargas)批准成立,故得其名。在2020年跻身美国宾夕法尼亚大学发布的《全球智库报告2020》"2020全球顶级智库"榜单第三位。② 巴西应用经济研究所(IPEA)成立于1964年,而巴西历史地理学会创建于1838年。20世纪80年代,军人"还政于民"并且巴西开始向民主政体转型,工会、商业团体和不同类型的公民组织开始出现。③

民主化为这些组织开辟了与政党和政府一起共同影响公众政策的道路,非政府组织、大学和政党纷纷建立智库机构,同时,巴西金融动荡对国内稳定造成一定冲击,政府官员开始参与社会公共议题的讨论,进行基于事实的、严谨的实证研究,促进经济、社会的结构性改革。20世纪90年代以来巴西国内智库对社会经济等议题的公共政策发挥着重要的作用,但是,在费尔南多·恩里克·卡多佐总统(Fernando Henrique Silva Cardoso)执政前,巴西外交部直接主导政策制定过程,体制外智库参与程度有限。21世纪以来,巴西选择走向国际舞台,努力参与国际规则的制定,智库则被巴西政府视为提升拉丁美洲地区和全球影响力的重要智力支持来源。④

巴西智库坚持独立与合作体制并行。在独立性方面,巴西智库拥有较高的自主权、多样化资金来源及去政治化的用人机制。在合作机制方面,巴西智库重视智库集群、国内合作、国际合作和资源引进。主要特点和机制的情况如下:

自主权和多样化资金来源保障了巴西智库的独立性。巴西作为一个联邦制共和

---

① James G. McGann. 2020 Global Go To Think Tank Index Report[EB/OL]. [2024-08-17]. https://www.bruegel.org/sites/default/files/wp-content/uploads/2021/03/2020-Global-Go-To-Think-Tank-Index-Report-Bruegel.pdf.
② James G. McGann. 2020 Global Go To Think Tank Index Report(2021). TTCSP Global Go To Think Tank Index Reports. https://repository.upenn.edu/cgi/viewcontent.cgi?article=1019&context=think_tanks
③ 徐世澄,袁东振.拉丁美洲政治[M].北京:中国社会科学出版社,2006:273.
④ 陈广猛.金砖国家智库研究[M].北京:时事出版社,2022:14,17-18.

国,政府和各州享有相对独立的权利,这种制度也体现在智库的运行上。巴西智库拥有更多的自主权,主要得益于多样化的资金来源和较少的政府干预。巴西智库的经费来自企业、非官方机构、国际机构、个人赞助,以及部分来自联邦或地方政府拨款。[①] 同时,巴西政府提供经济支持和税收优惠,但不会干涉智库的研究项目。这种安排使得智库可以在政策研究中保持独立性。此外,巴西智库在人才任用上摒弃政治立场,唯才是举,确保研究人员的专业性和研究成果的客观性。

智库集群和国内合作以及国际合作和资源引进保障了其研究多样性、创新性和全球影响力。巴西智库集群是指智库之间通过合作与联动,形成一个相互支持、资源共享和信息交流的网络。巴西的智库经常形成联盟或合作网络,共同研究和解决复杂的政策问题。智库之间定期组织交流活动,分享最新的研究成果和方法,促进知识和经验的传播。同时,通过智库之间的合作,各智库能够联合申请项目资金,降低单个智库的资金压力,确保项目的顺利实施。此外,巴西智库积极参与国际合作项目,引进国际资源和经验。通过国际合作,巴西智库能够借鉴国外的管理经验和研究方法,增强自身研究的多样性和创新性。

(二)阿根廷

拉美地区的智库与其特殊的历史进程紧密相连,其中阿根廷的智库历史可以追溯到 20 世纪初,但在 1983 年民主重建后,智库的发展迎来了一个重要的转折点。20 世纪初期是阿根廷智库的萌芽期,但数量有限且影响力较小,早期的部分阿根廷智库是由知识界的异见分子建立,[②]研究方向主要集中在经济和社会政策研究上。20 世纪 60 至 70 年代,阿根廷开始建立独立于政府和大学的研究中心,以保护社会科学的研究成果。从 20 世纪 80 年代开始,阿根廷经历了政治和社会经济的民主转型,智库数量迅速增加,智库在政策制定中的角色变得更加重要。20 世纪 90 年代,智库迅速

---

① 徐世澄.巴西主要智库概览[J].秘书工作,2015(4):65-66.
② 郑秉文.拉丁美洲智库的基本特征与创建中国特色新型智库三点认识[J].当代世界,2015(6):26-29.

成熟，这与拉美各国自由主义发展速度密不可分，与此同时，阿根廷政治体制分散化的特征在其智库上也有所体现。[1]《全球智库报告2020》显示，阿根廷智库总量为262家，代表性智库包括公共政策公平与增长实施中心（Centro de Implementación de Políticas Públicas para la Equidad y el Crecimiento，CIPPEC）、阿根廷国际关系委员会（Consejo Argentino para las Relaciones Internacionales，CARI）、自由基金会（Fundación Libertad）、国家与社会研究中心（Center for the Study of State and Society，CEDES）等。[2]

阿根廷的政治体制分散化对其智库的发展和特点产生了深远的影响。这种分散化体制导致的阿根廷智库体制及运行机制具有以下特点：

智库种类多元化且地域性特点明显。由于政治权力的分散化，不同地区和省份根据各自的需求和问题设立了各类智库，每种类型的智库在研究领域、资金来源、组织形式和影响力方面各有特点，主要类型包括私人研究中心、学术中心、倡导组织及政治基金会。此外，各省和地方政府拥有高度自治权，这使得智库也具有明显的地域特色，专注于解决特定地区的问题。例如，公共政策公平与增长实施中心（CIPPEC）位于布宜诺斯艾利斯，专注于城市化、经济发展、教育、公共卫生和治理等问题。由于其地理位置，CIPPEC重点关注布宜诺斯艾利斯的城市化和经济发展问题，为城市规划和政策制定提供了大量研究和建议。

高度独立性和灵活的资金来源。阿根廷的智库通常具有较高的独立性，能够自由选择研究课题和方向，而不受中央政府的严格控制。地方政府和民间组织的支持，使得这些智库能够灵活应对各种政策需求。同时，智库的资金来源多样，包括政府资助、私人捐助和国际资助等。这种多样化的资金来源保障了智库的独立性和研究的

---

[1] 杨卓颖.拉美智库特点及启示[J].中国社会科学评价，2016(4)：113-124.
[2] James G. McGann. 2020 Global Go To Think Tank Index Report[EB/OL]. [2024-08-17]. https://www.bruegel.org/sites/default/files/wp-content/uploads/2021/03/2020-Global-Go-To-Think-Tank-Index-Report-Bruegel.pdf.

持续性。

四、亚洲智库

亚洲智库在全球政策研究和决策中发挥着越来越重要的作用。随着经济和政治力量的增长,亚洲各国的智库在国内外事务中都表现出色,提供了关键的政策建议和战略分析。亚洲智库可以大致分为东亚智库、南亚智库、东南亚智库和其他亚洲国家的智库,这些智库各有特色,在不同领域发挥着重要作用。

(一)东亚智库

1. 日本

日本智库在 20 世纪初就已经出现,但其兴起是在第二次世界大战结束以后。日本智库从战后初期的萌芽期到如今的调整期,经历了数量激增、功能多样化和国际化发展的五个阶段。[①]

第一阶段:萌芽期(20 世纪 40 年代末至 60 年代中期)。这一时期是日本智库的萌芽期,这个时期的智库主要任务是为政府和地方自治体提供中长期经济计划。其中,九州经济调查会(1946 年)就是由原满铁调查部的部分人员创设,专注于地方经济研究,为地方政府提供经济计划和咨询。

第二阶段:定型期(20 世纪 60 年代中期至 80 年代中后期)。这一时期智库的概念被日本社会接受,大量智库涌现,呈现出两极化趋势。一方面是专注于某一特定领域的专业智库不断成立,这些智库在特定领域内进行深入研究,提供专业咨询和建议。其中,三菱综合研究所(1970 年)专注于技术、环境和能源领域的研究,为企业和政府提供专业咨询和技术支持。另一方面则是综合型智库的涌现,这些智库在多个领域进行协调性研究,提供广泛的政策建议和战略规划。其中,野村综合研究所(1965 年)是日本首家综合型智库,专注于经济、社会和技术领域的研究,提供广泛的

---

① 程永明. 日本智库的发展现状、特点及其启示[J]. 东北亚学刊,2015(2):22-27.

咨询服务。

第三阶段：发展期(20世纪80年代中后期至90年代初期)。这一时期智库数量激增，特别是制造业、金融保险业等领域的智库进入"井喷期"。日本智库的数量急速发展至300余家。在这一阶段，智库的特点是使用各自的经济模型，就经济景气动向等为经济企划厅、日本银行等提供宏观经济预测。其中，大和综合研究所(1989年)是由大和证券创立，专注于金融市场和经济预测，为政府和企业提供宏观经济分析和咨询服务。

第四阶段：成熟期(20世纪90年代初期至21世纪初)。随着经济泡沫的破灭，非营利性智库开始出现，呈现多元化的特点。其中，东京财团政策研究所(1997年)为脱离企业进行独立研究的非营利性智库，专注于政策研究和社会问题的解决。亚洲经济研究所(Institute of Developing Economies，IDE)在1998年与日本贸易振兴会(Japan External Trade Organization，JETRO)合并，继续在国际发展和经济合作领域进行研究。

第五阶段：调整期(21世纪初至今)。这一时期的智库呈现出解散、重组、政党系智库出现和多元化发展的特点。其中，日本政策研究院(Japan Policy Institute，JPI)作为政党系智库，专注于政策研究和政治分析，提供立法支持和政策建议。日本国际问题研究所(Japan Institute of International Affairs，JIIA)在2004年作为独立智库重新调整，完成重组。

日本的智库体制展现出两个主要特点：一是日本的公共决策体系主要以官僚为主导。二是日本的地方智库的政治生态更加灵活，为智库的公共政策研究和宣传者提供更多的活动空间。具体情况如下：

官僚主导的公共决策体系与"依附型"的智库生态。官僚在日本经济与社会治理中一直处于主导地位，根据日本宪法，在理论上国会是最高立法机关，内阁及其中的官僚只是政策的执行者。但实际上，由于官僚的职位相对稳定，加上经济、社会等领域的治理高度专业化，导致政策决策权逐渐向官僚倾斜。在相当长的时期内，稳定的政治体制和官僚体系给了除民间独立智库的其他智库发挥作用的机会,但是对于政府决策过程中的主导使得传统意义上的民间独立智库的活动空间非常狭窄。①

新的政治格局下智库与政府关系发生变化。1999 年 7 月,日本在通过的第一次和第二次《地方分权推进计划》的基础上,制定了《地方分权统括法》,地方分权进一步加深,国家、都道府县与市区町村的关系发生了巨大的变化,由原来的"上下"与"主从"的关系转变为"对等"与"合作"的关系。② 地方智库也由此迎来新的发展机遇。与中央政府不同,地方的政治生态更加灵活,政党之间的竞争更为激烈,使得地方政府的智库类似于欧美智库的智囊团的角色。并且,地方政府的公共议题与民众息息相关,给智库作为公共政策研究和宣传者提供更多的活动空间。③

由于外部制度与文化环境的差异,日本智库不仅在形式上与欧美有所不同,而且,在其运营管理上也有独特之处。尽管智库类型本身具有多样性,但在组织结构、工作体系等方面与日本企业管理有一脉相承的细致、严谨、务实的特点。

"自主研究型"智库,大多数采用"研究部门+行政部门"的典型结构。按照智库研究活动开展方式,可以分为"自主研究型"智库、"合作外聘型"智库、"协调委托型"智库。④ 自主研究型智库,理论研究实力较强,人员配备齐全,通常不需要外部研究力量配合就可以完成某些研究。以日本贸易振兴会亚洲经济研究所(Institute of Developing Economies,Japan External Trade Organization,IDE-JETRO)为例,在研究所下属部门中,研究计划部、研究支援部、图书馆等行政事务部门和国际交流研修室以及三个研究部门并列,而在此之外,机构总部还有自己的行政部门和其他事业部门。

此外,"合作外聘型"智库和"协调委托型"智库需要借助外部专家或外部力量完

---

① 胡薇.日本智库研究:经验与借鉴[M].北京:中国社会科学出版社,2021:145-147.
② 董顺擘.日本自治体智库的发展现状、运作机制、特点及其对中国的启示:以市区町村智库为中心[J].情报杂志,2018,37(8):32-37.
③ 胡薇.日本智库研究:经验与借鉴[M].北京:中国社会科学出版社,2021:150.
④ 胡薇.日本智库研究:经验与借鉴[M].北京:中国社会科学出版社,2021:8.

成研究。"特定非营利活动法人言论 NPO(The Genron NPO,言论 NPO)"则属于"平台型智库""网络型智库",智库本身并不拥有专职研究人员,原则上不会撰写研究报告,而是通过组织论坛、汇聚专家的意见并发布以实现智库功能。①

日本智库资金来源多元化且与智库类型高度相关。以言论 NPO 为例,该机构的组织性质决定了收入主要来自捐款和会费。以"独立行政法人经济产业研究所"为例,作为半官方智库,其资金主要依靠政府预算拨付的运营费交付金,与此同时,独立行政法人性质的研究机构并不是只依赖政府的财政资金,还广泛吸收来自企业、大学、非营利机构、其他研究机构乃至国外资金。②

2. 韩国

韩国现代智库从 20 世纪 70 年代开始建设。韩国开发研究院于(Korea Development Institute,KDI)1971 年成立,是韩国的第一家智库。到20 世纪80 年代末,80%的韩国政府研究机构都已经成立,分别隶属于各主管部门。例如,1976 年,韩国产业经济和贸易研究院(Korea Institute for Industrial Economics and Trade, KIET)成立,1990 年,韩国对外经济政策研究院(Korea Institute for International Economic Policy, KIEP)成立。20 世纪 80 年代不仅是政府研究机构成立的高峰时期,韩国大企业所属的民间研究机构相继成立。基于上述背景,韩国智库形成以政府研究机构为主体、企业附属研究机构为辅的格局。此外,韩国智库,尤其是政府研究机构出现了分散运行、相互竞争、重复研究等较为突出的问题。③

1998 年亚洲金融危机爆发,韩国政府为统筹协调政府研究机构的研究力量,1999 年 1 月制定出台《关于政府投资研究机构的建立、运营与培养的法律》。根据该法,1999 年 3 月相继成立经济和社会研究会、人文社会研究会等五家直接归属总理

---

① 胡薇. 日本智库研究:经验与借鉴[M]. 北京:中国社会科学出版社,2021:111 - 112.
② 胡薇. 日本智库研究:经验与借鉴[M]. 北京:中国社会科学出版社,2021:115 - 122.
③ James G. McGann. 2020 Global Go To Think Tank Index Report[EB/OL]. [2024 - 08 - 17]. https://www. bruegel. org/sites/default/files/wp-content/uploads/2021/03/2020-Global-Go-To-Think-Tank-Index-Report-Bruegel. pdf.

的研究会,实行对政府各类研究机构的统筹管理。2005 年,经济和社会研究会、人文社会研究会合并,成立了现在的韩国经济·人文社会研究会(NRCS),负责管理政府举办的 23 家研究机构。①

韩国智库生态系统以官方主导为主,在政府的统筹和支持下,形成了高度集中和系统化的智库网络。自 1999 年起,韩国出台了一系列政策和法律,推动智库的发展和整合,形成了以韩国经济·人文社会研究会为核心的管理和协调机制。具体情况如下:

韩国智库生态系统的三方主体中以官方智库为绝对主体。韩国智库的生态系统主要涉及的三方主体包括官方智库机构、民办智库机构和高校智库机构。1999 年 1 月出台的《关于政府投资研究机构的建立、运营与培养的法律》,推动了经济和社会研究会、人文社会研究会等机构的成立。2005 年,这些机构整合为韩国经济·人文社会研究会,负责管理 23 家政府研究机构,NRCS 的最高负责人为理事长,由总理在公开选聘的情况下任命。② 官方智库为绝对主体,直接受政府支持和管理,研究课题和预算需经过韩国经济·人文社会研究会审批。民办智库机构由私人企业或非政府组织设立,虽然独立于政府,但在研究项目和资金来源上也会与政府合作。高校智库机构是基于大学的研究中心,利用学术资源和人才优势,进行深入的政策研究和分析。

韩国形成以韩国经济·人文社会研究会为核心的管理和协调机制,统筹管理智库的资金、项目及课题。每年,各研究机构向 NRCS 报研究计划和预算,通过 NRCS 审批后财政部按照批准的预算下拨经费。此外,研究机构可以接受外部机构的委托研究,委托研究的收入属于研究院自主收入,不需 NRCS 批准。大型企业附属机构一般也不会从母公司获得固定拨款,所有经费都是按照研究需要获得。③

政府部门的咨询意见采纳形式呈现多样化特征。总统府和政府部门经常举办各

---

① 王辉辉,宋微,史琳.全球高端智库建设[M].北京:科学技术文献出版社,2020:34-35.
② 张大卫,元利兴,等.国际著名智库机制比较研究[M].北京:中国经济出版社,2017:123-124.
③ 张大卫,元利兴,等.国际著名智库机制比较研究[M].北京:中国经济出版社,2017:125.

种会议,邀请工商界和研究机构参加,直接向总统或政府官员提出建议,这些会议为政策制定提供了广泛的意见来源。同时,政府各部门也会临时委托研究机构,包括民间研究机构,对某项政策问题进行研究。①

(二)南亚智库

南亚既是世界四大文明的发源地之一,也是佛教、印度教等宗教的发源地,历史文化底蕴深厚。由于南亚地区存在着宗教、文化和种族等多方面的差异和争端,导致南亚在政治、经济、社会、军事和外交等方面的局势也较为复杂,冲突频发。南亚的区位优势使其在全球地缘政治格局中具有非常重要的战略地位和特殊的区域重要性,是世界地缘政治的焦点之一。

南亚智库的整体发展历史虽然不是很长,但发展态势却十分强劲,在促进亚洲的区域合作、经济发展、文化交流、教育发展、科技合作和国际传播等方面,均发挥着独特且重要的作用。南亚紧邻中国,地处"一带一路"沿线,属于海上丝绸之路的核心地区,周边外交战略地位不容忽视,南亚智库在推动构建中国与南亚命运共同体方面,也起到了关键作用。

南亚地区主要包括八个国家,即印度、巴基斯坦、阿富汗、孟加拉国、尼泊尔、不丹、斯里兰卡和马尔代夫。② 其中,印度是南亚地区智库最为发达的国家,拥有众多知名智库,巴基斯坦有一些重要的智库,在地区和国际问题上发挥关键作用,南亚其他国家的智库规模和影响力较小,但也在各自领域内发挥重要作用。

1. 印度

据美国宾夕法尼亚大学发布的《全球智库报告 2020》,全球 2020 年共有智库 11 175 家,亚洲共计 3 389 家,占全球总数近三分之一(30.3%),成为智库数量最多

---

① 王佩亨,李国强,等. 海外智库:世界主要国家智库考察报告[M]. 北京:中国财政经济出版社,2014:196.
② 邓伟,张继飞,胡颖,等. 基于地缘战略的南亚地区科技合作思考[J]. 中国科学院院刊,2013,28(6):725-732.

的区域。其中,中国智库的数量共计1 413家,位列亚洲第一,印度紧跟其后,智库总数达612家,位列亚洲第二,世界第三,仅次于美国和中国。① 过去二十多年间,印度智库的发展尤为迅猛,在全球名列前茅,尤其《2018年全球智库报告》的统计显示,2018年印度智库总量为509家,位居亚洲第一、全球第二,②成为当时仅次于美国的第二智库大国。无论从智库的数量,还是从智库的影响力来看,印度智库都可以被视为南亚智库的典型。

印度智库的发展历史悠久,有的智库已有超过150年的历史,可以追溯到英国殖民时期。例如,1870年组建的印度三军联合服务研究所(The United Service Institution of India)在印度军方研究机构中处于领先地位。③ 经过近百年的发展建设,印度智库已形成独特的模式,取得了令人瞩目的成就,打造出一批影响力较大,甚至享誉世界的知名智库,譬如印度观察家研究基金会(Observer Research Foundation)、国防研究与分析研究所(Manohar Parrikar Institute for Defense Studies and Analyses)、印度国际经济研究理事会(Indian Council for Research on International Economic Research)、梵门阁(Gateway House:Indian Council on Global Relations)、能源与资源研究所(The Energy and Resources Institute)、政策研究中心(Centre for Policy Studies)、德里政策集团(Delhi Policy Group)、公共政策研究中心(Public Policy Research Centre)、辩喜国际基金会(Vivekananda International Foundation)等。

印度现代智库在20世纪30年代才开始零散出现,其发展历程大致可以划分为萌芽期、发展期、成熟期和激增期四个阶段。

萌芽期(20世纪30至40年代)。这一时期,印度智库开始迅速萌芽,较为领先

---

① James G. McGann. 2020 Global Go To Think Tank Index Report[R]. Philadelphia:University of Pennsylvania,2021.
② James G. McGann. 2018 Global Go To Think Tank Index Report[R]. Philadelphia PAUSA:University of Pennsylvania,February 2019,p. 36.
③ 四川大学南亚研究所课题组.南亚智库研究.第一辑[M].北京:时事出版社,2018:47.

于亚洲的其他地区和国家,主要受到两大方面的影响。一方面,以英殖民政府为主导,英国为便于对印度进行全面治理,依靠创建智库来服务英殖民政府,设立了各类专业智库。另一方面,印度本土的大量知识分子和精英阶层在接受了西方的先进教育之后,思想也变得越来越活跃,开始萌发出民族独立意识,在争取印度独立的运动过程中,类似于智囊团的参谋机构也逐步产生,例如,1930年建立的政治经济研究所(Gokhale Institute Of Politics And Economics)就主要开展政治、经济等方面的研究。[1]

发展期(20世纪50至60年代)。印度共和国于1950年正式独立,开国总理贾瓦哈拉尔·尼赫鲁(Jawaharlal Nehru)认识到关于国际事务和外交方面的政策,必须要有专业的知识和组织机构来辅助和支持。于是这一时期的印度智库获得较大发展空间,如1955年印度国际研究院(Indian School of International Studies)的组织建立。20世纪60年代中期,由印度国防部资助成立了国防分析研究所等重要的研究机构。印度社会科学研究理事会(Indian Council for Social Science Research)先后建立20余家智库。

成熟期(20世纪70至80年代)。经半个多世纪的发展,印度智库在数量和质量上均已实现大幅提升,逐步进入成熟期,并呈现出资金来源和研究领域的多元化。这一时期,印度政府与社会信托基金都加大了对国内智库的财政支持,使得外国势力的干预随之减少。例如,印度能源与资源研究所就成立于1974年,主要研究有效保护与利用地球资源,以及如何减少和再利用废物。

激增期(20世纪90年代至今)。印度自20世纪90年代开始进行全面的经济改革,大力调整国内经济秩序,推动了一批私营资本流入智库建设,为智库行业注入新的发展活力,智库国际化趋势明显。其中,观察家研究基金会(1990年)是印度最具影响力的智库之一,致力于通过政策研究和倡导来推动变革。进入21世纪后,印度

---

[1] 周慧芳,解斐斐.印度智库研究:机制、影响与案例[M].北京:国际文化出版公司,2021:5-11.

智库研究领域和范围持续扩大。

印度智库体制呈现出受英美和自身政治体制影响较大的特点。按照机构的隶属关系，印度智库主要可以划分为官方智库、半官方智库、独立智库、企业智库、高校智库和党政关联智库六大类。[①] 印度智库在管理组织、结构功能、运行机制、资金来源、人才流动以及与政府的关系等方面形成了独具特色的制度体系。印度智库通常借助董事会或咨询委员会进行监督和规划，通过重要媒体、专题研讨会、专家讲座、培训班等方式宣传研究成果，影响政府决策。[②] 此外，印度智库与政府之间的"旋转门"现象愈加明显。印度许多军政官员退休后常常会去智库任职，印度智库与政府、军方的关系逐步加强，融合性被认为比美国及其他国家更为紧密。

印度智库的运行机制特点基本决定于其与政府的关系。一是组织结构灵活且较为集中。新德里作为首都，聚集了大量智库，便于接近权力中心和利用丰富的人力资源及基础设施。智库的管理机制较为灵活，能够快速响应政策需求和社会变化。然而，由于经费和法规限制，许多智库规模较小，管理运作机制并不十分完善。[③] 二是资金来源多样为智库提供稳定的财务支持。印度智库的资金来源多样，包括政府资助、外国援助和私人捐助。政府和地方政府常通过提供初始资金、建筑用地和基金支持智库运作。这种资金多样性为智库提供了稳定的财务支持，使其能够开展广泛的研究活动。值得注意的是，对政府和外国援助的依赖可能影响研究的独立性，限制了智库的活动空间。三是财务透明度仍面临巨大挑战。印度政府通过《外国捐赠管理法》推动智库财务管理的透明化，旨在增加智库资金流动的透明度，增强政府和公众对智库的监督。尽管法规的制定有所改善，但一些智库在财务透明度方面仍面临挑战，需要进一步提升其财政管理水平和公开度，以增强其信誉和公共信任。四是年龄

---

① 周慧芳,解斐斐.印度智库研究:机制、影响与案例[M].北京:国际文化出版公司,2021:11-15.

② 胡旭.印度智库的发展对我国智库建设的启示[D].湘潭大学,2020.

③ 周慧芳,解斐斐.印度智库研究:机制、影响与案例[M].北京:国际文化出版公司,2021:11-15.

结构和层次不均衡且横向流动性高。从年龄结构和层次来看,呈现出中间断层的现象,即以老年和青年为主,缺乏承上启下的中年"中层"知识精英。此外,研究人员的横向流动性较大,常常在多家智库身兼数职,各个智库的代际传递意识薄弱,导致智库发展的趋同性或同质化突出。印度智库对外交与安全方面的研究尤为重视,外交类智库及专家对政府的外交和安全决策起到重要作用。

2. 巴基斯坦

据《全球智库报告 2020》,巴基斯坦 2020 年共建有 33 家智库,是南亚地区除印度之外,较早建立智库的国家,近年来其数量发展相对缓慢。巴基斯坦较为有代表性的智库有:可持续发展政策研究所(Sustainable Development Policy Institute)、巴基斯坦国际事务研究所(The Pakistan Institute of International Affairs)、替代方案研究所(Alternate Solutions Institute)、政策研究所(Institute of Policy Studies)、社会政策与发展中心(Social Policy and Development Centre)、经济和社会转型研究中心(Center for Research on Economic and Social Transformation)、应用经济研究中心(Center for Research on Economic and Social Transformation)、战略研究所(Institute of Strategic Studies Islamabad)、巴基斯坦发展经济研究所(The Pakistan Institute of Development Economics),等等。

巴基斯坦智库在制定公共政策、开展研究,以及分析政治、安全、经济和社会发展等各种问题方面均发挥着重要作用,其历史发展主要可以划分为以下四个阶段。

早期阶段(1947 年至 1970 年)。这一时期,以国家建设为标志性特征,由于学术和研究机构处于新生状态,智库在其中发挥的作用有限。其中,巴基斯坦国际事务研究所就成立于 1947 年,专注于国际关系和外交政策研究,为政府提供有关国际事务的咨询和分析。

军事统治与冷战时期(1970 年至 1988 年)。在这一时期,专注于安全和战略问题的智库获得了突出地位,主要提供对地区冲突、核扩散和国防政策等问题的研究分析。此外,还出现了隶属于政党的智库,反映出巴基斯坦政治的多元化意识形态格局,对巴基斯坦政治的军事干预极大地影响了智库的作用。譬如,战略研究所成立于1973年,是一家独立的非营利机构,致力于战略性研究和分析,其重点是全面理解和公正审查影响国际和平与安全的区域和全球战略事项。

民主化和民间社会时期(1988年至1999年)。20世纪80年代末向文官统治的过渡导致了民间社会的扩张,并增加了对政策研究和宣传的需求。这个时期,这些机构在倡导政策改革和促进参与式治理机制方面发挥了至关重要的作用。其中,可持续发展政策研究所于1992年成立,在倡导政策改革和促进参与式治理机制方面发挥了至关重要的作用。

新世纪时期(2001年至今)。"9·11"事件的余波和巴基斯坦在反恐战争中的作用重塑了安全格局,促使巴基斯坦智库将重点放在反恐、极端主义和地区稳定上。例如,研究与安全研究中心(2007年)致力于独立研究、无党派分析和知情倡导,特别关注反恐、极端主义和地区稳定问题。

在体制方面,巴基斯坦智库通过采用各种各样有效的制度和方法,使其整体生态系统优化,得以蓬勃发展。例如,非政府组织的独立运作,不以营利为目的;利用学术专业知识为研究奠定坚实的基础;政府资助的机构确保对具有国家安全和战略意义的主题进行研究;建立专注于行业特定问题或更广泛经济问题的智库;各政党建立了附属智库,等等。巴基斯坦智库主要有政府智库、独立智库和大学智库三大类型。

巴基斯坦智库的运营和管理体系表现出较为高效和多样化的特征,其主要特点首先是内部结构稳定,专业人员素质高。无论其特定的组织结构如何,通常聘请董事会或咨询委员会来监督战略规划、资金和研究目标,并在很大程度上依靠专业人员,其中可能包括研究人员、分析师、政策专家和沟通专家。其次,资金来源多样,监管机制健全。巴基斯坦智库的资金来源主要包括政府拨款、个人或公司的私人捐款、国际捐助者以及咨询服务、活动或出版物产生的收入。此外,在财务透明度方面,通过制定问责机制、披露资金收支等机制,提高透明度,通过有效的监督、决策程序和问责措施等,提高组织的可信度和可靠性,并竭力遵守伦理规范和行为准则,以保证研究和宣传工作的完整性、客观性和独立性。最后，巴基斯坦智库传播方式多元，能力建设方式多样。巴基斯坦智库主要通过两个维度提升自身能力和影响力。传播方式维度，通过多种方式传播研究成果和影响政策，具体包括出版研究成果，举办线上和线下的学术活动，利用社交媒体平台实时分享研究成果和观点，智库专家为政府提供决策咨询意见、发表文章或接受采访等；能力建设维度，与学术机构、大学、民间社会组织、政府机构和国际合作伙伴共同开展研究项目、组织活动和实施举措以获取更多专业知识和支持。同时，开展定期的内部和外部评估，确保研究的质量、有效性、透明性及问责性。此外，通过培训方案和讲习班，提升新晋学者和专业人士对政策问题、研究方法和分析能力的理解。

3. 南亚其他国家

南亚的八个国家都普遍设有智库，且为数不少，除印度之外，2020 年南亚国家的智库数量依次为：阿富汗 46 家，孟加拉国 46 家，巴基斯坦 33 家，斯里兰卡 32 家，尼泊尔 19 家，不丹和马尔代夫相对较少。① 南亚智库的数量占整个亚洲智库总数的近四分之一，可见南亚智库发展的日新月异和繁荣兴盛。这在很大程度上是缘于南亚地区的经济发展不断加速，与此同时，不稳定的动荡局势加剧，导致舆论更为活跃，加之相对宽松的政治环境，使得南亚地区的智库发展蒸蒸日上。

南亚智库作为亚洲智库和世界智库的一部分，同时具有智库的一般性特质和本土化特征，受到国际环境和欧美智库的影响较为明显，与南亚区域合作的发展也密切相关，对南亚国家的发展发挥了不容忽视的重要作用。南亚地区的智库可以粗略地划分为官方智库、民间智库、外来智库和半官方智库四大类，其中，官方智库、民间智库、外来智库与官方的关系相对清楚，而半官方智库的情况最为复杂。② 目前，南亚国家的智库在很多领域已取得斐然成绩，智库类型的发展多样化，智库理念也独具风

---

① James G. McGann. 2020 Global Go To Think Tank Index Report [R]. Philadelphia：University of Pennsylvania，2021.

② 陈广猛.金砖国家智库研究.[M].北京：时事出版社，2022：108-112.

格,在某些研究领域甚至走在了世界的前列。[①] 南亚国家的智库,总体特征较为相似,都表现出以政府为主导、多元化发展和资金匮乏这三方面的共性特点。

首先,以政府为主导。南亚的大多数智库都是由政府出资创办或资助的,因此国家和政府在推动智库的设立、发展和运行中发挥着主导作用。政府对智库的管理主要通过三种途径来实现,一是整体制定智库的发展规划,明确智库发展方向和目标;二是审核智库的研究课题,以确保智库研究符合政府的政策导向;三是评估智库的研究成果,对智库研究进行质量上的把关。

其次,多元化发展。大约自20世纪80年代以来,南亚国家纷纷出现一些非政府智库,即社会智库或外来智库,这些智库主要是由民间资本或国际组织来资助的。非政府智库在研究范围、研究选题和研究方法等方面具有更大的自主权,能够为政府决策提供更加多元化的参考意见和建议。然而,值得注意的是,印度的非官方智库,或者是与政府合作关系不融洽的智库,在近年来遭受了严重打击。

最后,政府投入不足,资金匮乏。南亚各国的经济实力均不算很强,政府对智库的投入普遍不足,导致支持开展智库研究的经费短缺。这些地区的私人慈善事业发展相对落后,私人捐赠也较少,对智库的捐赠也就缺乏,而资金充裕的智库则往往与大财团的关系较为紧密。此外,南亚国家智库自身的融资能力普遍较弱,难以通过市场化运作获得足够的资金。

此外,南亚国家智库的运行特点可以归结为三方面:一是以政策研究为主。南亚智库的研究主要集中于政治、经济、社会、外交等领域的研究,其中,政治和经济领域的政策研究是南亚智库研究的重点。二是研究成果应用率低。南亚智库的研究成果应用率普遍不高,主要原因为供需不对称,智库研究成果与政府决策需求存在脱节的问题;影响力不足,智库研究成果缺乏有效的传播渠道和宣传途径;成果转化困难,政府对智库研究成果的重视程度不够。三是国际化程度较低。南亚智库的国际化程度

[①] 杜娟. 南亚国家智库及其对南亚国家外交政策的影响[D]. 四川外国语大学,2018.

普遍不高,主要表现于智库研究人员较为欠缺国际交流的机会,国内智库与国际智库的合作不够密切,智库研究成果的国际影响力较弱。

(三) 东南亚智库

东南亚国家普遍设有智库机构,综合《东南亚智库与区域治理》[①]以及《全球智库报告2020》中有关东南亚智库的数据,得到图5-1东南亚智库数量概况图。图中来源于《东南亚智库与区域治理》的东盟国家智库数量一定程度上反映了各国智库活跃程度,而来源于《全球智库报告2020》"南亚、东南亚及太平洋地区(不包括印度)"(以下简称"榜单")的排行榜数据则侧面反映了各国智库的国际影响力。

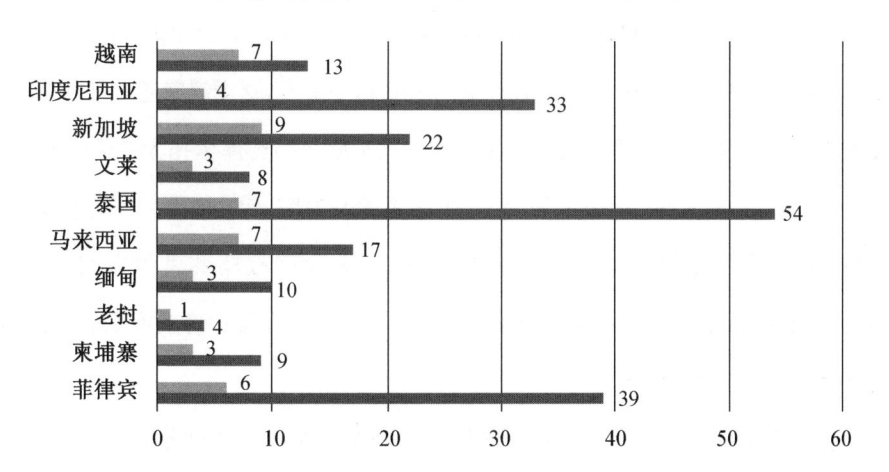

国家	《全球智库报告2020》排行榜	《东南亚智库与区域治理》
越南	7	13
印度尼西亚	4	33
新加坡	9	22
文莱	3	8
泰国	7	54
马来西亚	7	17
缅甸	3	10
老挝	1	4
柬埔寨	3	9
菲律宾	6	39

■《全球智库报告2020》"南亚、东南亚及太平洋地区(不包括印度)排行榜"
■《东南亚智库与区域治理》东盟国家智库基本情况

图 5-1 东南亚智库数量概况

东南亚智库的发展历程可大致划分为起步、发展与成熟三个阶段。起步阶段始于20世纪中后期,多数国家在独立后开始探索建立本国智库,如1974年成立的马来西亚政策研究中心(Center for Policy Research, CPR)。发展阶段则主要集中在20世

[①] 东盟各国智库基本情况数据由《东南亚智库与区域治理》各章节附表数据汇总得出,其中马来西亚、泰国、新加坡、越南智库数量由《东南亚智库与区域治理》作者根据网页信息整理得出,与《全球智库报告2020》不完全一致,仅供参考。

纪 80 至 90 年代，这一时期东南亚经济快速增长，新一批智库应运而生，如印度尼西亚国家韧性研究所（National Resilience Institute，Lemhannas）和 1990 年由柬埔寨部长会议批准的柬埔寨发展资源研究所（Cambodia Development Resource Institute，CDRI）。进入 21 世纪后，东南亚智库进入成熟阶段，例如，2013 年成立的文莱政策与战略研究所（Brunei Darussalam Institute of Policy and Strategic Studies，IPS）。智库研究领域不断拓展，国际影响力显著提升。

东南亚智库体制总体呈现多元化特征，主要包括政府主导型、高校附属型与独立研究型三种类型。政府主导型智库在东南亚占据重要地位，如印度尼西亚的印尼科学研究所和国家研究与创新署（National Research and Innovation Agency，BRIN）以及越南外交学院（Diplomatic Academy of Vietnam，DAV），这类智库通常直接隶属于政府部门，在政策制定过程中发挥重要作用。高校附属型智库依托大学的学术资源和人才优势，如老挝国立大学下属的老挝国家社会科学院，旨在发挥高校人才与学科优势。独立研究型智库以民间力量为主导，如菲律宾战略和发展研究所（The Institute for Strategic and Development Studies，ISDS），在维护客观中立立场、开展批评性研究方面更具优势。

东南亚智库的研究领域呈现出从聚焦经济发展到全面拓展的演变趋势。在发展初期，多数智库将研究重点放在经济领域，如老挝国家经济研究中心（National Economic Research Institute，NERI）。随着地区形势的变化，智库研究逐步拓展到政治、外交、安全、社会、环境等多个领域。例如，柬埔寨 2005 年建立的学习学院（The Learning Institute，LI）和 2008 年成立的资源收入透明度研究所（Cambodians for Resource Revenue Transparency，CRRT），智库开始关注网络安全、数字经济等新兴领域。[1]

国际化程度方面，东南亚智库经历了从内向型发展到积极参与国际合作的转变。

---

[1] 陈菲，陈灵芝.东南亚智库与区域治理[M].天津：天津人民出版社，2023：23.

早期阶段,多数智库主要关注本国或地区内部事务。随着全球化进程的深入,东南亚智库逐步加强国际交流与合作,积极参与区域和全球性议题研究。例如,马来西亚战略与国际研究所(Institute of Strategic and International Studies,ISIS)在地区安全、经济一体化等议题上的研究备受关注。同时,越来越多的东南亚智库加入全球或区域智库网络,例如"一带一路"智库合作联盟,提升了国际影响力。

东南亚地理位置重要,横跨亚洲与大洋洲,北接中国,西临印度和孟加拉国,东濒太平洋,南通印度洋。自20世纪80年代以来,该地区经济快速增长,非政府组织的发展促进了社会多元化。东南亚智库主要由跨国合作组织与东盟国家智库组成。该地区文化多样,汇聚多种宗教和族群,为智库研究提供了丰富议题。同时,非传统安全问题如气候变化、环境污染等也是研究重点。重要的跨国智库组织包括东盟和平与和解研究所(ASEAN Institute for Peace and Reconciliation,IPR)和东盟战略与国际问题研究所(ASEAN Institutes of Strategic and International Studies,Asean-ISIS)。加强与东南亚智库的合作有助于提升中国—东盟关系,共建"一带一路",推动地区合作,共同应对全球性挑战。

1. 泰国

泰国智库发展大致经历了萌芽、稳步成长和蓬勃发展三个阶段。[①] 萌芽阶段为20世纪60至80年代,这一时期泰国智库开始起步,主要围绕意识形态斗争等政治领域开展研究,代表性机构有1966年国家发展管理研究院(National Institute of Development Administration,NIDA)、1974年玛希隆大学人口与社会研究所(Institute for Population and Social Research of Mahidol University,IPSR)等;稳步成长阶段为20世纪80年代至21世纪初,泰国经济持续增长,新一批智库应运而生,研究领域拓展到经济、社会、环境等方面,1984年泰国发展研究所(Thailand Development Research Institute,TDRI)、1993年泰国环境研究所(Thailand

---

① 陈菲,陈灵芝.东南亚智库与区域治理[M].天津:天津人民出版社,2023:95.

Environment Institute，TEI）等在各自领域崭露头角；蓬勃发展阶段从 21 世纪初至今，泰国智库进入快速发展期，新兴领域不断拓展，2006 年朱拉隆功大学知识库（The Chulalongkorn University Intellectual Repository，CUIR）等在数字治理、网络安全等方面形成特色。

泰国智库体制呈现多元化特征，主要包括独立智库、政府智库、高校智库等类型。独立智库主要依靠民间力量组建，在泰国智库中占较大比重；政府智库虽然数量较少，但对政策制定的影响力较大，如国家发展管理研究所直属政府部门；高校智库是泰国智库的重要外援力量，依托高校的人才优势和学科资源开展研究工作，如玛希隆大学人口与社会研究所等。不同类型智库优势互补，共同服务于泰国的发展大局。

泰国智库的运行呈现出以下特点：一是地域分布不平衡，主要集中在首都曼谷及其周边地区，这与泰国的政治经济发展状况高度吻合；二是对政府的依赖性较强，较多智库由政府资助建立，研究议题和方向受政府影响较大；三是研究领域宽泛，涵盖政治、外交、经济、社会、文化、科技、环境等各个方面，突出问题导向和实用性特点；四是国际交流日益频繁，主动加入区域和全球智库网络，积极参与地区事务。总体来看，泰国智库在解决国内社会经济发展问题的同时，也积极追求参与国际治理；在聚焦经济转型与基础建设的同时，也在充分利用高校理论研究优势。

2. 菲律宾

菲律宾智库发展大致经历了萌芽、发展与稳定三个阶段。[①] 萌芽阶段从 1946 年独立到 1969 年，这一时期智库开始起步，主要围绕国家建设和社会发展开展研究，代表性机构有 1947 年雅典耀大学社会秩序研究所（Institute of Social Order，ISO）等；发展阶段从 1970 年到 1999 年，菲律宾智库数量快速增长，仅 20 世纪 90 年代就新增智库 21 家，1977 年菲律宾发展研究所（Philippine Institute for Development Studies，PIDS）、1991 年菲律宾战略和发展研究所（The Institute for Strategic and

---

[①] 陈菲,陈灵芝.东南亚智库与区域治理[M].天津:天津人民出版社,2023:6-7.

Development Studies，SDS)等一批具有重要影响力的智库相继成立；稳定阶段从2000年至今，新增智库数量有所减少，但研究领域进一步拓展，如2004年人民赋权治理研究中心(Center for People Empowerment in Governance，CenPeg)、2017年战略发展研究所(Strategic Development Research Institute，SDRI)等专注于国内政治和社会治理研究。

菲律宾智库体制呈现多元化发展态势，主要类型包括独立智库、高校智库和政府智库三类。独立智库是智库体制中的重要组成部分，资金来源以社会捐助为主，研究方向灵活多样，包括战略和发展研究所、人民赋权治理研究中心等；高校智库依托各类高等院校开展工作，善于发挥学科优势和人才优势；政府智库虽然数量较少，但在政策制定过程中发挥重要作用，如菲律宾发展研究所是国家经济发展署下属的政策研究机构。相对来说，菲律宾智库体制合力较小，研究相对分散，不同智库体制之间交叉互动仍有待提高。

菲律宾智库的运行呈现出以下特点：一是研究领域丰富，以经济与社会发展为主要方向，同时涵盖政治、外交、生态等各个领域；二是成果产出多样，除了传统的报告、论文等常规形式，还尝试采用行动研究、参与式研究等创新方法，提升成果转化水平；三是注重国际交流，积极参与和主办国际会议，加入区域和国际智库网络，努力提升国际影响力；四是强调社会影响，通过发布研究成果、开展培训活动等方式，推动政策落地见效，回应社会关切。当前，菲律宾智库正处于稳步发展阶段，随着其国内经济社会改革发展，菲律宾智库未来的政策嵌入程度仍有较大的提升空间。

3. 印度尼西亚

印度尼西亚智库主要经历了三个发展阶段。第一阶段为20世纪50至70年代，这一时期智库在印尼开始起步发展，主要围绕国家建设和发展规划开展研究，代表性智库有印尼科学研究所(The Indonesian Institute of Sciences，LIPI)等；第二阶段为20世纪80至90年代，随着苏哈托政权的巩固，一批由政府支持或主导成立的智库，如战略与国际问题研究中心(Centre for Strategic and International Studies，CSIS)、国家韧性研究所(National Resilience Institute, Lemhannas)等发挥重要作用;第三阶段为20世纪末至今,民主化进程推动了智库的多元发展,独立性民间智库不断涌现,如公共政策转型中心(Center for Public Policy Transformation, Transformasi)和印尼政策研究中心(Center for Indonesian Policy Studies, CIPS)等,研究领域不断拓展。

印尼智库体制多元,主要包括政府智库、高校智库和独立智库三类。政府智库如印尼科学研究所和国家研究与创新署(National Research and Innovation Agency, BRIN)直属政府部门管理,定位于为政府决策提供信息支持;高校智库如经济社会研究所(Institute for Economic and Social Research, LPEM - FEUI)隶属高等院校,注重学术导向的理论研究;独立智库以民间智库为主,具有较强的自主性,资金来源以社会捐助为主,在政策倡导方面发挥积极作用。不同类型智库优势互补,共同推动印尼智库事业发展。

印尼智库的运行呈现出以下特点:一是区域布局不平衡,主要集中在爪哇岛尤其是首都雅加达等中心城市;二是官方背景与独立研究并存,政府支持型智库在政策制定中发挥重要影响,民间独立智库则更多从公共利益出发开展研究;三是研究议题广泛,涵盖政治、经济、外交、安全、社会等诸多领域,聚焦热点问题;四是国际交流频繁,主动参与和主办国际会议论坛,积极加入区域和全球智库网络。但其最突出的特点在于其平台运营的特点,印尼智库作为东南亚区域治理中的一个重要组成部分,承担了区域智库网络具体运营的功能。

4. 新加坡

新加坡智库发展大致经历了初步发展、持续发展和蓬勃发展三个阶段。初步发展阶段为20世纪60至70年代,这一时期智库开始起步,主要关注区域发展问题,代表性机构有1962年新加坡国际事务研究所(Singapore Institute of International Affairs, SIIA)、1968年尤索夫·伊萨东南亚研究所(Yusof Ishak Institute, ISEAS)等;持续发展阶段为20世纪80至90年代,新加坡智库不断发展壮大,研究领域逐步拓展至全球问题,1988年新加坡政策研究所(Institute of Policy Studies, IPS)、1996

年国防与战略研究所（The Institute of Defence and Strategic Studies，IDSS）等重要智库相继成立；蓬勃发展阶段从21世纪初至今，新加坡智库进入快速发展期，短时间内涌现出一批新型智库，2006年亚洲与全球化中心（Centre on Asia and Globalisation）、2008年水政策研究所（Institute of Water Policy，IWP）等在各自领域形成特色和影响力。

新加坡智库体制以官方背景与独立研究相结合为主要特征。一方面，新加坡政府高度重视智库建设，通过提供资金支持、完善管理制度等方式，推动智库有序发展，很多知名智库都有政府背景，如东南亚研究所、东亚研究所（East Asian Institute，National University of Singapore，EAI）等；另一方面，新加坡也鼓励智库开展独立研究，保持客观中立的立场，各智库都拥有较高的自主权。同时，新加坡智库十分注重与高校合作，形成官产学研相结合的发展模式，如拉惹勒南国际关系学院（The S. Rajaratnam School of International Studies，RSIS）下设多个研究中心，包括国防与战略研究院、国际政治暴力与恐怖主义研究中心、国家安全卓越中心、非传统安全研究中心及多边主义研究中心。

新加坡智库的运行呈现出以下特点：一是精英荟萃，云集各领域顶尖人才，研究力量雄厚，在各专业领域形成优势；二是国际视野开阔，紧跟全球发展前沿，积极参与国际事务，推动地区合作；三是影响力大，得益于新加坡的区位优势和开放包容的社会环境，其智库已经成为亚洲地区乃至全球有影响力的思想库；四是资源整合能力强，善于搭建各类论坛平台，广泛吸纳社会力量参与，形成广泛的政策共识。从东南亚智库群体来看，新加坡智库发挥了智库群体参谋的作用，在整合地区资源、推动区域一体化进程中发挥了巨大作用。

（四）亚洲其他国家智库

1. 中亚

中亚国家在狭义上主要包括哈萨克斯坦、吉尔吉斯斯坦、塔吉克斯坦、乌兹别克斯坦、土库曼斯坦在内的典型"中亚五国"。根据国际智库中心（On Think Tanks，

OTT)目前的数据和记录,中亚五国的智库数量还相对较少,且只有很少一部分智库被列入全球智库名单:哈萨克斯坦有12个,吉尔吉斯斯坦9个,乌兹别克斯坦8个,塔吉克斯坦2个,土库曼斯坦则没有准确数据。

中亚五国的智库的主要职能包括为政府决策提供咨询建议、开展独立研究、促进学术交流与合作等,这些智库在推动中亚地区经济社会发展、加强区域合作、提升国家软实力等方面发挥着重要作用。中亚五国的智库研究方向大多聚焦于以下三个方面:一是经济金融。研究中亚国家的经济发展趋势、金融政策、产业结构调整等,为政府和企业提供决策支持;二是国际关系与外交政策。分析中亚国家在国际舞台上的地位和作用,研究与其他国家和地区的合作与竞争关系;三是安全稳定。关注中亚地区的安全形势、恐怖主义、跨国犯罪等问题,提出应对策略和建议。

从智库体制来看,中亚国家绝大部分智库为官方主导型,由政府部门创建,直接服务于国家最高决策。比较著名的有哈萨克斯坦共和国总统下属的哈萨克斯坦战略研究所(Kazakhstan Institute for Strategic Studies under the President of the Republic of Kazakhstan, KazISS)、乌兹别克斯坦总统下属战略与地区研究所(Institute for Strategic and Regional Studies, ISRS)等,官方主导的大型智库对本国政策制定等方面产生了重要作用。除政府创办的智库以外,高校和科学院所体系内的研究机构在中亚也具有重要的地位,包括乌兹别克斯坦国家行政学院、吉尔吉斯斯坦科学院经济研究所、乌兹别克斯坦世界经济与外交大学、纳扎尔巴耶夫大学国家分析学院、塔吉克斯坦科学院经济与人口研究所等。其中,较著名的是塔吉克斯坦科学院经济与人口研究所(Institute of Economic and Population Research, IEPR),成立于1951年,目前拥有超过120名员工。[①]

从区域合作来看,中亚很多国家开始逐渐意识到与相邻国家共建智库的重要性。

---

① 上海科学院智库研究中心.思想的版图:全球智库发展概览[M].上海:上海人民出版社,2020:73.

2001年中亚五国与欧盟合作设立了中亚区域环境中心（Central Asia Regional Environmental Centre，CAREC），该中心系非营利性质的政府间合作组织，其功能和使命是协助中亚国家解决其在环境保护领域的国家和区域问题，促进中央和地方当局、非政府组织、地方社区、私营部门和捐助组织之间就中亚区域环境可持续性问题进行部门间对话。

近年来，中国与中亚国家之间智库合作也逐渐加深。为进一步加强中国和中亚国家智库之间的交流，中国与中亚地区合作设立了一些智库机构，组建了智库联盟。2013年5月，中国科学院联合哈萨克斯坦农业部、吉尔吉斯斯坦科学院、塔吉克斯坦科学院和乌兹别克斯坦科学院共同建设成立了中国科学院中亚生态与环境研究中心（Research Center for Ecology and Environment of Central Asia，CAS），中心已建成乌鲁木齐总中心和哈萨克斯坦阿拉木图、吉尔吉斯斯坦比什凯克、塔吉克斯坦杜尚别3个分中心、3个联合实验室和3个信息分中心，在生态系统、环境污染、可持续发展、农业技术等7大领域展开国际互惠合作和人才培养。

2023年6月2日，中国—中亚智库联盟成立，该联盟是由西北大学中亚研究院、西北大学丝绸之路研究院、西北大学乌兹别克斯坦研究中心、吉尔吉斯斯坦总统下属国家战略研究所、塔吉克斯坦总统下属战略研究中心、吉尔吉斯斯坦国家科学院中亚人文研究中心等多家高端智库联合发起的智库合作组织，为进一步加强中国和中亚国家之间的交流，推进联盟内部各成员单位间的务实合作，联盟会定期举办联席会议。

哈萨克斯坦战略研究所是哈萨克斯坦共和国政府所属的官方智库。该智库于1993年6月16日根据努尔苏丹·纳扎尔巴耶夫总统的法令正式成立。其主要任务是通过预测性研究和分析，为哈萨克斯坦的发展提供关于内外部战略问题的智力支持。该研究所的前身是1992年成立的战略研究中心，由著名外交官乌米尔塞里克·卡森诺夫（Umirserik Kassenov）负责重组，使其发展为一个成熟的研究机构。在此过程中，哈萨克斯坦副总统叶里克·阿桑巴耶夫（Erlk Asanbaev）给予了大力支持。

哈萨克斯坦共和国总统战略研究所的研究领域主要包括政治安全和经济安全两个方面。在政治安全方面，研究所关注哈萨克斯坦与世界主要国家的双边关系以及"后苏联空间"的一体化问题。同时，研究所关注当代哈萨克斯坦的政治和社会变化，包括对战略研究的探索、民主化进程的研究、政治机构的建立及其运作方式等。研究所还分析当前的政治发展趋势，评估这些变化对哈萨克斯坦未来的影响。在经济安全方面，研究所重点关注哈萨克斯坦的经济安全问题。它们研究全球经济趋势，分析这些趋势如何影响哈萨克斯坦的经济状况。此外，研究所还探讨全球化对哈萨克斯坦经济的影响，评估这些影响对国家安全和发展带来的挑战和机遇。

2. 西亚（中东地区）

西亚国家在行政区域上主要包括伊朗、伊拉克、土耳其、叙利亚、约旦、以色列、巴勒斯坦、科威特、黎巴嫩、塞浦路斯等19个国家，它们与临近的8个北非国家和地区也通常被并称为中东地区。将以上国家和地区主要划分为四个区域：一是海湾国家，包括沙特阿拉伯、阿联酋、科威特、卡塔尔、巴林、阿曼、也门、伊拉克；二是沙姆地区，包括黎巴嫩、叙利亚、巴勒斯坦、约旦；三是北非地区，包括埃及、阿尔及利亚、摩洛哥、突尼斯、利比亚、毛里塔尼亚、苏丹、塞浦路斯；四是中东非阿拉伯国家，包括以色列、土耳其和伊朗。[①]

海湾国家的代表性智库包括科威特阿拉伯规划研究所（The Arab Planning Institute, API）、巴林研究中心（Bahrain Center for Studies & Research, BCSR）、阿联酋战略研究中心（The Emirates Center for Strategic Studies and Research, ECSSR）等。

沙特阿拉伯作为海湾地区大国，尤其重视智库在政府决策和社会治理中的作用，其代表性智库海湾研究中心（Gulf Research Center, GRC），是国际外交政策和国际事务领域的顶尖智库之一。沙特阿拉伯确实也是中东地区为数不多的拥有专门研究

---

① 王晓丽.中东地区智库研究[M].北京：时事出版社，2020：25.

石油类专题智库的国家之一。阿卜杜拉国王石油研究中心（King Abdullah Petroleum Studies and Research Centre，KAPSARC）是由已故的沙特阿拉伯国王阿卜杜拉设立的一个重要智库，专注于能源经济、政策研究、环境和能源市场等领域的研究。

沙姆地区较为知名的智库包括约旦大学战略研究中心（Center for Strategic Studies at the University of Jordan，CSS）、阿拉伯思想论坛（Arab Thought Forum）、黎巴嫩政策研究中心（the Lebanese Center for Policy Studies，LCPS）、黎巴嫩卡内基中东研究中心（Carnegie Middle East Center，CMEC）等。

北非地区比较有代表性的智库主要包括国家中东研究中心（National Centre for Middle East Studies，NCMES）、埃及外交事务委员会（Egyptian Council for Foreign Affairs，ECFA）、金字塔政治和战略研究中心（Al-Ahram Center for Political & Strategic Studies，ACPSS）、以及摩洛哥皇家战略研究院（Royal Institute for Strategic Studies，IRES）、新南方政策中心（Policy Center for the New South，PCNS）等。

以色列的智库数量在非阿拉伯国家中位列第一，具体包括国家安全研究所（Institute for National Security Studies，INSS）、耶路撒冷公共事务中心（Jerusalem Center for Public Affairs，JCPA）、犹太民族政策研究所（Jewish National Policy Planning Institute，JPPI）等。伊朗也非常重视智库建设，伊斯兰议会研究中心（Islamic Parliamentary Research Center，IPRC）是伊朗第一个现代意义上的智库，也是规模最大的智库，其他还包括总统战略研究中心（Center for Strategic Studies，CSS）、外交部政治与国际问题研究所（Institute for Political and International Studies of the Ministry of Foreign Affairs，IPIS）等；土耳其较为著名的智库有经济和社会研究基金会（Turkish Economic and Social Studies Foundation，TESEV）、马尔马拉海战略与社会研究基金会（Marmara Group Strategic and Social Research Foundation，

MGSSR)、自由思想协会(Association for Liberal Thinking,ALT)等。[①]

中东地区国家智库包括政府智库、高校智库、政党智库、民间智库或独立智库、跨国智库或外国智库的分支机构等多种智库类型。政府智库的首要任务是为本国政府提供经济、社会和政治改革的决策支持,典型代表智库为埃及外交事务委员会(Egyptian Council for Foreign Affairs,ECFA);伊拉克卡尔巴拉大学幼发拉底河发展与战略研究中心(Al Furat Center for Development and Strategic Studies)和约旦大学战略研究中心是中东地区高校智库的重要代表,它们通过研究和政策分析为本国和区域性问题提供解决方案和建议。

政党智库是宣称属于某个政党,或者由某个政党建立的智库。中东地区典型的政党智库以土耳其政党智库为代表。目前,土耳其国内的政党智库主要有4家,其中政治与社会研究基金会是土耳其正确道路党的智库。[②] 民间智库或独立智库主要采取协会、基金会、公司等形式,绝大多数智库选择基金会的形式存在,沙姆地区的智库就多为民间独立机构,如阿拉伯思想论坛、阿拉伯统一研究中心(Center for Arab Unity Studies)等。国际合作型智库在中东地区占据重要地位,具有研究议题多样化的特点。许多智库是美国、德国等知名智库在中东地区的分支机构,如位于黎巴嫩的卡内基中东研究中心和德国马歇尔基金会(German Marshall Fund,GMF)的安卡拉办公室等。

西亚(中东)地区的智库研究议题具有明显的区域性特征,主要集中于该地区的政治、能源、安全、社会问题以及伊斯兰文化研究。海湾国家的智库普遍重视伊斯兰经济研究和伊斯兰文化与阿拉伯语研究,例如,阿卜杜拉·阿齐兹国王大学伊斯兰经济研究院专注于支持伊斯兰经济的学理研究和应用,费萨尔国王伊斯兰研究中心致力于深入研究伊斯兰世界的政治运动发展。约旦的智库则侧重于伊斯兰政治研究,

---

① 王佳尼.当代土耳其智库的发展及其影响[J].阿拉伯世界研究,2019(1):103-117,120.
② 王佳尼.当代土耳其智库的发展及其影响[J].阿拉伯世界研究,2019(1):103-117,120.

特别是研究在信仰伊斯兰教的前提下,如何实现政治民主化进程,以及伊斯兰政治势力对中东地区各国政局变化的影响。

中东地区智库的研究重点主要集中在政局变动、国际安全问题和巴勒斯坦问题。约旦智库突出研究巴以冲突及其相关议题,埃及智库则广泛关注中东政治问题和恐怖主义。近年来,中东智库特别关注国际核安全问题和恐怖主义的国际安全议题,这些问题成为西亚(中东)智库的研究热点和重点领域。

西亚和中东地区拥有丰富多样的智库生态系统,这些智库不仅在研究议题上具有鲜明的区域特色,还在全球范围内发挥着重要影响。以下将从海湾地区、沙姆地区、西亚和非阿拉伯国家四个区域,选取具有代表性的智库进行简要介绍。

海湾地区的代表性智库为海湾研究中心。该智库由现任主席阿卜杜勒阿齐兹·萨格尔(Abdulaziz Sager)于2000年7月创立,总部设在吉达,基金会设在日内瓦,专门从事阿拉伯海湾地区的区域性研究,是沙特阿拉伯影响力最大的智库。从机构设置来看,海湾研究中心包括三大机构:位于瑞士日内瓦的海湾研究中心基金会、英国剑桥大学的剑桥海湾研究中心,以及沙特阿拉伯吉达的日常办事处。

从研究领域来看,海湾研究中心致力于从海湾地区的角度进行研究,解决该区域研究中的不平衡问题,并向世界传播海湾地区的真实情况和声音。目前,海湾研究中心专注于四个跨学科研究领域:社会科学、教育学、新闻媒体和政策咨询。同时,研究领域还涉及国际安全、国际政治经济、环境和科技等方面。具体而言,主要方向包括海湾外交关系研究、海湾经济与能源研究等。

从研究团队和研究成果来看,海湾研究中心大量聘请国际知名研究机构的专家学者,组成了一支由海湾国家、阿拉伯国家及全球研究力量共同组成的综合研究队伍。其研究成果包括关于海湾区域和各国的期刊、图书、研究报告、学术论文等。例如,2019年出版的《海合会国家外交关系:变动中的全球和地区状态》(*Foreign Relations of GCC Countries: Shifting Global and Regional Dynamics*)等图书。其中,最具代表性的出版物是《海湾观察》(*Gulf Monitor*),由海湾研究中心阿联酋迪拜办事处负责发行。

沙姆地区的代表性智库为约旦大学战略研究中心。约旦大学战略研究中心于1984年成立，隶属于约旦首都安曼的约旦大学，是该校设立的第一个研究中心，也是影响力最大的研究中心。研究中心的资金主要来自约旦王室及政府、约旦大学和安曼市政府的大力支持，此外，其运作还得到了德国艾伯特基金会、英国驻约旦大使馆等西方政府或非政府组织的资助。

从机构设置来看，约旦大学战略研究中心由理事会领导，约旦大学校长任理事长，理事会任命中心主任负责研究中心的日常运作。研究中心主任下辖三个部门：政策与研究部、民意调查部、后勤与公关部。研究中心的专职研究人员较少，主要通过聘请约旦大学的相关科研人员作为兼职研究员来开展课题研究。

从研究方向来看，研究中心的重点研究领域主要集中在约旦本国问题和中东地区问题的研究。针对约旦的研究涵盖发展规划、社情民意、经济发展、政治改革、政治伊斯兰组织等方面，并设立了重点研究项目"约旦2030远景规划"。针对中东问题的研究则涉及伊朗核问题、巴林局势、巴以冲突、北非地区经济一体化等多个领域。

从研究成果来看，研究中心的出版物主要为电子书籍、报告及其对应的纸质版本，大多数为阿拉伯语出版，英文版通常由德国艾伯特基金会资助出版。代表性的图书包括《萨拉菲派的转变：重要性、影响和前景》《媒体在民主中的角色：以约旦为例》等；代表性的政策报告包括《叙利亚和黎巴嫩的巴勒斯坦难民：社会状况及其反响》《约旦—欧盟行动计划的执行：独立评估》等。

北非地区的代表性智库为金字塔政治和战略研究中心。金字塔政治和战略研究中心成立于1968年，是一个独立的研究机构，隶属于Al-Ahram基金会。该中心的成立目的是研究以色列社会、犹太复国主义和巴勒斯坦问题，并从政治、经济、社会和文化等多个方面研究埃及社会。同时，中心还注重综合性地研究政治和战略问题，尤其是国际体系中的发展问题，以及阿拉伯国家在全球体系中的地位与彼此之间的互动模式。该中心在科学活动的管理方面享有完全的独立性。

从机构设置来看,中心下设六个研究组:埃及研究组、国际研究组、阿拉伯和区域研究组、经济研究组、舆论及媒体研究组、军事与安全研究组。此外,中心还设有三个研究项目:数字社会研究项目、恐怖主义和极端主义研究项目、能源研究项目。

从研究成果来看,中心的主要出版物包括年度报告和月度杂志。年度报告包括《阿拉伯战略报告》《战略经济趋势报告》《伊斯兰运动年鉴》;月度杂志包括《金字塔战略文件》《战略宣传册》《伊朗选集》《以色列选集》等。

非阿拉伯国家的代表性智库为政治与国际问题研究所。政治与国际研究所是位于伊朗德黑兰的外交政策智库,隶属于伊朗外交部。它成立于1983年,是1979年伊朗革命后伊朗最早成立的智库之一,主要任务是研究与伊朗外交政策相关的问题,以及进行国际关系和区域研究。在智库的研究活动方面,政治与国际研究所积极开展外交政策和国际关系的应用研究,并通过定期举办会议、圆桌会议,与国内外智库和研究中心进行密切合作。

从机构设置来看,目前该研究所的所长是穆罕默德·哈桑·谢克霍尔斯拉米(Mohammad Hassan Sheykholeslami)。研究所下设八个研究小组(中心),分别为理论与战略研究、国际法人权与妇女研究、西亚地区研究、欧亚大陆地区研究、亚太地区研究、欧美地区研究、经济与环境外交研究、非洲地区研究。

从研究成果来看,政治与国际研究所的出版物主要为期刊,包括每月出版的《事件与分析》,以及《外交政策》、《中亚和高加索地区》和《外交关系史》三本期刊,定期向公众发布其研究成果。

五、撒哈拉以南非洲智库

撒哈拉以南的非洲,又称为亚撒哈拉地区、下撒哈拉、漠南非洲或"黑非洲"。这片区域由48个非洲国家组成(包括岛屿),分为西非、东非、中非与南部非洲四个子区域。撒哈拉以南非洲智库的成长壮大随其民族国家的独立热潮逐步展开,随着一定时间内该地区政治经济逐步平稳,智库也进入相对良好的发展时期,但是必须正视的是该地区的智库发展与世界智库建设平均水平仍然存在一定差距。①

撒哈拉以南非洲智库建设和发展最早可以追溯到1934年在南非成立的南非国际事务研究所(South African Institute of International Affairs,SAIIA)。从时间序列上看,撒哈拉以南的非洲智库集中出现在20世纪90年代之后,成立时间大多比较晚。较早的一批智库普遍成立于20世纪60年代,如1960年成立的南非非洲研究所(Africa Institute of South Africa, AISA)、1961年成立的尼日利亚国际问题研究所(Nigerian Institute of International Affairs, NIIA)、1962年成立的非洲经济发展和计划所(African Institute for Economic Development and Planning, IDEP)等。此外,另一波发展高潮在20世纪90年代,主要源于部分国家的多党制度稳定下来后,民间有了更加宽松的发展环境。②

非洲国家智库的影响力受政党政治和政局变迁影响较大。目前,撒哈拉以南非洲的大部分国家实行多党制,但政党政治并不成熟,大多数政党仍惯于以民族和地域因素动员选民。智库在非洲政治生活中不被重视。非洲很少有政党注重用政策纲领去争取民众支持和用智力支持来改善其政策制定和执行,政党宣言大多缺乏严谨的论证和分析。一旦政局发生动荡,智库研究的持续性和政策影响力将会受到波及。③

撒哈拉以南非洲智库的运行机制具有以下特点:一是类型多元,以非营利、非政府组织居多。撒哈拉以南的非洲智库类型多元,既有一部分官方智库,直接为政府提供政策咨询服务,同时,也存在大量民间智库,具有较强的公益性,还有一些半官方的智库,与政府保持密切的关系,以政府为主要服务对象。区域内大部分智库属于非营利性、非政府的独立组织,目的是提供政策研究并影响公共事务而非牟利;二是多为欧美分支机构,智库独立性受到影响。相当一批智库主要接受西方国家政府或组织

---

① 王贵辉,宋微,史琳. 全球高端智库建设[M]. 北京:科学技术文献出版社,2020:309.
② 王贵辉,宋微,史琳. 全球高端智库建设[M]. 北京:科学技术文献出版社,2020:312.
③ 周瑾艳. 自主性视角下的非洲国家智库与中非智库交流[J]. 阿拉伯世界研究,2021(4):119-138.

的资助,如非洲社会科学研究发展理事会(The Council for the Development of Social Science Research in Africa,CODESRIA)的核心捐助者包括丹麦外交部、荷兰外交部、福特基金会(Ford Foundation)等组织。还有一些智库实质上为欧美知名智库在非洲的分支机构。这批智库的研究人员大多拥有西方教育背景,与西方科研交流也相对更为频繁,由于资金支持的来源状况,许多科研活动主旨也会因此出现诉求倾斜,在一定程度上影响了本地区智库科研活动的独立性。[①]

[①] 王贵辉,宋微,史琳. 全球高端智库建设[M]. 北京:科学技术文献出版社,2020:316.

第六章　现代智库管理体制

由于政治经济体制的不同,各国智库的管理体制也存在着较大差异。各国各地区智库的特征与其外部制度安排是分不开的,不同国家和地区的智库治理体系存在显著差别。这些制度设计为现代智库的发展提供了基本保障。本章选择美国、英国、德国、日本和中国等国家著名智库体制进行分析,以管窥现代智库的管理体制。

一、美国独立智库管理体制

美国三权分立、两党竞选的政治体制决定了美国智库体系的多元构成。[①] 同时,在美国,智库作为一个申请注册的非营利性的非政府组织实体,在美国的法律中可以找到明确、严格的制度规范。[②] 美国智库定义有广义和狭义之分。从广义上讲,美国智库是指以服务美国国家利益和公共利益为目的、非营利性质的公共政策研究机构,包括官方研究机构、研究型大学和独立智库三种类型。美国智库的最大特点是以独立智库为主,无论从资金、人员配置还是影响力,独立智库都居于核心位置。[③] 从狭义上讲,一般指的是独立智库,这种智库是诞生在美国政治、经济、文化土壤中的一种特殊民间组织,以影响公共政策的制定为目的,多呈现为非政府、非营利的政策研究机构。[④]

[①] 张大卫,元利兴,等.国际著名智库机制比较研究[M].北京:中国经济出版社,2017:10.
[②] 沈进建.美国智库的法律责任与法律约束初探[J].智库理论与实践,2016,1(1):75-80.
[③] 王莉丽.旋转门:美国思想库研究[M].北京:国家行政学院出版社,2010:33.
[④] 王海明.政治化的困境:美国保守主义智库的兴起[M].北京:中信出版集团股份有限公司,2018:191.

（一）美国独立智库类型

智库研究界对美国独立智库有两种经典的分类。第一种来自布鲁金斯学会著名智库研究学者肯特·韦弗。他将美国独立智库分为三类："没有学生的大学""政府签约者(Government Contractors)""倡导型智库(Advocacy Think Tanks)"[1]。

"没有学生的大学"是指由一类专业学术研究人员组成，更多地倾向于采取客观中立态度对社会政策问题按照学术标准进行学术研究的机构。就其理想型而言，此类研究人员除了不授课，与一般大学的教授并无本质区别。著名的布鲁金斯学会和早期的斯坦福大学胡佛研究所都被归为这一类。

"政府签约者"一般是指从政府获得研究题目，并受到政府某个部门的资助，将研究成果提交给政府部门作为政策的参考或者依据。此类智库保持较为严格的学术研究态度，仅为政府提供几种解决问题的方案，不试图说服政府接受其中一种立场或者方案。为了保持独立性，类似兰德公司的研究机构也试图与不同的政府部门取得签约合同，通过平衡不同部门以实现自身独立性。

"倡导型智库"则与前两者有较大的不同，大多具有鲜明的意识形态色彩，带有明确的政治立场，在倡导型智库的意义上，美国智库可以粗略地按照政治光谱分为自由主义智库和保守主义智库两大类。前者秉持自由主义的政治理念，以美国进步中心为代表。后者则倾向于保守主义的政治立场，以传统基金会和美国企业研究所、胡佛研究所为代表。[2]

另一种分类来自麦甘，他将智库的分类细化为学术型智库、合同型智库、倡导型

---

[1] Kent Weaver. The Changing World of Think Tanks. Political Science and Politics, 1989. Donald Abelson, American Think-Tanks and their Role in US Foreign Policy. London: Palgrave Macmillan, 1996. pp.44-48.

[2] 王海明.政治化的困境：美国保守主义智库的兴起[M].北京：中信出版集团股份有限公司，2018：196-197.

智库及政党型智库。① 前三种与之前所述没有区别,只是麦甘在倡导型智库的基础上做了更细化的区分,将其区分为倡导型智库和政党智库两类。有些智库虽然有明确的立场但并不直接隶属于某个政党,即政治立场相同但是没有组织或者财政的依附关系,因而跟政党之间保持了相对的独立性,即所谓的倡导型智库。②

(二)美国独立智库政治法律内涵

从法律层面看,相对于其他国家对智库的严格监管,智库在美国几乎没有监管,只需要符合税法上的非营利组织要求即可。在美国,对智库没有过分的限制,在华盛顿特区发起一家智库较为容易。美国智库主要受《美国国内税收法典》501(C)(3)条款的约束。《美国国内税收法典》美国税法第501款概括了25种符合免税条件的非营利组织类型,几乎所有的非营利组织都免缴国家和地方的财产税、营业税。同时,对于向非营利组织捐助的公司,如果其捐助不超过总收入的3%,那么这笔捐出的收入将免除各项税收。501(C)(3)条款于1913年开始实施,后来在1954年和1969年得到过两次改善,至今仍然是美国智库的基本依据。③

从政体上看,美国政党组织以松散著称,政党内部没有严格的纪律,导致没有专门的研究机构,无法在政策发展方面起太大的促进作用,同时,"三权分立"的美国政治制度导致权力的高度分散,国会和行政部门也经常出现意见相左的情况,双方都需要智库提供意见和方案,所以智库填补了政党政治制度留下的空白。④

(三)美国独立智库治理特征

独立智库具有三个主要特征:首先,不以营利为目的。依据《美国国内税收法典》

---

① James G. McGann. Think Tanks and Civil Societies: Catalysts for Ideas and Action[M]. New Brunswick and London: Transaction Publishers, 2005. pp. 6 – 14.
② 王海明.政治化的困境:美国保守主义智库的兴起[M].北京:中信出版集团股份有限公司,2018:197.
③ 王海明.政治化的困境:美国保守主义智库的兴起[M].北京:中信出版集团股份有限公司,2018:193 - 194.
④ 穆占劳.美国思想库与美中关系研究[D].北京:中共中央党校,2004:47 - 48.

成立的非营利组织免税组织。《美国国内税收法典》第501条款中的(c)(3)条款是对智库作为法人的非营利组织的法律界定和规定,对非营利组织提供法律优惠。美国智库虽然在组织架构、运营方法上与一般企业类似,但是美国智库并非以营利为目的的企业。

其次,坚持研究的独立性。智库作为独立政府的一种公民社会组织,与政府之间是一种平等合作关系,不是政府科层中的一个等级。它的产生和存在是内源于社会需要,因此,智库自身具有一种自恰的独立性。[①] 独立智库在政治上或者经济上强调独立,保持研究的独立性。但是独立不代表"中立""对立",大多数的独立智库都是具有政治倾向的,有些意识形态智库反而会更注重调查研究的独立性,但是明显的政治倾向或多或少都会损害意识形态智库的声誉。[②]

最后,重视研究的实用性。美国独立智库强调研究的实用性,更加落地。一方面,智库坚持强调自身特色,专业性强,注重按照自身所具备的专业选择研究领域和服务对象。另一方面,智库对公共政策的研究范围广,包括经济政策、教育政策、外交政策、法律政策、能源政策、远景政策、卫生政策等。[③] 兰德公司作为美国顶级智库之一,研究的课题已经不仅仅是美国的政策问题,甚至包括世界范围研究的重点课题。

二、英国政党附属型智库管理体制

英国属于君主立宪制,由女王任命议会选举中获胜的党派领袖出任首相并组阁、向议会负责、实权在内阁。在这种体制下,英国的文官系统较少依赖外部资源进行政

---

① 余章宝.作为非政府组织的美国智库与公共政策[J].厦门大学学报(哲学社会科学版),2007(03):114-121.
② 王海明.政治化的困境:美国保守主义智库的兴起[M].北京:中信出版集团股份有限公司,2018:192.
③ 王佩亨,李国强,等.海外智库:世界主要国家智库考察报告[M].北京:中国财政经济出版社,2014:4.

策咨询，英国智库党派属性明显，政党和智库在国家政治生活中起着互为补充的作用，智库参与政府决策主要通过其政党实现。①

（一）英国政党型附属智库及政治文化内涵

英国是一个两党制国家，分为右翼保守党和左翼工党。右翼保守党宣扬保守主义，并成为英国主流意识形态，其次是宣扬激进主义的左翼工党。这两种意识形态的分化为英国智库提供了分化的思想土壤，基于此可以将其分成三类：第一类是中右派智库。中右派智库因为与右派政党关系密切，以亚当·斯密研究所为代表。第二类为中左派智库。中左派智库通常与工党为首的左派政党关系密切或者存在隶属关系而被划分为中左派，其中以费边社为代表。第三为中立派智库。具有代表性的有"狄莫斯"和海外发展研究所。②

英国是君主立宪制国家，国王只是名义上的国家元首，政府由在议会选举中获得多数席位的政党领袖出任首相并组内阁。内阁是英国政府的核心，它在首相的领导下制定和执行国家的内政外交政策。自19世纪中叶起，英国一直是由两大资产阶级政党——保守党和自由党轮流执政。这种特定的政治制度造成英国智库党派色彩鲜明。③ 只有受政党和政府支持的智库才能更多地，也更容易地参与公共政策的制定，非政党和政府的智库很难获得参与政府决策过程的机会。英国智库的党派特性并不必然影响智库决策咨询的质量，政党与智库在英国社会政治生活中实际上起着互为补充的作用。④

（二）英国政党型附属智库治理特征

英国政党型附属智库主要有三个特征。

第一，智库和政党的附属关系更为松散。英国没有为智库提供永久性公共资助

---

① 张大卫，元利兴，等.国际著名智库机制比较研究[M].北京：中国经济出版社，2017：10.
② 王贵辉，宋徽，史琳.全球高端智库建设[M].北京：科学技术文献出版社，2020：16-17.
③ 杜骏飞.全球智库指南[M].南京：江苏人民出版社，2018：138.
④ 李文良.欧盟区智库发展特点及启示[J].人民论坛，2013(35)：15-17.

的传统,智库与政党的联系更具有动态性、创造性。①

第二,资金来源多元化。英国智库虽然党派倾向性明显,但是为了维护智库研究的独立性和公正性,智库资金来源多元化,主要来自政府资助、欧盟资助、企业和个人捐赠、信贷和研究委托五大渠道。根据观察,英国智库获取资金的多少与决策影响力高低有很大关系,具有强政治倾向、政治背景及主要为政府服务的智库,资金来源主要是政府资助。②

第三,研究人员质量高且流动性强。英国智库研究人员来源广泛,他们大多是在野党的政党领袖和官员、退休高级公务人员、大学教授、高校博士生以及知名企业家等社会地位较高的群体。同时,研究人员的流动性大,其所属研究机构也鼓励这种人才的交流机制。英国智库与政府、政党、大学、企业等都维持良好的关系,以保证智库活力和影响力。③

第四,重视成果宣传且关注公共舆论。英国智库的主要目标不是直接影响政府决策,而是更看重研究成果对公众舆论的影响,以此提高智库的影响力和地位。④

三、德国政治基金会管理体制

德国实行多党竞争制(温和多党制度),但是德国温和多党制不仅表现为两大主流党偶尔的"大联合"执政,还突出表现为执政党和在野党的立场都趋向中间。⑤ 这种政治氛围推动了德国智库扮演"社会共识"的独立角色,德国超过一半的智库并没

---

① 卡斯楚普(Kelstrup, Jesper Dahl).欧洲智库政治[M].张骐,译.上海:上海社会科学院出版社,2021:85.
② 王贵辉,宋徽,史琳.全球高端智库建设[M].北京:科学技术文献出版社,2020:18.
③ 杜骏飞.全球智库指南[M].南京:江苏人民出版社,2018:140.
④ 王佩亨,李国强,等.海外智库:世界主要国家智库考察报告[M].北京:中国财政经济出版社,2014:50.
⑤ 钟准.不同政党制度下民粹主义政党的影响与局限:以意大利、德国、法国和英国为例[J].当代世界与社会主义,2020(01):121-128.

有特定的意识形态烙印,而是坚持独立学术研究方法和准则。① 同时,德国智库在法律上被赋予了完全独立的地位,政策对其没有政策性和行政限制。法律规定个人和组织向智库捐赠实行税前抵扣政策。②

(一) 德国政治基金会及政治文化内涵

德国维尔茨堡大学多丽丝·菲舍尔(Doris Fischer)将德国智库分为学术型智库、拥护型智库和政党型智库三类。③ 综合"德国智库指南"及专家学者的分类方法,可以将德国智库分为四类:学术型智库、合同型智库、特殊利益智库、政党智库。

首先,学术型智库是德国智库主力军。学术型智库主要包括政府创建的研究机构、学会的研究组织、大学附属的政策研究中心以及由私人捐助的学术研究机构。其次,合同型智库在德国占比较小。合同型智库是指政治诉求不明确,主要接受委托研究项目的智库。再次,宣传型智库和拥护型智库可以统称为特殊利益智库。最后,政党型智库即属于政党基金会(又称政治基金会),是德国独具特色的智库。德国政坛的各大政党一般都有亲近的政党智库为之提供决策建议,促进政党理智化、专业化决策。④

从法律层面看,德国法律明确规定,禁止在政党中担任领导职位的政治家出任基金会的类似领导职位,因此大部分的政治基金会的领导层的来源是其亲近政党的退职要员,理事会主席通常由该政党的知名代表担任。基金会成员有些也兼职政党的外交事务委员会等职能部门的相关职务,法律上政治基金会赋予了完全独立的地位,但各基金会的工作都以政党的纲领和世界为评判标准,在国际事务中除了维护国家利益,也在一定程度上体现政党利益。⑤

---

① 张大卫,元利兴,等. 国际著名智库机制比较研究[M]. 北京:中国经济出版社,2017:10.
② 张大卫,元利兴,等. 国际著名智库机制比较研究[M]. 北京:中国经济出版社,2017:83.
③ 多丽丝·菲舍尔. 智库的独立性与资金支持:以德国为例[J]. 开放导报,2014(4):29-32.
④ 杜骏飞. 全球智库指南[M]. 南京:江苏人民出版社,2018:151-152.
⑤ 张伟. 新型智库基本问题研究. [M]. 北京:中共中央党校出版社,2017:83-85.

德国在《联邦行政程序法》中明确规定政府公共决策中的一切公开项目都必须公之于众,以招标形式委托咨询机构进行预测和评估,咨询的结果由政府部门组成的专家顾问委员会审核通过后方能实施。该法还设专节对咨询委员会做了相应的规定,从法律上为决策咨询提供了制度保障。[①]

(二) 德国政治基金会治理特征

德国在多年发展过程中逐渐形成与政府、政党的新型关系,充分利用政党背景,对智库的话语权建构起到了极大的促进作用。德国政党智库的政治倾向性较为明确。德国六大政党都设有国家级政党基金会,包括亲近社会民主党的弗里德里希·艾伯特基金会、亲近基督教民主联盟的康拉德·阿登纳基金会、亲近基督教社会联盟的汉斯·赛德尔基金会(Hanns Seidel Stiftung)、亲近自由民主党的弗里德里希·瑙曼基金会(Friedrich Naumann Stiftung)、亲近联盟绿党的海因里希·伯尔基金会(Heinrich Böll Stiftung)和亲近民主社会主义党的罗莎·卢森堡联邦基金会(Rosa Luxemburg Stiftung)。[②]

政治基金会具有三个主要特征。首先,独立于政党。作为党派智库,德国政党基金会在法律身份、治理结构、资源汲取方面均独立于政党,其法律身份为非政府组织,与其支持的政党不存在隶属关系,也不接受党派的资金。其次,在法律框架下接受财政资助。根据德国公共预算法律框架条款,联邦政府每年向政党基金会支付的款项由德国联邦议院预算委员会确定。政党基金会资金90%左右来自联邦政府拨款,私人捐款、会费和其他第三方收入只占极小比例。[③] 最后,深入外交实践并对传统外交模式产生深刻的影响。通过网络化交往和项目化运作,德国政治基金会在国际上编织了从学界权威到政府高官的稠密精英网络。在全球超过100多个国家开展教育、

---

① 朱瑞博,刘芸. 智库影响力的国际经验与我国智库运行机制[J]. 重庆社会科学,2012(3):110-116.
② 杜骏飞. 全球智库指南[M]. 南京:江苏人民出版社,2018:157-158.
③ 杨亚琴. 从德国政党基金会看德国智库[J]. 秘书工作,2021(1):78-80.

咨询和政策对话,并驻有长期的办事机构,是德国外交决策的重要预警系统、信息来源和咨询部门。①

四、日本独立行政法人智库管理体制

日本属于议会制君主立宪制的国家政治体制,政府在作出重大决策前,通常都会以"咨询会""审议会""恳谈会"等形式作出详细的调研论证,这是与日本决策层联系最为密切、比较制度化、层次较高的智库形态。② 同时,日本政府也十分重视智库的法律建设,为强化智库建设制定了一系列法律法规,使智库运用和管理有法可依。③

(一)日本独立法人智库及政治法律内涵

根据智库的所属上级母体机构属性,日本智库可以详细划分为官方智库、半官方智库、企业智库、政党团体附设智库、高校附设智库、自治体智库以及民间非营利智库。官方智库主要是指直接隶属政府或者某个政府部门的智库,官方智库的经费全部来自政府财政预算拨款,属于行政部门而不具有独立法人资格。这类智库专门为政府部门服务,对日本政府的政策形成最直接的影响。

半官方智库主要是指政府主导或支持的"独立行政法人"智库。半官方智库主要在国家机关外部化过程中,以独立的法人组织形式从政府各官厅部门中剥离出来、介于政府和民间之间的准政府机构。此类智库的主管部门为相应的国家行政机关,经费来源于政府在财政预算范围内的拨款,作为独立行政法人的半官方智库,其自身运营不接受政府的行政干预。最具代表性的是"独立行政法人日本贸易振兴会亚洲经济研究所"④。

日本政府重视智库法制建设。日本政府为强化智库建设制定了一系列法律法

---

① 廖鸿.德国基金会的管理及其启示[J].中国民政,2018(11):57-58.
② 张大卫,元利兴,等.国际著名智库机制比较研究[M].北京:中国经济出版社,2017:11.
③ 张大卫,元利兴,等.国际著名智库机制比较研究[M].北京:中国经济出版社,2017:111.
④ 胡藏.日本智库研究:经验与借鉴[M].北京:中国社会科学出版社,2021:8-12.

规,使智库机构的运营和管理有法可依。日本政府通过《科学技术基本法》和《科学技术基本计划》等法律法规,对科研经费的使用进行严格监督管理,同时,政府也会制定会计审计准则,聘请专门的财务机构实行定期审计,同时,组织形式为独立行政法人的智库都要依据《独立行政法人通则法》经国会审议通过设立并管理,而具体到半官方智库"独立行政法人经济产业研究所",则又另行制定并颁布了特别法《独立行政法人经济产业研究所》。①

(二)日本独立行政法人智库的治理特征

第一,资金来源渠道相对多元化。日本的独立行政法人智库,其经费大部分来自政府财政预算范围内的拨款,以政府为主要服务对象,对政策决策有较大的影响力,但是智库的自身运营不受政府的行政干预。② 此外,这类智库也属非营利性智库,具有公益性,其资金来源除了政府拨款,还有来自个人和民间团体的捐助、会员费及出版物销售等。③

第二,重视研究人员的培养。智库专职研究人员占比超过一半,一旦招募进来就会被视为中坚力量。此外,智库还会从政府机关或者国际组织聘请顾问研究员。同时,智库十分重视人才培养,做到人尽其才。日本智库研究人员实行严格的考核制度,并按照考核结果对研究人员实施奖惩措施。④

五、中国党管智库体制

我国政治体制是中国共产党领导的多党合作和政治协商制度,国家的重大决策坚持民主集中制原则。因此,我国智库以官方和半官方的附属型智库为主,呈现圈层

---

① 胡薇.日本智库研究:经验与借鉴[M].北京:中国社会科学出版社,2021:23.
② 胡薇.日本智库研究:经验与借鉴[M].北京:中国社会科学出版社,2021:12.
③ 王佩亨,李国强,等.海外智库:世界主要国家智库考察报告[M].北京:中国财政经济出版社,2014:175-176.
④ 王贵辉,宋徽,史琳.全球高端智库建设[M].北京:科学技术文献出版社,2020:31-32.

结构,多数为从属党政机构智库。①

(一) 党管智库体制含义及政治文化内涵

中国特色新型智库的概念从政治属性层面进行定义,即强调党的领导,强调坚持中国特色社会主义下多元智库的共同发展,以为党和政府的决策咨询及经济社会发展服务提供智力支持。从其功能特色进行阐释,即以体现"服务"为根本出发点的非营利性机构,极具时代特色和历史使命感,旨在为人民的根本利益服务,为社会主义政治建设服务,最终体现为党和国家科学决策提供政策咨询服务。② 中国特色新型智库必须坚持党的领导,把政治属性放在第一位,以社会主义核心价值为导向,弘扬正能量。中国特色新型智库文化应该具有国家情怀、自我驱动、守正创新、经世致用、求真求实、宽容包容的文化。③ 我国智库组织文化建设更加注重提炼、传播智库使命、愿景、伦理、价值观、品牌等文化层次的要素,突出智库文化的影响力、软实力和品牌形象。④ 比如,国务院发展研究中心提出核心价值为:"唯实求真,守正创新。"⑤这揭示了该中心坚持为中央决策服务,研究尊重事实,理论联系实际,强调专业主义精神,勇于创新的组织文化。此外,中心以服务国家发展、增进人民福祉、促进交流合作为宗旨,坚持中国特色社会主义理论体系,秉承"创新、求实、睿智、兼容"的理念,积极开展国际国内重大理论问题、战略问题和全局性问题的研究,努力建设高水平和有国际影响力的中国特色新型智库,汇集社会智力资源,为国家和地方、企业决策提供智力支持与咨询服务,为增强国家软实力做贡献。⑥

---

① 张大卫,元利兴,等.国际著名智库机制比较研究[M].北京:中国经济出版社,2017:11.
② 何巧源.中国特色新型智库研究全景:以 2013—2021 年 CSSCI 的论文为例[J].智库理论与实践,2022,7(02):31-40.
③ 李刚,等.推动智库建设健康发展研究[M].北京:经济科学出版社,2022,463:465.
④ 王琪,李刚.创新文化建设是驱动智库发展的主要抓手[N].新华日报,2018-01-17.
⑤ 中心研究理念[EB/OL],2020-06-28. https://www.dre.gov.cn/gy-zx/zxzn.aspx.
⑥ 中国国际经济交流中心章程[EB/OL].中国国际经济交流中心官网,2021-09-01. http://www.cciee.org.cn/list.aspx?cimId=20.

（二）党管智库下的智库政治建设与党建工作

新型智库必须坚决执行党的政治路线,严守党的政治纪律和政治规律,牢固树立"四个意识",在政治立场、政治方向、政治原则和政治道路上,始终同党中央保持高度一致。新型智库要抓好党建工作不松懈,着力推动党建进智库,在各类、各层次智库机构中实现党的组织和党的工作有效覆盖,确保党建工作与智库业务工作同谋划、同部署、同落实,把坚持党管智库的原则作为贯穿智库发展的主旋律、总基调。①

首先,高质量抓好政治建设,把习近平总书记关于中国特色新型智库建设的重要论述融入智库的党建工作中。智库应强化政治统领,坚持"第一议题"制度,加强政治忠诚教育,开展"讲政治、强担当、做贡献"等实践活动,锻造党员干部政治判断力、政治领悟力、政治执行力,培养研究人员的政策研究洞察力、政策研究思辨能力、政策研究实力,增强"四个意识"、坚定"四个自信"、做到"两个维护"。高举思想旗帜,强化理论武装,巩固深化"不忘初心、牢记使命"主题教育成果,学好用好《习近平谈治国理政》等权威读本,广泛开展多形式、分层次的宣讲辅导活动。智库要按照中央统一部署,开展党史教育,引导党员干部知史爱党、知史爱国,引导研究人员在开展政策研究工作过程中贯彻党的精神。智库要深入学习贯彻习近平总书记关于中国特色新型智库建设的重要论述,指导智库的研究和管理工作。其次,切实做好智库的党建工作。智库要抓好党的组织建设、作风建设、干部建设、文化建设。体制内智库应该教育研究人员树立自己是党的理论干部的身份认同,不能把自己看成是普通的专家学者,为名利斤斤计较,作为党的理论干部就要为党的利益奉献聪明才智。②

（三）党管智库体制下我国智库治理特征

近年来,我国党政智库努力探索符合智库运行规律和特点的组织形式,在完善内

---

① 梁勇.牢牢把握党对新时代智库建设的领导权[EB/OL].[2017-12-26].http://www.jxsky.org.cn/NewsView.aspx?id=11131.

② 李刚,等.推动智库建设健康发展研究[M].北京:经济科学出版社,2022:465-466.

部治理方面强调党的领导,建立党委(党组)领导下的院长(主任)负责制。国家高端智库试点单位中国财政科学研究院、中国科学技术发展战略研究院、商务部国际贸易经济合作研究院、中国宏观经济研究院、中国国际问题研究院均设有党委办公室。负责全面推进党风廉政建设、基层党组织建设和党内学习监督等工作。以党委为统筹协调中心的治理结构能够保证智库在行使职能、实现目标的过程中始终坚持党的领导,坚决贯彻落实党的政策、方针和路线,确保集中全力办智库。中国社科院按照"党组统筹、分工负责、制度保障、综合集成、专业划分、学部基础"的原则,健全智库组织管理基本框架。院党组对智库建设实行统一领导,同时,建立协调会议制度,加强督办检查。①

社会智库作为专门从事政策咨询研究的社会组织,是党的基层组织建设重要领域。《关于社会智库健康发展的若干意见》中规定,社会智库要加强党的建设工作,发挥社会智库党组织的政治核心作用,确保社会智库始终沿着为党委政府提供高质量决策咨询服务的方向发展。目前,我国社会智库发展中"党管智库"尚处于探索阶段,社会智库党建还存在一些空白,未形成社会智库开展党建工作的特有模式。

---

① 不负使命、奋发有为 以高端成果服务国家决策:国家高端智库建设经验交流会发言摘登[N].光明日报,2019-07-01(10-11).

第七章 现代智库内部治理

就智库而言,"管理"偏重于日常运营的细节,而"治理"强调组织的目标、战略。广义的智库治理包括对智库发展有重要影响的外部产业因素进行建设、管理。狭义的智库治理指对智库内部运营管理机制以及对智库人员行为进行监督、评价,主要的治理内容为智库的计划、组织、领导、控制和协调。借用经济学中宏观和微观的理论,智库的治理可分为两个层面:一方面是宏观治理,是智库外部的权力机关对辖域内众多公共政策研究机构的治理,包含对智库的引导、宏观控制、相关制度的确立以及评价等多方面任务和过程的总和;另一方面是智库的微观治理,是智库的内部治理。智库的内部治理建立在智库内部利益的协调和整合基础上,理事会成员和高级执行人员对智库有效运转发挥着核心作用。[①]

一、国外智库内部治理结构

智库治理结构是智库内部各部门职能权力的建立和分配,可分为决策层、执行层、监督层。

第一层是理事会(董事会),是智库的最高决策部门,通过智库的规章制度行使权力,并就与智库发展有关的问题作出决议;第二层则为执行部门,对理事会或董事会负责,由智库主要负责人牵头,承担日常研究与运营管理等工作;[②]第三层是监督部

[①] 关琳.美国智库治理者及其关系网络研究[D].南京:南京大学,2016.
[②] 徐宁."一核两力":中国特色新型高校智库建设的框架与模式[J].智库理论与实践,2018,3(6):58-64.

门,监督智库的运作和决策的实施。从智库本身来说,很多国外智库都采取了区分决策者和管理层的治理制度。海外智库的管理架构多为理事会(董事会)＋各类委员会＋总裁(数位副总裁)＋监事会的治理架构,采取理事会(董事会)主导下的治理机制。各类委员会主要由智库的主要捐助者构成,委员会是协助理事会决策的顾问组织,智库的日常管理和运作由智库行政负责人(总裁等)负责。

表 7-1 国外智库治理主体及职责表

治理主体	职责
理事会	制定大政方针/重大事项审议批准
委员会	顾问性质,辅助理事会决策
总裁	掌控智库管理与营运
监事会	监督智库运营与其他治理主体

(一)核心决策层:理事会(董事会)

智库的决策层一般为理事会(董事会),是大多数智库的微观治理的决策层。董事会(Board of Trustees)和理事会(Board of Director),这两种说法虽然名称不同,但都充当机构内的治理者。例如,美国智库的经营理念更倾向于生产政策和思想的公司,追求、标榜独立于政府的思想自由,因而智库的权力机构称为董事会。董事会是智库的所有者,智库的董事会对智库负有法律和组织责任,并为智库提供资金。[①] 蒙特利尔经济研究所(Montreal Economic Institute,MEI)的米歇尔·凯里-加尼翁(Michel Kelly-Gagnon)认为"董事会的职能是为机构保驾护航,指明机构的发展方向"。由此可见,理事会是智库治理的决策层,是智库的"大脑",其决策涵盖智库运营的每个关键领域,承担着战略规划和最终的信托责任。

---

① Better Sooner than Later: Addressing Think Tanks' Governance and Management Challenges to Take Full Advantage of New Funding and Support Opportunities[EB/OL].[2016-04-04]. http://onthinktanks.org.

1. 理事会（董事会）设立背景

美国法律规定智库应将理事会作为治理机构。1987 年，美国政府通过了《美国非营利法人示范法》（Model Nonprofit Corporation Act），对非营利性组织提出了规定，内容涉及管理架构、信息公开等方面，该法规定"所有企业法人应当成立董事"，并且"企业法人的一切职能和权力应由董事会行使或董事会授权，法人事务在董事会的指示下管理"。出于税务的规定以及避税的要求，美国智库通常注册为非营利性机构，并因此均成立了董事会。美国智库的董事会大多由三名或以上的董事构成，以集体负责的方法履行领导与管理职责。智库的理事会居于组织治理的核心地位，不仅仅是智库在战略层面的最高决策制定者，更承担着智库内部管理的重任，也是负责完成机构内部规章制度安排与协调机构对外关系的主要部门。[1]

依附于其他具有独立法人资格机构的智库可以不设置理事会。以大学智库为例，斯坦福大学的胡佛研究所、哈佛大学肯尼迪政府学院的国际发展中心（Harvard Center for International Development，CID）、哥伦比亚大学的地球研究所（The Earth Institute）等都成立了二级管理委员会进行智库治理。大学智库不设置理事会的原因有以下几点：一是大学本身享受了一些免税待遇，附属于高校的智库只需要遵循大学的规章制度；二是大学智库的创始人主要来自高校，在成立之初就依照学术研究机构的治理模式管理智库；三是大学在智库外部完成了部分治理任务，例如，大学的行政、财务、科研管理等部门。[2] 因此，高校智库的治理任务一般由智库外具有治理功能的部门联合智库机构的领导者共同完成。

2. 理事会（董事会）的职责

智库治理需要平衡各方利益，董事会承担多元化的职责。智库所处生命周期、组织特征的不同使得理事会（董事会）的角色和责任也有所差异。智库理事会（董事会）

---

[1] 关琳.美国智库治理者及其关系网络研究[D].南京：南京大学，2016.
[2] 关琳.美国智库治理者及其关系网络研究[D].南京：南京大学，2016.

的基本责任包括以下四项：确定智库目标和使命、制定战略性决策、防范日常运营的风险、联络获取外部资源。

明确的使命是智库进行有效管理的基础，确立智库的目标和使命是理事会（董事会）的首要职责。 为了满足利益相关者的要求，理事会（董事会）首先应该为智库设置明确的目标，通过目标吸引资金和人才。世界著名智库的影响广泛与其明确的目标和使命密不可分，例如，外交关系学会对于理事会（董事会）的描述是："董事会提供学会的整体方向。"[①]新美国安全中心对董事会及主席职责的描述是："确保 CNAS 的研究、分析和运转富于活力，并使 CNAS 继续在针对威胁国家安全问题的公众辩论中贡献信息，并培育下一代国家安全领导人。"[②]此外，智库的目标与使命应简明扼要，能够准确表达智库的世界观和价值观，并成为智库凝聚力的源泉。

为了确保智库的使命和愿景得以实现，理事会（董事会）需要为智库制定战略规划并就重大战略问题做出决策。 智库理事会（董事会）的战略服务功能是指制定章程、制定战略目标、选任理事长、审批长期规划、决定组织基本政策等重大决策，是智库战略的总执行者与监督者。理事会（董事会）向管理层提供行政和管理方面的建议，但不开展日常的行政工作。例如，美国和平研究所规定其理事会（董事会）"积极地监督智库的活动——设定长期目标和优先事项，批准智库重要项目"；美洲间对话的理事会（董事会）成员不仅负责制定可行性议程、遴选机构成员，还负责设计智库发展的重要战略、设计智库制度等；[③]美国和平研究所的研究人员与研究项目主持人的遴选由董事会做出最终决定。[④]

理事会（董事会）负责防范智库日常运营中的各类风险。 理事会（董事会）除了制

---

① Council on Foreign Relations Board Of Directors[EB/OL].[2016-02-08]. http://www.cfr.org/about/people/board_of_directors.html.
② Council on Foreign Relations. Board Of Directors[EB/OL].[2016-02-08]. http://www.cfr.org/about/people/board_of_directors.html.
③ 关琳.美国智库治理者及其关系网络研究[D].南京：南京大学，2016.
④ Inter-American Dialogue. Board of Directors[EB/OL].[2016-02-02]. http://www.thedialogue.org/experts/?iad_experttype=69.

定战略性决策,还要防止智库在各个方面违反法律法规,防止智库的有形资产和无形资产受到侵犯或破坏。此外,理事会(董事会)评估管理者的绩效,即从效率的角度进行监督管理,监督业务执行中与智库利益冲突的情形,确保在组织经营中不违反国家法律法规和社会道德。史汀生中心(The Stimson Center)董事会负责中心的所有活动,确保中心的财务和管理处于合理状态,维护中心的诚信和声誉。[1] 全球发展中心在其组织架构描述中强调,董事会对机构的财产、资金和事务全权负责。

理事会(董事会)不仅要致力于组织的内部治理,发挥控制和运作职能,还要关注智库的外部环境,促进智库与外部环境的关联和互动。智库作为一个非营利组织,依靠外部组织和环境因素生存和发展,而理事会(董事会)是其与环境联系的制度安排。智库理事会(董事会)获取外部资源一般有三个方面。第一,募集资金。智库很难通过交易直接从市场上获取足够的资源用于自身发展,因此理事会(董事会)是应对外部依赖、降低环境不确定性与环境依存度相关的交易成本的有效途径,这点在西方国家尤为显著。由于西方智库大多为非营利组织,因此筹集运营资金是其治理中需要面对的问题。智库负责人往往来自各个领域,包括许多财团所有者,他们不仅从其他地方筹集资金,而且还自掏腰包向智库捐款。筹集了大量资金的董事,可能在理事会(董事会)中占有举足轻重的地位,也是多家智库竞相拉拢的对象,甚至存在一人同时担任多家智库的董事的情况。第二,提升智库的公共形象。理事会(董事会)是智库与社会各界之间的桥梁,代表智库与外界建立良好的沟通渠道,提升智库的公众形象,以促进资源与信息的交流。第三,建立与政府等组织的沟通渠道。理事会(董事会)是一种社交网络机制,通常由来自政府、企业等各领域的知名人士组成。理事会(董事会)成员拥有广泛的社交网络,可以调动关系网络服务智库,间接为智库提供资源,促进智库与外部环境形成合作互利的关系。

---

[1] Stimson Center. Leadership[EB/OL]. [2016-02-02]. http://www.stimson.org/about/board/.

3. 理事会（董事会）的运行机制

理事会（董事会）一般由有影响力的社会知名人士组成，理事长由政府官员担任。例如，法国国家和战略关系研究所的董事会主要由前政府部长、政党领导人、议员和航空航天企业领导人组成。

不同智库的理事会（董事会）任命方式有所差异。根据智库的起源，可分为三种模式。第一种是执行董事领导。这些智库由担任执行董事的个人创立，并在智库创建初期组建了理事会（董事会）。例如，阿根廷智库平等与增长公共政策研究中心（The Center for the Implementation of Public Policies Promoting Equity and Growth，CIPPEC）的创始人尼古拉斯（Nicolás Ducoté）担任该组织第一年的执行董事，并将人员带入董事会。第二种为任命理事会（董事会）。由一名或多名理事会（董事会）成员带头任命执行董事和其他理事会（董事会）成员，此类模式通常存在于公司类型的理事会（董事会），并在主要资助者中任命执行董事。第三种为智库的发起人或第三方，例如，个人、大学、非政府组织、捐赠者、基金会领导和任命理事会（董事会）与执行董事。威斯康星大学麦迪逊分校贫困研究所（University of Wisconsin-Madison-Institute for Research on Poverty，IRP）即为这种发起人主导的模式——主任及其执行委员会成员均由大学任命。此种模式的变体是发起人任命理事会（董事会），然后任命董事；或先任命董事再与发起人一起任命理事会（董事会）。

理事会（董事会）对自身效率开展自我评估，包括理事会（董事会）的整体运作绩效和董事个人的工作效率的考核。理事会（董事会）对新任理事会（董事会）成员进行遴选，根据候选人的经验、履历、影响力等多种因素进行综合评估，并最终以投票表决的方式达成决议。考核和评估的结果是理事会（董事会）成员更替、任免时的重要参考。例如，美洲国家对话组织为了能够融合多样化的政治见解和专业看法，规定其理事会（董事会）的成员应来自拉丁美洲、加勒比地区、美国以及加拿大，并具备相应的专业背景和影响力。阿斯彭研究所（Aspen Institute）也对董事的来源作出明确描述：

"董事均为来自公共和私营领域的高层人员,董事由董事会投票选出。"[1]

理事会会议的举办是理事会进行有效治理的重要制度安排,智库重大决策必须经由理事会会议审议批准。理事会会议主要对已经形成的议案进行讨论和投票,如候选人的遴选、组织战略、重要规章制度等。理事会会议分为例会和特别会议。例会是定期召开的会议,遇到重大和紧急事项可召开特别会议。为了有效发挥理事会会议的决策功能,许多智库对会议的召开作出了明确规定,保障董事的出席率。例如,美国和平研究所每年举办五次会议,并规定"如有需要董事会将以小组的形式召开特别会议"[2]。全球发展中心要求每年召开一次董事大会,并明确了会议内容为"回顾各项活动和财务状况,并为董事长提供建议和咨询"[3]。同时规定,理事会会议参与人数必须符合法律和组织章程的规定,一般要求出席人数达到全体理事三分之二以上。

(二) 常态化决策层:委员会制度

当定期召开的理事大会不能满足机构治理的要求时,理事会通常成立各种委员会,分别执掌各方事宜,彼此分工协调。在不设置理事会的智库中,会设置支持或取代理事会的机构。例如,设置管理委员会,以小组委员会的形式为执行董事提供建议和监督,在智库的活动中扮演着更多的日常角色。有的智库设立委员会用于辅助理事会决策。例如,英国发展研究院下设四个小组委员会,促进内部的沟通效率。包括提名委员会、资源和审计委员会、薪酬委员会、项目咨询和审查委员会[4](见表7-2)。

---

[1] Aspen Institute. Leadership[EB/OL].[2016-02-02]. http://www.aspeninstitute.org/about/leadership.

[2] United States Institute of Peace. Board of Directors[EB/OL].[2016-02-02]. http://www.usip.org/aboutus/board.html.

[3] Center for Global Development. About[EB/OL].[2016-02-02]. http://www.cgdev.org/page/about-cgd.

[4] 张庆晓,王小元,黄炳超.英国一流大学的智库治理策略及其观照:基于苏塞克斯大学发展研究院的分析[J].高教探索,2021(8):80-88.

表7-2 发展研究院董事会下设小组架构示意表

名称	职责
提名委员会	根据需要举行会议,以确定潜在的候选人,并就可能的任命向董事会提出建议。
资源和审计委员会	每年举行三次会议,以监督财务、行政和战略人力资源问题,审查内部审计工作的结果,总结风险并控制环境。
薪酬委员会	按需要召开会议,总结高级员工的薪酬,并确定董事和高级人员的薪酬。
项目咨询和审查委员会	每年举行两次会议,反映研究院的学生研究状况和表现,审议董事会在实现相关战略目标和关键主题方面的进展。

1. 设立委员会制度加强理事会(董事会)管理

　　理事会(董事会)的发展是不断扩张的过程,对于理事人数众多的智库来说,往往通过发展委员会来弥补不能经常召开全体理事大会的缺憾。例如,阿斯彭研究所理事会(董事会)成员近百人,无法频繁召集董事开会,所以其通过理事会(董事会)中的委员会定期就机构所面临的关键问题开展深入讨论。该智库设立执行委员会、受托事务委员会、审计委员会、财务委员会、发展委员会、市场和沟通委员会等。在众多次级委员会中,执行委员会起着至关重要的作用,是理事会(董事会)的常务委员会,同时也是理事会(董事会)与管理层直接沟通的常设组织。董事大会多为定期召开,周期间隔较长,执行委员会使得理事会能够小范围讨论重大问题,有效保障理事会(董事会)的决议在闭会期间得到贯彻执行。同时,执行委员会也是理事会(董事会)的主要协调机关,确定理事会(董事会)的行为方式、日程安排、协调其他委员会的活动。执行委员会负责协会的日常管理工作,通常一年开10次会议,监督协会的财务状况,接收众多委员会的报告并处理总理事会休会期间需要处理的具体事务。

　　许多高校智库实行委员会领导下的主任负责制。委员会由校内外知名专家学者担任成员,主要负责对机构的发展目标提供建议和咨询,对领导权力的运作和机构的运行进行监督和管理。高校智库主任通常由具有较高社会声望和影响力的知名学者及政策研究者担任,并设立若干个执行及副主任辅助管理。主任与副主任是高校智库的核心领导层和管理层,对智库的发展和日常管理进行重大战略规划和思想引领,为高校智库开展研究活动提供资源和人力支持。例如,伦敦政治经济学院的国际事务与外交战略研究中心(International Affairs and Diplomacy Strategy)实行顾问委员会和学术管理委员会领导下的主任制;哈佛大学的贝尔福科学与国际事务中心(Belfer Center for Science and International Affairs)采取国际委员会领导下的主任负责制,国际委员会负责咨询与监督,若干管理辅助部门做服务和辅助工作;哥伦比亚大学地球研究所实行外部咨询和管理咨询委员会领导下的主任负责制,核心领导部门由主任、执行主任及两位副主任组成,设有外部咨询委员会、管理咨询委员会、领导力委员会。

有的智库设置委员会用于监督管理,例如,哥伦比亚大学地球研究所设有咨询委员会为其提供专业知识、战略思考、创新思想和人脉网络。① 同时,该委员会致力于提升研究所的显示度,扩大资金来源。②

2. 顾问委员会的职责

智库作为政策研究的专业机构以专业性立足,强大的顾问或咨询委员会为智库的研究提供了良好的智力支持,起到决策或咨询的作用。有的顾问委员会或学术委员会等同于理事会,有的承担内部评价的职责,有的则是在研究选题设立、研究开展及成果评价等方面发挥内部咨询功能。

智库的顾问委员会是为智库提供专业建议和咨询的非正式团体。顾问委员会提供的建议和咨询既包括机构管理方面也包括政策建议等方面。相较于董事会,顾问委员会在架构上更具灵活性。顾问委员会不直接参与智库的经营,也不承担信托责任,同时,其提出的建议不承担法律责任。如新美国安全中心对顾问委员会的表述是

---

① 初景利,栾瑞英,孔媛. 国外高水平高校智库运行机制特征剖析[J]. 图书馆论坛,2018,38(4):8-16.

② Introduction of the Earth Institute[EB/OL]. [2017-08-02]. http://www.earth.columbia.edu/articles/view/2256.

"由将近三十位国家安全领域的卓越人物组成。他们为领导层提供建议,在智库的专家们研究、分析、起草报告、参与工作组和圆桌讨论时提供协助"[1]。此外,世界资源研究所(World Resources Institute,WRI)对顾问委员会也有明确的阐述:"该委员会的成员来自商界、慈善界和公民领袖。委员会通过推选代表,向智库的领导层、董事会和国际职员提供建议,强化智库的形象、资源和效力。"[2]

可见,智库的委员会通常只起到咨询和辅助决策的作用,并不直接参与智库的治理,具有一定的顾问性质,不对智库的使命、愿景和战略决策负整体责任。

(三)智库执行层:由各研究部门、行政部门的管理者构成

智库的执行层也是管理层,负责智库的实际运作、项目和团队管理、人员配置等,由首席执行官、研究中心主任、项目主任等高级管理者组成。智库的使命由智库理事会(董事会)提出,由执行层推动完成。执行层与理事会的差异主要体现在成员构成上,智库的执行层多为智库在某一领域的政策研究专家或机构运营的专业人员,理事会(董事会)成员则来自多个领域。此外,理事会(董事会)成员在智库与多元化的外部资源间扮演联络人的角色,而执行团队的成员则高度集中在政策研究领域。

执行是贯彻理事会(董事会)决策、落实既定方针,处理组织日常运营事务的执行者,主要包括总裁与中层管理者。前者是管理层的最高负责人,在董事会的认可和授权下制定政策、采取行动,是智库内部的最高管理者,也是连接理事会(董事会)与研究人员之间的纽带。中层管理者是智库各个研究分中心的主任或研究项目的负责人。除了贯彻智库的愿景和使命,智库的管理层还是确立目标、甄选和激励研究人员、考核工作绩效、为团队协调资源和推进政策研究项目的执行者。

智库的执行层一般包括研究部门与行政部门。研究部门的管理一般是在智库总

---

[1] American Enterprise Institute. Board of Trustees[EB/OL]. [2016-02-02]. https://www.aei.org/about/board-of-trustees/.
[2] World Resource Institute. Global Advisory Council[EB/OL]. [2016-02-02]. http://www.wri.on/about/klobal-advisorv-council.

负责人下设若干副职,对应不同的研究部门;行政部门主要负责智库的日常管理、经费预算、人员培训、对外公关联络,为研究部门提供后勤、设备、信息平台等支持。国外智库多形成以理事会为领导决策层、总经理为执行层的结构布局,总经理为研究部门的领导人。智库的经理或总裁一般都具有较高的学术地位,既是学术专家又擅长智库经营和外部公关,在政界及媒体界具有突出的综合社会影响力。

执行层形成权责明晰的扁平式治理架构,智库中的项目负责人和研究分中心主任对智库的日常运营全权负责,由领导层对其进行考核。对于参与项目的政策研究专家,受对应的项目负责人或研究分中心主任的领导,并由他们与智库领导者一起进行考核。对于独立研究的人员和机构内的科辅行政人员,由智库的领导层直接领导。这种组织模式相对灵活、扁平,使得智库领导层可以在有限的条件下,以最低的成本和最高的效率贯彻智库的使命,促进智库愿景的达成。例如,英国发展研究院实行"理事会(董事会)＋战略领导小组"的扁平式组织治理结构。该智库设置战略领导小组作为研究所的执行决策部门,负责制定和执行战略决策,由关注风险管理、研究战略、资源和空间问题的分支委员会支撑,该小组每月举行一次会议,成员是研究院的主要管理人员,包括主任、财务与运营主管、研究主管、教学主管、传播与影响主管、人力资源主管。

(四)智库监督层:监事会履行监督职能

智库是需要自律治理的组织机构,通常设置监事会作为机构中专职监督组织,监督董事会与执行层的组织。无论是否有形式上的监事会,一般都设有内部监督的职能机构,按照国家法律主动与政府、同行、媒体、公众的外部监督相互配合。监事会的监督职能具体表现为四个方面:一是监督检查机构的财务状况;二是监督智库管理者的行为,当可能发生损害智库利益的行为时,予以指出并监督纠正;三是监督智库的经营情况,如果出现异常则予以调查;四是针对理事会(董事会)的议程提出质询。此外,还包括机构章程中规定的其他职能。

监事会监督智库的主要管理者并为他们提供建议和支持,确保智库的高级管理者能够按照智库的使命和愿景运营智库。胡佛研究所对监事会的性质做出描述:"监事会确保胡佛研究所沿着创始人赫伯特·胡佛(Herbert Clark Hoover)所规划的并在使命中重申的路径前进。监事会是胡佛研究所的高级管理者的顾问团和支援团,为高级管理者提供咨询和支持,以此确保胡佛研究所不偏离使命。监事会成员以其自身的知识、经验和领导能力为胡佛研究所带来提升。"同时,胡佛研究所设立常务监事员完成智库的日常工作,一百多位监事会成员每半年在固定地点召开一次会议。

监事会的设立能够有效避免智库的主要管理者受利益集团的驱使,作出损害智库利益的决策。监事会成员可对董事会的相关动议或决策事项提出质询,以确保智库的正常有序运营。此外,监事会具有检查智库财务的权力,确保智库妥善使用募集的资金。

二、我国智库组织管理架构

我国智库多实行法人治理结构,将决策权、执行权和监督权三权分立、有效制衡,普遍采用"党组织＋决策机构＋行政负责人"的治理模式(见图7-1)。

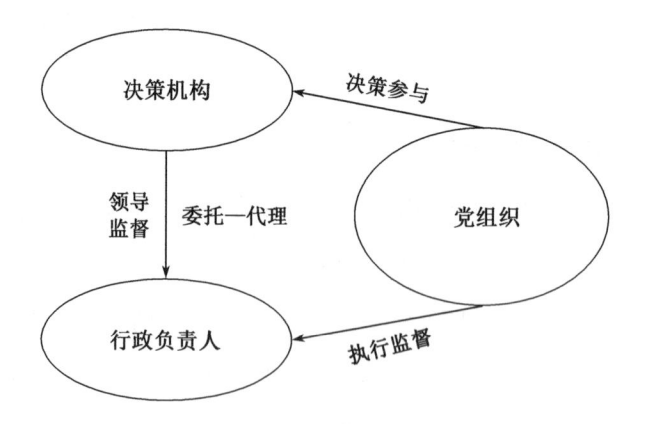

图7-1 中国特色新型智库治理架构

在此治理模式中,决策机构[一般为理事会(董事会)]负责智库的决策,行政负责人贯彻决策的执行,党组织参与智库的决策并对行政负责人的执行情况进行监督,由此构成了有效的法人治理架构。

党组织主要发挥参与决策与执行监督的职能。党组织的成员作为理事参与理事会并进行决策,具有重大事项决策方案的提议权。例如,任免行政负责人的建议人选方案、组织重大问题解决方案、组织开展思想政治教育活动等;监督并保证组织的各项活动遵纪守法;领导智库内各基层党组织,开展党员活动,提高党性修养,发挥党员的模范带头作用。

决策部门是智库的最高领导层,确保智库高效使用各项资源,保持智库的公信力。我国智库的决策机构一般为理事会,其最主要的职责包括:一是把握组织的发展方向,包括组织目标与使命的确定与调整,发展战略的制定;二是具有智库重大事项的决策权,例如,选拔任免执行人、智库的重大薪酬和财务政策的制定需要经过决策机构的批准;三是监督智库对资源的利用,维护智库的公信力;四是对内进行协调沟通,对外代表组织形象等。

行政负责人作为智库的执行机构,具有执行决策与对智库进行日常管理的职责。包括决策的执行;制定年度计划并组织执行;建立各项管理制度;负责部门或科研项目负责人的选拔;向决策层提交年度预算和多年财政计划等。

(一) 党领导下的智库

2015年《关于加强中国特色新型智库建设的意见》出台,对中国特色新型智库建设作出了顶层设计,提出"坚持党管智库,坚持中国特色社会主义方向"是中国特色新型智库建设的基本原则。

智库应党和国家决策需求而生,因而智库的生存与发展是在国家政治制度的大原则下进行。中国特色新型智库在功能定位及体系构成上与西方智库有很大不同。从功能定位看,我国智库强调以党的领导为核心,以中国特色社会主义理论为指导,围绕党和政府决策急需的重大课题开展具有前瞻性、及时性、针对性的研究,提出切实可行的政策建议,始终以服务党和科学民主依法决策为导向。因此,坚持党管智库、坚持中国特色社会主义方向是中国特色新型智库与主要发达国家在意识形态属性上的本质区别,是中国特色新型智库不同于外国智库的纯正政治底色。①

在中国政治语境下,中国共产党执政、多党合作的政治机制需要中国特色新型智库建设必须立足中国的国情,致力于服务党和政府科学民主决策。我国特色新型智库建设是在党的领导下进行政策研究、提供对策建议,为党和政府部门的决策提供智力保障。坚持党的领导是对智库工作政治性最基本的要求,也是智库工作的基本准则。智库进行政策研究、政策解释、政策评估、提供对策意见,服务于党的全面领导,其工作成效最终都以是否加强了党的领导、是否为完善党的领导做出了贡献而作出评判。因此,加强党的领导是中国特色新型智库建设发展的应有之义。②

第一,政治引领不断强化,思想建设稳步推进。智库的党组织不断推动思想政治学习制度化、常态化,严格落实"三会一课"、主题党日、组织生活会和民主评议等基本制度。例如,国务院发展研究中心修订党组工作规则,明确其对党建工作的领导作用,发挥领导小组的议事协调作用;建立述职评价考核制度;形成由党委总负责、领导班子主要成员分工负责、中央机关党委推动落实、机关党委督促落实、基层单位党组重要同志"一岗双责"的党建领导责任管理体系。③

第二,抓实组织建设,党建与发展深度融合。智库发挥党组织在智库建设工作中把方向、管大局、保落实的领导核心功能,以党的思想政治建设推动智库转型发展,推进智库谋划发展、建设管理、资源整合、工作统筹和任务实施。对于有关智库职责定位、体制机制、政策体系、开发策略、团队管理等重大事项,都必须由党组研究决定并统筹实施。例如,天津渤海国有资本研究院有限公司针对研究院改革进程中的重要

---

① 陈瑜. 党史智库:历史、现实与未来[J]. 智库理论与实践,2022,7(2):49-55.
② 陈波. 提高中国特色新型智库建设质量[EB/OL]. [2021-01-29]. http://theory.people.com.cn/n1/2021/0129/c40531-32016297.html.
③ 马建堂. 以党建高质量发展引领国家高端智库建设[EB/OL]. [2021-03-19]. https://www.drc.gov.cn/DocView.aspx?chnid=379&leafid=1338&docid=2902850.

事务,制定清单,经过党组研究讨论后由董事会以及管理层会议做出具体决策,使企业智库党组织主导功能的发挥制度化规范化程序化。①

在社会智库的治理中,党的建设也是非常关键的。社会智库不断加强党的建设工作,通过成立党的组织或增设党建联络员,明确社会智库的发展目标,不至于偏离道路。例如,中国国际经济交流中心(以下简称"国经中心")设有党委纪委办公室,主要负责党委纪委党建、党风廉政建设和纪律监督检查有关工作。国经中心的党建工作与其主要工作结合度高,党组织在其发展过程中发挥着政治引领核心作用。

(二) 党政部门智库组织架构

党政部门智库指直接隶属于各级党委、政府的政策研究和决策咨询机构。狭义的党政部门一般包括中国宏观经济研究院(简称"宏观院")、中国国际问题研究院(简称"国研院")、中国财政科学研究院官网(简称"财科院")等国家部委直属或下设的科研机构,以及全国各省(自治区、直辖市)级发改委、科技厅、人社厅等地方政府部门所属专业科研机构。我国的党政部门智库建立以党委办公室为中心的统筹协调机制,形成党委领导下的学术委员会或理事会业务管理体制。

第一,逐步完善理事会制度,形成以上级主管部门领导、行业知名专家为主的理事会成员构成机制。例如,宏观院理事会由国家发改委主管副主任担任学术理事长;科技部战略院理事长由科技部部长亲自担任。有的智库虽然未建立理事会,但存在院务会和管理咨询委员会,一定程度上发挥了理事会功能。院务会负责讨论并决定工作中的重大决策、重要人事任免、重大项目安排及大额资金使用等事宜;管理咨询委员会作为全院基本科研业务费的管理咨询审议机构,负责审议基本科研业务费相关的重要事项。

第二,设置学术委员会,负责学术指导、成果质量审核、科研规划与决策。例如,

---

① 邵隽.以高质量党建引领新时代智库建设[EB/OL].[2022-01-04]. https://www.sohu.com/a/514260813_620823.

宏观院在设立院学术委员会的基础上，由所长建立所学术委员会，产出成果和决策层层上报，再由院学术委员会根据上报内容做最终决策。"院＋所"模式的学术委员会设置能够通过层层把关提高决策效率，确保成果的客观性、高质量。除了利用学术委员会发挥学术指导与监督职能，智库通过建立学会的方式进行监督。例如，山东省宏观经济研究院建有山东省宏观经济学会，为非营利社会团体法人单位，该学会不仅拥有聚集高端项目、智力和人才的平台功能，也发挥了指导和质量把关的学术委员会职能。

第三，沿用国家机关或事业单位机构设置与组织管理模式，按照"三定方案"进行机构设置和职能分工。科技部战略院设置综合事务管理办公室和科研组织管理办公室，分别对智库的总体事务和科研活动的组织开展进行管理，保障智库的日常运营和科研工作的有序开展。商务部国际贸易经济合作研究院除了设置传统的管理部门还设置了智库对外联络办公室，专门负责制定高端智库发展总体方案、内参文稿编辑报送、承办对外宣传业务等工作。

（三）社科院智库组织架构

社科院智库作为哲学社会科学的"五路大军"之一，是为政府决策提供咨询的主要力量，全国形成了各级社科院系统。社科院智库的组织结构框架相对固定，一般由院党组、学术委员会、职能部门、研究所与辅助部门组成。

社科院智库的管理与建设工作普遍由科研处负责。以天津社科院为例（如图7-2），天津社科院明确规定科研处的职责为组织、安排全院科研工作情况，并对落实情况进行协调、督促与监督；负责院学术委员会日常工作等。天津社科院搭建成由院党组、院学术委员会、职能部门、研究所、智库型研究中心和科辅部门的内部治理结构，既有发挥领导协调作用的管理部门（院党组），也有发挥学术指导、科研规划职能的学术委员会，保证科研工作有章可循、有制可依。

| 第七章　现代智库内部治理 |

天津社科院

研究所
- 中国特色社会主义研究所（中国特色社会主义理论体系研究中心秘书处）
- 马克思主义研究所
- 哲学研究所
- 历史研究所
- 法学研究所
- 社会学研究所
- 文学与文化研究所
- 区域经济与城市发展研究所
- 生态文明研究所
- 亚太合作与发展研究所
- 经济分析与预测研究所
- 数字经济研究所
- 海洋经济与港口经济研究所
- 政府治理和公共政策评估研究所
- 舆情研究所
- 东北亚研究所

智库型研究中心
- 天津市中国特色社会主义理论体系研究中心（天津社科院基地）
- 天津市舆情研究中心
- 天津历史文化研究中心
- 京津冀协同发展研究中心
- 社会治理研究中心
- 东北亚区域合作研究中心
- 市情研究中心

职能部门
- 办公室
- 科研组织处（智库办公室）
- 人事处
- 财务后勤处
- 网络安全和信息化办公室
- 机关党委办公室

图书编辑
- 学术期刊编辑部
- 图书馆

出版社
- 天津社会科学院出版社有限公司

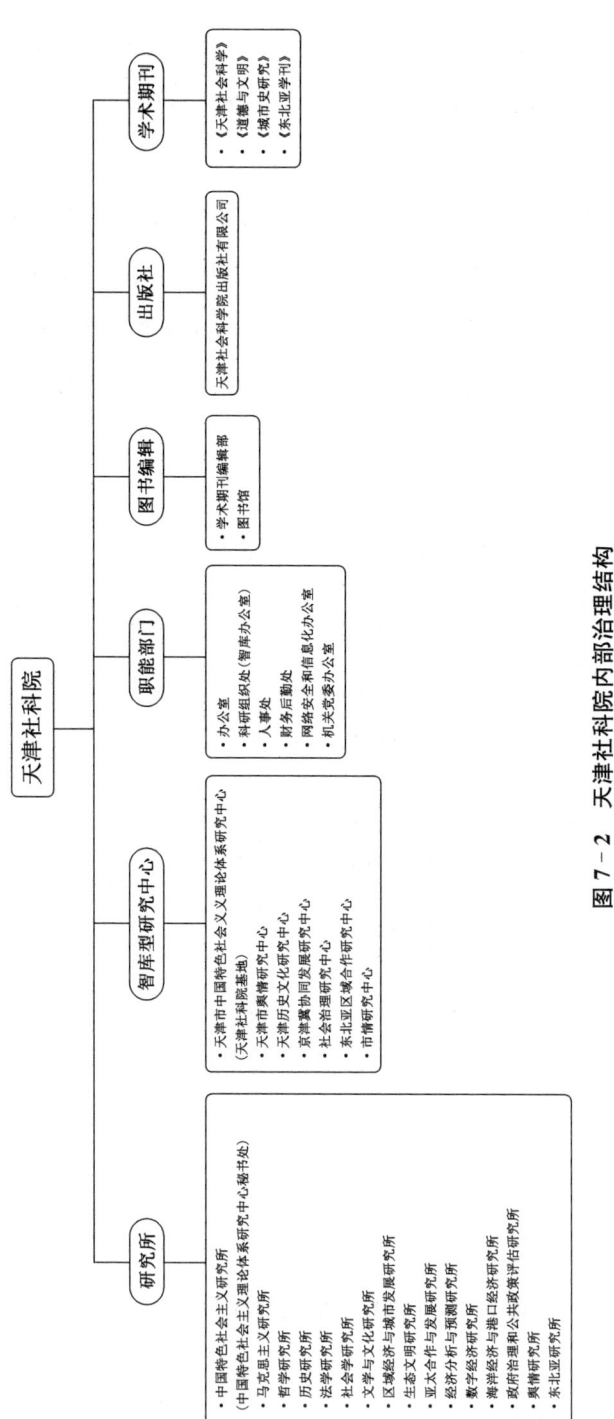

学术期刊
- 《天津社会科学》
- 《道德与文明》
- 《城市研究》
- 《东北亚学刊》

图7-2　天津社科院内部治理结构

227

部分社科院建立新的职能部门专门负责智库建设工作。例如四川省社会科学院设置智库工作处，主要负责决策咨询成果的编发上报、加强纵向联系和横向沟通、组织应用对策研究等，并下设服务决策科、服务社会科、综合科满足各方需求。上海社科院形成了由院党政领导班子、院学术委员会、院学位委员会、管理部门、研究所、直属单位、直属研究中心及群团组织构成的内部治理结构（见图7-3）。其中，科研处、智库建设处是由原科研处拆分而来，智库建设处专门承担社科院智库建设规划及中央、上海等地的智库研究工作，对接国家高端智库试点建设任务。[①]

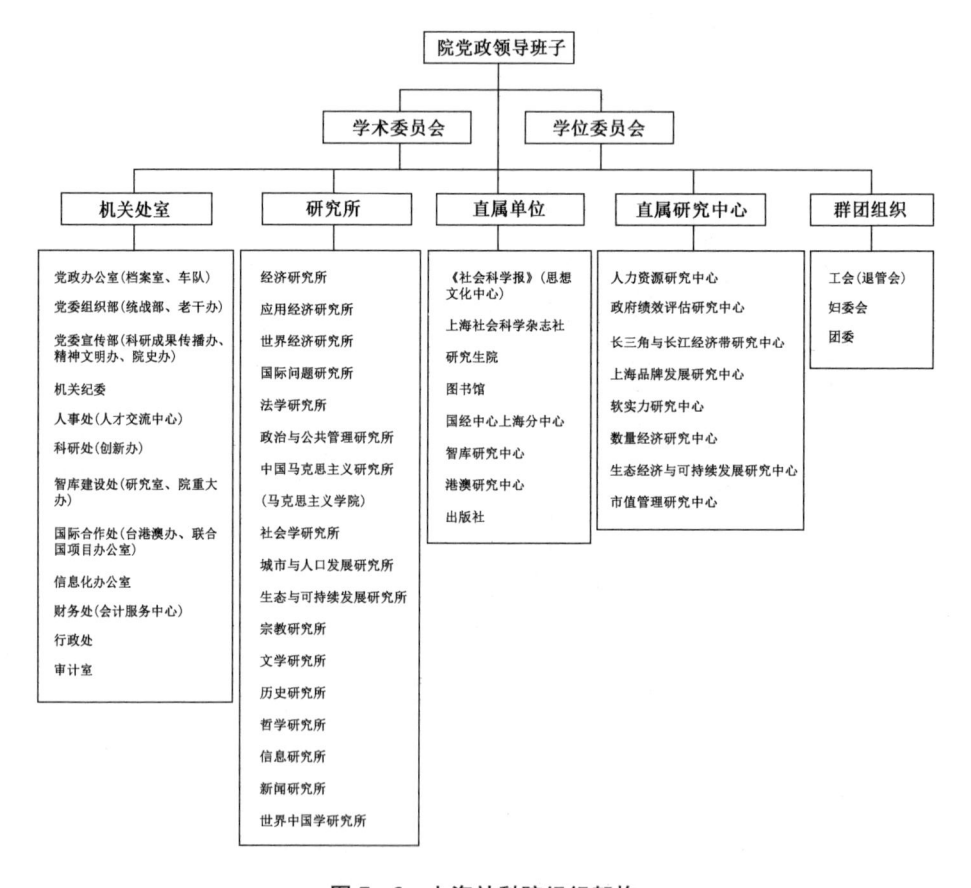

```
                        院党政领导班子
                       ┌────────┴────────┐
                   学术委员会           学位委员会
    ┌──────────┬──────────┼──────────┬──────────┐
  机关处室    研究所    直属单位   直属研究中心   群团组织
```

机关处室	研究所	直属单位	直属研究中心	群团组织
党政办公室（档案室、车队）	经济研究所	《社会科学报》（思想文化中心）	人力资源研究中心	工会（退管会）
党委组织部（统战部、老干办）	应用经济研究所	上海社会科学杂志社	政府绩效评估研究中心	妇委会
党委宣传部（科研成果传播办、精神文明办、院史办）	世界经济研究所	研究生院	长三角与长江经济带研究中心	团委
机关纪委	国际问题研究所	图书馆	上海品牌发展研究中心	
人事处（人才交流中心）	法学研究所	国经中心上海分中心	软实力研究中心	
科研处（创新办）	政治与公共管理研究所	智库研究中心	数量经济研究中心	
智库建设处（研究室、院重大办）	中国马克思主义研究所（马克思主义学院）	港澳研究中心	生态经济与可持续发展研究中心	
国际合作处（台港澳办、联合国项目办公室）	社会学研究所	出版社	市值管理研究中心	
信息化办公室	城市与人口发展研究所			
财务处（会计服务中心）	生态与可持续发展研究所			
行政处	宗教研究所			
审计室	文学研究所			
	历史研究所			
	哲学研究所			
	信息研究所			
	新闻研究所			
	世界中国学研究所			

图7-3　上海社科院组织架构

---

① 里昕.京沪地区智库的发展经验及借鉴[J].智库理论与实践,2018(3):33-39.

（四）党校（行政学院）智库

党校（行政学院）作为集教学、科研与决策咨询三要素为一体的决策咨询机构，三者相互影响，良性互动。为响应《意见》要求，各级各地党校行政学院逐渐开展智库建设工作，围绕教学、科研、决策咨询三大职能设计适应发展的组织结构，划清各职能部门的职责权力，强化机构内部的决策咨询职能。

党校智库组织架构分为三部分，分别是行政管理部门、教学科研部门、教辅部门。党校智库在行政管理部门中设置科研处作为智库办公室，统筹智库建设，负责院（校）智库建设的组织协调和管理工作。部分党校设置决策咨询部作为负责决策咨询和智库建设管理工作的综合性职能部门，负责决策咨询工作的统筹协调和管理工作。例如，甘肃省委党校在决策咨询部设置主任1名，副主任2名，并下设智库站、采编室、调研室、成果室，有效保障智库围绕省委省政府资政需求，开展重大问题调研和决策咨询服务活动。

（五）高校智库组织架构

高校智库内部责权明晰，形成了制度化的以任务需求和问题导向为特色的管理结构与业务管理部门。高校智库隶属于研究型大学，受高校的行政管理是高校智库区别于其他独立性智库的根本特征。在组织性质上，高校智库可以是大学内部设立的独立或直属性科研机构，也可以是依托于某专业、隶属于某个院系设立的研究中心。本节将中国高校智库依据建设主体分为三类：高校自主模式、官产学研合作模式、国际合作模式。

一是高校自主模式，是指研究型大学的院系组织、研究中心和研究所等基层研究组织通过转型升级，衍生出具有新的功能定位的研究组织。[①] 例如，清华大学国情研究院实行理事会领导下的院长负责制，由理事会负责机构重大事宜的决策和协调。

---

① 张新培，赵文华.中国研究型大学智库的发展现状研究：基于内容分析和专家访谈的调查[J].高校教育管理，2017，11(4)：91-96.

清华大学主管文科工作的副校长担任理事会主任，公共管理学院、社会科学学院、教育研究院、教育基金会选派人员任理事会委员，院长负责机构的日常运行管理，学术委员会负责学术目标、任务、方向及社会服务等发展工作。①

二是官产学研合作模式，是有明确的政府部门和科研院所的挂牌，或在政府部门、企业和科研院所支持下得以成立的智库。例如，上海教委牵头整合资源设立上海高校智库，复旦大学和上海交通大学等为主的上海高校围绕社会主义经济、政治、文化等领域重大问题培养了许多上海高校智库；浙江大学与中央部门和浙江省政府合作组建西部发展研究院等，形成了"研究中心—平台—研究院"三位一体的智库网络。②

三是国际合作共建模式，是指高校与海外机构、国外院校、海外智库等社会组织联合成立的，具有智库定位的政策研究组织。例如，布鲁金斯学会与清华大学联合创办清华—布鲁金斯公共政策研究中心、上海交通大学安泰经济与管理学院和美国杜克大学福库商学院联合建立的中美全球外包联合研究中心、联合国环境署与同济大学合作成立的可持续发展与新型城镇化智库。

由于高校智库具有复杂性、多样性的特点，其组织架构也有所区分。因此，本节选取每一类中具有代表性的高校智库进行案例分析，以小见大，观察不同类型高校智库的组织管理模式。

1. 紫金传媒智库

紫金传媒智库由南京大学社会学院、新闻传播学院、信息管理学院、政府管理学院、法学院等五大院系与江苏广电集团、新华报业传媒集团、凤凰出版传媒集团、江苏有线共同成立，受江苏省委宣传部与南京大学共同监督。

紫金传媒智库采用法人治理机制，实施理事会领导下的主任负责制。理事会作

---

① 清华大学国情研究院.组织架构[EB/OL].[2020-06-19].http://www.iccs.tsinghua.edu.cn/AboutSt/zzkj.html.
② 张新培,赵文华.中国研究型大学智库的发展现状研究：基于内容分析和专家访谈的调查[J].高校教育管理,2017,11(4):91-96.

为智库的最高决策机构,包括理事长1人,副理事长1人,共计10名理事成员。理事会下设学术委员会与院务委员会,学术委员会作为学术咨询机构对智库的研究方向和研究规划进行监督;院务委员会对各个研究中心进行管理;智库设置运营团队对具体研究转化及传播落实情况进行评估(见图7-4)。

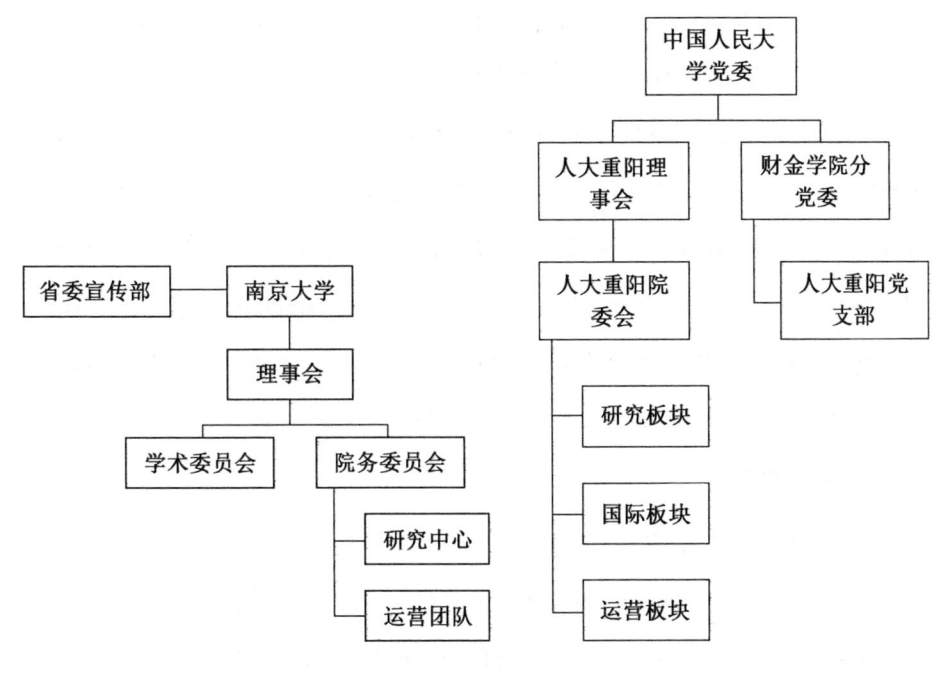

图7-4 紫金传媒智库组织架构

图7-5 人大重阳组织架构

2. 人大重阳金融研究院

人大重阳金融研究院(以下简称"人大重阳")依托人民大学财政金融学院成立,院长为人民大学领导,执行副院长为前《环球时报》的评论执笔人王文。人大重阳致力于打造开放性的对话平台,形成了举全校之力办智库的格局。

人大重阳探索独特的发展道路和管理体制,于2013年成立之初就建立了中国人民大学重阳投资教育基金理事会,实行理事会领导下的院长负责制。人大重阳在中国人民大学党委领导下设立人大重阳理事会,下设院委会,由院委会管理研究板块、国际板块、运营板块的各个中心、办公室(见图7-5)。

3. 清华—布鲁金斯公共政策研究中心

清华—布鲁金斯公共政策研究中心（以下简称"清华—布鲁金斯中心"）成立于2006年，由布鲁金斯学会和清华大学联合创办，位于清华大学公共管理学院。

清华—布鲁金斯中心在内部管理体制上实行学术委员会领导下的主任负责制。学术委员会由清华大学公共管理学院薛澜任主席，主要成员包括布鲁金斯学会资深研究员、清华大学公共管理学院教授等重要人物。

总体而言，高校智库的内部领导体制多实行委员会领导下的主任负责制。委员会由校内外知名专家学者担任成员，主要负责对机构的发展目标提供建议和咨询，对领导权力的运作和机构的运行进行监督和管理，维持其发展的良好方向与状态。高校智库的主任与副主任是核心领导层与管理层，对智库的发展和日常管理进行重大战略规划和思想引领，为智库开展研究活动提供资源和人力支持。主任通常由具有较高社会声望和影响力的知名学者及政策研究者担任，设立若干个执行及副主任辅助管理。

（六）企业智库

企业智库的内部治理架构通常分为两种类型，一是按照企业的业务单元进行管理，将智库管理与研究工作嵌入企业的业务部门中，例如，电力规划设计总院、国网能源研究院等；二是企业的独立决策咨询部门或软科学部门，按照企业的事业部门进行治理，将部分研究机构和业务部门纳入新型智库体系中，如中石油经济技术研究院。本节以电力规划设计总院和中石油经济技术研究院为案例，具体分析其内部治理架构。

1. 电力规划设计总院

电力规划设计总院（以下简称"电规总院"）是由中国能源建设集团有限公司直接管理的国家级高端咨询机构，主要面向政府部门、金融机构、能源及电力企业，提供产业政策、发展战略与规划，组织开展科研标准化、信息化、国际交流与合作等工作。

电规总院坚持党委领导的核心地位，发挥党委把方向、管大局、促落实的作用，智库将办公室作为党委办公室、智库办公室，不断推动党建工作与智库建设的协同融合。电规总院建立集团级智库机构，由集团公司主要领导挂帅，指导智库建设，实行院长和董事长双重负责制。电规总院专门设立智库办公室，主要负责智库研究策划、智库产品管理、能源电力重大战略性前瞻性研究的组织与协调、与决策部门的沟通、智库文献研究与评价、智库培训等工作。[1] 电规总院组建智库专家委员会，吸纳若干政府部门、高校院所、集团公司、重点企业、高端智库的有社会影响力和实践经验的专家学者作为高级顾问，负责审定智库年度计划、课题立项、项目产值与成果质量。[2]此外，电规总院还建立了国家电力规划研究中心、国家能源科技资源中心等五个专业智库平台，着力开展电力行业发展战略、产业政策、发展规划、电力新技术等方面的研究，电力工程项目的评审、评估和咨询以及科研标准化等工作。[3] 电规总院组织架构如图7-6所示。

2. 中石油经济技术研究院

中石油经济技术研究院（以下简称"中石油经研院"）按照公司党组要求，在"一部三中心"的集团定位下充分发挥决策参谋作用，将智库建设交由集团主要领导抓手管理。中石油经研院成立中国石油集团国家高端智库建设工作领导小组作为经研院国家高端智库建设工作的最高决策机构，在集团公司政策研究室设立办公室。此外，中石油经研院单独成立智库中心，作为国家高端智库建设的具体实施平台，与中石油经研院"一个机构、两块牌子"，以"小平台、大网络"为形式，实施开放式管理，设立办公室具体承担日常运行事务。中石油经研院设立国家高端智库学术委员会，依据专业领域成立四个专业委员会，重点发挥学术规划、学术组织、学术审议等方面的作用，在智库研究中心设立秘书处。中石油经研院组织架构如图7-7所示。

---

[1] 电力规划设计总院招聘公告（智库办公室）[EB/OL]. [2021-06-04]. http://www.eppei.com/col/col50128/index.html.

[2] 杜忠明.党建引领发展，智慧点亮能源[N/OL].学习时报, [2021-10-20]. http://paper.cntheory.com/html/2021-10/20/nw.D110000xxsb_20211020_1-A4.htm.

[3] 电力规划设计总院.企业介绍[EB/OL]. [2021-06-04]. http://www.eppei.com/col/col50109/index.html.

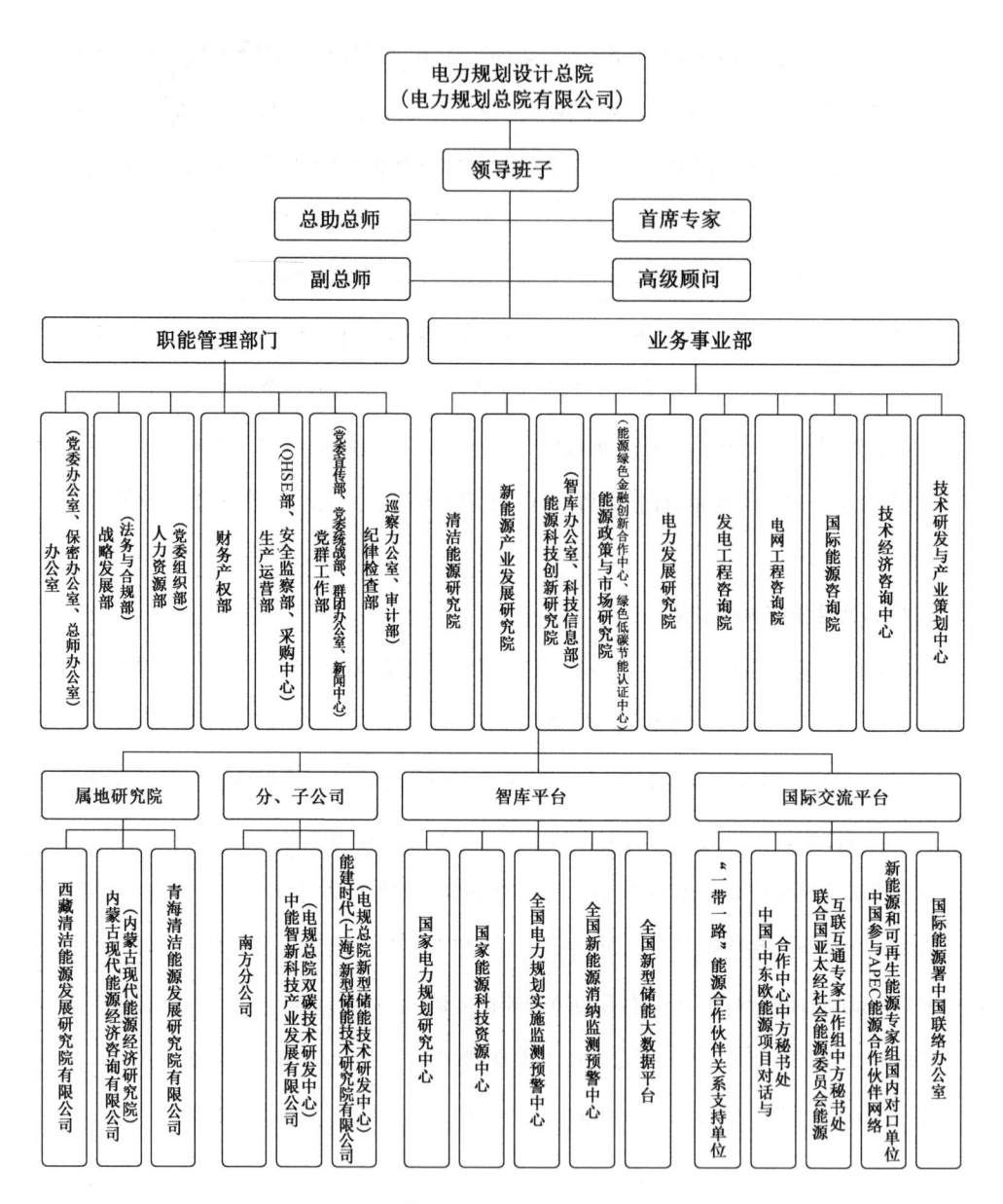

图 7-6 电力规划设计总院组织架构图

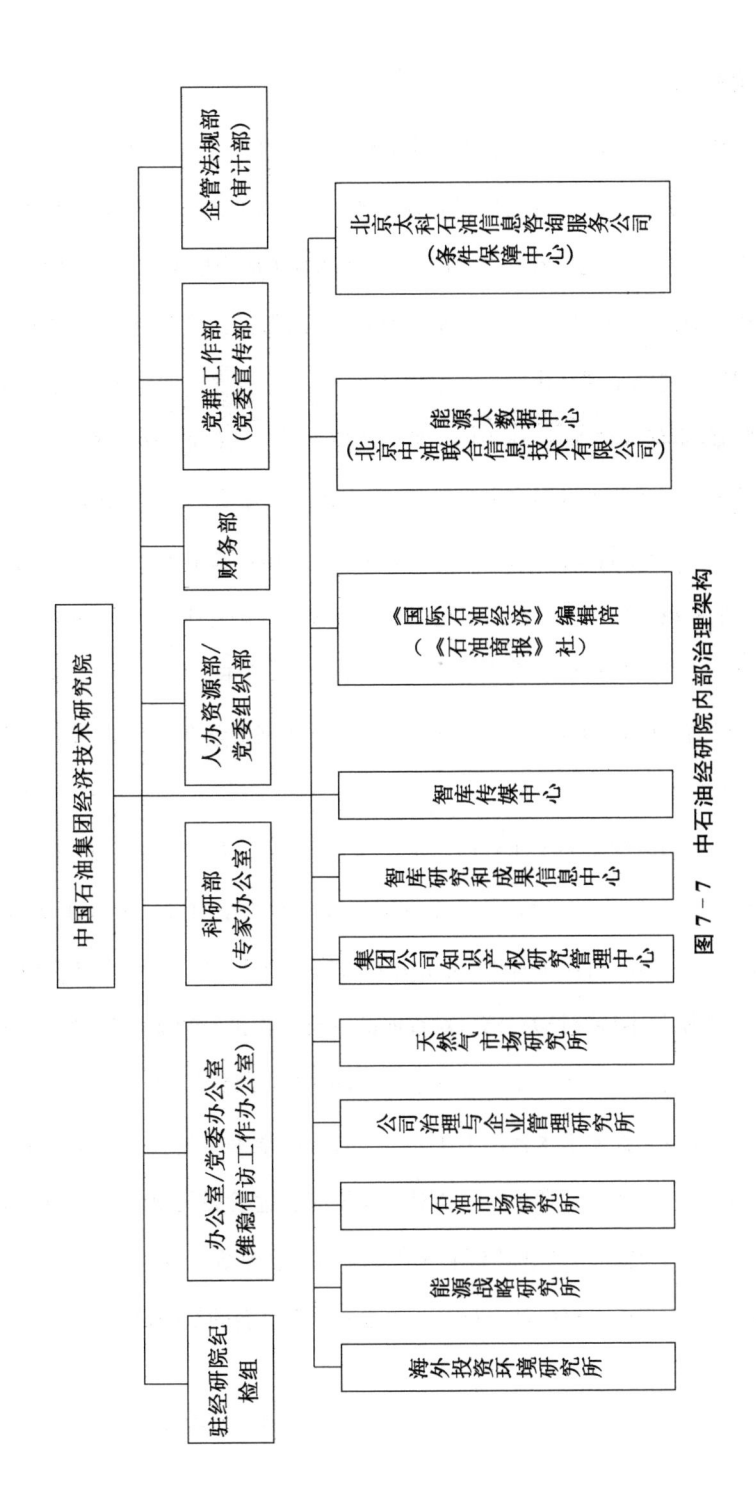

图 7-7　中石油经研院内部治理架构

（七）社会智库

2017年中办、国办印发的《关于社会智库健康发展的若干意见》对社会智库在管理体制、职责要求、业务活动、社会监督等方面进行了规范与约束。文件强调，社会智库"完善法人治理结构和运行机制"，"推动社会智库真正成为依法自办、权责明确、运转协调、制衡有效的法人主体。健全内部监督机制，加强自我管理，提高治理能力"。目前，社会智库多建立了现代化的法人治理结构，作为决策部门的理事会或董事会、作为执行部门的主任或秘书长、作为监督部门的监事会之间权责明确、各司其职。

第一，理事会作为智库的最高权力机构，由国内专家学者、企业家和社会活动家组成。理事会负责决定智库的方针、任务与发展方向，具有选举理事长、常务副理事长、副理事长的职权，并对院长、副院长进行管理和监督。国经中心设立理事长会，负责重大决策事宜，下设执行局负责中心日常工作，形成了决策与执行相对分离又相互协调配合的智库管理组织架构。此外，该智库还设立了基金董事会、学术委员会和咨询专家委员会等。①

第二，院长作为智库院务工作机构。院长、副院长由理事会审议决定，对理事会负责。院长负责主持智库的日常工作，根据需要设立和调整内部机构及下属机构。部分智库设立院务会，实行民主管理、民主决策和院务公开。例如，综合开发研究院（中国·深圳）由院长主持院长办公会，对智库的日常工作进行决策和管理。院务会由院长办公会、部门负责人和主要研究骨干组成，根据需要择时召开。

第三，学术委员会提供学术咨询工作。社会智库的学术委员会一般设置主任委员，由院长（首席专家）兼任。学术委员会对涉及智库长远发展的研究方向和学术领域提供咨询和意见。智库还可根据实际情况及时调整治理结构，建立动态多委员会制度。例如，全球化智库采用咨询委员会与学术专家委员会的双委员会模式，其中智

---

① 李曜坤.建设现代化智库强国：新时代中国特色新型智库高质量发展方略[M].北京：中国发展出版社，2019：62-62.

库的重大事宜决策主要由咨询委员会负责,学术研究和成果评价主要由学术专家委员会负责。

第四,在集体管理中设立监事会。对于一些重大决策事务,监事可以发表意见。如果监事认为理事会的决策和财务管理存在问题,监事们可以直接向业务主管单位和登记机关反映汇报。例如,雨花台红色文化研究院设置监事会对智库的人事和财务等重大事项进行监督和检查。监事会的成员由其依托单位与主管单位委派人员组成,监事每届任期3年。该监事会的职能为审查智库年度财务报告,确保其资产处置符合国家规定;对理事会、学术委员会和咨询委员会人员执行职务的行为进行监督;列席理事会会议,对议事事项提出质询和建议。

第八章　现代智库制度与文化建设

从整体上看,各个国家的智库发展呈现出不同的阶段性特征。从时间序列上来看,智库建设可以划分为三个时期:实体建设期、制度建设期、文化建设期。实体建设阶段是各智库的初创阶段,主要目标是组织好各种人力、物力资源,使智库正常运转。随着智库逐渐进入快速成长与完善的历史时期,这一时期的特点是智库数量不断增长,而制度建设阶段可划分为规章制度层及运行管理层,通常情况下以智库规章制度为基础,细化对人、财、物及业务等方面的管理操作细则及程序,以达到管理工作科学化、规范化、程序化、标准化及系统化。文化建设阶段是智库建设的高级阶段,在这个阶段,智库更加注重提炼和传播组织的使命、伦理、价值观、品牌等文化层次的要素,形成智库的文化影响力、软实力和品牌形象。新媒体运用期则属于文化建设阶段中的第二阶段,是智库转型升级的关键时段,也是智库向现代智库迈进的重要标志之一。

一、制度与文化

(一) 制度与文化定义

在《现代汉语词典(第七版)》(以下简称"《词典》")中"制度"有要求成员共同遵守的规章或准则的含义,也有一定历史条件下的政治、经济、文化等方面的体系、规格之义。从词义解释中不难看出制度是任何以集体形式运行的组织的建设之本。智库本身即为以集体形式运行的人才集合体,对智库而言,制度不仅是建设之本,还是智库建设的准则与智库成员的规范。"文化"在《词典》中同样有多层含义,如文化既可以指考古学上同一历史时期的遗迹、遗物的综合体。同样的工具、用具、制造技术等是同一种文化的特征,也可以指人类所创造的财富的总和,特指精神财富,如文学、艺术、教育、科学,以及运用文字的能力及一般知识。引申到企业管理领域,组织文化往往是指该机构的宗旨、使命、价值观和精神风貌。

制度本身并非完美,而是一个不断修正、不断完善的结果。制度本身存有的缺陷,使智库管理的不确定性增加,智库经营决策环境更为复杂,这对管理者的分析与判断能力提出了更高要求,除了考虑制度建立之初的历史背景,还要注意成员对制度理解的偏差等因素。而这种历史因素随着时代的发展日显弊端,课题管理过于僵化、执行效率低下、缺乏激励措施等都不利于智库内部的良性发展。因此制度的建立有其局限性,需要在历史条件下进行批判思考,加以借鉴和发展。而文化不仅直接决定着人们的行为方式,而且间接影响着人们的思想情操和价值观念。文化是制度发挥作用的载体,制度创新必然导致文化的更新和变革。由于不同类型的组织结构和运作模式不尽相同,使得不同的权责分配模式,在智库内扮演的角色各不相同。只有制度与文化相辅相成,智库建设才能真正形成合力。

(二)制度与文化的相对作用

智库制度建设是一项系统工程,其中包含诸多如组织、人才、资金等内容,并非从单一角度思考的产物。制度的建设首先需从人才角度进行思考,人才之于智库是有生命力和创造力的直观表现,制度需要在实践中不断修订,与时俱进,这正需要靠人才进行变通。而人们的观念汇聚也就是俗称的"文化交流"。智库文化对于智库建设的重要性体现在以下几个方面。第一,文化之于制度最关键的是补充作用,文化不仅直接影响制度的有效性,还间接地影响制度的可行性。第二,文化对制度有导向作用。文化对于制度而言是一种约束,其根本目的在于防止制度出现漏洞或错误。因此,文化对制度的意义不仅仅是提供了新的理念和方法,更重要的是发挥着潜移默化的导向作用。第三,文化提高制度的质量,即文化的存在弥补了制度中存在的不足,如缺乏必要的规范和指导等。第四,文化影响制度运行。这一点也表现为政策制定过程中需要考虑到文化因素；文化还会推动制度的完善，一是有助于促进智库内部学术进步和人才培养；二是有利于增进智库成员的理解和支持；三是能够增强智库成员对智库的归属感和认同感，从而使智库成员产生强烈的责任感和荣誉感。

二、智库制度建设

（一）智库基础制度——组织结构管理制度

治理结构的完整规范是智库发展的重要保障，智库治理结构反映智库的功能、结构和资源的分配情况。智库内部所要遵守的各项管理规定、标准和惯例都属于智库制度范畴。制度规定具有强制性、约束力和可操作性，为实现民主管理、提高治理水平和工作效能提供了有力保障，智库应将其贯穿到日常运行之中，使之成为智库自身发展的依据。理事会(董事会)、学术委员会或咨询委员会等是智库最基本、最重要的组织管理结构。通常，理事会由有影响力的社会知名人士组成，主要负责制定和修改章程，审议智库的工作计划、年度报告、经费预决算，为智库筹集发展经费，制定内部管理制度以及决定其他重要事项。学术委员会主要制定智库中长期研究规划和年度计划，对科研项目进行评审，以及对学风和诚信问题进行监督等。智库在建立之初需积极组建理事会和学术委员会，健全组织架构，推进智库治理结构现代化建设，完善智库的管理制度。

1. 机构章程

"章程"在《词典》上的释义一为历数和度量衡的推算法式，二为制度、法规或规定。章程与规则的关系类似于宪法和法律，组织结构则是指组织中的各个相关群体相互搭建的体系，从管理学的角度来看，章程的建立有利于保证组织结构体系的有效通信和协调，如果缺少章程加以制约，组织内部的管理将无据可依。机构章程是智库组织运行的最基本条件，是规范智库组织与活动的根本准则，也是智库设立之初的"一号文件"。智库章程确定了智库最基本的权利、义务关系，是智库运行中的"小宪法"，在推动智库内部治理方面发挥无可替代的重要作用。

一个完整的智库章程通常包括：总则、组织机构、职权、成员及职责、经费来源、附则等内容。第一，智库的组织机构由主管部门、研究部门、办公室等部门组成。职能部门负责制定章程、管理制度、规划等，同时，对各部门进行监督检查，保证各职能部门之间的沟通渠道畅通，提高智库整体运转效率。同时，需设置专职工作人员负责日常事务处理，并根据需要借助内部网站，及时公开各类规章制度，方便组织内部查阅。第二，明确不同的职能部门的主要工作，明确相关职责。例如，财务部门人员主要承担财务核算、财务管理、会计核算与内部审计，人事部门负责人力资源体系建立、员工招聘、考核、薪酬福利分配与调动、绩效考核评价、劳动用工管理等工作。章程中还需要对经费来源进行说明，并对相关情况进行补充。

2. 理事会章程

　　理事会通过制定章程和决议或决定重大事项等方式行使其职能。智库理事会是智库成员组成的联合体，通常由不同知识背景、不同专业背景的政府官员、专家学者、社会活动家组成，为提高智库研究的政治站位、把握智库研究的战略方向提供了有力保障。[1]

　　智库理事会章程通常包含以下几点内容：(1) 理事会宗旨；(2) 理事会组成人员；(3) 理事名额及资格；(4) 秘书长人选及其职责；(5) 理事会任期；(6) 理事会会员职责范围；(7) 其他必要条款。在智库理事会成立之前，智库理事会成员均须经过智库成员代表选举产生。理事会成员通常有以下义务：履行理事会章程规定的职权，监督理事会工作，协助理事会处理日常事务。理事会一般设常务理事若干人（包括副理事长），根据需要可增选。理事会最根本的职责是定期召开全体会议总结智库某阶段的工作并提出下一阶段工作计划和目标，把握智库内部微观动态以及战略层面的宏观发展方向。

---

[1]　郭万达.以体制机制创新激发智库活力[N].光明日报.2019 - 08 - 05(16).

3. 学术委员会章程

学术委员会是智库中基本且关键的组成机构之一。学术委员会主要职能体现在：以智库学术研究为导向，以审定研究计划、审查研究成果和监督学风学纪为主。发挥好首席专家的领军作用，推动内部治理科学化、规范化。

智库应从组织方式、主要职责、议事规则三个方面对学术委员会章程进行描述。组织方式应以智库本身的组织形式习惯为主，例如，对学术委员会委员的要求就应该依据智库的实际情况进行表述，虽然学术委员会成员应基本满足如拥有较高的政治素养及相关专业知识，在社会与学界享有较高声誉等条件，但智库应依据自身发展水平的实际情况综合考虑。学术委员会章程中对委员的任期与学术委员会内管理人员的设置进行规范要求，学术委员会委员应具备以下职责：一是对智库学术建设以及专业建设提出指导性意见；二是对智库纵横向项目进行把控或评审，对智库所承接的项目与日常运行及研究提出专业意见，对智库在决策过程中可能出现的失误给予及时纠正。在议事规则方面，学术委员会至少每年召开一次全体会议，还需进行专题研讨会，同时，学术委员会成员也应当定期或不定期地参加各类学术会议。此外，还应注意对于需要进行投票表决的事项进行详细要求，如学术委员会委员需到场过半数，赞成票的比例等问题，都需根据智库建设的实际情况判定。

为保障学术委员会章程的贯彻实行，智库应当遵循以下要求。第一，建立学术委员会章程要充分认识学术委员会的职能和意义，充分发挥其指导、督促职能。学术委员会不定期对智库重大战略性和热点问题开展研讨、维护学术道德等。学术委员会不仅负责提出和讨论研究中心重大课题选题，还负责重大课题的中期检查、结题评审以及成果评定工作。第二，人员配置上内外结合。智库学术委员会通常由国内外相关领域知名专家组成，为智库提供学理性保障。智库应深入挖掘人才资源，定位全国、聚焦高端，坚持分布均衡和数量适度的原则，多层次、全方位地吸纳国内外有影响力的专家学者、理论工作者、实践工作者以及各行业领军人才，搭建学术委员会。第三，体现学术委员对于智库的重要报告和重要研究课题的认真思考，并严格考核和讨论修改意见,以确保和提升研究成果的质量。智库运作期间,学术委员会也可定期组织专家进行论证并及时报告领导,使得决策更科学、更民主、更理性、更公正,强化学术活动指导与规范,保证规章制度落实到位。

(二)智库运行管理制度——组织资源管理制度

1. 智库科研管理制度

(1)智库科研组织模式

目前我国智库的研究组织方式主要存在三种模式。第一,学科制组织模式。这种模式沿袭了传统的学科划分方式,以学科为单位进行研究活动组织。这种模式具有同属一个学科、沟通顺畅的优点,但是也存在着缺乏多学科参与、研究报告综合性不够的问题。第二,围绕研究主题形成研究所或研究中心。这种模式在一定程度上打破了纯粹以学科为组织建制的方式,但某一学科的主导地位仍然较为凸显。第三,矩阵式项目组织形式。这种组织形式在日常管理时并不将研究人员按照学科或研究主题进行组织化管理,当课题需要时,将相关学科背景、有兴趣的人员组织成一个临时的课题组,共同攻克项目。这种模式的好处是职能管理和资源调配都由智库管理层进行,具有更强的动员能力,从而实现人才和资源的更为灵活的调配。这种基于自愿、个人研究兴趣以及多学科的组织形式,能够充分调动智库成员的积极性,从而提升智库产品的质量。

(2)智库全流程管理规范制度

构建规范化项目管理体系,优化课题组织管理。北京大学国家发展研究院院长姚洋指出:"智库是思想与智力产品的生产者,全面地评价一个智库,不仅要看其终端产品,也要监督其生产链。"[1]智库可依托坚实的学术基础、高层次科研人才以及健全的科研管理制度等,以创新项目课题管理模式,改进科研生产流程等方式,实现有序高效的科研管理,推动科研和咨询工作的效率。研究实施阶段,项目组成员按照研究

---

[1] 霍文琦,肖昊宸.智库评价要考察其调研质量[N].中国社会科学报,2016-05-31(001).

计划开展数据收集、分析、文字撰写等工作，是智库生产产品的核心环节。在此过程中，智库需要进行阶段性的关注，确保产品按时保质完成。因此，智库可以从选题机制、研究管理、质量控制、文档管理等方面入手整合资源网络，构建具有针对性、系统化的项目组织与科研管理体系。

第一，完善课题和项目的规范管理。 智库要提高课题研究水平，确保研究成果的质量，结合实际情况出台课题管理办法。其中，要对课题的管理流程、评审机制、成果转化等做出明确的、具有可操作性的设计。例如，中国国际经济交流中心明确了基金课题管理贯彻"客观、公正、公开、专业、规范"的原则，坚持检查质量导向，体现奖优罚劣，实行严格淘汰机制。针对选题、开题、中期和结题每一个环节给出详细的管理流程和要求，形成从"立题—开题—中期检查—结题评审—结题后管理"的全流程工作框架，把质量管理落实到课题管理每一个环节。中国宏观经济研究院在2010年制定了《重点课题管理办法》和《应急课题管理办法》，对《基本科研业务费课题管理办法》进行了5次修订，2018年新增了《战略平台课题管理办法》等，框架体系较为完善，对于促进形成知识型和创新型管理模式，树立良好的院风、学风和文风，为提升智库建设水平提供了切实有效的制度保障。

第二，制定项目研究计划，进行内部评估。 研究计划是课题在研究过程中的行动指南，无论是短期性的课题还是需要经过长期研究的课题，要保证课题在研究过程中不为日常琐碎的工作干扰，按期实现研究目标。智库应根据项目的具体情况制定一定时期内的研究计划，未来的研究过程控制与管理都按计划进行。在研究过程中，课题组成员应定期对研究项目进行监测和内部评估，进行持续跟踪和监控。

第三，发挥学术委员会过程管理的作用。 在开题阶段由学术委员会统一开题，申请人汇报课题设计框架、研究重点、准备突破的创新点，再经学术委员提问、交流，根据投票数量确定课题负责人。智库也可以实行课题组自行邀请专家开题的模式，这种模式更加灵活，可以进一步优化课题管理程序，保障课题研究时间。在中期检查阶段，学术委员会与课题负责人进行深入交流，对中期成果给予指导和评价，形成书面意见。在成果验收阶段,由学术委员会对课题成果进行逐项评议并投票,给予建议后由课题组再修改形成最终成果。总体而言,智库项目和课题的规范化、精细化管理,能够有效提升研究质量和管理效率。通过精细化管理,完善课题研究流程和质量控制机制,智库才能将现有资源发挥最大效益,进而提升智库的决策咨询工作能力和水平。

(3) 智库项目管理制度

智库的研究不同于传统的学科研究,智库研究的内容具有很强的综合性,往往需要组建具有多学科多领域研究人员的柔性团队。学科背景束缚下的智库往往由于缺乏学科的视角与研究人员之间的合作而损害研究的质量。因此,针对智库研究的跨学科特性与综合性,智库的研究项目应采用"矩阵式"项目组织形式,建立直接领导的综合协调机制,在重要研究领域和重点交办任务上,由管理层直接牵头,采用项目制管理模式,整合智库优势资源力量,打破单位、学科"壁垒",开展集中攻关,由粗放式的管理转向精细化管理。采取"矩阵式"项目组织形式,一是建立多层次的研究团队。智库应建立包括研究组、专家组和评议组三个层次的研究队伍,组织各类专家发挥各自所长、深度协同开展研究,确保研究成果的前瞻性和可操作性。二是实行"课题负责人"制。智库要实行"课题负责人+课题组长+课题副组长"的合作协同机制。课题负责人由智库的理事长、副理事长和学术委员会委员等经验丰富的资深专家担任,课题组长由智库内科研骨干担任,并鼓励智库青年人才担任课题组副组长,形成"老—中—青"梯形研究队伍,全方位调动研究资源,也有利于通过"传、帮、带"提升课题研究质量和水平。

2. 智库人事管理制度

人才是关乎智库生存发展的关键要素。智库作为智力密集型组织,其核心竞争力来自高端智力资源和高层次人才库的建设与开发,高水平智库必须拥有一支高水平的精英人才队伍,才能提供高质量的决策咨询服务。

(1) 智库考核管理制度

激励考核不仅是智库推动体制机制改革与创新的需要,更是智库规范化运营与制度建设中的一项重要内容,更是充分发挥智库人才能动性与创新性的催化剂。正如《意见》中所提到的,"深化智库人才岗位聘用、职称评定等人事管理制度改革,完善以品德、能力和贡献为导向的人才评价机制和激励政策"。设置切实可行的绩效考核与激励办法,并将激励考核结果有效利用,才能够更好地激发智库人才的工作积极性,释放智库更多工作潜力和活力,确保智库长远健康发展。

第一,制定精细化、定性定量相结合的绩效考核办法。绩效考核工作是一项涉及人员、项目、指标、规则、方法、流程、结果评估、反馈等诸多因素的复杂系统工程。智库若想达到预期的考核效果,必须要有一套科学、合理的体系和机制做保障。智库应根据自身特点选择适合自己的绩效考核模式,构建一套完整的绩效考核指标体系。考核目标清晰、明确、具体;考核过程精细、流畅;定量与定性考核相结合;内部考核与同行评议相结合等都是绩效考核体系的基础标准。

第二,探索制定多套不同标准的考核方案,因人因岗位专项考核。例如,兰德公司分别制定了两套标准,一个标准是兰德高质量研究标准,另一个标准是能够反映兰德特征的"兰德特殊研究标准",对公司内部研究团队和研究成果进行客观评价和考核,每4年或5年进行一次。[①] 此外,智库可以对高级研究人员实行长期聘任制,对作为助手的中初级人员实行短期聘用制,根据考核结果决定科研人员的晋升、续聘或解聘。

第三,灵活创新人员考核激励模式。例如,山东社科院创新人员管理模式,组建了一批表现突出、成果优异的"科研创新团队"和"服务创新团队",实行年检和竞争淘汰制,以工作量赋分方式开展各类创新团队的遴选、组建、考评、淘汰工作,团队内各岗位给予差异化绩效待遇,将绩效评估成果作为下一年资源配置、智力报偿和创新岗

---

① 王辉,彭倩.美国智库人才创新机制及其启示[J].决策探索(上),2018(1):69-70.

位调整的主要依据,着力打造协同联动、快速反应、能上能下、灵活高效的创新型科研组织。① 这种人员考核激励模式,能够在保证存量人员变动不大的情况下,营造能上能下、灵活高效的工作氛围,激发现有人才工作活力。

(2)考核结果应用机制

能否形成一系列严谨畅通的考核结果应用机制,很大程度上取决于如何合理运用绩效考核结果。一般来讲,绩效考核结果应该与薪酬、晋升、人才培训、改善工作条件等挂钩,才能充分调动智库人才的积极性。同时,绩效考核结果也能反作用于智库管理者,提升其对绩效考核的重视程度。

重视绩效考核的合理运用是智库发挥激励作用的关键。第一,智库要建立绩效考核反馈机制,拓宽考核结果的应用范围,促进结果运用的多样化,如应用于发放绩效工资、调整岗位工资等级、职位升迁、员工转正与降级、带薪休假或弹性工作制,还可以应用于调整组织目标、制定人才培训计划、人才职业生涯设计、提出绩效改进措施等。第二,将考核结果与激励机制形成关联,与人才选拔推荐、职称评聘、教育培训、薪酬分配予以挂钩,优先考虑,以考核结果统筹优秀智库人才"选育管用",充分激发人员内在潜力。第三,将考核结果与个人目标和组织目标结合比较,不断调整绩效举措。在应用绩效结果时,尤其要加强绩效沟通与辅导,强化绩效分析与改进。利用差异化沟通方法,对人员进行辅导。当个人明确了自己的目标和方向,并且个人目标和组织目标一致时,才能激励员工取得最大的绩效结果。② 第四,把握考核结果利用的关键性时间节点,以确保激励及时有效。智库应把握好激励的时机,对智库人才而言,激励愈及时,其满足感愈强烈,智库人才工作积极性愈高,最终实现激励效果最大化。

---

① 杨梅.2019 年山东社科院创新工程精品成果分析报告[N].中国社会科学报,2020-06-10(10).

② 张佳敏.基于激励理论对企业绩效考核结果应用的启示[J].现代经济信息,2019(24):44-45.

(3) 智库考核晋升管理制度

明确智库人才选拔标准,做好人岗相宜,智库引进人才的前提是要系统规划智库人才队伍,明确智库急需人才类型,按照战略发展需求和岗位特点,明确人才选拔标准。智库人才选拔录用更看重学术造诣和实践经验。[1] 例如,为了保障研究的高质量,美国布朗教育政策中心实行公开招聘制,要求应聘高级研究员的学者达到三个标准:研究领域的学术带头人、具有前瞻性的视野以及在公共领域内具有巨大影响力的专家,其招聘标准和学术水平与全球顶尖大学和学院的招聘标准和学术水平非常接近。[2] 当然,除了吸纳高水平的研究人才,国外智库还囊括高水平的政策公关精英、媒体传播人才、行政管理能人,甚至还有会务专家。[3] 此外,为了避免智库人才失去流动性,也为吸引更多的"新鲜血液",美国智库并不像大学那样设立终身聘用的岗位,所有人都始终有保住饭碗的压力,当然知名专家不愁去处,智库也面临如何留住人才的压力。[4] 相反,我国体制内智库有编制的员工都是终身雇用的,只要进了编制,就有了铁饭碗,因此更要重视招聘质量。但是,我国体制内智库选拔标准通常是公务员考核或事业单位招聘要求,筛选条件也只有学历、专业学科、政治面貌、年龄、工作经历等表层特征,至于入职后能否胜任岗位工作,并没有肯定答案。党政部门智库可以通过调岗锻炼发现人才,高校智库可以通过高校内部人才相互借用来发现人才,社会智库也可以通过项目制的方法去选拔人才。学历并不是唯一看重的因素,更重要的是注重人员的专业知识、创新思维、实践能力等,对现有人才的引进不应按照统一标准集体引进,而是要偏重于对单个人才的引进。实行"一人一策"引进急需人才,才能保证人才引进与研究需求相匹配,以此提高研究团队的质量和水平。

第一,构建智库研究员系列职称体系,打通智库人才的职业发展通道。针对岗位

---

[1] 王继承,冯巍.合格的政策分析家是怎样炼成的:兰德公司的人力资源管理[J].中国发展观察,2012(9):22 - 27.

[2] 张大卫.美国全球知名智库发展现状与启示[N].光明日报,2016 - 08 - 10(16).

[3] 王文.智库,战略大传播的发动机[J].对外传播,2014(2):37 - 38.

[4] 多丽丝·菲舍尔.智库的独立性与资金支持:以德国为例[J].开放导报,2014(4):29 - 32.

和人员身份的多元化现状,智库应从评定标准、评定流程等方面根据智库研究特点设定规则,探索构建适合智库功能定位和发展实际的多职业发展通道,如鼓励智库人员参加所在机构的教学科研系列职称评审,并将政策研究成果纳入评审内容;或单独设置智库研究人员职称系列,评审内容以政策研究为主,学术和教学成果为辅;或自主设置智库职级系列,员工薪酬相较于同职称等级的非本智库研究人员相比需体现一定的竞争力,以充分激发智库人才的工作积极性和创新活力。

第二,建立一套导向鲜明、科学管用的智库人员激励制度。智库考核本身不是目的,要与激励机制相结合,激励智库工作人员的归属感和认同感,在实现个人全面提升的同时,最大程度发挥智库的智力资源。智库制定的人才激励制度一般需要注意以下几点:一是智库激励导向要公正合理;二是智库激励要强调关键重点,重奖优秀;三是智库激励要注重多形式结合。根据马斯洛需求层次,结合智库人才需求,智库一般的激励方式包括物质激励、精神激励和社会激励。其中物质激励包括薪酬提升、发放奖金、项目经费支持、出国交流和带薪休假等物质性福利;精神激励包括年度评优、职称晋级、外出培训、给予参与项目资格等;社会激励包括优秀成果宣传、社会荣誉赋予等知名度与影响力的提升举措。

第三,加大对优秀智库成果人才的激励力度。坚持基于用户、质量和市场的评价导向,坚持政府、学界、社会评价相结合,适时设立优秀智库、优秀智库成果和优秀智库专家奖,建立鼓励智库发展的制度体系。例如:兰德公司设立兰德总裁奖(Presidents Awards)、聚光灯奖(Spotlight Awards)和奖章(Awards),对有突出贡献、特殊贡献、起到模范典范作用的研究者进行表彰;[1]江苏社科院制定了《江苏省社会科学院青年学术骨干培养工程实施办法(试行)》,对有突出贡献的中青年专家进行选拔,授予荣誉称号并给予奖励,为专家创造良好的工作、学习环境,还实施"四个一批"工程,即招聘一批博士生、培养一批博士后、送走一批访问学者、引进一批学术带头

---

[1] 兰德研究生院2015年年度院长报告[R].美国:兰德公司,2015:134.

人;重庆社科院尝试实行编外科级机构和所长助理任命制度,为青年人才的快速成长提供便利。

第四,制定一套以激发创新力为核心的激励办法。如中国社科院设计了一套与完成创新任务紧密挂钩的薪酬激励机制,摒弃以有无编制、职称职务高低为尺的用人标准,提取一定比例的科研经费作为绩效收入(智力补偿),根据创新任务和贡献大小来分配,与创新任务完成情况直接挂钩,形成"多干多得、少干少得、不干不得"的激励导向。①

3. 智库财务管理制度

智库应具备内部财务管理制度,规范财务行为,对财务进行科学、合理编制预算,完整、准确、及时编制单位决算,真实反映单位财务状况;依法经营,统筹安排各项资金,保障日常工作的正常运转和业务工作开展的合理需要。

(1) 智库预算管理制度

作为智库财务的运行之本,智库的预算管理应从编制原则、审批程序、分配方案、绩效评价等方面进行设置,编制原则上应根据智库实际情况进行设置,应从综合预算、收支平衡、保障重点、绩效管理等四个角度进行完善补充。审批程序上智库主管部门应下达部门预算库,甚至三至五年的支出规划和年度预算控制数提出细化方案,再正式编制年度预算或长期预算,根据年度预算表确定预算执行进度并及时调整;依据预算执行进度将预算分解到各职能部门,形成具体指标完成计划;分配方案主要分为三个部分:预算编制阶段、预算审核阶段、预算执行评价阶段。按照任务分解法制定预算定额标准,按比例发放经费。

---

① 王伟光:继续实施三大强院战略全力启动哲学社会科学创新工程[EB/OL].[2022-09-01]. http://www.cssn.cn/zx/zx_skyskl/skyskl_new/201402/t20140226_986241.shtml.

(2) 智库收入、支出管理制度

收入是智库运营过程中的核心问题之一,也是影响智库可持续发展的关键因素。从智库的实际情况来看,收入决定了智库未来的生存和发展。所以,收入管理制度至关重要。收入主要来源有智库所产生的经济效益以及来自政府或社会组织的资助。智库的经济效益可以分为两类:第一类为经营活动收益;第二类为往来款项。经营活动收益包括研发成果的销售、技术服务等;往来款项则包括往来款、应付利息及手续费。经营活动收益和往来款项都具有较强的流动性。因此,在财务管理中,必须加强对收入与往来款项的控制,对经营业务与往来资金的管理需要对票据进行严格审查。尤其要对票据进行明确规定,使之符合会计处理要求。同时,还应重视对往来款项的管理。

支出是指单位为保障正常运转、完成工作任务、开展业务活动以及其他活动发生的资金损耗与损失。智库支出管理应按照规定程序和标准,严格规范执行。支出范围主要包括人员经费、办公及生活后勤开支、公务接待、业务咨询、奖励福利等方面。支出内容必须符合国家有关法律法规的要求,应写明智库"三公费用"(差旅费、培训费、会议费)的要求,并对细节进行详尽说明,如因公出境预算要细化到团组,使用财政资金安排的出访计划要与批复的预算衔接配套等相关问题,以及对于票据票务的核实与查验,避免在后期出现超支、挪用现象。

(3) 智库固定资产管理制度

智库设立固定资产管理制度的目的是固定资产的正确核算以及提高智库固定资产购置、使用及保管的管理效力。智库固定资产管理制度应基本包含固定资产的标准、分类和计价,以及固定资产的实物管理,包括购置、转移及处置等方面的内容。智库固定资产管理制度的关键内容在于以下三点:一是固定资产的认定,二是规范性的固定资产的购置流程以及审批程序,三是确定主管固定资产的部门或人员。

(4) 智库课题经费管理制度

智库是具有很强科学独立性的决策咨询机构。智库应制定明确的课题经费管理制度，界定课题经费的使用范围与经费支出权限。智库课题经费管理制度基本应包含适用范围、管理原则、支出范围、预支和报销以及监督和检查等内容。其中管理原则需确认项目负责人职责。课题研究经费在具体使用时需要对经费的支出范围做出明确规定，对于形成资产的部分要进行报备。课题经费预支和报销则要明确预支和报销流程、具体的时间节点与额度。

（5）智库经费监管制度

课题组组长负责制是智库经费监管的基本原则，但不是唯一的原则，智库需要明确规定各研究中心的法定代表人是科研经费管理的法定责任人，负责管理和监督科研经费的预算与使用。课题组组长作为课题研究经费使用的直接责任人，需要严格执行智库有关规定，自觉接受智库领导的管理与监督。

经费使用公示制度必不可少。对项目资金预算与决算情况、资金使用调整情况进行公示，保证科研项目经费使用规范高效、公开透明。例如，北京大学国家发展研究院完善经费使用和管理的制度建设，针对专项奖励经费管理，出台了《北京大学国家发展研究院国家高端智库专项奖励经费管理办法》，专门调整定制财务管理系统，建立规范高效、公开透明、监管有力的经费管理机制和绩效考核机制，在经费使用的进度管理上进行了积极探索。南京大屠杀与国际和平研究院以"科学安排，合理配置；遵循规律，引导带动；单独核算，专款专用；明确责权，跟踪问效"为经费使用和管理原则，规定明确了专项经费开支范围，主要用于研究院开展相关项目研究、人员聘用、国际合作与交流、成果奖励等支出，确保经费得到系统的使用。

（6）智库成果奖励制度

智库对于专项经费要以"合理合规、公开公平、宁缺毋滥、拉开档次、绩效导向"为指导原则，制定《专项经费管理办法》，建立专项预算制度，实行动态调整机制，确保资金安全完整。专项经费由项目承担单位与科研部门共同负责分配使用，并将其纳入科研项目管理体系中统筹考虑。对直接参加决策咨询与政策研究的一线研究人员及研究团队，根据实际贡献给予奖励。奖励经费包括智力投入补偿和研究成果奖励两个部分。智力投入补偿部分主要是指在立项阶段就向科研人员提供必要的培训、信息服务以及相关的科研支持。成果奖励部分是指对已完成的研究课题或者科研课题做出阶段性评价之后再颁发相应的奖项。智力投入补偿部分以过程评估的方式进行绩效评价,一般于提交研究提纲或初稿后发放,规定每个课题发放额度;研究成果奖励部分以结果评估的方式进行绩效评价,一般于研究成果满足通过验收、获得批示、入选智库报告、刊发文章等条件下发放。

4. 智库产品管理制度

智库需要通过产品来实现提升品牌、知名度与行业声望,知识成果与知识服务同等重要。对于优秀智库而言,其核心竞争力是研发能力。因此,产品包括内容创新、技术方案改进、市场定位及营销策略优化等方面。智库在制定符合自身特点的产品管理体系过程中要有产品规划、设计、推广意识。同时,要考虑到智库实施相关制度后所产生的社会效益及经济效益,不同智库根据不同阶段研究需求建立相应的产品管理制度与相关组织结构。

(1) 智库成果认定目录

智库一旦推行评审政策,那么下一个关键任务就是确定评审级别和评审员的责任,以及确保在文献发表或开展汇报前充分开展评审工作。若产品对智库非常重要且管理层并未主动评审该产品,那么产品负责人就需要就评审意见咨询管理层。在规模较小的智库中,首席执行官负责确认每一种产品的评审类型,除非产品的某位分析师就是智库领导。如果智库研究队伍形成较大规模,那么智库管理层需自觉进行评审,对成果质量进行把控。智库可以使用不同的方式整理总结评审工作:一种方式是撰写一份专门针对质量控制工作的说明;另一种方式是将质量控制程序的说明编写进内容更广泛的说明中,如全流程管理制度。监控员工绩效的一种方法,就是确保所有产品在发布之前必须通过质量环节评审。智库在评审文字产品时,应当充分发挥对外办公室和智库网站的作用。绝大多数智库要求文字产品应由对外办公室正式发布,这样就可以保证文字产品发布有迹可循,便于文字产品档案材料的归档保存。

智库应在门户网站上公布其所有产品,尽管社交媒体信息无处不在,但是,门户网站仍是智库宣传的主阵地。

(2) 智库成果类(各类)产品管理细则

智库在项目实施过程中需制定成果管理制度,并定期组织专家评估成果质量。智库在提交成果时也要向客户提供详细的技术文档及相关资料,以便于客户能够及时获取所提交成果的详细情况,包括研发人员、研发设备等,从而有效地避免因用户不了解所提交成果而造成的损失。在建立完善的成果管理体系的基础之上,规范成果管理流程,建立严格且完整的成果审查制度、防止成果造假;根据实际情况设置合理的考核指标,使考核更加公平公正;同时,加强对成果管理人员培训,提高他们的综合素质,重视对科研成果的推广应用,鼓励将研究成果转为社会服务。智库层面应设立相应的奖励措施,如知识分享机制和绩效考核机制等,激发科研人员的积极性,以激励科研人员参与到科研成果管理中来。智库在项目实施中,应做好成果收集工作,并形成一定数量的成果数据。同时,还应采取适当措施,保障成果质量。

(3) 智库成果评审与反馈制度

智库需要定期或不定期地向客户汇报成果进展,并将这些结果作为重要信息反馈给客户。客户可以查看已完成的项目以及项目后续计划,并提出意见与建议。智库可以主动向客户通报自己的成果,帮助客户更好地理解项目内容,再通过客户反馈提升研究成果水平。智库还可以通过电话或者网络平台向客户发送咨询短信,以达到沟通目的,针对客户需求做出分析和判断,并给出针对性指导。智库在对课题的跟踪过程中,应随时关注客户的动态信息,确保项目高效开展。

5. 智库信息管理制度

智库信息化建设是指智库在收集信息、存储信息、分析信息并开发利用信息方面所做的工作。准确无误的信息有利于保障研究的科学性,合理有序的信息管理有利于提升科研人员的工作效率,先进高水平的信息化建设有利于保障智库治理的现代化。我国部委直属的国家高端智库普遍注重强化信息能力,逐步拓宽信息收集渠道、增强信息分析能力,积极开展大数据驱动的政策研究,不断提升智库的信息化水平。制定智库信息管理制度,要求各课题组在每一个在研项目和咨询业务结项时必须提交文件和数据集,档案的管理包括收集、整理、鉴定、编目、上架、保管、统计、利用等环节,为智库的知识积累和再生提供保障。同时,各智库应针对不同类型的智库成果和活动、载体相异的智库文件和档案,明确归档范围,制定相应的档案管理办法,例如《智库文书档案管理规范》《智库电子文件管理规范》《智库网络媒体数据归档管理条例》等。

(1) 智库信息审查制度

信息审查作为一种有效防止信息泄露的方式,其目的在于使信息使用者获得更多有关信息和知识的来源。智库信息审查工作的主要内容包括对智库内部各部门之间、智库内部各机构与外部组织之间以及智库与公众之间关系的审查。智库信息审查的重点应当放在对信息使用情况的监督方面,智库的信息资源管理体系建设应当遵循"谁主管、谁负责"的原则,智库的信息管理机制设计应当符合智库所在国家的保密管理办法的规定,智库信息安全保障措施应当满足相关法律法规要求,智库的安全防护策略可以通过加强内部控制和外部监管两个途径来实现。智库还应根据实际情况制定合理可行的应急预案,智库工作人员也需具备良好的职业道德素养,才能有效履行相应职责。

(2) 智库保密制度

智库的保密制度应包括保密组织机构设置、工作程序、权限划分、保密责任、保密纪律以及保密监督检查等方面内容。智库的信息交流渠道有两种:官方发布和媒体传播。智库的对外宣传主要采取网络形式和纸质材料相结合的形式,其中网络形式更加便捷高效。智库的保密管理部门负责智库信息安全管理工作,应当设立专职或者兼职的信息安全管理人员。智库信息的传递途径为政府网站、官方网站、社交媒体、微信公众号、微博以及论坛。智库应定期开展保密自查活动,及时整改问题;重视涉密资料的保管,防止泄露,并做好档案整理工作;制定详细的保密管理制度,保证信息安全完整。智库应根据国家法律法规制定严格的保密制度,确保智库信息不泄露。

智库工作人员需遵守相关规章制度,不得违反相关规定或利用其他方式泄露机密。智库信息应当按照一定的标准加以存储。智库在运行中既要对智库自身成果及信息进行保密,也要对委托人、客户、会员等进行信息保护与保密,智库应建立保密制度,明确保密等级与保密守则,并依照法律界定泄密的严重程度与处罚手段,重要的是在智库建立运行期间,保密制度应该不断被完善,以适应不同时期智库的发展需要。例如,近年来我国相继颁布了一系列法律法规,如《中华人民共和国知识产权法》《中华人民共和国档案法》等,为保密工作提供了良好的政策环境和法律保障。

(3) 智库文书档案管理制度

设立档案管理暂行办法,应基本包含档案归档范围、档案归档要求、档案归档与保管、档案保管期限以及档案的利用等内容。档案归档范围中应对归档档案进行明确界定,如上级机关文件、领导批示、领导讲话稿的存档,以及对智库自身举办的院务会议、年度会议等重要会议的通知与决议的留存;对人事档案、财务档案、合同协议等文件和影像资料的管理。档案归档要求应当明确各部门机构的基本责任与基本义务,档案的归档与保管应当对文件的保存形式进行要求,对纸质文件进行装订与整理,对特殊文件如年度会议文件可以进行单独归置。对档案进行日期排列和严格的登记记录,并对已归档的文件进行定时抽查,防止出现漏洞,也预防文件保存出现破损和损伤等问题。档案保管期限应当依照特性进行短期存档与长期存档,智库可依据使用年限进行分类,对具有长远历史价值与利用价值的文档可以进行永久保管。档案的利用应实施严格的管理,遵循智库或者上级的保密协定,智库内部使用应经过主管部门的签字盖章,档案外借应以复印件为主,由主管部门或负责人进行严格审批,对外借时间进行严格把控。智库应结合实际,逐步完善档案管理工作,还可根据需要设立专门的档案馆。

6. 其他智库日常制度建设

智库的其他制度建设还包括人才引进制度、学术交流制度、对外合作制度等一系列在实践中形成的相关制度。要不断地健全和完善各种规章制度,为智库长久运行提供保障。

(1) 信息发布管理制度

当智库运行到成熟阶段,新媒体工具必不可少,例如,网站、微信公众号、国外智库的官方推特等账号无不向我们证明,新媒体已逐渐成为智库影响力后期建设必不可少的工具,除了智库内部设立专门的管理部门或者办公室,信息发布管理同样在智库建设中不可或缺。信息发布管理制度应基本包括负责人管理、信息发布管理、网站安全管理三个部分。智库应设立独立部门或专职人员负责网站的技术支持工作,并负责对各网站建设实施技术指导和运行监督,或与专业公司或人员签订协议,对网站进行日常技术维护工作,从技术上保障网站安全稳定运行,还需明确网站的主管领导与具体负责人,由具体负责人负责本网站的日常管理工作(包括上网内容的收集、整理、审查、更新等工作)。在运行过程中,如主管领导和具体负责人名单有关变动情况应要求及时报办公室或相关职能部门备案。信息发布管理中应提出明确的信息审核制度,将每一条发布的信息落实到人。公文转运更是需要相关部门及领导者签署后,方可发布。网站安全管理方面需要对网站及其他官方账号管理人员进行严格要求,其对相关账号密码须进行严格保密,对恶意发布违规违法信息或不按规定公开信息造成严重后果的网站负责人追究法律责任。

(2) 合同管理制度

智库合同管理制度应包括总则、合同管理、合同订立、合同履行、合同纠纷处理与责任追究以及附则七个部分。智库为加强合同管理工作,规范签订合同的行为,维护智库合法权益。应依据相关法律法规,结合实际,制定智库合同管理制度。合同管理主要包含合同分类管理与合同对口管理的相关内容。合同订立应说明合同经办和审批流程以及对合同内容中包括法律法规规定的必要条款进行审查等相关要求。合同履行应明确合同执行人,负责按合同相关条款履行权利义务,并建立合同履行档案,对合同履行情况进行全过程管理、记录,以及对收付款程序进行说明。合同纠纷处理与责任追究要界定具体的负责人机制,根据合同选择诉讼或仲裁方式解决,涉及证据与材料的收集要依法而行。附则部分可根据实际情况对该制度进行补充。

(3) 会务管理制度

会议是智库最重要的平台性功能,会议是主讲嘉宾、参会者、媒体与组织方价值共创的过程。会议管理的流程化与规范化,如会前、会中与会后应以时间节点为准进行不同阶段的会议管理,包括会前的人员安排、财务安排、流程安排以及会中的彩排与设备测试,会后的资料整理等,一系列关键点都需要明确的制度加以支撑,并准备突发状况的紧急预案。

三、智库文化建设

智库组织文化是先内化到外化再内化的一个过程,把智库内部理念外化到经济社会组织领域,被社会影响完成再内化的过程,足以体现智库文化是智库在建设过程中应当遵循和体现的基本原则和价值观。

智库实现健康可持续发展,必须弘扬智库专业伦理和职业文化精神,加强智库的组织文化建设,形成支撑和引领智库长期健康发展的文化和精神内核。智库文化多种多样,但智库文化的建设绝非对其他智库的文化进行简单复制,每个智库都应拥有符合自身特点、体现自身特色的文化。例如,布鲁金斯学会将价值观定位为高质量(Quality)、独立性(Independence)和影响力(Impact);兰德公司则是"通过研究与分析帮助完善政策和决策"。美国外交关系协会"把政府官员、企业家、记者、教师、学生、社团和宗教领导人组织起来,帮助他们更好地了解世界以及美国和其他国家面临的外交政策选择"。世界资源研究所将 Independence(独立)、Innovation(创新)、Integrity(诚信)、Respect(尊重)、Urgency(紧迫)视为价值观。

(一) 致用文化

智库强调研以致用,致用文化是大多数智库的共同认知。第一,智库专家应当具备主体意识、专业意识,把公共利益放在第一位。智库专家应当增强服务意识,智库研究工作要"想群众之所想、急群众之所急、忧群众之所忧、思群众之所思",提高智库决策咨询的针对性。第二,智库的治理应当将科学管理与专业伦理结合起来,多维度衡量智库产品质量,实现影响决策主体导向与影响决策内容导向的有机统一,通过决策者批示的形式性转化和经过实际工作部门实质性转化相统一,确立智库成果以致用为本的智库文化。智库研究坚持问题导向,提供务实管用的对策。智库应当想时代之所想、急时代之所急,围绕现实重大课题,提出服务时代的建议与对策。

(二）创新文化

学习与创新是智库安身立命的根本所在,是智库生存发展的内在机制。就智库创新文化而言,一是以"创新"为重点。例如,智库根据对自身定位的判断,对智库价值观进行改进,设定符合智库发展进程的愿景和战略任务,从而产生新的行为规范来指导智库成员的行为。二是以"文化"为重点,认为智库创新文化是各种创新活动所赖以进行的环境,可划分为三个层面,即创新制度层面、创新精神层面以及创新实践层面。创新制度层面主要包括智库设立的创新人才计划、薪酬激励机制等;创新精神层面主要是指智库成员的价值观和创新精神,如开拓冒险精神、开放合作的观念等;创新实践层面主要是指创新文化本质上是一种行为文化,智库创新文化建设过程中得出的创新理念被应用于实践,有利于智库针对性地开发新模板、使用新工具、改进新方法,从而提高生产率,促进智库内部技术、产品及制度的创新,有效提高智库对外部环境的敏感度和适应力。创新思维的哲学基础就是认为世界万物是发展变化的,例如,美国民意研究所(National Opinion Research Center,NORC)的创新中心以客户为中心,与 NORC 的研究团队合作,创建并推出尖端的数据和分析解决方案,指导 NORC 现有服务和产品的发展,以满足客户的未来需求。NORC 实验室通过产品孵化和内部举措,如创意实验室奖励计划(Idea Lab Awards Program)和创新日(Innovation Day),帮助 NORC 保持领先地位,识别行业趋势,培养突破性想法,探索最先进的技术,并了解产品和服务的未来潜力。最终,应用新的能力提供解决方案来帮助客户达成所愿。

（三）情报文化

情报文化(Information Culture)是在一定历史和文化传统的基础上形成的情报思想和情报理论，即一个国家或一个民族对情报工作的态度，如人们对情报工作的认识、情报实践中的惯例、情报实践中遵循的准则、国家意识形态等。一方面，智库人员要拥有数据驱动的情报文化思维。另一方面，智库人员要具有数据共享的情报文化思维。共享思维能使组织高效地发挥这些信息情报的作用，它意味着协同合作，将知识、经验和智慧进行分析、整合、利用与分享。智库的共享思维不仅仅局限于智库内部的个体和部门之间，智库和外部其他组织也应该鼓励共享，充分利用资源实现决策的最优化。

（四）保密文化

保密文化有史可循，英国皇家国际事务研究所是英国规模最大、世界最著名的国际问题研究中心之一。研究所为维护会议自由发言与信息保密，确立与会者在会议或会议讨论中可自由使用会议上收集的材料并加以注明，但不得透露发言者身份或追溯其来源，未经同意，会议主办者不得记录发言者的讲话内容的规则。该规则被称为"查塔姆大厦/查塔姆宫守则"(Chatham House Rules)。

随着国家信息化水平不断提高，网络技术日新月异，传统保密方式已经不能适应现代社会管理的需要，必须积极采用现代化手段保护信息安全。因此，加强保密工作显得尤为重要。应运而生的还有智库对保密意识的培养，要注重建立良好的保密文化氛围。首先，树立科学保密观，增强依法治政意识；其次，重视涉密人员安全教育，提升个人安全意识；最后，建立健全保密制度，完善保密措施，确保保密万无一失。为此，智库应制定具体可行的保密制度，并对保密工作人员进行严格培训，使其掌握相关知识。此外，还要做好保密工作的宣传，通过宣传教育，让智库内部成员认识到保密工作的重要性。

（五）包容文化

智库应具有包容性，能够容纳不同观点和短期看不到效益的项目。一方面，智库的文化建设要充分吸收企业文化、媒体文化等各类组织文化建设的经验,又要充分考虑智库的共有特征和自身的具体特点,建设富有鲜明特色和丰富内核的智库文化。美国进步中心的官网界面中,设计了标题为"致力于多样性和包容性"(Commitment to diversity and inclusion)的主题页面。美国进步中心认为一个组织如果不能接受来自整个社会不同的知识、经验与观点,就难以解决国家面临的最紧迫的挑战,所以组织内需要建立和培育多元化和包容性的工作场所,对于来自不同种族、民族、性别、年龄的智库成员进行详尽的统计与展示。[1] 另一方面,智库内部的管理要做到包容。智库应鼓励专家试错,形成鼓励创新、支持创新、允许试错、包容失败的文化氛围。例如,兰德公司的课题经费中有10%用于选题的必要性和可行性论证,按照一定的比例提取科研发展基金,用于支持基础研究和某些有意义却无经费的研究项目,这些措施增强了兰德公司对不断变化的业务范围的适应能力。

(六)理性文化

理性文化的内核可以总结为:研究尊重事实,理论联系实际,强调专业主义精神,理性思考、客观分析。智库应该是一个严谨的学术共同体,必须坚持科学地进行价值取向、逻辑结构和方法论的探索。智库既不是"权威"机构,也不是垄断机构,智库的作用在于引导公众认识问题,解决实际问题。智库不仅是为国家决策服务的,而且要成为一种社会力量,参与到社会建设中,推动经济社会和谐稳定发展。智库研究不能只看表面数据,更需要从本质上去理解事物,去观察它背后的规律。因此,智库不仅需要关注宏观现象,也需要聚焦微观领域。

总之,智库是一个以知识为核心、以人为原动力、以服务社会需求为目的的组织。从智库的制度建设角度来看,所有的管理制度看似相对独立的,实则互相制约与影响的。例如,经费的支出管理对应的不只是对人才的管理,还有对外交流与学习的管

---

[1] Center for American Progress. Our Commitment to Diversity and Inclusion[EB/OL]. [2022 - 08 - 27]. https://www.americanprogress.org/about-us/diversity-and-inclusion/.

理。制度的后期修订并不容易,要摸索一条符合智库本身发展规律的道路,还需时间和实践。而智库制度的建立需要智库成员共同探讨,而不论何种制度都会因时间而逐渐暴露问题,智库制度建设也难免具有延时性,因此,文化以制度补丁形式呈现于智库。制度与文化是两个不同领域的概念,二者既相互联系又各自具有自己的特点和规律,两者相辅相成、相得益彰。制度的完善不仅要靠理论上的研究,还要利用文化中所蕴含的精神价值来提升其生命力,进而形成一种新的机制。

实务篇

第九章　现代智库人力资源

智库是知识密集型机构,人力资源是知识创新的重要基础,是智库可持续发展的活力所在,是现代智库建设的根本支撑,优秀的智库是智力资源的整合。人力资源整合能力就是其队伍建设的能力。拥有一支好的队伍是智库建设成败的关键所在。对智库而言,最关键的能力就是针对人才的培养、配置和整合。

现代智库应当把人才队伍建设当成重大迫切的任务认真做好,建设人才强库,需要形成引得进、稳得住、用得好、出得去的现代化人才管理机制,在合理配置人才队伍、引进与培养、考核与激励等方面进行现代化改造,为智库高质量建设提供有力的人才保障。

一、人员组织与科学配置

(一)智库人才

广义的智库人才是保障智库正常运转的各类人才的总称;狭义的智库人才包括管理人员、研究人员、辅助人员等开展决策研究工作的专业型人才。智库的人力资源建设是广义的智库人才效能的提升与狭义的智库人才素养能力的有机统一,虽然分工与作用有差异,但都不可偏废,需要统筹建设,形成合力。

1. 科研辅助人员

研究人员是智库成果产出的核心竞争力,建立合理的科研团队是提高科研效率和成果质量的关键。智库研究是高度知识化的研究性活动,具有独特的规律与规则。智库要达到预期的研究成果,就要充分发挥科研人员的主体作用,尽可能消除各种非学术因素对科研过程的干扰。因此,智库应配备一定数量的科辅人员,主要包括财务、人事、对外联络、信息技术、出版发行等部门,主要从事智库的筹集资金、人事招聘、项目协同合作、会议交流、技术支持等工作,以保证智库的正常运作。(1)营运宣传队伍。从活动策划组织、自媒体营运推广、研究助理到后勤保障,为智库提供全链条服务。① 智库根据自身的需求招聘专职宣传人员,为研究院的传播型人才接续提供"蓄水池"。(2)行政保障队伍。包括后勤助理、司机、维修工等,不仅维持智库的正常运转,同时,也能够提高科研人员的工作幸福感。(3)专业技术队伍。包括数据分析专业、信息技术专业等人才,对智库的信息进行精确、专业的加工与分析,撰写专业的数据分析报告供研究人员参考与利用;外文翻译人才能够最大限度搜集各地的信息资料,并进行精准翻译,提供更加准确、多角度的研究信息。

2. 科研人员

智库在实体化的运作过程中,必须建立结构合理的全职研究员队伍。包括助理研究员、分析员、工程师等,主要负责为智库研究人员提供科研支持,一般是新毕业的年轻研究人员。科研人员的数量应占大部分,根据实际情况与科辅人员合理配比。对智库而言,科研人员的学位学历、知识体系以及专业背景与智库研究领域的匹配度更为重要。同时,数量比例、学科分布以及人员分工应合理均衡。

3. 管理人员

管理团队主要由智库的负责人、研究和行政管理等部门的主要负责人组成。智库负责人负责日常运营,实行扁平化管理。最大限度缩短智库管理层人员与科研人员的距离,保证信息的及时传递,大大减少行政干预。让智库的研究人员将主要精力用于研究,无须面对繁杂的行政工作。

(二)团队配置

智库的人员配置是具有全局性和动态性的系统工程,涉及智库人才的分工、配

---

① 张丽萍,郑庆昌.国内新兴智库崛起对地方高端智库建设的启示:基于习近平智库观视角[J].中共福建省委党校学报,2017(10):47-53.

置、协调等工作机制。智库在引进高层次、高素质人才后应对其进行合理的分配,充分发挥各部分的优势,集中智力资源,形成整体功能大于部分功能之和的效果。

1. 团队打造

根据研究工作的组织方式,可将智库人员配置划分为明星型和团队型两种模式。①

在明星型模式下,著名的、有影响力的研究员往往是将自身的课题研究引入智库,独立地进行研究。② 在"明星教授"的作用下,以项目组为主要单位,进行政策研究。③ 对于智库研究而言,这种做法一方面满足了智库研究多元化的需求,另一方面,由于课题组已经过长期磨合,研究效率能够大大提升。对于智库自身而言,"明星教授"具有较强的学术影响力和号召力,能够借助他们庞大的关系网络给智库带来更多长期、稳定的收益,形成"自我造血"机制。④ "明星教授"具有强大的资源整合能力和博弈能力,能够为智库建设发挥引领导向作用。

团队型模式的智库队伍通常包含一个核心团队,可以从智库其他研究中心和咨询顾问那里获得特别的帮助,如协助抽样调查、数据采集、建立仿真模型等工作。该团队主要对研究咨询成果进行识别、二次开发、传播。智库通过项目规划、学术服务等方式聚合、联络各类研究中心和兼职研究人员开展专项工作,打造丰富的产品线。

综上,"明星型"+"团队型"的智库人才配置模式是快速提升智库竞争力和影响力的特色模式。在智库建设的初期,需要借助"明星"专家的影响力与渠道网络提升智库的知名度。随着智库的发展,智库需要提供大量的技术支援性质的政策研究服务,例如,制定方案、编制规划等工作。因此,稳定且有实力的核心团队是决定智库核

---

① 吕青,张冬荣.美国智库的性质和资政议政的能力:专访美国城市研究所雷蒙德·斯特鲁伊克博士[J].智库理论与实践,2016,1(1):98-100.
② 雷蒙德·J.斯特鲁伊克.完善智库管理:智库、"研究与倡导型"非政府组织及其资助者的实践指南[M].李刚,等校译.南京:南京大学出版社,2017:61,37,58,29,24.
③ 丁怡,李刚.我国高校智库人力资源配置模式研究[J].智库理论与实践,2017,2(5):23-32.
④ 朱雷,吴晓亮,马正红.建设媒体智库:地方党报集团转型的可行性及模式研究[J].传媒观察,2017(2):40-43.

心研究能力提升和长远发展的关键。

2. 人才梯队

智库在促进人才开发的同时,还应着眼智库的长远发展,构建多层次的人才梯队。人才梯队是智库成长与发展的储备力量,这些储备力量由于阅历、工作时长、工作分工、能力水平等方面的不同,在序列上形成错落有致的梯队。

细化人才梯队序列,分类建立人才库。智库根据自身的发展需求与行业特点,围绕自身重点学科方向或研究领域,按照岗位特点分别建库。一是专职研究员,即资深研究者、调查员,一般来源于政府部门、研究机构和高校等;二是教职研究员,通常由高校老师兼职;三是顾问研究员,即长年在政府机构供职或利用业余时间从事政策研究工作的人员;四是客座研究员,即国内外高校的客座教授;五是海外访问学者。

3. 人才布局

大多数智库采用兼具直线主管组织和横向协作组织长处的矩阵式研究模式。在纵向上根据学科领域对研究人员进行分组,在横向上按照研究任务成立项目组,再从根据学科划分的小组中抽取研究人员开展跨学科的交叉研究和综合研究。各个研究部的研究员在若干项目和课题下开展研究,有助于其从更宏观的角度、更全面地了解和把握某一研究领域的相关信息和知识,使智库的研究内容更加全面,综合性更强,研究成果质量更高。[1] 智库以项目重点,构建"矩阵＋模块"的模式,组成"专职研究人员＋战略合作单位专家＋兼职研究员"研究队伍,特别是开展国内外重大项目研究,各模块组织力量参与研究,有效整合了智库的各类智力资源。矩阵式的组织架构的优点是打破了纵向型组织的劣势,能够强化组织的横向联络,让横向与纵向联络相结合;提高了组织形式的机动性和灵活性;能够激发团队之间的协作意识;[2] 将行政

---

[1] 杨瑞仙,权明喆,魏子瑶.国外顶尖智库发展经验探究[J].现代情报,2017,37(8):167-170,177.

[2] 韩佳燕,赵勇,赵筱媛.美国高端智库的政策专家储备及其人才吸引机制研究:以兰德公司为例[J].情报杂志,2019,38(4):16-22.

事务和研究工作有效区分,实现了人力资源、财务管理和项目管理有效协调;理论研究和应用研究形成了高效互补。[①]

二、人才引进

研究人员的专业背景、综合素质对研究成果的质量具有直接的影响,智库作为知识产品生产的重要机构,其对人员的要求也应具有较为严格的要求。因此,在人才团队组建的第一环节——引才、聚才方面就应明确智库需要什么样的人才、以何种方式引进人才,培育出智库高端人才队伍。

(一)引进类型

人才是智库核心的资产,合格的智库人才队伍建设是智库政策研究的重要保障。智库人才是从事决策咨询、政策研究等领域工作,为智库建设贡献智慧和提供服务支撑,综合素质高的专业人才,包括管理人员、研究人员、辅助人员三大类型。

1. 引进多样性的研究人员

第一,研究人员的经历、资历和来源的多样性。现代智库的研究人员包括政府官员、大学教授、企业家以及应届博士生和退休公务员。引进来自不同国家的专家学者能够让智库的研究视角更为广泛,研究的深度得到加强。同时,也有利于将智库的思想传播海外,提升自身的国际影响力。

第二,学科和专业的多元化。在选择智库人才时,不仅包括理工科、文学、历史、哲学等学科的多样性,还要考虑智库与科研院所、大学等研究机构的差异以及人员的综合能力。多学科背景的智库人才通过各种研究机会碰撞,拓宽研究人员的知识积累,以更快的速度进入和涉足新的研究领域,促进研究项目更全面的研究和分析。[②]智库建设一支专业覆盖面广、多学科的人才队伍,有利于拓宽研究视野,为智库发展

---

① 陈振明,黄元灿.推进地方新型智库建设的思考[J].中国行政管理,2017(11):43-49.
② 张辉菲,刘佐菁,陈敏,等.关于我国智库人才创新管理与培养的研究[J].科技管理研究,2018,38(4):140-148.

贡献力量。

第三，合理拉大人才年龄差距，形成"传帮带"机制。智库人员应保持"老中青"的有机结合。青年人才普遍具有强烈的学术热情、充沛的研究精力、良好的学术基础，对国家发展和社会治理特别是网络工具和网络舆论的运用具有敏锐的洞察力和强烈的责任感。因此，他们是智库建设和研究的一支生力军，不可或缺的支撑力量。智库应鼓励有能力、有条件的青年申请项目并担任项目负责人，聘请有经验、有意愿的高级研究人员"带领和引导"青年，帮助他们快速成长。

2. 引进不同类型的智库人才

第一，管理水平与科研实力并重的行政管理"两栖"人才。智库管理者的主要职责是科学确定智库发展的战略方向、战略定位和战略步骤，科学配置和整合内外部资源，引领整个智库的进展。首先，智库管理者需要在某一领域具有优秀的研究成果；其次，具备适应相关领域的管理能力，即对管理项目有一定的了解，能够做出专业判断；最后，还需具有较强的组织协调能力、口才，以及与外界联系和沟通的能力。现代智库必须有强大的、开拓型的智库领袖，管理人才既要具备深厚的专业知识，把握智库研究方向，又要具备优秀的组织管理能力，才能最有效地利用智库资源。

第二，博中有专、专博相济的"T型研究人才"。"T"表示此类人才的知识结构特点，即"—"表示有广博的知识面，"｜"表示知识的深度。智库的所有项目都是围绕研究出快成效、出好成绩而进行。智库研发人员的主要职责在于产出和传播优秀的政策方法，既有理论机制解释能力，又有应用性方案的供给能力，是"理论家＋技术员"。一是具有扎实的专业基础和研究能力的专业型人才。为保证研究成果的高质量，研究人员自身需要是学术带头人、具有前瞻性的视野、在公共领域具有较大影响力，其人才标准和学术水平与一流高校和研究所的人才要求和专业标准相当。二是能够顶天立地的全能型人物，既了解政策并能够与政府部门沟通，也能够体察社会实际与群众交流。研究人员将智库产出的思想产品用通俗易懂的语言呈现给社会大众，能够在各类媒体上发声，积极参与研讨会，传播思想，进行舆论引导。

第三,全方位的行政辅助人才。行政辅助人员是智库能够顺利运行的强大后盾。现代智库的竞争也日益表现在智库执行力、回应力和保障能力的竞争上,辅助人员是承担着文秘、图书、资料、财会、外宣、勤杂等事务的主要服务者,[①]其职责在于落实智库管理者的重要战略部署,为智库研究人员提供优越的服务环境、强大的保障。

（二）引进渠道

智库应建立官、学、研相结合的开放型研究体系,合理的智库人才交流机制有利于思想沟通、信息交流,不仅能够提高工作效率,优化人员素质,使政策建议更有针对性和可行性,还有利于扩大智库的影响力,改善政策研究环境。因此,智库要集结不同领域的人才,增强智库研究的准确性,提升成果产出效率。

1. 聘用方式

第一,以"特聘"或"返聘"等形式从政府部门引进退休、离职的政府官员。有政府工作经历的人员对政策问题有着更为深刻的洞察力,有助于提高智库成果的实践性。一是邀请退休政府工作人员担任智库负责人,发挥其政策经验和影响力,把握智库的发展定位方向,整合资金、人才、部门关系等方面的社会资源。二是邀请他们担任智库顾问、学术领头人,带领专业的研究队伍开展工作、参与重大政策问题的讨论。[②]

第二,构建"小核心+大外围"的人才团队模式。考虑到不同类型专家的特点,做到专兼职相结合,既有效发挥专职人员的核心作用,又要充分利用兼职人员的优势和资源。[③]"小核心"团队规模适度、层次分明、结构合理,坚持"内外部系统结合、专业化与市场化、学术与应用为导向"的理念,着眼于特色,长期从事领域的深入研究。"大外围"团队的建设,主要是广泛邀请各领域相关人士加入智库研究平台。他们具

---

① 周湘智. 加紧培养中国特色新型智库合格人才[EB/OL]. [2024-10-09]. https://www.hnzk.gov.cn/zhikuyanjiu/8051.html.
② 张大卫,元利兴. 借鉴国际著名智库发展经验 加快中国特色新型智库建设[J]. 全球化,2018(6):17-30,133. DOI:10.16845/j.cnki.ccieeqqh.2018.06.003.
③ 吕旭宁. 科技智库人才引进、培养、使用和管理研究[J]. 科技管理研究,2018,38(10):258-262.

有较高的理论素养和丰富成熟的社会治理实践经验，对智库研究具有关键作用。基于专家类型的特点，调整参与智库研究的方式和模式。例如，设立"特约研究员""访问学者""研究顾问"等兼职岗位和相应的研究模式，积极利用专家的学术能力、人际关系和地域优势促进项目的开展和合作。

第三，采用合同制。智库的课题项目往往是跨学科的，需要多学科专业人才共同协作，甚至有的课题需要邀请其他智库的专家交流意见，合作完成。采用合同制，根据课题的需要邀请专家学者参与研究，一旦结项科研项目组就随之解散，专家随之流动。长此以往，能够形成智库的"专家库"，智库在开展下一次的研究时，即可从中邀请合适的专家，节省时间的同时也大大降低了成本。

第四，网上招聘。通过公开招聘面向社会或校园招聘专职研究人员。智库的每一个岗位应具有明确的职位描述说明书，并根据要求对研究人员进行审查和考核。智库在媒体或网站上发布信息，招收研究人员，详细说明资格要求、工作职责和收入待遇。在进行筛选时，智库可以派人到大学调查候选人的论文水平与教授评价，以充分了解应聘人员的研究能力。智库应重点考虑学术科研能力和实践能力，兼顾学科背景、兴趣爱好等因素，坚持把能力和品质作为人才招聘的首要标准。在招聘领导团队人员时，除了学历要求和工作经验要求，还应要求应聘人员在本领域已经取得一定成绩，如发表系列高水平论文、具有主持大型项目经验以及在政府相关职能部门任要职经历等。对于研究员的招聘，要求工作经验时长，具有深厚的学术背景、前瞻性思维，在公共政策领域具有一定的影响力。对于科辅人员，学历要求可以相对宽松，更加注重写作和分析能力、人际沟通和交往能力。

2. 人才储备

第一，以项目的形式招聘实习生。实习生制度是双向选择的机制，对于智库而言，聘用实习生的花费较少，但其可以承担智库众多烦琐的日常工作，是智库既能保持行政效率与科研效率，又能节约成本的方式；对于实习生而言，能够了解智库的工作性质与工作特点，便于其选择未来的职业方向。智库的研究工作以项目形式开展，根据项目的时间长短弹性调整招收时间、学科背景、人员数量等。每个项目的实习生归项目固定的行政人员调配使用。对于表现优异的实习生，智库设置"转正"机制，通过考核后可将其聘用为专职研究员，不断为智库输送新鲜血液。

第二，高校智库向学生提供实习机会。智库可以立足大学，以在校学生为基础，招收对口的专业人才。采用高校和智库机构联合开展人才培养的培训方式，学生能够较早地了解相关领域的知识，养成全面思维的良好习惯。对于高校学生，智库提供行政岗位和科研岗位。行政岗位工作内容涉及复制、归档、接听电话等日常维护工作，还包括协助安排和执行研究计划、会议、研讨会和特别项目。科研岗位主要辅助研究，工作内容包括报告、书籍章节、期刊、案例研究，并根据需要处理一些编辑工作。

三、人才培养

随着经济社会发展阶段的变化，智库面临的问题越来越具有综合性。智库作为知识生产与应用的专业机构，对推动交叉学科建设具有重要责任。智库引进的是专业化人才，但其也面临着与现实脱节的问题。因此，智库人才建设不仅是单纯引进高素质、高学历、高专业化的人才，更重要的是对引进的高端人才进行改造转型。人才的培养工作包括职业道德培养、能力素质提升、人才交流。

（一）职业道德培养

智库人才应将研究能力与道德修养统一。智库人才要把自己的爱国情怀与自身理想结合，以服务国家需要、服务人民为根本出发点，在工作中实事求是、严谨治学，用脚踏实地、求真务实的工作态度，实现人生价值。智库也应加强研究人员的职业道德和学术道德建设，引领人才队伍建设。

（二）专业能力提升

1. 研究生培养

采用"在职法"，边干边学，理论与实践结合。有条件的智库可以设置研究生院，主要教学研究领域的政策分析及政策研究。这些在读的研究生可以参与智库的研究项目,促进其理论知识和智库研究实践结合,锻炼科研能力。经过这样的培训方式,人才在进入智库后不需再经熟悉阶段便可以胜任研究工作。除此以外,开展智库型博士培养。高校智库可以将智库建设与服务国家、学术研究与实践发展、人才培养与国际合作有机结合,启动智库型博士的培养工作,智库通过构建研究与实践并重的创新课程体系和人才培养模式,培养具有正确政治方向、深厚家国情怀、宽广国际视野,适应智库研究和决策咨询的高层次领军人才。智库也可与高校合作,开设理论课程,供感兴趣的学生自行选修。

2. 课程培训

第一,完善硬件设备,发挥老专家导师作用。(1)提供专业技术服务。智库为研究人员提供先进的计算机设备和软件、资源丰富的图书文献资料以及各种存储大量研究数据的设施,设置人员提供计算、统计分析、书面及口头介绍方面的特殊咨询和服务。① 通过提供多种形式活动促进人员跨学科合作、提供研究方法工具、传媒技术讲座等提高研究人员的数据处理能力。(2)重视导师培养。发挥老专家、老教授的"传帮带"作用,对于新入院的人才实行导师制,开展为期半年的入院教育、入部教育、轮岗实习以及党性和国情教育等阶段培训,通过集中授课的方式,让员工更快适应智库的工作。(3)设立津贴补助。智库可以设置继续教育津贴,为接受继续教育的人员提供财政补助。设置职业发展培训计划。提高人员胜任力和竞争力,鼓励员工持续学习,规划员工发展路径。

第二,以目标为导向设置培训课程,加强专题培训。定期举办能力提升培训,加强培养具有多元文化和专业背景的复合型人才。② (1)邀请领域专家进入智库进行

---

① Method Scenters at PARDEE RAND[EB/OL].[2021-09-12]. https://www.prgs.edu/research/methods-centers.html.
② 叶京,陈梦玫.新型智库发展趋势下智库人才队伍建设的对策研究[J].社科纵横,2020,35(9):119-123.

授课，开展专题讲座，提高人才的科研能力。如每周举办讲坛，邀请国内外学术大家和具有丰富咨政经验的专家来智库介绍学科前沿和撰写智库报告的原则、经验与要求，实现研究人员决策咨询能力的共同提高。（2）智库内部定期举办学术研讨会、内参撰写培训会等，定期召开咨询报告内部讨论会和修改会，鼓励研究人员积极参加上级部门组织的高级人才研修班，打造高素质的人才队伍。（3）研究方法培养。智库必须以"问题"为导向，目的是要解决国家、社会发展过程中的重大现实问题。基于此，智库应积极组织研究人员学习经验性、实证性的研究方法，提倡运用现场观察法、比较研究法、大数据分析法深入了解世情、国情以及社情民意，进而总结经验、认识规律，找到现实问题的解决方法。

第三，政策解读能力培养。全面准确理解、把握中央政策，是从事智库研究的起点。智库坚持每月召开时事学习报告会，集中学习习近平总书记重要讲话、中央大政方针和改革措施，保证研究人员站稳党的立场、国家立场、人民立场，坚持政治标准、实践标准和价值标准的统一，开展智库研究工作。研究人员树立政策解读意识，增强政策解读主动性、积极性和紧迫感，用长效观念分析问题，把党中央的决策与研究专长结合，产出更多有影响力的研究成果和咨询报告。

（三）交流合作

智库人才能力的提升不仅需要足够的理论知识，还需要相关的实践经验。建立畅通的人才交流机制可以保障智库、政府部门、企业等之间的人才流动，人才通过与具有不同知识背景和工作经验的研究人员的交流与碰撞，保持智库思想活力。除了为智库的研究提供新思想、新视角，人才互动流通也能进一步扩大智库的社会影响力。

1. 打造"旋转门"机制

构建智库和政府部门的交流体系，智库人员与政府官员流通，利于政策咨询和政策制定的有效衔接，促进智库成果落地。（1）政府可以出台人才相关的流动政策，推动政府机构与智库、科研机构与智库、智库与智库相互之间的人才互动，推动智库集聚社会各方智力进行政策研究。(2)政府工作人员到智库挂职。由政府部门派出人员,在企业内挂职或以兼职等方式到智库参加相关决策项目的研究。(3)智库派出研究人员到政府部门或决策机构进行研究,经过一段时间后再回到智库研究岗位。智库可以选派青年骨干到相关单位进行挂职锻炼,选派教授直接参与政府部门文件的起草。这些措施有助于密切智库和政府机构相互之间的联系,并推动科学研究与社会实践工作紧密结合,使政府的建议更兼顾科学化、针对性与实用价值。

2. 与大学互动交流

智库和高校都属于知识密集型机构,智库和高校之间不仅要保持密切的学术联系,而且应该有着密切的人才互动关系。(1)互动研究。大学邀请智库专家到大学进行学术演讲或开设课程;智库邀请大学教授到智库进行授课、参加学术会议,或进行联合研究,开拓智库研究人员的视野,提高项目完成的质量。(2)兼职方式。对于编制受限的智库,其专职人员相对较少,因而许多大学教授应邀参与智库的研究工作,并且充当兼职研究人员,承接委托课题。(3)实行实习生制度。智库邀请优秀在校大学生参与智库项目,为大学生提供实习项目和勤工俭学的机会,历练科研能力,让学生,特别是研究生了解智库工作及其运行方式,结交前辈、进行实践,历练才干,通过项目的形式与政策负责人和政策规划小组接触,了解决策的具体过程。智库还能从中延揽优秀人才。[1](4)建立培训基地。智库可以充分利用大学的师资力量、专业课程体系及高质量的硬件设备,在大学内开展员工入职培训,或对参与大型国际研究项目的科研人员提供专业培训和专项问题咨询服务。[2] 通过这种人才交流机制,不仅可以使人尽其才,更能够使智库不断充实新鲜血液,增强活力,使智库保持旺盛的思想活力。

3. 与智库、企业互动交流

智库、企业之间的互动交流,有利于优势互补,强化自身实力。一方面,智库之间

---

[1] 王春法.美国智库的运行机制研究[J].社会科学管理与评论,2004,2:29-41.
[2] 卢江阳.中国特色新型高端智库人才管理运行机制研究[J].中州学刊,2021(10):75-81.

采取对接帮扶。通过互派研究人员参与课题研究、开展专题研讨会、联合研究，或派遣研究人员到其他优秀智库进行培训等方式促进智库自身发展。智库加强与优秀智库的交流与合作，参与重大问题的讨论，建立专业性、国际性的智库专家合作网络库，开展合作研究。另一方面，智库与企业建立流动机制。智库建立灵活的、跨学科的研究体制，邀请来自政策制定部门、学术机构和企业界人士共同参与研究讨论。

4. 国际化交流

智库不断丰富人才经验，支持智库人才经常到国外进行学习和研究活动，深入了解实际发展和研究领域、行业一线的迫切需求，提高工作效率。智库人才在借鉴先进国家优秀经验的基础上，立足本国背景，为国家经济社会发展提出更具全球视野的对策建议。（1）提供人才出国留学的机会。智库实行全球政策实习计划，为人才提供在国际政治和国际事务组织的交流、学习机会。智库可以申请成为国际组织的观察员，固定选派青年研究人员，长期跟踪学术活动与工作会议。此外，智库也可以申请国家留学基金委相关项目，与学会、组织签订合作协议，推荐智库人才前往实习。（2）提供国际学术基础设施。为了促进国际人才交流，营造国际研究氛围，智库应打造国际学术基础设施，成为吸引国际研究人员的重要资产。例如，广泛收集发展世界各国相关领域的相关数据和信息，进行初步的处理，包括翻译、数据分析等，形成特色资料库，有条件的智库可以特别建设并管理运营专业图书馆。（3）设立交流与研究项目培训基地。智库根据自身领域与相关部门合作设立培训基地，通过主办培训班的方式，弘扬中国政策精神，增进全球在相关领域的交流与合作。智库可以鼓励青年教师、研究生作为组织者或志愿者参与其中，提高他们的国际交往能力。

四、考核与激励

激励考核体系是现代智库推进体制改革创新的必然要求，是充分发挥人才创造力和创新能力的保障。智库需要的是自我驱动型、自我燃烧型人才，但仍有智库的人员属于可燃型人才，工作需要他人的督促和指导，如果取消考核，不利于激发智库人员的工作热情。因此,在智库治理中,关键绩效指标考核必不可少。从智库的角度看,将智库的总体目标分解为一系列的工作指标,落实到智库的工作规划中,通过考核控制日常运作。从人员的角度看,考核是智库根据管理制度和相应的标准对员工进行综合评价的依据。评价的结果将决定员工的薪酬、奖励和晋升,奖励勤奋,惩罚懒惰,从而激发员工的创造力。因此,智库采取切实可行的绩效考核和激励方式,有效利用考核结果,能够更好地激发智库人才的积极性,释放工作潜力和活力,保障智库长足发展。[①]

(一) 人员考核

人才考核是人力资源管理的重要环节,对于引导人才进行正确职业规划,提高工作积极性和创新性具有重要作用,促进建设人才强库。考核工作涉及人员、指标、规则、方法、流程、结果反馈等诸多因素,智库要达到预期的考核效果,其考核工作需要满足以下条件:具有清晰、明确、具体的目标;明确智库考核的对象为全体职员,并进行分层分类管理;以多样化的考核方式保障考核结果的准确性;建立严谨通畅的考核成果应用机制。

1. 考核目的、原则和基础

第一,考核的目的是智库成果品质的提高。智库人员管理工作的核心内容是提高研究的品质,而建设严谨的评估体系可以帮助这一目标的实现。智库构建严谨公正的评估体系,建立相应的激励机制,增强研究人员的责任感,使研究更加科学化、更具实用价值。

第二,贯彻客观、科学、公平的准则,突出高绩效、重奖励、硬约束。(1)客观性原则。智库评价以实际情况为基础,提出明确具体的评判准则,以客观事实为评判基础,以客观统一的准则对人员的科研工作做出评判,用数据和事实说话,避免主观臆断。(2)科学性原则。智库评价的科学性表现在评价目标清楚、具体,智库工作人员

---

① 胡海滨.智库绩效考核:制度设计与执行[J].智库理论与实践,2019,4(1):7.

容易清楚掌握;定性和量化考评指标相结合,通过数字化标准减少考评随机性和误差;考评目标应具备可实现性,根据智库发展需求、年度计划、工作人员的基本素质、岗位职责、任务指派等因素确定;考评过程应具备时限性,应当在规定日期内进行并及时发布结果。(3)开放性原则。智库考核的过程与指标应明确规定,并向全体员工公开;评估结果还应公示,接受员工的反馈意见,以纠正评估中可能存在的偏差和错误,确保评估的公平合理。

第三,智库评估成功的基础在于智库完备的评估体系,成熟稳定的体系可以有效保障考核的实施。智库内部应有较为健全的考评制度,内容涵盖智库内各个工作人员的基本职能与岗位任务,严格的薪资制度与晋升制度,清晰顺畅的工作流程,对各类事务的有效管理方式,以及多样化的鼓励举措。智库建立人才评估体系,包括学术贡献、晋升、委托关系、详细领导、制度管理等功能,划分层级,以此对每个研究人才作出评价,并按照绩效决定研究人才的薪酬、奖金以及是否继续雇用。[①]

2. 考核内容

智库的研究区别于一般的学术研究。学术研究偏重基础理论模式的诠释,将一般性的、有规律的行为和现象,进行抽象式、理论化概括,强调学理创新性,偏于理论基础分析。而智库是根据公共政策与社会发展状况,以为政府提供决策咨询为宗旨,充分发挥特定功能的政策咨询服务组织。智库更加贴近实际情况,围绕重大的系统性和战略性全局问题进行研究,充分发挥好建设功能。智库成果主要是面对决策层,一般以内参、汇报等方式为管理者提出政策咨询,因而提出的政策建议应当深入浅出、言简意赅。因此,对智库研究工作的考核应该以影响力作为评价目标,以决策影响力为主导,社会影响力和国际影响力为两个基本点。[②]

因此,智库人才评价指标的选择应着眼于其智库成果与活动。通常包括以下几

[①] 胡海滨.智库绩效考核:制度设计与执行[J].智库理论与实践,2019,4(1):7.
[②] 王文.伐谋:中国智库影响世界之道[M].北京:人民出版社,2016:28-150.

方面：一是党和国家领导人的重要批示；二是参加政策咨询会议的数量；三是创作、出版重要研究作品的数量；四是推出有广泛影响力的研究成果报告；五是承担政府部门项目的数量；六是政府承担国家交办的重大活动的数量；七是其社会与国际影响力，例如，在国际、国家级重要媒体平台发文的数量、新媒体平台的阅读量，等等。

3. 考核对象

智库绩效评估的关键是明确评估对象必须是所有员工和部门。智库的性质决定了其研究工作具有复杂性、综合性，因此根据不同的专业分工、不同的部门分类、不同的职责和岗位对员工进行评价是一种更为明智的方式。将智库的管理目标划分为各个模块，每个模块中再设定具体的可考核项目，用具体的语言说明进行各模块工作所必须满足的职责规范。①

第一，对智库职员实行分层分级分类考核管理。智库内部工作及研究方向的差异性，在考核中必须按照具体研究方向或岗位职责划分，按照差异化原理对不同研究项目人员分别加以评价。智库应积极推进与工作责任、工作业绩、实际贡献等紧密结合的绩效管理体系，并根据不同职位情况进行差别化的全员绩效考核。对科研岗、教学岗和管理岗人员按照积分进行量化管理，对科研人员的成果采用分层分类的考核方式，对不同类型、不同等级、不同水平的成果赋予不同的分值，并将积分量与收入分配和年度考核相挂钩，与评先评优、出国访学、荣誉称号、职称晋升挂钩；对管理人员的智力劳动（领导讲话、管理制度、年度工作总结等文件的起草等）和创造性劳动（管理模式的创新等）进行评分。

第二，对研究部门进行评价，评价结果与员工待遇挂钩。智库建立研究部门审核制度，审核研究成果的实际价值和社会影响。智库可以根据自身情况，划分不同的科研项目组或部门，对整体部门的成果进行评价。如在专业期刊和专业媒体上发表的文章的外部阅读量和评价量；部门研究成员对智库的贡献；智库成果转化所获资金等

---

① 胡海滨.智库绩效考核：制度设计与执行[J].智库理论与实践,2019,4(1):1-7.

因素。根据部门评价的标准,智库每年召开会议,总结工作并判断成果价值。智库应坚持绩效导向、优胜劣汰的原则,加强对各创新团队目标和计划的责任管理,优化资源配置,凝练学科方向,组织年度考核,以打分制进行人员评估,认定创新成果。

第三,根据实际情况设置考核周期。根据工作目标和活动进度设置考核周期,例如,月度、季度、半年度或年度的整体评估,也可以是长短期相结合的方式。不同周期的考核侧重点也相应不同,月度考核侧重于完成短期目标,如当月发表的公众评论文章数、授课次数等。采取一些即时的激励措施,可以及时调动员工的积极性,保持工作的活力;季度考核重点在于进行中的研究项目、论文撰写、政府委托项目等工作的进展情况,能够把控开展项目的进程,保证工作计划的顺利进行;半年度评估属于中长期评估,重点总结智库整体工作进展情况和主要项目实施程度,反映和检验智库工作的方向性和合理性,从战略角度进行年度规划,对问题及时做出相应调整。年度考核是对一年工作的总结,这不仅包括考核所有员工完成任务的情况,还包括考核员工一年的工作能力、态度、道德、创新性等,是对员工进行年度激励的重要依据,也是制定下一年度工作计划的重要参考。

4. 考核方式

智库工作高度综合,涉及多个业务领域,行政人员与研究人员的工作内容也具有较大差异,不同岗位的考核目标以及应采取的方式均有差别。这些决定了当前智库绩效考核需要采取多种方法相结合的方式,尽量客观地开展评估工作。

第一,定性和定量相结合。对于能够量化的成果以指标的形式进行统计,如论文、决策咨询报告、参与会议活动的数量等;对于无法计算的成果,如工作能力、工作态度、品德等,需要将经验判断、综合比较的定性考核方法与依据客观数据的定量考评方法相结合,实现有效的互补,对员工的绩效作出全面、真实的判断。

第二,目标管理法与关键绩效指标法(Key Performance Indicators, KPI)相结合,推进目标与关键成果管理法(Objectives and Key Results, OKR)。智库必须将智库的总体目标分解为个体目标,最后根据员工工作目标的完成情况进行绩效考核,并以目标整合各部门的工作活动和贡献,从而实现智库的整体战略目标,[①]这就是新一代综合目标管理和关键绩效管理的优点。意大利经济学家维尔弗雷多·帕累托提出二八原理,通过引申这一原则,即可得出智库 80% 的核心成果可能由 20% 的关键人员完成。二八原则为绩效考核指明了方向,即围绕关键绩效指标,把考核工作的主要方向放在关键成果、关键过程和关键成员上。由于智库的性质和战略定位,关键绩效指标主要关注智库的影响力,包括智库成就、媒体关注度和公众知名度。将这些要素具体化为一系列关键量化指标,如内参报告数量及批示率、参与高层次决策咨询会议的数量和贡献度等;在中央级媒体上的出现频率和数量,在"三报一刊"和权威学术期刊上发表的文章数量等。这些关键指标的考核是智库绩效考核的重中之重,是发现和用好智库优秀人才的重要手段,对推动总体战略的顺利完成也具有决定性作用。[②]

第三,内外部考核相结合。内部评估是在部门内部完成的,是对研究成果的内部评价和总结。在此基础上,进行外部评估。外部考核以聘请第三方机构为主,对智库的整体建设情况加以评判,发现智库建设的问题,推动智库更好发展,促使组织目标的实现。

5. 考核结果反馈

智库评价结果作为客观、真实、公平、公正的依据,可以保证激励机制的有效实施。智库绩效考核结果与薪酬、晋升、人才培养、工作条件挂钩,可以充分调动智库人才的积极性。同时,绩效考核的结果也对智库管理者产生一定影响,促使他们更加重视考核工作。

第一,建立绩效考核反馈机制,拓宽考核结果应用范围,促进成果应用多元化。考核结果可用于发放绩效工资、调整岗位工资水平等。还可用于调整组织目标、制定人才培养计划、提出绩效提升措施等。根据部门职责制定具体考核要求,将考核结果

---

① 胡海滨.智库绩效考核:制度设计与执行[J].智库理论与实践,2019,4(1):1-7.
② 胡海滨.智库绩效考核:制度设计与执行[J].智库理论与实践,2019,4(1):1-7.

划分为多个等级,考核的成绩与补贴发放、薪酬奖金直接挂钩。对于考核不合格的人员,智库可以劝退。

第二,将考核结果与个人和组织目标进行比较,不断调整绩效指标。在考核结果应用阶段,智库不断加强绩效沟通与辅导,加强绩效分析与改进。对考核结果落后的,应及时与考核人员沟通,明确目标方向。当个人清楚自己的目标和方向,并且个人目标与组织目标相一致时,他们可以被有效地激励以实现最大的绩效结果。智库可以规定员工完成每一次年度考核和学习发展计划,以鼓励员工参与学习和自我提升活动。同时,智库应为研究人员提供正式的职业道路以及年度晋升机会,每年定期开展员工会议和问卷调查,征求意见和建议。

为确保智库绩效评价工作平稳有序,智库应采取多项保障措施。一是建立健全的管理制度和评价标准。评价应覆盖智库的各项活动,在实施过程中分工、职责明确、标准统一,做到公平高效。二是选择合适的人员进行评价工作。智库负责人牵头,相关业务负责人和骨干人员组成领导评估小组,确保评估工作顺利开展。三是加强对评估过程的监督管理。确保评估工作按照指标体系有序进行,客观公正,及时纠正偏差,最终得到客观真实的评价结果,这也是下一步落实激励措施的前提。[1]

(二) 人员激励

一流的人才队伍是智库产出战略性、前瞻性、针对性、有效性成果的根本支撑。因此,只有建立科学合理的智库成果评价机制和人员激励机制,才能充分激发智库人员的思想力和创造力,提升智库服务决策和地方发展的能力。突破传统的科研成果评价和人事制度束缚,建立符合现代智库发展规律的成果评价和人员激励机制,既是智库提质增效的重点难点,也是体制机制创新的突破点。组织奖酬、荣誉晋升机制是激励智库人才的重要手段之一。组织奖酬中内外部薪酬的公平合理性、人才晋升等综合管理手段,其核心都是最大限度地激发研究人员的工作效率与专业能力,确保人

---

[1] 胡海滨.智库绩效考核:制度设计与执行[J].智库理论与实践,2019,4(1):1-7.

尽其才,从而增强智库综合实力。因此,立足智库机构的性质,将人员激励与智库的核心职能紧密结合,根据研究人员参与政策研究、咨询、解读、评估、质询以及外事工作的成效与贡献,建立多劳多得、优绩优酬的激励模式具有重要意义。[①]

1. 成果认定

传统的科研成果主要以核心期刊论文、学术著作、发明专利为代表。但智库成果不同于一般的科研成果,虽然其必须建立在思想性和学术性的基础上,但从表现形式上看,智库成果相对而言更加具有政策性和实用性,因此对智库成果的激励应当侧重以服务决策和影响社会为导向。智库除了对论文、著作和科研项目等学术研究成果进行奖励,还要对一些产生良好社会效益的政策研究成果进行奖励,不断提高智库研究人员从事政策研究的积极性。智库应在充分把握智库产品生产规律和智库建设特点的基础上,逐步将智库成果纳入工作考核、科研项目结项和科研业绩奖励等各个层面,构建一套完整的科研成果评价和奖励机制。(1)将智库成果纳入科研工作考核。充分结合哲学社会科学尤其是应用型社会科学学科和研究的规律,将智库成果纳入考核内容,将智库的研究报告、内参或批示等成果与核心期刊发文进行折算,使智库研究的价值在科研体系中得到充分的体现。(2)将智库成果纳入科研业绩奖励。在智库薪酬体系的框架下,进一步规范、完善科研工作绩效核算与业绩奖励制度,将优秀智库成果纳入核算体系,进一步体现优秀咨询报告等智库成果的价值。在绩效核算和业绩奖励制度设计中,增加优秀智库成果的比重,与智库产品体系和科研工作考核进行有效衔接。(3)制定科研成果制度规范。智库应制定《决策咨询类成果奖励细则》,对奖励原则、范围、标准、额度等进行明确规定。将科研成果分成不同层次,给予不同的考核分值,提升科研人员参与决策咨询活动的积极性。制定专门的《绩效考核办法》,将决策咨询成果、理论研究成果、舆论引导成果、重大奖项等多项成果纳入业绩考核,激励研究人员多出精品成果。将建言采纳等咨政成果,领导下派、交办、指

---

① 李曜坤,牛家儒.深入推进我国智库体系建设的思路与建议[J].社会治理,2018(10):35-40.

定的指令性任务,以及媒体采访、节目录制等舆论引导活动纳入科研成果鉴定体系中,建立学术类成果与决策咨询类成果相结合、相贯通的成果鉴定机制。

2. 奖励激励

激励是通过管理工作创设一定的条件,激发员工的工作积极性、主动性。因此,智库必须建立多层次的激励体系,整合外部激励与内部激励措施。外部激励利用适当的物质手段激励员工,如薪酬与奖金、休假等福利;内部激励则是员工获得研究成果的署名权、参与大型会议、培训进修等精神激励。智库从物质、精神、工作与荣誉等方面给予奖励,激发智库研究人员的工作热情,促使他们提出更加符合时代发展的建议,不断提高智库人员的工作效率,完善和创新现代智库的水平。

物质激励包含智库人员的薪酬以及智库发放的一些物质福利等。薪酬包括员工从事劳动所得到的工资、奖金、提成、津贴以及其他形式的各项利益回报的总和。[1]在日常生活中,薪酬是主要的生活来源。因此,智库应重点把握薪酬这一因素。在薪酬结构中,"五险一金"是智库应当对研究者支付的保障性待遇。智库应坚持"按劳分配,效率优先,兼顾公平"的原则,将奖励性绩效工资与岗位职责、工作制度、工作效率挂钩,进一步调动科研人员工作的积极性和创造性。智库也可以设置奖金进行激励。奖金的设置要具有合理性、合法性,结合智库工作的实际,最大限度地给予研究人员资金支持、研究动力。(1)建立智库"成果购买制"。这一制度不是简单的物质奖励,也不是单一的"花钱买产品",而是一套完整的激励制度。智库产品体系不仅包括以内参产品为核心的咨政载体,还包括具有思想力的期刊、丛书和面向社会大众的辐射性产品,针对不同的智库成果和产生的效果建立不同层次的激励标准。(2)落实"直接奖励制"。建立优秀成果奖,包括对策研究特等奖、一等奖、二等奖;最具品牌价值研究中心、深度影响力报告、媒体影响力人物;优秀科研奖等。奖项采取每年颁发一次,在全智库层面上直接奖励优秀智库成果和优秀智库人才。体现高质量智库成果和高水平

---

[1] 姚裕群.人力资源开发与管理通论[M].北京:清华大学出版社,2016:381,435.

人才的价值,从而在智库内部和社会营造重视智力资源、激励智库产出的良好氛围。

荣誉激励是对智库研究人员职业晋升、颁发奖项等。智库不仅要做好工作等外部的激励,同时,也要意识到内部激励对人员的激励作用。智库的福利是吸引、留住人才的重要手段。智库福利的设置可以从医疗福利待遇、子女入学、出国进修、基础设施资源的配置、个人图书馆等方面着手。

(1) 设置智库人员专属晋升序列

智库由于其功能与传统的研究机构不同,对于人员的职称评定也应有所差别。专门设置智库研究人员职称序列,对于科研项目、学术论文等方面设置基准线,将决策咨询报告、对策研究的成果作为重点职称评审标准,建设适应智库研究特点的评审体系,充分调动科研人员参与决策咨询工作的积极性。针对岗位和人员身份的多元化状况,智库从评定标准、评定流程等方面根据智库研究特点设定规则,探索构建适合智库功能定位和发展实际的多职业发展通道。智库研究人员岗位设置为完整的晋升路径,如研究助理、助理研究员、副研究员、研究员等,对应专业技术岗位。不同岗位的研究人员需要满足相应的任职条件,特别是要符合相应智库成果的评价要求。智库研究员序列的研究人员按照固定期限合同聘任方式进行管理,在聘期内需按照考核要求产出相应的科研成果和智库成果。岗位层级规定晋升年限,优秀的符合条件的人才可以突破年限,提前晋升。对于不同层级的人才配套相应的待遇,最大限度激发人员活力。有条件的智库可以设立双序列的职称晋升体系,即偏重理论研究的基础研究系列和强调决策咨询的应用研究序列,规定科研人员可以根据自身研究偏重,选择适合的晋升序列。

(2) 荣誉奖励

给予荣誉奖励,提供展示提升平台。智库要积极为高级研究人员优先提供学习和发展机会、文化激励以及免费的基础设施。特别是对智库研究人员的福利激励更为重视,提供各种保险、休假、在职深造费用补助、免费的基础设施等。此外,智库可以设置一些奖励活动、赛事等,拓宽智库研究人员展示自己的平台。增设相关奖项,如自媒体宣传、设置学术讲座、举办学术活动、承接决策咨询类政府购买服务项目量等。对智库人员而言，获得荣誉能够满足其自我实现的需求，工作效率与工作热情能够大大提高；对智库而言，树立了榜样的模范作用，能够带动智库的组织文化氛围，取得一举两得的成效。

（3）开放研究中心设立

智库有着大量的智力资源，应整合内外资源，优化内部资源配置，争取最大的投入产出和激励效果。智库可以开放研究中心的申请和设立，分为品牌研究中心、特色研究中心和孵化研究中心，分别享受不同的资金支持、渠道支持和科研运营服务支持。研究中心和人员的类别具有可变性，根据每个考核周期的考核结果进行动态调整，实行有进有出、有上有下、有内有外的灵活激励机制。

第十章　项目与课题管理

　　课题与项目研究是维系智库生产与发展的重要基础,而课题项目管理是智库管理的核心。智库的课题与项目管理要求管理者在有限的资源约束下,运用系统的观点、方法和理论,对项目涉及的全部工作进行有效的管理。智库可以凭借扎实的学术基础、高水平的科研人才和完善的科研管理制度,通过创新课题项目管理模式、完善科研生产流程,实现科研管理的有序、高效,促进科研与咨询工作效率的提升。

　　智库的成果是智库最终的对外输出产品,也是智库专业知识的外显。[①] 智库的产出均应为智库产品。作为智力密集型的政策研究机构,智库产出的各类产品是智库的政策专家思想的结晶,这些学者的观点、创意、策略、设计经过整理和归纳,最终以报告、文章等形式得以呈现。与其他各类产品一样,智库产品也具有功能、质量、效益、标准、品牌等特性。[②] 智库想要产出各方面质量都优秀的产品,就需要对产品生产的全流程,即课题与项目的运行进程进行管理。课题与项目管理包括课题项目的流程管理、智库产品的质量控制以及经费控制。

一、课题项目流程管理

　　一个智库课题项目完整的生命周期包含了选题、立项招投标、制定研究计划、实施、成果提交、评审、结项、落地反馈等阶段。现代智库的产品生产遵循科学生产的原

[①] 李刚,王斯敏,吕诚诚,等.CTTI智库报告(2020)[R].南京:南京大学出版社,2022:127-128.
[②] 王文涛,刘燕华.智库运行和智库产品的评价要点[J].智库理论与实践,2016,1(2):14-19.

则,同样需要采用科学的研究方法,依照合理的生产程序,对知识产品生产的全过程进行有效管理。智库的课题项目可以来自客户的委托,也可以是智库自身提出的。不同的课题来源可能对智库的选题、工作安排、产品形式等提出不同的要求,但其遵循的课题项目管理流程是大致相同的。

(一) 科学选题

发现、找出什么是需要加以研究和咨询的问题,是研究过程中一个极为困难和关键的部分。[①] 因此,科学的研究选题对项目的顺利实施而言至关重要。智库研究的选题通常基于政府、社会等层面面临的现实需求,具有较强的现实性与针对性。按照课题的来源分类,智库课题通常分为两种形式,一种是政府、企业等甲方向智库委托交办的研究项目,这种课题由委托方指定。智库可以通过委托方直接委派或者公开招投标的方式获得这种课题。另一种是智库结合自身特色对相关领域的公共政策进行研究,主动提出的项目课题。

优秀的智库要能够完成有理论根基且可行性高的政策研究课题、建设规划课题,为党和政府提出参阅价值高的对策思路和政策举措。[②] 智库在围绕政府关注的问题,进行对策性研究的同时,也应该深耕自身领域,善于发现问题、提出问题,基于自身的专业优势对挖掘出来的选题进行分析研究。为充分发挥咨政建言的功能,智库在研究选题时需要充分考虑社会、经济等方面发展的重难点问题,关注政策议程中的关键需求,为决策者提供有效服务。这就要求智库尽可能地把握政府决策咨询的需求,了解决策者关注的政策议题,对各类政策问题加以专业的分析研究,进而提出政策建议,服务政府决策。智库可以结合研究自身专业领域和工作重点,申请承担各政府机构、部委办局的招标课题,以确保服务决策的针对性和实效性。

智库的选题包括战略性选题、前瞻性选题、区域性选题、全局性选题等,[③] 在开发

---

① 张伟.新型智库基本问题研究[M].北京:中共中央党校出版社,2017:206-207.
② 罗来军.我的高端智库管理之路[M].北京:中国财富出版社,2019:54.
③ 袁曦临,吴琼.智库咨询理论、方法与实践[M].南京:东南大学出版社,2018:112-120.

选题时应该首先明确选题的类型,突出重点、分清主次,避免泛化的选题。智库的课题选择可以聚焦于政策过程的各个阶段,除了政策产生前的论证,还可以针对政策实践过程中产生的实际问题进行研究或评估,为执行和完善决策保驾护航。表10-1为兰德公司、布鲁金斯学会和胡佛研究所三个世界知名智库的课题项目类别。

表 10-1 兰德公司、布鲁金斯学会和胡佛研究所课题项目类别[①]

研究方向	兰德公司	布鲁金斯学会	胡佛研究所
经济 法律	商业与法律	经济 商业贸易 财政政策 法律	经济政策 法律
教育 历史 医疗	教育与艺术 健康与医疗保健	教育 健康	教育 历史 医疗保健
社会	儿童与家庭 基础设施与交通 人口与老龄化	城市问题 社会问题	价值观与社会问题
能源与环境 科学技术	能源与环境 科学技术	能源与环境 科学技术	能源与科技
政治、军事与安全	国际事务 恐怖主义 国家安全 公共安全	国际事务 防御安全 全球发展 政治与选举 美国政府	外交事务与 国家安全 美国政治

智库作为政府机构的"外脑",在关注决策者所需、开展针对性研究的同时,还需要拥有长远的目光,对政策问题发展具有敏锐的眼光,开展面向未来的前瞻性、储备性政策研究,对苗头性和倾向性的问题及时关注主动分析,以备未来的"不时之需"。一方面,智库需要对研究领域热点进行持续监测与深度分析,把握研究重点,保证研究的价值,通过对领域热点问题的深度研究,尽量确保研究方向贴合决策者的实际需

---

① 张心源,赵蓉英,邱均平.面向决策的美国一流智库智慧产品生产流程研究[J].重庆大学学报(社会科学版),2016,22(2):132-138.

求,使得研究成果能够为相关部门所用,提高课题研究的相关性与准确性。另一方面,智库也应该拓宽研究的广度,围绕重点的方向性课题,对与之相关的课题项目广泛关注、及时跟进并开展研究。这有助于开拓智库研究的视野与大局观,强化智库政策研究的灵活性,保障智库在坚持自身的专业化研究的同时,又有迅速转移关注点的能力,能够在复杂多变的政策环境下做出及时且专业的响应。

科学的研究选题应该具有足够的可行性,智库在选题时应该充分考量自身的研究实力,研究人员的专业领域、自身的地理位置、可组建的研究团队规模以及预期的研究经费等都需要考虑在列,这有助于智库判断自身的实际能力,确保课题的完成度。在选题阶段,智库可以成立专门的选题小组,汇集智库内外的智慧力量共同参与研讨与论证。同时,智库可以定期召开研究人员选题务虚会、闭门会议,进行头脑风暴。各研究团队和研究人员在开放式的务虚会上汇报选题方向和提纲,智库成员进行讨论交流,分享心得,挖掘选题价值,完善选题方向。

(二)研究组织

在选题正式敲定之后,课题项目正式进入研究组织的阶段。在这一阶段,智库的主要工作是对课题项目进行全面解析,并根据项目需求与实际情况组织研究团队,制定合理的研究计划。

解析课题的目的是充分理解课题项目的选题背景、问题核心、服务对象和预期目标,等等。为了对这些问题进行全面、充分的了解,智库的相关负责人应该在签约前后与委托方进行充分的沟通,了解委托方的实际情况,以便"有的放矢",准确开展课题正式实施前的准备工作。

了解委托方的实际情况主要包括委托方的需求、行为、能力、心理几个方面。其中,委托方的需求是重中之重,指的是委托方提出的知识产品或服务的消费请求。没有需求就不会有消费,而正是这一消费行为促成了智库服务产品的生产与提供。委托方的行为指的是委托方在课题项目的进行过程中在课题选题、研究过程中,产品形成阶段与智库方面的沟通交流和做出的反馈。了解委托方能力的目的是根据委托方的实际能力与定位规划后续的研究路径,否则课题项目的研究就变成了完全天马行空式的设计,最终的研究产品很可能会成为"无根之水",不能有效地落到实处。委托方心理则是指其围绕课题项目需求的形成、提出、满足等系列过程而产生的心理与思维活动,包括需求的动机、对需求满足的期望、对被委托方(即智库)的认知、对服务过程与结果的感受,等等。在课题项目的研究过程中,委托方需求源于其心理,委托方心理则通过需求、行为对研究过程产生作用。[1]

智库的研究不同于传统的学科研究,智库研究的内容一般都需要跨学科的融合,具有很强的综合性。学科背景束缚下的智库往往由于缺乏学科的视角与研究人员之间的合作而损害研究的质量。

目前智库的研究组织方式主要存在三种模式。第一,学科制组织模式。这种模式沿袭了传统的学科划分方式,以学科为单位进行研究活动的组织。这种模式具有同属一个学科、沟通顺畅的优点,但是也存在着缺乏多学科智库的解剖、研究报告综合性不够的问题。第二,围绕研究主题形成研究所或研究中心。这种模式在一定程度上打破了纯粹以学科为组织建制的方式,但某一学科的主导地位仍然较为凸显。第三,矩阵式项目组织形式。这种组织形式在日常管理时并不将研究人员按照学科或研究主题进行组织化管理,当课题需要时,将相关学科背景、有兴趣的人员组织成一个临时的课题组,共同攻克项目。这种模式的好处是职能管理和资源调配都由智库管理层进行,具有更强的动员能力,从而实现人才和资源的更为灵活的调配。这种基于自愿、个人研究兴趣以及多学科的组织形式,将智库研究人员的积极性和主观能动性充分调动起来,从而能够提供更加优质的智库产品。矩阵式的项目组织形式既有利于智库内部的有效管理,又能够符合智库对学科交叉研究的需求,也是现代智库研究组织的理想结构形式。

智库可以根据自身的组织结构与人力资源选择合适的研究团队组织模式。例

---

[1] 袁曦临,吴琼.智库咨询理论、方法与实践[M].南京:东南大学出版社,2018:112-120.

如,日本的野村综合研究所在组建研究团队时实行智库董事会领导下的社长、所长负责制。当一个课题项目被确定要推进时,首先由高层商讨组建项目的主管团队,再由主管团队根据需要,从研究所下设的各个专业研究部中挑选合适的研究人员,并编组为若干个相对灵活的研究小组,每个小组根据主管团队的统筹安排,进行相应的部分课题研究。这种人员的组织方式具有灵活、高效、针对性强的优点,众多国际顶尖智库类似布鲁金斯学会、兰德公司等也采取了类似的项目人员组配模式。[①] 上海前滩综研在组建课题项目团队时,通常每个研究团队由 3—5 名内部员工与 5—7 名外部专家组成。内部的研究人员负责具体项目的调研、分析与产品生产工作,外部专家的主要职责是提供研究思路以及经验咨询。此外,每个研究团队还会配备一个数字机器人,用于处理大量而重复的简单数据,解放研究人员的时间与精力。

在条件允许的情况下,智库研究团队的组成应该是一个双向选择的过程,项目的主管团队可以在智库的人才库中根据项目实际需求挑选合适的研究人员,而研究人员也可以依据自己的兴趣、专长等主动申请加入项目团队。研究团队在研究正式开始实施前需要根据实际情况先行开展合理的准备工作,以便于后续实际研究的展开,包括拟定项目研究的建议书、研究路径、调查提纲、设计调查表格或专家征询书、制定研究计划等。

(三) 研究实施

进入研究的实施阶段,研究团队的任务是搜集课题相关的数据与资料情报,进行充分广泛的问题调查,结合实际情况选用适当的方法对目标问题进行定性或定量的分析,在此过程中与委托方反复交流,交换意见,对课题项目进行系统研究,提出多种方案进行优化比较。

智库的研究工作应该建立在充分、准确的信息和资料工作的基础上。在研究实

[①] 杨瑞仙,权明喆,魏子瑶.国外一流智库运行机制现状调研及启示[J].情报理论与实践,2017,40(12):29-34.

施之初,研究团队需要对课题相关的资料进行收集、筛选并有效处理,这些数据的质量在很大程度上影响着最终产品的质量。兰德公司在 1997 年启用的信息研究规范中就做出了严格规定:研究必须吸纳前人有益成果,并且研究所用数据必须翔实有效,研究所用信息必须是正确的和可核实的。[1] 智库对信息能力的要求主要在于信息的持续性和全面性。[2] 其中,持续性指的是智库对某一问题的信息搜集应该是连贯的,需要克服信息资源的时效性,对问题进行持续跟踪,及时搜集最新信息,以便于准确把握问题走向,辅助政策研究;全面性指的是智库需要尽可能保证信息来源渠道的广度,政策研究涉及的范围非常宽泛,政策文本、新闻报道、学术文献乃至相关人员的口述资料等都应该被考虑在内,这些信息资料都有可能对决策的准确性造成直接影响。

智库课题项目的研究应该建立在全面的调查基础上。调查研究是现代智库知识产品生产过程中不可或缺的重要环节。毛泽东同志曾经指出:"实际政策的决定,一定要根据具体情况,坐在房子里面想象的东西和看到的粗枝大叶的书面报告上写着的东西,绝不是具体的情况。倘若根据'想当然'或不合实际的报告来决定政策,那是危险的。"研究问题、制定政策、推进工作,刻舟求剑不行,闭门造车不行,异想天开更不行,必须全面深入地调查研究。同时,要正确地执行政策,也必须根据当地的实际情况,找到具体执行的方法和步骤,因地制宜地贯彻落实,这同样离不开调查研究。[3]

智库研究团队在正式开展调研活动前,应该先进行周密的筹划与准备,精心准备、质量优异的调研方案对调研的成果起着决定性的作用,而这又是建立在研究团队对课题项目详细了解、对问题与需求精准把握的基础之上的。一份完整的调研方案至少应该包含四个方面。第一是调研的意义与目的,即本次调研活动对课题研究的

---

[1] 李天阳,王新.情报研究质量控制:从兰德公司高质量情报研究规范谈起[J].情报理论与实践,2012,35(12):126-128.
[2] 张心源,赵蓉英,邱均平.面向决策的美国一流智库智慧产品生产流程研究[J].重庆大学学报(社会科学版),2016,22(2):132-138.
[3] 魏礼群.新型智库:知与行[M].北京:人民出版社,2019:68-76.

价值，研究团队希望经由调研得到哪些信息，解决什么问题；第二是调研的目标对象，在调研之前，研究团队需要对被调研对象的情况做充分的了解，包括其身份、经历等，以便规划调研的方式方法；第三是调研的安排，包括参与人员、时间、地点、路线等，如果是持续一定时间的实地调研还需要考虑食宿的问题；第四是预先准备调研提纲，提纲应该尽可能全面且精练，包含研究团队需要了解的核心问题，同时，篇幅不宜过长，需要充分考虑调研的时间安排。

智库的研究课题通常与社会问题、时代需求息息相关，智库的调研活动也就应该深入基层、深入人民群众，深入到实践活动当中。互联网时代出现了很多新的调查方法，网络调查、统计调查、问卷调查等已经是智库调查活动的常见手段，也是对常规调查途径的有效拓宽。智库研究人员善用这些调查方法可以大大提高调查活动的效率和质量。与此同时，智库研究团队坐在办公楼里就得出的调查结果很难具有足够的信服力，因此，常规线下调查活动的重要性绝对不能被忽视。走访调查、蹲点调查等实地调查方式可以让智库研究人员直接感受到实际问题，互动性强，调查质量高。

（四）产品生成

在研究工作结束以后，课题项目就进入产品的生成阶段。在这一阶段，研究团队需要根据具体的研究结果，形成初步的研究结论。这些结论通常以报告的形式呈现，包括总报告、分报告以及相关的附件等。项目报告是项目研究成果的直接展现，也是确保研究质量的关键环节。

一份优秀的研究报告，首先需要把握全文的整体布局。研究报告应该主题明确，观点鲜明，重点突出。通常不需要过多的学理分析，可以单刀直入阐述核心问题。还需要注意报告的表现形式，每篇报告的表现形式不需要拘于一格，可以根据具体内容选择最合适的表现形式，力求将报告的全部内容合理地呈现出来。报告的文字也应该尽可能的精练。研究报告并不追求精美的文采，更不需要深奥晦涩的文字，应该善于提炼和概括，在写作过程中需要反复修改，追求报告的可读性。

研究团队产出的报告初稿显然不能作为最终的项目成果，这样的初步结果需要经过一轮或者多轮的项目评审,在各方达成共识后才可以定稿,作为成熟的知识产品提交或发布。

智库产品在定稿完成并提交给甲方之后,并不意味着课题项目的完结。智库应该对产品进行持续的追踪,与委托方进一步交流,协助其具体方案的实施,并追踪方案的实施成效,甚至根据具体的实施情况对产品进行修改或补充。

(五) 资料归档

智库产品的生产过程中会生成海量的各类文件资料,对这些资料加以合理分类、及时归档,可以维护和管理智库信息和知识资产,实现智库产品的复用,有效避免研究资源的浪费。兰德公司就在其研究成果库中对1946年至今生成的超过两万种可公开的知识产品进行了归档,并提供免费下载和按照时间、主题、产品类型等多种途径浏览、检索方式的服务,大大降低了成果复用的时间与技术成本。[1] 资料归档有以下注意要点:

1. 树立归档意识。资料归档的首要要求是增强智库内部文档管理的意识。智库资料文档的生成具有分散性,智库知识产品生产的各个阶段、智库活动的每个环节都可能出现文件的生成。这些分散文档的管理有赖于智库内部各成员的协同合作,所有智库员工都需要具备充分的文档管理意识。智库文档管理的意识包括文件资产、信息保密、知识产权保护等,智库可以通过培训、讲学等方式帮助员工树立文档管理意识,引导员工有效管理智库文件、预防或减少智库工作中存在的文件丢失或安全风险。

2. 建立文档管理制度。建立完善的文档管理制度规范,可以提高资料归档的效率。文档工作制度是依据国家相关政策、在文档管理过程中共同遵守的办事规章。[2] 智库应结合自身实际情况建立一套符合智库管理的制度规范,促进智库文档利用环

---

[1] 张心源,赵蓉英,邱均平.面向决策的美国一流智库智慧产品生产流程研究[J].重庆大学学报(社会科学版),2016,22(2):132-138.

[2] 朱玉媛.档案学基础[M].武汉:武汉大学出版社,2008:96.

节的规范化与流程化。智库员工要注意遵守相应的职业章程规范,明确各自的职责内容,分工清晰,责任分明。

3. 保障文档信息完整。资料归档过程的重点是确保文档信息的完整性。智库文档作为智库活动的原始凭证,可以真实地记录智库实践的全过程,具有重要的保存价值。智库成果的文档信息需要具备完整性与全面性的特征才可满足智库未来可能的多样化使用需求。因此,智库课题项目生产全过程中的文档资料都要及时归档,避免出现信息断层与缺失,否则难以满足智库研究人员对文档资源的使用需求。目前,智库在进行文档归档工作中,往往归档的都是成果式材料,忽视采集的原始数据、计算过程、设计思路等过程式材料,大大降低了档案的完整性。[①] 研究数据是构成文档信息的重要组成部分,只有真实、准确与完整地记录研究活动,才能真正地发挥这些数据的价值。

4. 利用文档管理系统。高效的文档管理系统可以帮助智库进行规范的资料归档工作。传统的纸质文档管理体系在面对浩如烟海的现代智库文件时愈发显得力不从心,作为数字化建设中的重要一环,文档管理系统对智库这类信息和知识密集型组织的重要性与日俱增。高效的智库文档管理系统应该具有足够的用户友好性,能够帮助智库员工增加文件分类、归档、查找和读取的效率,以技术创新推动管理思维的变革,促进智库整体管理效率的提升。

二、质量控制

人们对智库声誉的认可程度,对于维持智库报告和建议的可信度来说至关重要。对于智库的客户而言,他们判断智库的研究质量往往并不通过单个的智库产品,而是根据智库在业界的口碑来决定是否寻求与该智库合作。毫不夸张地说,声誉是智库生存的根本。正因如此,对智库产品的质量控制也就显得至关重要。

---

① 张宝帅.新形势下科研档案采集工作的现状与策略[J]智库观察,2018(36):83-84.

知识产品的质量是智库的生命线。现如今,智库产品的种类愈发丰富,各类衍生产品层出不穷。一份主要的研究报告可以转化成一系列的产品:政策简报、更简洁的内容摘要、报告作者的采访视频、一篇博文以及智库在社交平台上发布的简短消息,等等。一个大型的课题项目更是可以产出包括专著、论文、媒体文章等产品。面对不断丰富的产品线,作为政策研究机构的智库必须高度重视对产品质量的控制。智库知识产品的质量取决于很多因素,智库的相关规章制度、智库采取的评审措施等都会影响到最终的产品质量。

(一)控制体系

1. 制定研究标准

一份书面的正式产品质量标准可以作为智库不同方向、不同研究团队的研究指南,并成为智库各产品质量控制过程的原则。以兰德公司为例,1997年兰德公司便在其智库内部网站上发布了首份高质量研究和分析标准,并分别在1999年、2003年和2009年进行了修订和更新。兰德公司的高质量研究和分析标准大致如下:

(1) 合理界定问题,明确研究目的。

(2) 精心设计和执行研究方法。

(3) 研究者应了解其他相关的研究项目。

(4) 使用最优的可得数据和信息。

(5) 假设应做到明确且合理。

(6) 研究结果应推动知识进步,针对重要的政策问题有的放矢。

(7) 研究的意义和建议应合乎逻辑,有研究结果为证,解释透彻,并相应作出适当的警告说明。

(8) 研究报告应当表达准确、通俗易读、结构清晰、语调平和。

(9) 研究要引人注目,有使用价值,关乎利益相关者和决策者。

(10) 研究应该客观、独立和公平。

在此基础上,兰德公司还特别规定了三项更高的标准,代表兰德对最高质量的追求:研究既要有广度、深度,又要有长远性和宏观性;研究要有创新性;研究要经得住实践的检验。除了研究标准,兰德还制定了严格的审查标准,例如,对智库的公开出版物等制定了严格的审查程序和过程。这些质量标准是兰德研究工作的基石和准则,是高质量研究的保障,亦是兰德享誉全球的基础。

类似的研究标准在许多智库内部都有制定并得到了严格执行。作为经济领域的顶尖智库,美国国家经济研究局在成立之初就提出了五条研究准则:研究应基于客观事实;尽可能进行定量研究;研究应遵循科学原则;研究过程和结果应公开、公正;研究应避免提出政策建议。这种对研究质量的不懈追求也是美国国家经济研究局能够在学术界不断发展并享有盛誉的重要原因。

现代智库中,研究标准的制定应由资深的研究人员、高层管理者牵头起草,由学术委员会审议、讨论后形成。研究标准的制定应该遵循以下几点原则:

第一,普适性原则。研究标准需要适用于该智库日常的各项研究项目,而不是只针对特定的少数情况。标准的制定过程需要充分考虑本智库可能涉及的各项研究工作,应尽量确保研究标准对于该智库在各领域、各层级、各类型的研究均能够普遍适用。

第二,实际性原则。研究标准的制定需要基于该智库的研究实力、侧重方向、人员组成等实际情况,应该充分考虑该标准在智库内部的执行难度,一份脱离智库实际实力、好高骛远的研究标准对于智库的研究并不能起到实际的帮助,反而阻碍了研究的展开与智库管理工作。

第三,简洁性原则。研究标准是智库研究活动的纲领性文件,因此,其文本在确保表述准确性的基础上,应该尽量保证简洁性与可读性,尽量避免烦琐的语言与长篇大论的说明,过于冗长的文本与过于严苛细致的规定反而影响研究标准的实际执行,例如,兰德公司对其十条研究和分析标准文本的中文解释总共就两千余字。

一份优秀的智库研究标准文件对该智库的课题与项目研究的约束作用应体现在以下几个方面。

一是明确研究的目的性。智库的每一项研究工作应该有其清晰的研究意义与目的,研究的后续具体工作应该基于研究目的进行设计与开展,并将研究成果是否达成研究目的作为研究是否成功的关键评判依据。

二是规范研究的科学性。研究的科学性包括研究方法、研究设计、研究工具、研究所使用数据等的科学性。智库研究工作中,研究方法的选择必须要与所研究的问题和内容相匹配。问卷调查、回归分析等既有的研究方法对部分研究是有效的,对其他一些问题则未必适用。研究团队应该在选择、设计研究方法时进行综合判断,合理选择对该问题行之有效的方法与工具。同时,研究所使用的信息与数据必须经过严格筛选与处理,作为事实呈现的信息应该准确并经得住检验,以此尽可能缩小研究结论的偏差。

三是确保研究的独立性。作为客观、独立的非营利性政策研究机构,研究的客观与独立性是评价智库研究成果质量的基本要素。智库研究项目的开展过程应该不受资助单位、政府、财团等的干扰,由智库研究人员独立、客观、公平地进行。除了经济上的独立性,知识上的独立性同样需要得到严格的规定,智库需要通过严谨的质量控制程序对各个阶段的研究工作进行跟踪与管理,防止研究失之偏颇。

2. 质量控制程序

科学、合理的智库产品质量控制程序能够规范智库产品的生产流程,对智库产品的质量进行有效的监管与审核,以标准化的程序把握产品质量,以确保发布的每一份智库成果都不会对智库声誉造成负面的影响。智库需要对自己的产品质量控制程序做出明确的规定,并设置多套控制程序以应对不同类型的智库产品。有条件的智库还可以设立类似世界资源研究所的"科学与研究部"这样的专门负责对智库产出知识成果进行评审的部门。①

对于严谨的研究报告、学术专著等直接关乎智库声誉的重要成果,智库应该对产

---

① 袁曦临,吴琼. 智库咨询理论、方法与实践[M]. 南京:东南大学出版社,2018:116-118.

品生产的各个过程进行严格的质量控制。在课题立项阶段，应该组织专门的立项研讨、评审会，确保选题的正确性和实用性；在初稿形成之后，至少需交由项目负责人进行审定，并组织修改、完善等工作；在项目评审阶段，需要组织严格的内、外部同行评审程序，确保产品的高质量；在评审工作结束后，由项目负责人、智库负责研究工作的高层领导对终稿进行审定并确认无误后，才可发布；成果发布之后，研究团队还应该对成果造成的影响、各方的评价与反馈进行持续跟踪，确保成果在全生命周期中的高质量。

对于突发性事件评论、媒体推文等注重时效性的简短成果而言，过于冗长的质量控制程序势必会造成成果发布时间的滞后，反而影响成果质量。智库在对这类成果进行质量控制时可以选择采用"单级审核"的方式，由研究负责人审核确认无误后方可发布。

（二）评审程序

现代智库的知识产品种类丰富，包括内参报告、理论文章、专著、音视频文件，等等。智库错综复杂的产品线给质量控制提出了更高的要求，不同类型的产品可能需要采用不同的评审程序。

1. 同行评审程序

同行评审程序主要适用于对质量有着严格要求的智库产品，例如，专著、大型报告、学术论文等。采用同行评审的方式可以较为综合、全面地考察智库产品的各种属性，确保产品的质量在各方面都达到较高的水平。

（1）同行评审内容

同行评审过程是整个质量控制体系的关键要素，这一过程中采用标准的形式评价与内容评价指标，可以用来控制智库成果质量：如分析是否准确真实，逻辑是否一致；方法是否得当；论述是否客观、是否基于当前和历史的文献；表述是否通俗易懂等。智库通常非常重视同行评审过程，在一些诸如美国城市研究所这样的智库，报告出版后若出现了严重的错误，需要由审稿人和作者共同负责。极少数像 ABT 联合公司这样的智库甚至在出版时会将审稿人和作者的名字一起放在扉页上。①

(2) 同行评审流程规范

从严格意义上来说,同行评审过程必须是正式的,需要具有强制性的书面制度和规则声明,包括审核产品的范围;审核人具体负责审核的产品;审核中惯用的标准(常用的质量分析方法)、根据分析所得的结论、报告的清晰有效性、产品是否与合同或拨款协议的要求相一致;审核形式(如书面形式、口头评审或其他特定形式);解决审核人中与作者之间可能存在的争议过程;审核人在评审产品后,对存在的问题所承担责任的范围。通常,产品审核完成后,审核人需要对审核的内容签字,以此来表明其对于此次审核负责。

许多智库在项目的审核阶段都设立了同行评审的环节,但未必如上文概述的那么正式。比如团队领导者负责产品审核,但可能并没有保存明确的审核记录。另外,评审记录可能会在评审操作过程中被智库里的专家遗漏。一些智库也可能利用类似内部审查研讨会这样的程序替代同行评审过程,并以此作为质量控制的方法。但事实上,这样的研讨会对于指导项目来说或许非常有价值,但是它不能完全确保产品的最终质量,也不能达到替代同行评审的目的。

(3) 同行评审类型

同行评审过程按照参与评审专家团队的来源可以分为三种类型,分别是内部专家评审、外部专家评审和内外部专家联合评审。拥有充裕研究人员的智库,例如兰德公司,会进行内部专家评审。类似美国国家科学委员会(National Science Board, NSB)这种自身没有固定专家队伍的智库则只能选择邀请外部专家参与同行评审过程。而像布鲁盖尔研究所(Bruegel)这样的小型智库,研究人员数量较少,在组织同

---

① 雷蒙德·J.斯特鲁伊克.经营智库:成熟组织的实务指南[M].李刚,等译.南京:江苏人民出版社,2015:41-52.

行评审时通常会选择邀请一部分外部专家,与内部的研究专家共同组建评审团队。[①]虽然专家的来源不尽相同,其同行评审过程所遵循的原则是基本一致的,参与评审的专家团队需要依照一定的流程,根据具体项目的需要进行组建,强调独立性和利益冲突回避,确保评审过程的科学、客观、公正。

2. 灵活评审程序

严格的同行评审流程可以最大限度地控制研究产品的质量,但组织评审专家组、制定评审程序和正式的实施需要花费的时间以及人力、财力、物力也是不容忽视的。即使智库的书面文件中已经明确规定了严格的评审程序,但在执行的过程中可能会受到时间或当下可投入资源的限制,实际进行的评审流程往往会打一些折扣。一些对时效性要求较强的产品,例如内参、政策简报等很难承担同行评审过程的时间成本。而类似媒体消息、博文、采访视频等分布零碎、数量繁多且内容相对简短的产品在审核时采用同行评审程序则显得并不划算。面对种类纷繁的智库产品,灵活调整评审的过程十分必要。

智库产品对智库的重要程度是制定评审计划的重要参考指标。那些会直接关系到智库声誉的重要产品要像学术出版那样进行十分严格的评审。[②] 面对这一类产品时,智库必须组建一支高水平的专家组开展评审工作,评审意见应该详细向高层管理者汇报。如有必要,根据评审专家相关意见修改后的产品应该再次提交给同一批高层管理者把关。为了进一步确保产品的质量,条件允许时可以再次组织专家团队进行评审,直至产品完全达到预期要求。而对于一些质量要求并不那么严格的产品而言,一些并没有参与这项工作本身但经验和实力足够的智库内部员工就足以承担评审的工作。当然,在智库内部无法抽调出足够的人手时,仍可以选择聘任外部评审人员。在

---

① 张志强,苏娜.一流智库战略研究成果的质量管理机制[J].中国科学院院刊,2016,31(8):940-950.

② 雷蒙德·斯特鲁伊克.完善智库管理:智库、"研究与倡导型"非政府组织及其资助者的实践指南[M].李刚,等校译.南京:南京大学出版社,2017:161-197.

评审时，技术的严谨性是评审员应该关注的重点。需要注意的是，不同类型的智库产品通常对应着不同的技术研究要求，评审员需要依据不同的标准开展评审工作。

评审工作需要考虑的一个重要问题是合理分配评审资源，一个核心报告和由该报告转化而来的各类子产品所需的评审资源显然是不一致的。因此，评审组织者和评审员需要了解不同的智库产品大致包含的主要成果与方法。对于研究人员来说，原始报告在写作时相比于简报而言通常更加得心应手，对长篇大论的报告进行精练存在一定的难度。基于这种情况，评审员就应该在评审精练文章时充分了解相关工作内容，确保精练文章能够精准描述原始报告中所涉及的问题，并简要介绍所使用的分析方法。精练文章应该能够简洁明了地阐述原始报告得出的结论，尤其是涉及政策方面的内容。此外，对精简的文章进行专业性编辑也是可行的方式。

3. 质量控制失败时的应对

上文说明了智库产品的质量控制规则和程序，但在智库实践的过程中，再精细和严格的评审程序都无法保证产品的质量一定能达标。当质量控制失败时，智库采用合适的处理方式可以将造成的损失尽可能地降低，这对维护智库的声誉也非常重要。

在危机感最开始出现时，智库意识到了产品存在的潜在质量问题，或者甲方、媒体、公众发现了某些问题，针对智库产品的批判或争议很容易在媒体或社交平台扩散。智库在这时应该迅速组建一支应急团队，对这一问题进行专门处理。首先，智库应该在官网或者其他社交媒体平台发表声明，表示智库已经注意到了外界的批评或争议，正在研究这些说法的真实性。在此时，智库对外的表现应该尽可能冷静，与各方面保持正常且专业的交流。

智库的应急团队需要尽快对相关的批评或争论进行核实。经过慎重调查之后，如果智库产品本身并不存在问题，智库就需要认真、全面、细致、谨慎地准备证明材料。依据问题的重要性，智库可以选择邀请外部的知名专家给予相应的支持。而如果调查结果显示智库的产品确实存在错误，智库首先要做的就应该是坦率地承认，若相关成果已经被采纳，甚至应用于政策中，智库更需要进行公开道歉，尽可能降低所造成的声誉损失。智库应该对这些失败的质量控制事件进行深度总结与反省,不断完善内部的质量控制体系。

三、经费管理

(一) 筹资渠道

作为一个研究机构,充裕的经费是智库开展各项工作的基本需求,也在很大程度上影响着智库的发展质量。一方面,智库的运营管理和各项研究的展开离不开经费的支撑,稳定、可持续的经费来源渠道也是智库生产和发展的必要条件。另一方面,广泛的筹资渠道对智库的独立性而言也至关重要。作为非营利性的政策研究机构,智库本身并不能通过其研究产品获得太多的直接经济利益,而支撑其正常运转却需要一笔相对而言不菲的资金。因此,智库相当依赖来自外部的资金支持。然而,来自一个渠道的资金支持几乎不可避免地会干预智库研究的导向,从而对智库的独立性造成一定影响。此外,相对智库所生产的各项智力产品而言,智库的资金更容易被外界计算与衡量,因此也常常被作为评判智库实力的重要指标,经费充裕的智库往往更容易被公众所熟知。

世界知名智库的经费来源渠道广泛,各智库通常会根据自身的定位、社会网络关系、历史传统等构建一个相对多元化且平衡的筹资渠道。以著名的兰德公司为例,如表10-2与图10-1所示,其2020财年的总收入达到了3.49亿美元,这些资金有十余个不同的来源,既有来自美国政府各部门、军队的资金,也有基金会、捐赠等其他各种渠道。由于智库自身的定位、属性以及所处的社会环境不同,相互之间的资金来源可能会存在很大的差异。总的来说,智库的筹资途径可以概括为政府拨款、慈善捐助以及智库创收三类渠道。

表 10-2　兰德公司 2020 财年收入

来源	金额/万美元
美国卫生与公共服务部门及相关机构	6 840
美国国防部及其他国家安全机构	6 450
美国空军	4 670
美国国土安全部	4 600
美国陆军	3 590
其他联邦机构	1 790
基金会	1 760
非美国政府机构及国际非政府组织	1 300
慈善捐助	1 270
其他非营利组织	940
州和地方政府机构	850
私营部门	470
其他	240
大学	130
总计	34 900

数据来源：兰德公司官网。

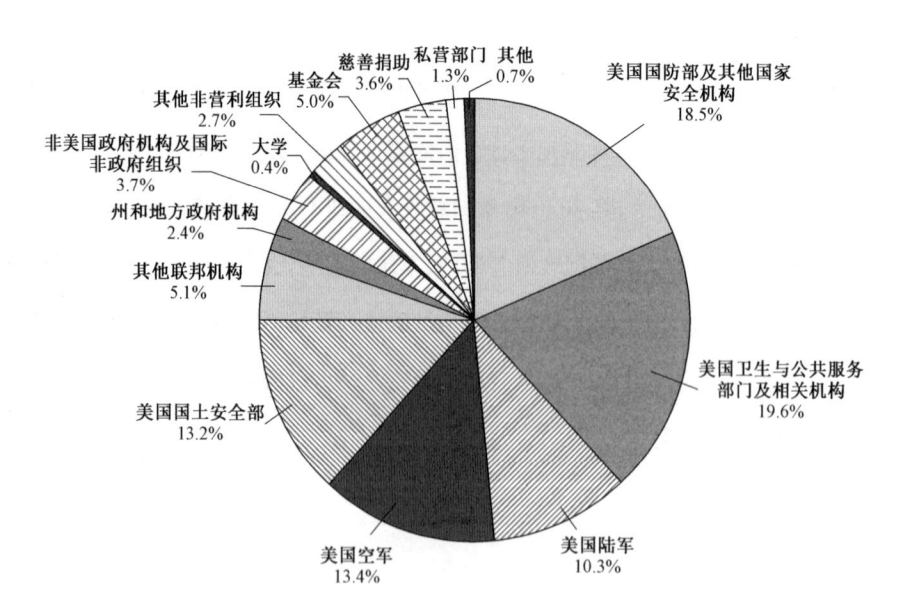

图 10-1　兰德公司 2020 财年收入

1. 政府拨款

带有官方背景的智库通常能够通过政府拨款得到不同比例的资金支持。例如，在我国，被列入国家高端智库序列的智库机构可以获得中宣部的资金支持，各省、市的社科联、宣传部等机构也会遴选相应层级的重点智库名单，每年发放一定数额的智库建设经费。高校智库可以通过科研经费、实验室建设经费等名目得到来自高校财政的拨款。

政府拨款的资金来自政府的财税收入，这类资金来源有保障、收入稳定，可以大大减少智库筹资的难度，智库几乎不必担心资金链条断裂等情况的发生。但需要注意的是，接收政府财政拨款的智库其研究内容与方向在很大程度上势必受到上级单位的引导，这些智库在开展研究时应该更加注重保障研究的独立性。如果过多地依赖于政府直接拨款，难免会成为政府机关的附属机构，作为独立智库的存在感过于模糊。

2. 慈善捐助

慈善捐助已经成了许多国际知名智库的主要收入来源。分析战略与国际研究中心的财报，其2019财年的收入中，来自企业、基金会及个人的捐赠比例分别占30％、29％和11％，慈善捐助在当年的总收入中占比高达70％。这一数据在布鲁金斯学会的资金收入中所占的比例更高，其官网显示，布鲁金斯学会2021年的收入中，各类慈善捐助所占的比例达到了83％，其中来自必和必拓基金会（BHP Foundation）、哈钦斯家族基金会（Hutchins Family Foundation）等捐赠金额均超过200万美元。

慈善捐助指的是来自社会面的捐赠，主要分为企业捐助、基金会捐助以及个人捐助三类。

（1）企业捐助。智库可以通过满足企业的商业利益从而吸引来自企业的捐助。一方面，现代智库丰富的信息资源及专业的研究人员对企业来说有着非常大的吸引力，智库可以利用这些资源换得企业的捐助；另一方面，智库作为专业的政策研究机构，掌握着丰富的与政府部门及官员接触的途径与经验，智库举办的会议、培训等活动也能给企业提供与政府官员接触的机会,智库可以向那些为自己提供捐助的企业优先提供相应的资源与帮助,以此提升企业,尤其是政策敏感型企业的捐助热情。

(2) 基金会捐助。在美国繁荣的社会慈善文化背景下,众多智库依托各家慈善基金会而建立并持续发展。很多基金会不但成了智库的出资者及创办人,有时还会直接委派相关负责人进驻智库,以确保智库的研究工作能够恪守基金会的宗旨与使命。而对于处在发展之中的非初创智库而言,可以通过充分展示自身的政策影响力与舆论影响力,吸引相关基金会的合作,在帮助基金会达成使命的同时,为智库的发展筹得经费。

(3) 个人捐助。中国、美国等很多国家的法律都明确规定,个人捐赠者根据捐款的数额,可以依法享有一定程度的所得税减免,这是吸引许多个人捐赠者的主要动力。智库可以为个人捐助者提供智库最新的研究进展与成果推送服务等吸引个人捐助者。虽然来自单个捐赠者的资金规模通常无法与公司或基金会相提并论,但对智库的发展仍然起着重要的作用,这些分散的来自许多个人的资金更能保证智库未来收入的稳定性与可持续性。[1]

发达国家尤其是美国富人对于捐赠热情很高,慈善捐助在国际知名智库收入中占据了很大部分。值得注意的是,完善的慈善制度、法律法规保护、减税政策等孕育了美国社会繁荣的慈善文化,人们可以安心地将自己的财富捐赠出去,而不用担心所用非正途。慈善并不是美国富人的专利,普通人也会捐出大量的钱财,超过70%的美国家庭定期向公益机构提供捐赠。[2] 这种捐赠活动是人们乐于选择的一种回馈社会的方式,通过这种方式而带来的社会地位的提高也是许多智库捐助者的重要考量。

虽然企业、基金会及个人的慈善捐助也有着自身的利益诉求,希望对智库的研究方向进行一定的干预,但相较于来自政府的定向拨款而言,慈善捐助最终对智库研究

---

[1] 田山俊.论美国智库资金筹集与管理之道及其启示[J].高教探索,2017(7):62-67.
[2] 张文珍.美国智库的重要资金来源[J].决策探索(上半月),2017(5):68-69.

产生的影响小了很多,智库有足够自由的空间可以基于自身的综合考量进行科学的选题与研究。

在美国,智库一般以非营利组织(公司)的形式在各州司法部门注册登记,这一身份可以享受相当优惠的免税待遇,除财产税、增值税、销售税、关税等直接税外,还有所得税的豁免,这里就包括了智库接收的捐赠。智库的非营利组织身份在帮助自己减少纳税的同时,那些向智库捐款的企业、个人与社会组织也可以享受税收减免。《美国国内税收法典》规定,向非营利组织的捐赠可以在税前扣除,基本上捐赠越多,税收抵扣的幅度越大。如果是遗产捐赠,捐赠者则完全不用纳税。如此一来,向智库进行捐赠已经成了一种行之有效的避税手段,因此相关智库可以持续地收到来自福特、洛克菲勒、比尔及梅琳达·盖茨(Bill & Melinda Gates Foundation)这样的大型基金的捐赠。①

3. 智库创收

智库的创收主要指的是智库的项目收入,此外,还有一些市场化运营所带来的收入。项目收入基本可以概括为政府项目与企业项目两类;智库的市场化运营收入包括了智库成立的基金投资收益以及其他的一些诸如出版物、培训费、会员费等收入。

(1)政府项目。作为政策研究机构,与政府机构直接或间接的项目合作对于现代智库而言已经司空见惯。与政府的项目合作一方面可以清晰直观地面对政府部门的所见所思及研究需求,另一方面提供了与各级政府官员交流合作的绝好机会,这对于致力于进行政策研究、一定程度上影响政策制定与实施的智库而言几乎不容拒绝。而对于类似兰德公司那样的本身就具有政府背景的智库来说,与政府部门的项目合作可以说是其与生俱来的使命。从表10-2和图10-1中可以清晰地看出,兰德公司与美国卫生与公共服务部、国防部、国土安全部及美国陆、空军等政府或军队部门

---

① 谭锐,尤成德.基于经费收支视角的智库组织治理:中美比较[J].中国软科学,2016(11):22-31.

的项目合同占到了智库 2020 财年总收入的 82.5%。对于政府机构来说,很多国家的政府已经认识到了外部机构研究成果的价值,以项目合同的形式将研究和评估调查工作外包给相关研究机构已经是各国政府的常见做法,这种做法带来的好处是显而易见的:在研究人员的聘请方面,政府部门雇佣员工需要经过体制内招聘程序的漫长流程,受到了相当大的限制,而使用体制外的人力资源则要方便很多;在人才的选择方面,政府部门有限的人才并不一定能满足跨学科、多场景研究的需求,而智库恰好汇聚了包括政策专家、经济学家、统计学家等在内的充裕专家人才;在项目运转的灵活性方面,几乎每个机构都在运作一定数量的项目,研究和评估需要各种各样的专业技术和背景来指导这些项目准确有效地运转。一个机构只偶尔需要解决某些特定的技术问题,却雇用了一大群职员为此工作,这显然不合理。比如说,一个机构每几年需要对一个特定的项目做一次有影响力的评估,外包就比在机构内部设立一个职位要有效得多。

(2) 企业项目。智库所拥有的研究能力与人才资源对企业而言毫无疑问具有相当大的吸引力,尤其是对诸如能源、环境、金融等政策敏感型企业而言,对政策环境的敏锐洞察和充分研判至关重要,因为这可能直接影响到企业的根本利益。大部分企业自身并不具有充分的政策研究能力,即使拥有这样的条件与能力,外部智库更加独立、客观的第三方研究视角对企业而言也是非常必要的。相较于政府机构,作为市场经济的直接参与者,企业在寻求与智库的项目合作时通常能够提供一份报酬更为优厚的合同,智库往往可以通过与企业的项目合作获得一笔可观的项目经费。除此之外,由于在政策体系中所处的位置不同,企业的政策视角和需求与政府部门显然存在相当大的区别,而进行这样的多方位研究对智库而言也是相当必要的。

(3) 市场化运营。现代智库所进行的一系列市场化运营也能够为智库带来一定的收益,例如,发行出版物的收入、专家培训的费用、会员缴纳的会费甚至是租赁场地的收益等,得益于丰富活跃的现代市场条件,这也成了智库创收的一种重要手段。查塔姆研究所对个人及企业收取的会费占去年智库总收入的 16%,卡内基国际和平基金会 2020 年的租金收入也达到了 181 万美元,占其全财年收入的 3%,布鲁金斯出版社 2020 年度为其带来了 149 万美元的收入。当然,作为传统意义上的非营利性机构,对大部分智库而言,这些收益在经费来源渠道中所占的比例并不大。

为保障智库的顺利运转与发展,智库在筹资渠道的管理与维护上需要注意以下几点。

第一,根据内外部实际情况选择合适的筹资渠道。在外部环境方面,不同国家的国情、政治体系、社会环境等各不相同,在美国等慈善捐助文化相对发达的环境下,智库可以寻求来自各个渠道的捐赠者的资金支持。而在我国,大多数参与智库建设单位均属于体制内机构,不少智库能够获得来自国家财政的稳定拨款;在内部环境方面,智库应该依据自身的研究偏向与社会定位寻找合适的资金来源。市场化运营意愿较强的智库可以广泛寻求与政府机构、企业单位等的项目合作。多元化的资金来源可以保障智库的健康、平稳发展,同时能够让更多的群体参与智库的研究活动,从而获得更广泛的影响力。[1] 在内外部条件均允许的情况下,拓宽资金的来源渠道应该成为各智库的重要运营目标。

第二,维护现有渠道资金的稳定性。智库应该与资金来源的各渠道保持稳定的联系,建立畅通的沟通渠道,任命高级别管理人员与专门运营团队负责筹资活动。在条件允许的情况下,智库需要尝试与成功合作过的政府、企业等客户保持良好的联系,以求获得持续、稳定的项目合作机会。

第三,拓宽潜在的筹资渠道。尤其对于需要通过创收来保障资金的智库而言,应该通过舆论宣传、举办品牌活动等方式不断提升自身的影响力与知名度,以引起更多潜在客户的关注,拓宽业务渠道。不少智库在官网上设置有"捐赠支持""项目合作"等板块,通过展示自身的研究实力、研究倾向与价值观,吸引捐助者与项目伙伴的

---

[1] 詹姆斯·麦甘.第五阶层:智库·公共政策·治理[M].李海东,译.北京:中国青年出版社,2017:21-22.

关注。

（二）经费使用

现代智库的经费支出范围主要包括项目研究、运营活动、人员聘用与奖励等。

1. 项目研究

课题项目的研究与分析占到了大多数智库经费使用的大头。项目研究费主要是指智库开展决策咨询研究活动时所发生的费用。具体包括以下方面。

（1）资料费：指在项目研究过程中需要支付的图书购置费，资料收集、整理、复印、翻拍、翻译费，专用软件购买费，文献检索费等。

（2）数据采集费：指在项目研究过程中发生的调查、访谈、数据购买、数据分析及相应技术服务购买等支出的费用。

（3）会议费/差旅费：指在项目研究过程中开展学术研讨、咨询交流、考察调研等活动而发生的会议、交通、食宿等费用。

（4）设备费：指在项目研究过程中购置设备和设备耗材、升级维护现有设备以及租用外单位设备而发生的费用。

（5）专家咨询费：指在项目研究过程中支付给临时聘请的咨询专家的费用，支出标准按照国家有关规定执行。支出咨询费需满足两个条件：一是支付对象确实属于项目研究领域的专家；二是支付对象切实发挥了咨询作用，推动了项目研究的顺利开展。

（6）劳务费：指在项目研究过程中支付给项目聘用的研究人员、科研辅助人员等的劳务费用。劳务费支付对象必须直接参与项目研究或者参与调查访谈、考古发掘、科学实验等科研辅助活动。

（7）印刷出版费：指在项目研究过程中支付的打印费、印刷费及阶段性成果出版费等。

（8）其他支出：项目研究过程中发生的除上述费用之外的其他支出。

2. 运营活动

（1）日常设施费用。现代智库作为知识信息产品的生产者，需要采购各种办公软件、信息处理工具、数据库以及各专业领域的工作软件等工具，这在智库的财务支出中也占到了一定的规模。对于实体化的智库来说，日常工作所需要用到的办公场地、仪器设备、办公耗材等等都是不可或缺的，维持一定规模的实体化运营需要一笔长期稳定的财务支持。智库财务报表的折旧和摊销、日常供应以及租借等明细上应该有这部分投入的体现。

（2）知识服务费用。随着社会科学体系精细化程度的不断加深与研究目标对象复杂程度的增加，智库的研究团队很难具备完成一项研究所需要的全部科学素养，项目的时效性也使得研究团队有时没有足够的时间与经历完成所有的工作，每个智库都会嵌入在狭长的知识产品"产业链"中。为了取得更高质量的智库研究成果，智库经常会寻求购买其他专业机构的产品和服务。

（3）活动费用。为扩大自身的影响力与能见度，智库需要频繁举办各式各样的论坛、会议、演讲、沙龙等活动。通常来说，举办一届会议时，场地、人力、设备、材料、与会人员的住宿乃至餐饮、交通等费用都需要智库考虑在内，并做好周密的规划。大型的会议、论坛等与会人员动辄成百上千，主办方通常需要动用一笔不菲的开支。

3. 人员聘用与奖励

人员经费是国际智库研究项目支出的核心内容。只有提高人员的工资和福利，才能更好地激发其研究热情和创造力，最后形成高质量的研究报告。[①] 成熟的国际智库给研究人员发放的薪水与福利相当优厚，工资、奖金、津贴、福利等甚至成了智库每财年占比最大的开支。布鲁金斯学会、卡托研究所、卡内基金会等知名智库每年

---

① 熊晓晓,施云燕,任福君.中国智库的经费运营模式研究：以中国高端智库为例[J].今日科苑,2021(4):54-63,77.

发放到员工身上的资金占到了全部开支的一半以上。①

现代智库应该把重点经费放到增强研究力量、提升政策研究咨询水平、服务决策的核心能力建设上,其核心是加大用于智库人员脑力劳动和智力创造的支出比例,在符合财政规范的前提下,最大限度地激发智库人员在项目研究和决策咨询中的积极性、主动性与创造性。要从真正满足智库发展需要出发,尊重智库人员付出的智力劳动成本,将更多的经费用于支持研究人员的研究和创新,有效提高资金运行的激励作用。可以通过编发《智库成果奖励办法》等相关文件,以制度化的手段设定明确的针对不同等级、不同质量成果产出的奖励标准,以此激励智库研究人员高质量智库产品的生产。

(三)财务审计

审计通常由智库外具有从业资格的会计人员进行,其目的是监测和评估智库财务信息的完整性和准确性。随着智库的发展,自身规模不断扩大,内部的财务结构也会趋于复杂。审计可以向智库及其投资者、捐赠人确保智库财务信息的有效性,提供的财务信息也准确地体现了智库在组织层与项目层的运行状况。财务审计有助于发现一系列间接成本问题,并提供相应的解决方案。②

财务审计的第一要务是评估智库内部财务系统是否完善。智库作为公共政策的研究机构,必须满足高标准的法律和道德要求,以保证其公信力。完善的智库内部财务系统可以保证智库接受政府监管部门、资助者以及民众的持续监督。同时,还可以为智库提供一个合理利用资金、设备等资产的机制,保证智库的文件编制职责和文件使用审批职责相互独立,以制衡智库内部权力,确保智库健康运行。

财务审计还可以核查智库的财务记录是否准确。在审计时,审计员需要核验财

---

① 谭锐,尤成德.基于经费收支视角的智库组织治理:中美比较[J].中国软科学,2016(11):22-31.
② 雷蒙德·斯特鲁伊克.完善智库管理:智库、"研究与倡导型"非政府组织及其资助者的实践指南[M].李刚,等校译.南京:南京大学出版社,2017:339-342.

务记录及其相关的说明文件以确保所有的重要财务动态都在智库的财务信息中得以正确反映。财务审计同时也会被核查交易实例以确保交易材料的合理性并被正确纳入了财务管理系统。

智库课题项目的支出同样可以通过财务审计进行监管。智库内部编制的政策、章程、董事会文件以及对外的合同、拨款协议等都需要有审计监督，以确保各项支出符合相关文件的规定。审计时，应该核实课题项目的支出是否遵守了合同或拨款协议中的具体要求及限制条件。

此外，智库资产账目记录和实存信息的一致性、公共款项支付的及时性等都可以在财务审计时得到确认。智库包括银行存款、应收账款、证券、设备、不动产等都在审计内容之内。审计员还会审查上交政府监管部门文件的归档情况和公共款项的支付情况，包括法人费用、许可证费、销售费用、增值税、工资单以及其他相关的个人费用，以确保支付的及时性与准确性。

第十一章 现代智库传播

现代智库的传播目的在于倡导自己的理念,宣传自己的成果,树立自己的品牌。传播的层次由低到高分别是建设标识系统、树立品牌形象与塑造智库声望。传播内容则不外乎形象传播、成果传播、思想传播与人物传播。要有针对性地解决不同受众的需求,善用各种传播载体与手段,通过多个步骤制定有效的传播策略。现代智库的国际传播一是招揽高水平人才,打造一支国际化的人才团队;二是善用媒体智库与国际组织的资源,打造国际合作平台;三是积极主办国际会议等交流活动;四是重视智库全媒体建设,打造具有国际影响力的出版物、官方网站和社交传播矩阵。

一、现代智库传播理论

(一)传播目的

智库是跨越政治、经济、媒体和学术界边界的组织,同时,也是沟通这四个领域的桥梁。智库传播旨在提升智库的影响力。智库的影响力来自积累不同类型的资源(政治资源、经济资源、媒体资源、学术资源),并有效地将这些资源以特定的方式转化为现实影响力。具体而言,政治资源指智库利用其知识产品作为一种政治表达形式来获得对国家政策的影响,如民意调查、政策文件等;经济资源不仅包括智库经费的多寡,还包括智库筹集资金的能力;媒体资源是智库在传统媒体和社交媒体中为其研究赢得公众关注的能力;学术资源则意味着智库学术水平的积累,如工作人员的学术职称和学位。一般来说,智库以其在政治领域的地位来衡量其成功,被决策者认可、影响政策结果,甚至制定议程都是一个成功智库的特征。智库通过传播与决策者建立联系,并且向政策利益相关者和公众进行宣传,将经济资源、媒体资源和学术资源转化为决策咨询的资源。

1. 提升政策影响力

智库的数量在全球范围内呈指数级增长,智库对世界政治的影响也随之不断增加。如果科技体现的是一个国家的硬实力,那么哲学与社会科学就属于"软实力",而智库则是哲学社会科学中最注重应用的部分,即软实力中的"巧实力"。由于智库具有咨政建言的功能,它的研究主题与研究领域,必然要以国家面临的各种问题为主,要以具有国家特色的历史文化为主。因此,各国的智库有自己的国家特色,智库对国家形象的塑造和传播,不一定必须是有意的、专门的,因为智库的研究成果一经传播,必然要对国家形象产生影响,这种影响主要是正向的,对树立和提升国家形象具有积极作用,但也有可能是反向的,不利于甚至损害国家的良好形象。智库传播的各种方式和手段,都可用来塑造和提升国家形象。① 现代智库的传播活动在塑造国家形象、提升国家巧实力方面贡献巨大。

2015年1月20日中办、国办授权新华社发布的《关于加强中国特色新型智库建设的意见》明确指出,"智库是国家软实力的重要载体,越来越成为国际竞争力的重要因素,在对外交往中发挥着不可替代的作用"。② 中国智库担负着通过向国外境外传播自己的研究成果,塑造国家形象,提升中国国际话语权的职责。中国智库要走向世界,除了要加强学科体系和科研方法创新,加强人文社会科学成果的对外传播也是重要一环。"科学无国界,但科学家有祖国",智库传播在于为国家发声。

智库传播是智库将各种类型的资源转化为政治资源的重要方式。智库不满足于仅从事研究,更希望看到研究成果能够得到实施。起初,智库的传播目的通常落在影响具体政策的变化上,而不是改变政策议程本身,因为专注于短期研究提出的明确建

---

① 张述存.地方高端智库建设研究[M].北京:人民出版社,2017:203-204.
② 关于加强中国特色新型智库建设的意见[EB/OL].[2022-10-18]. http://www.scio.gov.cn/zhzc/8/5/Document/1397284/1397284.htm.

议可能会被立即采用,并且采纳短期建议对于政府部门来说更容易,智库通过不断提出短期建议,逐步获得政府的信任,为建立长期合作奠定基础,后期智库可以通过议程设定、引领讨论、政策设计等形式影响政治。[①] 智库作为政府和公众之间的桥梁,不应局限于批评政府的不足,更要帮助政府做得更好。

2. 争取社会捐赠

智库工作的开展依赖持续性强的、可靠的投资,筹资活动是智库工作中的重要组成部分,智库通过筹资使资金来源多样化。智库通常被定义为非营利组织,其预算主要来源于捐助者、企业和政府资金,这三者的比例关系到智库的独立性,只有经济利益动机才能损害智库的独立性。然而,与决策者和政策制定者接触的其他动机——如希望获得有价值的政府数据、在客户组织中寻求正式职位或激发政府委托政策评估的兴趣——也对智库的知识独立性有潜在影响。如果财务自主被定义为不依赖于某一个捐助者,那么财务自主一词将取代非营利性标准。

各类资助都存在风险,财政依赖增加了捐助者通过将其赠款与某些专题挂钩来影响政策议程的能力。国际捐助方的授权是影响智库研究课题选择的因素之一。如果国际捐助者不清楚智库所在国的国情,那么他们提出的研究要求与社会的实际需求之间就会不匹配。要减轻国际资助所带来的风险,智库可以引入民众的资助,美国智库的经验是美国长期的慈善传统使得公民个人更倾向于在经济上支持非政府组织和智库。然而对于其他国家来说,社会尚不能成熟辨别智库的作用,公民更有可能支持具体的、非分析性的倡议。对于这类国家的智库来说,依赖公民资助是非常不稳定的。至于政府资助,由于智库传播的政治目的使然,如果政府向一个智库付费或投资,智库就必须遵循政府的立场——与政治、党派或寡头利益相匹配的立场。对于单一政党国家的智库来说,挑战政府立场是极端危险的;而对于多政党国家的智库,可

---

① 王传奇,李刚."后智库时代"的智库影响力:评《智库、外交政策和地缘政治:实现影响力的路径》[J].智库理论与实践,2019,4(4):80-83,96.

以选择明确站队,起码能获得一方的资金支持,如果坚持中立、提供更客观公正的研究,智库可能难以为继,也有可能据此在公众、媒体和国际中赢得尊重。

智库传播的经济目的除了体现在目前获取资金的多寡,还包括后续筹集资金的能力。智库传播产出的优秀成果,能够帮助政策市场用户衡量对该智库的投入是否物有所值。用户对智库的持续关注和高度认同,在后续极有可能转化为消费行为,是智库的潜在资金渠道。

3. 扩大社会影响力

作为一个相对较新的机构,来自社会的广泛认可是智库存在的理由。特别是对于转型中的国家,决策者不太了解智库这种新组织,就不会想到依靠智库获取政策咨询。因此,智库想要发挥职能,就需要积极参与、主动作为,开展宣传活动,"酒香不怕巷子深"对于智库是不适用的。

智库只有在政策咨询市场中建立起声誉和名望,才能吸引高级研究人员的加入,促使资助者投入经费,其研究才有可能影响政府决策。不过,要求所有智库从创立之初就将享誉全球作为传播目的显然是不合理的。对于地方智库而言,可以先努力在当地做出贡献,获取本地的声望,然后再将目光放眼到全国,最后才考虑是否向国外发展的问题,小智库将小领域做到极致也可以发挥超出自身规模的影响力。这也是《全球智库报告》中收纳各国的智库数量与各国实际的智库数量有较大差异的原因之一,即并非所有的地方智库一开始就寻求获得国际知名度,因此没有被国际级别的智库报告所关注到。

《完善智库管理》(*Improving Think Tank Management*)一书中提及,为了在《全球智库报告》中名列前茅,很多智库都毫无遮掩地吹嘘自己,不管它们为取得好的排名而使用的方法会招致怎么样的批判,很明显,好的排名可以大大提升智库形象,帮助智库聘请到优秀人才。智库的宣传团队对于智库排名的提升也有着极其重要的作用,传播活动能够体现智库的活跃度,帮助智库塑造良好的形象,而这些是吸引合适研究人员的关键因素,某些智库积极参与国际和国内会议也是出于这一目的。

总而言之,哪怕暂时没有一个独立的传播部门来支持智库的传播工作,甚至需要专家自己来做传播,也应认识到传播工作,尤其是多平台、多层次传播,对于扩大智库社会影响力的重要性。明确不是所有人都会看到智库在传播过程中的每个产出,做这些工作不是为了追名逐利,也不会直接帮助晋升或获取终身职位。但是,提升知名度能带来新的合作者、研究机遇、资助者或数据来源,从而引导智库到达新的里程碑。

(二)传播层次

1. 建设标识系统

智库传播的第一个层次是智库标识系统的建设。智库标识系统不应仅是领军人物、首席专家或主要资助者的"灵光一闪",而应该基于对组织历史、价值观和文化的更深刻理解,并且广泛采纳其他智库成员的意见与建议。尽管智库形象呈现多面性特征,但在实践中,智库的形象首先是由视觉驱动,并通过视觉表现呈现出来的。如果说优秀的研究成果是智库的头脑和灵魂,那么智库的标识系统就是智库的着装和仪表,一个好的智库标识系统能够囊括智库的基本特征,激活智库在人们心目中的形象,可以说,标识系统是智库的"脸"。

智库标识系统可以应用于智库基础设施、媒体广告及各种运营领域,如办公用具、人员着装等。国外智库普遍强调标识系统的重要性,一提到智库,人们就会想到赫赫有名的兰德公司,而一提到兰德公司,人们就会想到它的紫色方形商标,这就是有记忆点的智库标识。国内智库在标识系统方面还未形成体系。

一份标准化的智库标识系统需要包括以下几方面内容:一是智库名称的中英文及字体;二是智库图像标志及其内涵;三是智库标准色的配色方案;四是智库中英文名称的组合、图像标志与中文名称的组合、图像标志与中英文名称的组合规范;五是智库宗旨的标准字体。智库成员在使用相关标识系统元素时,要严格保持规定的名称、规格、尺寸、比例、色彩。智库标识系统元素的标准矢量图文件应上传至智库官方网站的相关栏目,可供随时下载。此外,也可推出智库标识系统元素在研究人员名片、研究报告封面、宣传手册、办公用具、车辆外观等方面应用的参考方案。

2. 树立品牌形象

智库传播的第二个层次是打造智库独一无二的品牌形象。形象是身份地位的投影，是一个机构区别于其他机构的声明，描述的是外人对机构的实际看法。智库形象是使智库实体与众不同的有形和无形元素的总和，是由领军人物的行为、传统和环境塑造的，其核心是员工价值观的混合，这种混合体现在他们对智库、职业、国家和其他身份的认同上。智库形象在范围上是多学科的，是战略、结构、沟通和文化的融合。智库品牌形象是智库向外部利益相关者发出的关于智库核心、持久和独特之处的信息。

智库品牌形象的构成要素与树立智库品牌形象的构成要素并不相同。构成智库品牌形象要素有三：一是智库文化，包括员工持有的价值观，表现为智库内存在的大量亚文化和形象类型的组合；二是智库行为，包括智库相对于所支持的智库精神、愿景、战略和产品性能而做出的有意识的决定；三是智库传播，包括智库与利益相关群体和网络进行内部和外部传播的各种方面。而构成树立智库品牌形象的要素还包括三个额外的要素，即环境影响、利益相关者和声誉（包括智库服务单位、所在国家和智库合作伙伴等的声誉）。树立智库品牌形象强调智库整体的行为、传播政策和标识系统的传播效果。

智库树立品牌形象有以下几种好处：一是培养个性意识，彰显智库独特性；二是在竞争环境中实现差异化；三是跳出思维定式，提供学科整合；四是为智库间的沟通交流提供平台；五是培养与智库的宗旨、精神和特征一致的形象；六是促进利益攸关方之间的理解和承诺；七是吸引并留住客户和员工；八是帮助实现战略联盟；九是获得金融市场的资助。

3. 塑造智库声望

智库传播的第三个层次是智库声望的塑造。声望可以被看作是外人对一个组织的行为和成就的集体判断。当声望为正时，就能转化为声望资源，赋予组织竞争优势。智库声望是智库从其利益相关者处收到的关于智库身份声明可信度的反馈，即一个智库在旁观者眼中的地位，以及对其可信度或价值的主观估计。智库的声望是智库的生命线和价值所在，是一个比较抽象的概念，其更为直观的衡量方式是智库的影响力，但这两者并不等同。影响力是对外界产生的影响，包括政策影响力、媒体影响力等许多方面，而声望是外界对智库的判断，是影响力不断累积、从量变到质变的结果。当智库达到一定的影响力，外界关注到，就会形成对该智库声望的评价，评价结果好的智库，外界会对其研究能力产生信任，信任智库研究成果的客观性与实用性，并在以后有同类问题时第一个想到该智库或许可以解决。塑造声望对智库传播而言是最高级的层次，相当于马斯洛需求层次结构中人类自我实现的需要。

声望是一项重要的无形资产，是智库竞争优势的来源，一方面体现在良好的智库声望鼓励愿意为所收到的产品或服务支付较高价格的顾客继续购买；鼓励智库挑选技能更高、条件更好的工作人员；通过增加进入资本市场的机会或更容易吸引合作伙伴，便利获得金融资本；可为竞争和新客户创造进入壁垒；减少管理层的信息不对称和机会主义行为。另一方面，声望也能在危机时期为智库提供保护，声望良好的智库可能会比声望不好的智库遭受更少的经济损失，从而克服市场或其他危机。这意味着，智库可以通过塑造声望使得在面对具体或系统的负面事件时减少不确定性。声望卓绝的智库有一种信誉光环，这种光环可能对处理危机事件的影响至关重要。智库声望与智库价值创造之间存在正反馈效应，即好的智库声望有助于通过改善财务业绩创造价值，而且智库财务业绩的提高也有助于进一步巩固声望。智库的财政资源越多，就越有可能充分满足众人的利益，工作人员的工资、培训和生活质量将得到改善；产品质量、创新和安全性也能得到保障等。

（三）传播内容

智库传播的内容非常广泛，但概括而言，主要包括四个方面，即形象传播、成果传播、思想传播和人物传播。此四者是相互联系的，而不是相互割裂的。形象传播中必然包含智库成果、思想和人物的传播，反之亦然。

1. 形象传播

智库的形象传播就是智库采取积极的传播手段对受众阐述智库的宗旨、传递智库的价值观的行为。形象传播是智库传播的四个方面中优先级最高的，智库的一切传播活动及其所达到的传播效果，最终都会对智库的外部形象产生不同程度的影响。智库呈现在外界的形象好坏，关系到智库后续的生存和发展。形象就是品牌，就是影响力；形象越好，品牌越大，影响力就越大。

对于智库而言，无论是有组织的传播活动，还是个人的传播活动，在开始传播之前，都要经过精心的设计。否则，不良的传播活动，必然会对智库形象产生不同程度的负面影响。在现实生活中，智库及其成员的言行，不论是有意的还是无意的，一经传播开来，都必然对智库形象有所影响。因此，智库为了树立、维护和提高本身形象，不仅要通过各种公关活动、大众传媒等精心组织、策划，宣传智库形象，用制度规范搞好智库管理，更要关注智库成员日常的传播行为，如公开发表文章、接受采访、发布博文以及各种社会活动等。

由于智库形象体现了智库的受尊重程度，是智库利益相关者的各种看法的结果，如果没有这种尊重，智库的影响力就不能充分发挥。因此，改善智库治理和发展综合形象管理是进行形象传播的必要步骤。首先，必须仔细分配智库形象传播的目标和具体行动，不仅要分配给高层管理者和传播部门，还要分配给所有部门；其次，雇佣一名专职的形象传播工作人员来管理传播流程，并向管理者传达与形象传播相关的重要信息；最后，传播人员应该对各类受众进行研究，以确定他们的目标、偏好和其他重要信息，从而针对不同的传播受众制定传播方案。

2. 成果传播

智库的成果传播，是指智库通过向外宣传、推介代表性研究成果，旨在扩大智库知名度、提升智库影响力、扩散智库思想观点的传播行为。任何思想都要转化为成果才能落地，否则就是虚无缥缈的空中楼阁，无法发挥其实际效用。智库人才也需通过成果证明自身实力，知名的智库专家往往都有极显赫的成果傍身，可能是一篇核心期刊的高被引论文，或是一本专业领域畅销书，抑或是一份具有高层次批示的内参等。表 11-1 列出了智库一些具有代表性的堪称"一流"的成果与活动。

表 11-1 智库的三个"一流"

一流分析成果	一流咨询成果	一流活动
高层次内参	战略咨询	品牌论坛
旗舰研究报告	政策咨询	品牌会议
权威报刊文章	管理咨询	品牌培训
权威专业数据库	投资咨询	政策路演
		公共外交
……	……	调研
		……

智库需要通过成果来实现提升品牌、知名度与行业声望，知识成果与知识服务同等重要。智库成果传播需要遵循以下原则：基于资源特色与约束、有明确目标受众、可以测算影响力、长短线产品结合、聚焦与重点突出。

在成果传播方面，当国内大多数智库还倾向于发表论文和出版著作时，国际一流智库早已推出了便捷丰富的电子刊物、影像资料等数字化产品。兰德公司自 1946 年起至今共发行了超过两万六千份出版物，包括报告、评论、书籍、年鉴等，其中大部分能够以电子书的形式在官网免费下载，为用户提供了便捷的产品获取渠道，有助于成果传播，此外，兰德公司的双月刊《兰德评论》能够通过电子邮件免费订阅；卡内基国际和平研究院官方网站将其数字化出版物按照作者、年份、语言、研究方向等进行分类，便于用户检索与下载；彼得森国际经济研究所（Peterson Institute for International Economics，PIIE）更是在官网上直接建立了"电子书城"，提供能够在 Kindle 等移动电子书设备上阅读的出版物。这些种类繁多、覆盖面广的数字化产品拓宽了智库成果的传播渠道，成为智库与大众间沟通的桥梁。

3. 思想传播

思想传播，是智库阐明自身或其成员在某一方面的基本思想、观点，或是对某一问题的看法,并希望这些观点、看法被公众接受,以便塑造和影响社会舆论,特别是影响决策者和决策过程所做出的努力。智库,顾名思义,是产生"智",产生思想的地方。换言之,思想,是智库的主要产品。智库的一切活动,说到底,都是为了产生更多和更高质量的思想产品。但是,和其他任何产品一样,智库的思想产品产生出来后,并不会自动到达"思想市场",到达需要这些产品的消费者手里,而是需要一定的营销手段和影响过程,这就是智库的思想传播。不同智库在思想主题、涉及领域等方面有所不同,因此,需要在思想产品设计、生产、包装和营销的过程中,选择恰当的形式和渠道。

4. 人物传播

人物传播,是指智库通过向外宣传、推介自己的代表性人物,扩大智库知名度、提升智库形象、扩散智库思想观点的传播行为。任何思想都是人的思想,都是通过人的智力生产出来的。因此,所有智库都必须把智库人才放在第一位,科学地培养使用,努力使其发挥最大潜能,生产更多更好的思想产品,提高智库的生产力。其中,要重点培养、宣传能够代表智库水平的专家。智库人物的知名度、对外形象以及思想和学术水平,很大程度上代表了智库的知名度、对外形象以及思想和学术水平,主要是通过智库人物,特别是领军人物或者说智库代表性人物来体现的。智库人物的影响力,很大程度上就是智库的影响力。因此,智库要有影响力,必须要有具有影响力的智库人物。而智库人物的影响力,同样也离不开对智库人物的传播。[1]

领军人物是智库话语权的代表,一个智库做不到群星璀璨,至少也要有一两位大放异彩的权威专家。首先,打造智库权威专家的前提条件是智库发展状况良好,在其研究领域具有代表性;其次,权威专家不仅应具有深厚的学术功底,还需要有领导力;再次,权威专家应熟练运用社交媒体渠道传播智库最新成果;最后,权威专家应该符合智库的宗旨和"气质",如果专家行事风格与智库一贯的形象相悖,那么人物传播也会显得自相矛盾,事倍功半。

---

[1] 张述存.地方高端智库建设研究[M].北京:人民出版社,2017:199-200.

二、传播体系建设

（一）传播手段

智库的传播手段，是指智库传播时所使用的技巧、方法和措施等。本书将智库的传播手段分为直接传播和间接传播、传统媒体和新兴媒体、外部通道和内部通道，并不意味着这些手段是只能择其一的，现实场景中，大部分情况下智库会综合采用其中的几种手段。

1. 直接传播＋间接传播

智库直接传播的主要手段是人际传播，人际传播指的是智库在舆论传播的过程中依靠人际关系网影响政策制定。① 对智库来说，要想直接影响政策的制定，在决策过程中发挥作用，建立人际关系网至关重要。中国大部分智库和国际著名智库之间尚未形成稳定成熟互信的 T2T（Tank to Tank，指智库之间的正式联系）和 P2P（Professional to Professional，指智库专家之间非正式联系）的沟通渠道。任何传播模式都不能取代人际传播，中外著名智库领导人、智库专家之间互相信任的、密切的非正式关系非常重要。人际传播是其他传播的基础。我国一些著名的战略和国际关系专家，因为毕业于西方著名大学，或者因为曾经供职于西方研究机构和智库等原因，已经建立了学术关系网络，他们在国际智库界的人脉资源对获取第一手信息、消除信息不对称等用处极大。但是，对于大多数智库和智库专家而言，这种学术关系网络尚处在形成之中。这也是影响智库直接传播的因素之一。外国智库尤其是美国智库有其独特的"旋转门"体制，善用退休政府高官的人脉进行传播，中国智库应进一步解放思想，摒弃善用"个人关系网"就是"走后门"的偏见，充分利用一切与决策者和主流媒体相关的人际关系资源，去最大限度地发挥智库的政策影响力与媒体影响力。

智库间接传播则通过组织传播与大众传播实现。组织传播，对智库而言，就是以组织为主体所从事的信息传播活动，包括举办各种类型的会议、论坛等。组织传播是

---

① 王莉丽.论美国思想库的舆论传播[J].现代传播：中国传媒大学学报，2010(2)：4.

智库塑造品牌影响力和机构美誉度的一个重要渠道，智库会议通过联动广播电台、电视台、报纸等媒体，并通过智库官网与社交媒体等进行报道，对于提升智库形象和地位，传播智库研究成果和思想观点，起到了积极的推动作用。大众传播是指智库以塑造和影响舆论为目的，针对社会公众进行的传播活动。智库具有正确引导社会舆论，积极并持续不断地向社会传递正能量的重要职能，这一职能的实现需要积极有效的大众传播。除了宣传主流思想价值，智库还需特别关注突发事件与舆论焦点，真正站在国家和人民群众的立场，及时研判形势，准确把握公众心理，用人民群众通俗易懂的语言，心平气和地讲事实、摆道理，正确地去塑造和引导舆论，引导公众。

2. 智媒关系＋媒体传播

传统媒体是通过某种机械装置定期向社会公众发布信息或提供教育娱乐平台的媒体，包括报纸、杂志、广播、电视等。新兴媒体是新的技术支撑体系下出现的媒体形态，包括在线媒体，移动媒体和数字电视等。传统媒体拥有人才、资源、品牌等优势，可以投入相当的时间和精力，对报道内容进行更充分的采访、调研。更重要的是，传统媒体，尤其是党报党刊和学术类刊物的权威性、严肃性，对于智库传播来说是至关重要的。而新兴媒体具有开放、互动、便捷、跨界等优势，是智库专家表达意见、互动交流、对外传播的新途径，并且成为当前世界智库传播的主要趋势之一。中国智库对新兴媒体的运用和对新兴媒体领地的争夺，也随着智库的发展，呈现出迸发的态势。

智库重视媒体报道的原因在于，媒体报道可以让智库研究引起数百万人的关注，提升智库专业性和声望，还可以给智库带来资助者、新数据源等其他机遇，是智库实现公共服务使命、开展公共教育的重要手段。媒体关系是智库的潜在资源。媒体和智库不是对立的两方，二者都致力于通过知识的创造和传播来改善人们的生活，都致力于使政策、项目和程序变得更好，使公众更加明智。换言之，二者都有公共服务使命，只是实现目标所用的方法不同。智库为媒体提供免费服务，提供事实、数据和原始信息。与此同时，媒体显然不仅仅是智库陈述的纯粹接收者和传递者。一方面，媒体可以直接向智库提供媒介，发表他们写的文章，不加任何评论；另一方面，媒体会参考智库报告发表采访，或对智库的行为（包括不当行为）进行说明。

媒体是智库在公共教育、政策和项目改进以及机构发展方面的合作伙伴。智库在资金充足的情况下，应该设立媒体关系部门，指定专人负责维持媒体关系，引荐智库专家参与媒体报道。大部分西方大型智库都设立了专门的公关部或专职的公共关系管理岗位，负责与全世界各大媒体沟通和联络。相比媒体，智库长期跟踪研究某一领域，对该领域更有发言权。尤其是每当某一国际问题出现新变化或有新的热点事件发生时，那些长期跟踪研究相关问题的智库研究人员就成为媒体竞相采访的对象，他们的研究成果和观点通过大众媒体传播出去，转化为影响国际舆论的资源，能够产生巨大的影响力和吸引力。

但如果智库尚未设立媒体关系部门，可以从两方面着手：一是联系媒体与记者自我推销，列出可以建联的媒体与记者名单，在媒体官网的员工名单或社交媒体平台上找到联系方式；二是了解投稿规则，给媒体专栏投稿。智库专家在接受媒体采访时需要注意一些事项：知道哪些信息能分享，哪些不能；回答问题时可以适当加上案例；适当提示记者回答的长短，如"我将从三个方面解答"；少用专业术语；少列举统计数据；利用总结重复或强调最重要的观点；采访结束后，主动修正采访中出错的地方，确保与记者主动交换联系方式；明确在最终报道中所占篇幅可能会很有限。

3. 内部通道＋外部通道

内部通道是指智库通过自己内部特有的、不为外部所用甚至不为外部所知的途径或方法，向外部、主要是向上级领导或部门传递研究成果的方式。内部通道具有以下特征：一是在传播目的上，以直接进入、影响决策或是影响领导人的观点为主；二是在传播对象上，以政府部门为主；三是在成果形式上，以专题性的研究报告、对策建议为主；四是在研究对象上，以特定领域或特定问题为主；五是在传播范围上，一般不对外公开，仅限于少数人，有时甚至只有一两个领导，传播范围非常有限。具体来说，智库通过内部通道进行成果上报的形式一般有党政通道、部委通道、媒体通道、人大政协通道、民主党派通道、智库自建通道、专家私人通道等。

外部通道是指智库通过报纸、杂志、网络与电视等社会通用的传播渠道来宣传智库文化，树立智库形象与品牌的方式。外部通道的特征在于通过大众熟知的渠道公开发布智库成果，传播范围十分广泛，传播形式多样，容易被大众接受。外部通道对政策的影响是"自下而上"的：只要智库研究成果足够科学、价值足够高、影响力足够大，就能够博得媒体与公众的关注，进而赢得影响决策、参与决策的机会。智库希望通过在媒体上提出政策问题、构建民意调查和公民调查来增加公众的支持，通过外部通道传播对政策制定者产生的影响可能是缓和公众意见、巩固公众意见和为公众讨论增加话题。美国智库十分擅长利用公开的外部通道影响决策，它们的做法有举办公共论坛，讨论内政外交问题；鼓励学者发表公开演讲；国会听证会作证；出版书籍、政论杂志、时事分析、政策简报等出版物；智库官方网站主页和创建邮件订阅；面向公众开展年度筹款活动；接受媒体采访等。

（二）传播载体

传播载体可分为纸质媒介、电子媒介、网络媒介三种。具体来说，纸质媒介包括图书、期刊、报纸等，电子媒介包括电台、电视、电子书籍报刊等，网络媒介包括互联网、网站、公众号、手机、客户端等。此外，还有自媒体（博客、微博、微信、贴吧等）、会议（研讨会、咨询会、论证会、论坛、发布会等）等其他渠道。

1. 图书

书籍是人类最古老的传播手段之一，在网络电子技术出现之前，它是人类文明得以保留传承的最重要的载体。对于智库来说，书籍一直是智库专家对外传播其重大研究发现、重要思想观点的主要载体，从历史上看，凡是产生了重大影响、具有重要价值的智库思想，几乎全部是以书籍的形式传播开来的。书籍不仅是研究成果的一种深度传播，而且这种传播形式便于携带和研讨。即便在其他媒体尤其是网络等新兴媒体大行其道的今天，书籍对于智库思想的传播，仍然具有十分重要的意义。智库的许多研究成果，特别是有重要价值的成果，虽然最初可能会以其他方式对外传播，但最终仍然多会以书籍的形式保留、传承于世。对于智库专家个人而言，将自己的研究所得汇聚成书，以专著的形式公之于众，既是自己劳动成果的体现，也是对其自身价值、地位的肯定。然而，随着智库间竞争的加剧、对公共关系的强调以及整体资金愈发紧张，目前国外某些智库的研究产品质量呈现下降的趋势，为了节省资金，一方面，智库越来越多地雇用只有硕士学位而不是博士学位的人，这些人通常是没有什么研究或写作经验的前政府官员；另一方面，智库解雇了大部分出版人员，不再出版严肃、高水平的书籍，而是转向短篇报告和专栏。

2. 期刊

智库传播主要依靠的期刊为学术期刊，因为智库成果的篇幅最适宜在学术期刊上发表。期刊历来是智库传播最主要的工具之一，也是衡量智库专家的研究能力和水平的关键指标。关于国外智库的办刊情况，在纸媒时代，美国智库就创办了具有全球影响力的国际关系方面的大牌期刊（见表11-2）。许多领导人愿意在这些刊物上发表阐述自己政策纲领的文章，许多一流学者也选择这些期刊发表原创性理论。值得学习的是，为了扩大影响，这些刊物中的一部分是开放获取期刊（Open Access, OA），任何人都可以免费下载。

表11-2　部分美国智库名牌期刊一览表

智库	刊物
兰德公司	《兰德经济学》(RAND Journal of Economics)
布鲁金斯学会	《布鲁金斯经济活动论文》(Brookings Papers on Economic Activity)
美国外交关系协会	《外交事务》(Foreign Affairs)
卡托研究所	《卡托政策报告》(Cato Policy Report)、《管制》(Regulation)、《卡托杂志》(Cato Journal)
卡内基国际事务伦理委员会	《伦理与国际事务》(Ethics & International Affairs)

(续表)

智库	刊物
胡佛研究所	《胡佛日报》(Hoover Daily Report)、《政策评论》(Policy Review)、《胡佛文摘》(Hoover Digest)
萨加摩尔研究所	《美国展望》(American Outlook)
国家利益中心	《国家利益》(National Interest)

3. 研究报告

研究报告是智库通过调研各种相关因素，对某一事件进行深入分析，提出建设性观点的报告。野村综合研究所、兰德公司等一流智库撰写的研究报告部分是面向政府的，部分是面向企业的，通常具有翔实的数据支撑、丰富的可视化呈现，讲述问题深入浅出。内参和专报是具有中国特色的智库传播文体，是研究报告的特殊类型，一般比较简短，一事一议，一事一报，一般通过内部渠道向党委政府有关部门报告专家的意见和研究成果的主要内容。内参和专报是连接政界与智库的桥梁和沟通纽带，也是智库服务决策的重要工具和手段。内参和专报往往会涉及一些社会敏感问题、尚在研究中的政策问题以及内部信息数据等，所以一般不宜公开。内参和专报具有独立性的特点，基于智库第三方的研判，数据和信息往往比较客观，提出的政策建议往往直接反映撰写者的真实看法，参考价值较大。

4. 官方网站

官方网站是指政府机构、社会组织、团队、企业或者个人在互联网中所建立的具有公开性质的独立网站。互联网时代，机构的官方网站是传播一切信息的主阵地，也是外界获取机构信息的主要渠道。智库官方网站是外界了解智库基本情况与研究成果的重要途径，建设多语种官方网站也是智库国际传播的关键一环。智库网站往往会被智库评价机构纳入智库影响力指标。官方网站在传播智库研究成果、推介智库专家、提升智库形象和地位方面，发挥着巨大的作用。智库网站起码应该具备以下几点要素：一是智库基本信息，包括智库使命、主要关注的领域、组织架构（包括董事会及其成员)、经费使用;二是智库事件,指即将举办的和过去举办过的活动;三是科研项目、研究成果、出版物、报告以及其他产品;四是专家团队与行政团队。务必将智库最好的资源都呈现在网站上,打造智库形象,否则就会有其他人为智库贴标签。

5. 博客

博客是一种由一个或多个作者定期更新的在线出版物。博文是发表在博客上的一篇独立的内容。拥有一个官方博客能够帮助智库扩大受众群体,与重要利益相关者建立联系,建立智库品牌以及塑造专家形象。

智库专家撰写博文可以抓住以下四个要点:(1)每篇博文只表达一个观点;(2)用最简洁的语言写作,快速、直接、高效地传递信息;(3)一篇规范的博文通常包含标题、副标题、多媒体、链接四个基本要素,好的标题应该言简意赅、便于搜索、不落窠臼;使用副标题便于读者快速浏览,各取所需;照片、视频、图表等多媒体元素的运用可以吸引更多读者;链接起到快捷方式和引用的作用;(4)控制篇幅在400—800字,保持段落简短,多换行。

智库可以自己注册一个博客,也可以利用资助者、合作伙伴或其他有博客的机构以及媒体的现有资源。发布博客后还要利用其他传播工具进行宣传推广,及时查看受众反馈,调整撰写风格。

6. 社交媒体

社交媒体能够提供一种既私密又公开的交流方式,有效触达潜在受众,是西方智库常用的传播载体。目前国际上存在大量拥有数十亿用户的社交媒体平台,但只有少部分适用于智库传播。智库可以视自身需求与营运人员规模,策略性地专注于一到两个社交媒体平台,将社交媒体账号打造为所在领域的可靠信息来源。

社交媒体的主要用途是与一群有相似兴趣的人分享信息,并就这些信息进行交流。具体用途包括:与记者、同行和其他有影响力的人保持联系;紧跟智库所在领域的新闻和信息;将自身定位为专业领域有趣、相关内容和分析的管理者;推广自身在研究领域开展的相关工作;推广可信赖同行在研究领域的相关工作;优化智库在搜索引擎中的资料等。

智库在社交媒体上发声可以遵循以下原则：(1)成为所在领域内有趣想法、原创概念、专业知识的来源；(2)磨炼洞察力、思考力、表达力以及专业度；(3)慎重斟酌关注的人物和自身定位，并参与交流互动。

7. 会议

会议具有决策、分权、交流传播、协调、教育、显示和检查监督等功能。智库通过举办新闻发布会、图书发布会、圆桌会议及同类活动、公共会议、与决策者的会议、与倡导型非政府组织的会议等，并将会上形成的专业知识成果转化为思想产品，以多种形式进行发布，将会议的传播功能最大程度地发挥出来。举办大型会议，对提升智库形象和地位，传播智库研究成果和思想观点，起到强有力的推动作用。

中国发展高层论坛是智库通过会议开展有效传播的优秀案例。该论坛是国务院发展研究中心主办的国家级大型国际论坛，旨在"与世界对话，谋共同发展"，是中国政府高层领导、全球商界领袖、国际组织和中外学者之间重要的对话平台。论坛于每年3月两会闭幕后的一周在北京钓鱼台国宾馆召开年会，自2000年创办以来，已成功举办20多届，为推动中外发展政策交流与国际合作作出了积极贡献。该论坛发挥影响力的关键在于以下几点：一是联合多家知名企业，包括德勤（Deloitte）、汇丰（HSBC）等，发布大量高水平研究报告，官网上仅2023年就有22篇企业背景报告支持；二是联合高水平新闻媒体，包括新华社、人民日报社等，范围涵盖广播电视、新闻社、报纸刊物、门户网站及App等，开展全方位的传播；三是设计了功能齐全、内容丰富、界面美观的官方网站，便于公众回顾历届论坛、获取相关研究报告、了解参会嘉宾与媒体等。

会议是智库面向政府和学界传播影响力的重要载体。举办会议能够集中展示智库近期的研究成果，其传播效率显著高于单次交流。智库应该拥有一套流程化和规范化的会务管理机制，因为会议是智库最重要的平台性功能，是主讲嘉宾、参会者、媒体与组织方价值共创的过程。会议管理可以分为会前管理、会中管理与会后管理，需要注意提前进行彩排与设备测试,测试时主要关注幻灯片(PowerPoint,PPT)放映的效果、音响设备是否正常,此外还要准备意外情况预案。

8. 演讲

演讲和书面报告是完全不同的两个传播载体。阅读报告的节奏由读者主导,但听演讲时,读者将受到演讲者的节奏和展示方式的影响。演讲的规模不定,可能是几位业界同仁间的交流,可能是 15 分钟的会议发言,也可能是数百人规模的主题演讲。演讲不是一个人的独角戏,其主要目的是让听众相信智库的观点、假设和结论,所以照着幻灯片念显然不足以达到最佳的传播效果。

智库可以通过遵守以下三个原则让听众快速、轻松地专注于演讲主题,将演讲的传播效果放大:一是可视化,多构思幻灯片的设计,运用图片和数据可视化技术,以帮助听众理解;二是统一化,统一幻灯片风格,包括颜色、字体、布局、格式等,不要随意插入突兀的幻灯片,破坏演讲的流畅性;三是集中化,将听众的注意力集中在论点上,保持幻灯片简单而不杂乱,引导听众关注主论点。

明确以下十点能够帮助迅速理清演讲思路:(1) 演讲类型,据此调整演讲风格;(2) 演讲受众;(3) 演讲标题,具体、易记、简洁;(4) 预期反馈,使演讲更有针对性;(5) 开场白,不要太多客套话,专注研究重点与重要性来吸引听众;(6) 结束语,总结强调最重要的观点;(7) 概述分论点,分论点不要太多;(8) 有相关案例,更容易让听众产生共鸣;(9) 图像,不要照搬研究原图,掌控视觉效果;(10) 互动环节问答,考虑可能会被问的问题,并精心准备答案。

(三)传播受众

智库传播首先要确定受众。不同受众有不同的兴趣、优先事项和理解水平,试图用同样的传播方式触达所有受众可能会一事无成。明确以下几个问题的答案可以帮助智库确定受众:传播目的是分享成果、争取捐赠还是影响决策?哪些人能帮助实现以上目的?智库研究在什么级别的政府部门最有应用价值?现今最容易接触到哪些部门?还可以设想如果我们是某类受众是否会重视智库研究。最有效的传播需要细化目标受众并进行触达。

其次要精准发力。借鉴投资回报率(Return on Investment，ROI)的概念，在智库传播场景下，投资指开展传播活动所需的时间、人力等资源投入，智库需要平衡传播和研究的投入。

再次是从长计议，因为触达受众需要时间。综合考虑受众的参与度以及影响力，可以将智库传播受众划分为四种类型：第一类受众有影响力，但不了解智库工作。智库应充分了解其背景和兴趣，利用社交媒体、博客、新闻媒体和其他传播手段进行触达，甚至直接与他们互动；第二类受众既有影响力，也了解智库工作。智库可以借助电子邮件、电话、会议邀请之类的手段与他们联系，实现互惠互利；第三类受众目前暂时不具备较大的影响力，但是密切关注并欣赏智库工作。智库并不需要费心联系这类受众，只要继续进行社交媒体更新，保持其信息畅通；第四类受众则是在智库研究领域没有任何影响力，且不了解智库工作的群体，考虑到传播资源有限，花费大量时间来触达这类受众是不可取的。

最后，一旦确定了传播受众，就要满足受众的需求。根据受众的特性决定传播目的、选择传播渠道、设计信息内容、建立项目传播的预算、决定传播活动的组合以及预测传播结果。下面主要介绍政府部门、公众与行业三类受众以及向它们开展传播的方法。

1. 政府部门

政府是智库传播的重要受众，从智库咨政建言的职能来说，向政府递交研究成果，为有关部门提供决策咨询，是体制内智库的立身之本。由于中国决策体系的特点是自上而下的，因此，智库要实现影响决策的目标，首先必须使研究成果和咨询意见及时准确地传达到领导和有关部门，否则，不管自身的研究成果多好，见解多么正确，难以发挥应有的作用。这就需要有效的传播。

目前，以体制内智库为主的我国现代智库向政府传播的主要方式包括以下四种：一是各种各样的内部简报，研究人员完成研究后，智库会根据研究内容，选择报送特定的分管领导或是部门,这种定期或不定期的内部简报目标明确,及时快捷,报送内容一经领导肯定,往往会很容易进入决策;二是参加各种论证会,随着决策民主化、法治化、科学化进程的推进,党政有关部门在最终决策之前,往往会组织举行有专家和群众代表参加的专题论证会,就有关政策方案的可行性、存在的问题及如何进一步修改完善等进行专题论证,征求意见建议,而来自智库的研究人员往往会成为特邀专家的重要人选,由于议题集中,针对性强,又直接面对决策部门,专家的意见建议更容易被接受、采纳;三是邀请有关领导参加成果发布会、研讨会、论坛等活动,这些活动是智库开展对外传播、扩大影响、提升形象的重要方式,为了提升会议档次,智库往往会邀请有关领导出席并发表讲话,而领导人通过出席这类活动,不仅可以借此了解有关领域的研究动态,也可以接受或注意会议有关思想和观点,从而对以后的有关决策形成影响;四是主动向有关领导汇报情况,让有关领导及时了解智库的研究状况和研究成果,同时,也可以了解领导关心的问题,使智库的研究更加具有针对性,从领导那里得来的研究课题将作为"命题作文",其研究成果一般都会得到领导不同程度的肯定,从而对领导的有关决策产生影响。[①]

西方智库采取多种措施服务政府。一是提供新视角,产出新思想,自身开展前瞻性研究,为政府提供预测性建议、前期战略规划或前沿性政策概念等;二是咨政建言,接受政府委托项目,调查论证总结方案,游说决策者采纳;三是引导社会舆论,宣传、解读政府决策,连接公众诉求与政府政策;四是反馈决策效果,评估政策落地中产生的新问题,并给出解决方案,帮助政策调整与优化。[②]

2. 公众

公众是智库传播的主要对象,如果说智库的政策影响力主要依托与政府部门的对接,那么社会影响力与媒体影响力则很大一部分要依靠公众。除了宣传、阐释党中

---

① 张述存.地方高端智库建设研究[M].北京:人民出版社,2017:202.
② 肖荻昱.西方国家官办智库参与政府决策经验观察[J].决策探索(上),2021(3):62-63.

央和国家的大政方针,传播主流思想价值,凝聚社会正能量,智库还需要特别关注对党委政府的重要政策和文件精神的宣传和解读,对当下社会热点、发展难点进行深入浅出的阐释,主动塑造和影响舆论。在智库公众传播的过程中,既不能盲目听从上级,欺下媚上,照本宣科式地甘当"传声筒";更不能盲目迎合一些舆论和公众趣味,对不健康的舆论推波助澜,而是事先要对事情做深入调查分析,对问题做出自己的判断,提出自己独到的见解。

智库的公众传播,一般应以社会公众喜闻乐见的形式,采取公众容易获取、容易接触到的手段进行传播。具体来说,一是在公众阅读率较高的报纸杂志等传统纸媒上发表短小精悍的文章,或是出版面向大众的科普型社会科学读物;二是在公众收看收听率较高的电视台、广播电台等传统电子媒体参加访谈类节目;三是在公众点击率较高的互联网站、微信公众号等现代新媒体上发帖、跟帖;四是举办普通公众可参加的讲座、论坛等。

西方智库面向公众开展宣传,一般有以下两种途径:一方面,智库将公众舆论作为重点研究课题,开展大规模民意调查,分析公众当下关注的问题,及时反映给决策者,从而使政策能够代表大多数人的需求;另一方面,对公众难以接触到或了解不够深入的专业领域,智库塑造观点,利用"第三方传播"效应,披上学术研究的外衣,对公众产生影响。①

3. 行业

面向行业进行智库传播一般理解为智库为行业提供服务,以帮助行业进行决策,包括但不限于政策敏感型行业。智库的行业传播可以通过两方面实现。一方面,行业自建智库,即企业智库,该类智库在服务企业自身发展的同时,也可以从企业视角、利用企业自有数据为政府决策部门提供政策咨询。然而大部分企业智库只能服务自

---

① 黄日涵,张丹玮.美国智库的舆论生产与国际传播对中国的启示[J].智库理论与实践,2022,7(4):93-99.

身,却在政策咨询方面举步维艰。该方面的典型案例是阿里研究院,研究院在以下方面优势明显、特色显著:一是形成了大数据支撑智库研究的范式;二是形成了"但求所用,不求所有"的外部人才利用格局;三是知行合一,形成了广泛的社会影响力。阿里研究院的研究成果为阿里巴巴集团各项业务运营提供了智力支持。然而,在政策研究方面,研究院也与其他企业智库一样存在着一些困境:一是企业智库难以获得政府部门的"天然信任",始终处于"江湖"之中,难以拉近与"庙堂"之间的距离;二是重视行业发展研究,未将相关政策研究摆在关键位置,也未将影响政府决策作为主要工作内容之一;三是发布成果数量多、范围广,但是缺少政府背书或权威认证,致使研究成果始终缺少社会公信力和认可度;四是学理性研究成果少之又少,与知名高校智库相比,高水平学术成果有待挖掘。

另一方面,智库的行业传播还可以通过为企事业单位开展咨询服务实现,通过社会服务感知社会,做政府的社会"传感器"。智库依托丰富的人才资源和深厚的学科积淀,提供常规社会咨询服务也是业务体系的一部分。与此同时,面向行业开展智库服务也能增强智库自身的发展活力与提高市场竞争力。[①]

(四)传播策略

缜密的传播策略有助于智库在目标受众中获得最大的知名度和参与度。对传播手段、传播载体与传播受众建立认知后,本书将整合前几节的经验,结合具体案例,通过八个步骤,系统指导智库制定有效的传播策略,以便智库设定明确的传播目标、提高资源利用效率以及评估传播成效。

制定传播策略的八个步骤:一是树立传播目标,明确并专注于目标;二是确定关键受众,思考如何与之建立联系,他们能提供什么帮助;三是抓住传播时机,牢记有利于提高研究可见度的关键时机,并加以利用;四是提取关键信息,提取出三到五个关键要点;五是确定传播人员,即领域内可以帮助推广这些要点、扩大智库影响范围的

---

① 吴凡.面向行业需求的高校图书馆智库信息服务研究[J].科技视界,2019(23):2.

人;六是选择联系渠道,不同受众的渠道不同;七是选择传播载体,将研究成果包装为最适配的形式;八是评估传播效果,明确衡量实现目标的标准,持续跟踪后续影响。

1. 树立传播目标

有效的传播策略始于树立传播目标。智库常见的传播目标有:(1)为公共政策制定提供信息支持;(2)成为媒体在某一特定问题领域的首选来源;(3)展示一个行之有效的项目模式,并实现推广。智库应结合自身情况,适当回顾并对目标加以评估,思考真正想要达成的目标是什么。

对某些智库而言,确定传播目标可能比产出研究成果更具挑战性。如果暂时没有特别远大的目标,可以先将目标定为推广给跟研究成果最密切相关的两到三位受众。智库应设定可实现和可衡量的目标,并在传播工作完成后,总结回顾并判断目标是否达成。

2. 确定关键受众

确定目标后,智库应评估哪部分人需要这个研究,可以帮助目标实现,这部分人就是关键受众。希望研究成果人尽皆知并不现实,所以要仔细考虑哪些群体是关键受众。智库在花时间思考关键受众之余,还要考虑希望他们在传播工作中扮演的角色与任务,以明确想要达到的效果。如果存在好几类关键受众,制定传播策略时要因人而异。

例如,假设智库准备发布一篇关于地方环境保护的研究报告,传播目标是让相关人士注意并采取行动。

首先,确定关键受众:

受众①是当地生态环境局等相关政府部门的工作人员;

受众②是当地高校、科研院所中关注环境保护问题的研究人员;

受众③是当地主流报社的新闻记者。

其次,思考智库希望每个受众在了解研究成果后采取什么行动:

受众①采纳报告中的建议,邀请智库专家参与专家咨询会,并将智库视为环境保护问题上的重要资源；

受众②邀请智库开展环境保护项目合作，在论文中引用报告里的数据或结论，与同行分享这份报告；

受众③报道这份报告，采访并引用智库观点，并将智库视为今后报道时的可靠资源。

3. 抓住传播时机

不要低估传播时机的重要性。把握时机，让研究成果尽快被目标受众获取，方能为传播策略的成功打下基础。例如，在每年3月植树节前几天或当天发布一份关于森林环境保护的研究报告，会比在7月的任意一天发布更受关注。

诚然智库研究成果刚发布时是智库布局传播工作的重点，但也要注意利用其他时机使成果产生持续的影响，包括重要会议或其他支持智库专家发言的场所、记者和关键意见领袖的相关讨论。如果智库研究与公众讨论的内容相关，即使不是最新发布的，也能重新引发关注。

4. 提取关键信息

紧接着思考怎么言简意赅地表达研究成果，一是如果智库自身能清楚地表达观点，他人就很难进行误解或曲解；二是简洁的表达更适合在各个媒体平台上传播。可以从研究中提取3到5个关键点，包括研究了什么，怎么研究的，以及研究为什么重要。

思考如何将这些信息传达给关键受众。例如，记者会想知道该成果有何新鲜之处，有什么值得被新闻报道的亮点，是不是业内首创，是不是同类研究中规模最大、最严谨的，等等。如果在全国范围内开展传播，关键信息的选取需要因地制宜。可以以研究中与当地最相关的数据或发现为开头，并向大家介绍研究能为当地带来什么变化。

5. 确定传播人员

传播人员，包括但不限于上文提及的关键受众，还有任何可信的、与目标受众有联系的、能坚定支持智库的人。智库可以提前跟他们分享研究的预印本，还可以为他们提供成套的素材，包括研究亮点、宣传文案，以及用于社交媒体推广的图表等。如果智库能充分准备素材，传播人员会非常乐意帮忙推广。

6. 选择联系策略

为每类关键受众匹配最佳的联系方法。例如：

受众①政府工作人员：直接发送私人电子邮件，投递部门官方网站的公开信箱，拨打热线电话；

受众②科研人员：直接发送私人电子邮件，转发社交媒体平台的宣传，邀请他们参加环境保护主题的网络研讨会；

受众③记者：发一封简短的媒体宣传邮件，向新闻专栏投稿，邀请他们来参加介绍智库研究成果的公开活动。

也可以寻求他人帮助，以接触这些受众。智库上级单位是否有专人负责联络，朋友或同事是否有相关人脉等。

7. 选择传播载体

包装研究并不是在扭曲研究，而是根据最突出的要点将其塑造成最适合特定传播渠道的作品，研究将借此以最有效的方式传达给受众。针对不同受众和各自的传播渠道采取最适宜的成果包装方式，不断完善成果，将其提炼成更简明易懂的形式。如果智库的核心研究报告是150页，可以制作一个精炼摘要（2页）、要点说明（1页）以及简单的图表（整合成一张）。简短的总结非常有利于政策工作人员寻找关键要点，也有助于记者们对报告形成初步印象，来判断是否值得一读。

如果智库拟在社交媒体上进行传播，需要做好心理准备，粉丝不太可能坚持读完150页报告，可以参考本节"传播载体"部分"博客"和"社交媒体"中的相关策略使得报道更容易被浏览；如果智库拟在传统媒体上发布，需要写一个简短的说明，将研究提炼为有趣和便于浏览的要点，并在发布前几周联系好记者。

8. 评估传播效果

回顾传播目标，走完一套流程后是否成功与关键受众建立联系，如何评估研究是否被受众采用。例如：

受众①政府工作人员和受众②科研人员：智库收到的电子邮件回复数量，智库召开的网络研讨会的与会者数量，邀请智库专家发言或其他邀约。

受众③记者：最终媒体报道的数量和质量，包括对研究的引用和参考。

受众①②③：研究或相关新闻报道在社交媒体上被分享的次数，以及后续对智库进行专业咨询的次数。

此外，还可通过网站流量测量工具来收集诸如总页面浏览量、总出版物下载量、平均页面停留时间等数据，综合评估传播效果。

三、国际传播

（一）国际人才团队

1. 国际人才的内涵

现代智库需要的国际人才指的是具有较高学历（本科及本科以上）、具有国际化意识和胸怀、熟悉传播运营理念，同时，具有丰富的专业知识、较强的创新能力和跨文化沟通能力的人才。这个定义强调国际知识、国际视野、国际意识、跨文化沟通的重要性。对国际人才的界定不仅应包括高度概括其本质特征的定义，还应包括具体的标准。

国际人才标准是国际人才概念的具体化，在经济全球化背景下，国际人才应从知识、能力、素质等角度进行界定。知识包括专业知识、语言知识、文化知识、国际知识等；能力包括外语思维能力、跨文化沟通能力、批判能力、创新能力、学习能力、信息素养等；素质方面包括合作意识、国际视野、民族情怀、心理素质、人文素质等。其中信息素养即一个人能够认识到何时需要信息，能够检索、评价和有效利用信息，并且对所获得的信息进行加工、整理、提炼、创新，从而获得新知识的综合能力。换言之，国际人才是具有专业知识、外语特长、跨文化沟通能力，富有全球视野、民族情怀、创新精神、人文素养、信息素养等的高端人才。

2. 培养国际人才的必要性

智库工作人员扮演着分析师、研究员、媒体评论员、政策顾问和公共关系专家的角色。有时候，智库研究人员会在政界、商界，或者不太常见的公务员和学术界开拓未来的职业生涯。智库是精英生产机制，可以对政策话语产生重大影响，优秀的智库公共知识分子能在政策话语中取代学术公共知识分子。具备一定国际知名度和国际活跃度、眼光长远、思想深刻的学者可以通过新观点和新方法来进行研究方向的突破，为所在智库带来极大国际影响力。国际活跃度指的是在国际智库交流合作中的参与程度，如在国际会议和论坛上参与和发言的情况，同其他智库的交流访谈情况。

人才是智库生存与发展的关键性因素，人才的选拔、考核以及培训的科学性和合理性决定了智库的竞争力。要提升智库的国际影响力需要对知名智库所采取的传播策略进行更深入、更有针对性的研究，更多地了解智库寻求与政界、媒体、学术界、劳工界和资本界人士沟通与合作的程度，国际人才的培养就是其中的关键环节。

3. 如何打造国际人才团队

现代智库要打造高质量的国际人才团队，一方面，必须创新人才吸纳制度，加快国际人才引进，打造适合国际人才发展的工作环境，吸引优秀的国际人才加入。具体来说，一是充分利用"旋转门"机制，吸纳海外人才；二是进一步探讨开放聘请外籍研究人员，克服经费、规则限制与意识形态差异等问题；三是利用好国内丰富的海外留学人才资源，吸纳他们加入智库的国际研究与运营业务。

另一方面，对现有人才的挖掘和培养也是打造国际人才队伍最为直接、可操作且必要的方式。具体可以通过以下几个方法实现：一是找准国际人才基本定位，根据智库自身业务特点对国际人才建设目标进行画像，发现现有人才的潜能，以此制定合理的培养方案；二是设立多元化的人才培养途径，对不同人才进行国际化意识、研究、语言等专项培训；三是依托高校力量设立高水平国际人才培训基地，利用高校的学术资源与师资力量,为人才培养提供理论支撑、教育平台和实践环境;四是由政府或者知名智库发起,整合社会力量,搭建信息化教育平台,联合培养国际人才;五是为智库国际传播人才培养建立"容错"机制,特别是我国智库走向国际的道路还很长,任务还很艰巨,经验也不够丰富,需要有关部门的合作、支持、指导和善待,允许大胆探索、试错,为国内智库创造大胆讲话、勇于争夺话语权的良好氛围,提高国内舆论的包容性。

德国智库在人才选拔、考核、培养和交流方面的举措对打造国际人才团队具有参考意义。德国智库一般采用公开招聘的方式吸纳人才,这些人才可能是名牌大学刚毕业的硕博士研究生,也可能是大学的知名专家、企业精英以及政府离任官员等。人才的选拔既看重学术水平,也注重实践经验。对于高级研究人员一般都是实行长期聘任制,对中初级研究员则实行短期聘任,科研人员的晋升、续聘、解聘都由考核结果来决定。德国智库的考核标准十分严格,分为内部考核和外部考核,内部考核是各研究部门对自己部门的研究质量进行评级和总结,外部考核则是在内部考核的基础上进行,一般每4—5年考核一次。这些严格的考核标准是智库成果研究质量的重要保障。德国的智库不仅重视人才的选拔和考核,对于人才的培养交流也十分重视。一方面,智库会成立自身的学院,专门培养政策分析与研究的人才;另一方面,智库还会为年轻人提供实习项目,让他们有机会到政府机构、企业、大学或者其他智库进行实践,历练自己的才干。这种人才交流机制既可以做到人尽其才,也能为智库增添活力,为智库带来大量的思想火花。

(二)国际合作平台

1. 媒体智库平台

在众多类型的智库中,媒体智库自带发布平台与沟通渠道,对于推动国际合作有天然的优势。国内较为著名的媒体智库有凤凰网国际智库、瞭望智库、中国国际电视台(China Global Television Network,CGTN)智库等。

以CGTN智库为例,其建立初衷就是成为全球智库对话与合作的平台,推动更多中国智库专家走向世界舞台,并邀请更多外国智库专家到中国实地考察,更全面地了解中国。作为媒体型的智库,其作用应当是建设性的,而不是破坏性的;应当是推动合作共赢,而不是强化纷争。CGTN 智库旨在推动全球智库之间的合作,打造一个开放的国际交流平台,增进不同文化之间的沟通,为世界提供更加多样化的声音。目前,CGTN 智库已经与世界上 50 家著名智库和机构建立了合作关系,并正式入驻亚马逊流媒体平台 Fire TV,在该平台上提供 CGTN 英语频道电视直播内容和原创内容点播;CGTN 还与微软新闻签署了合作协议,允许微软新闻抓取并传播 CGTN 的新闻内容。①

2. 国际组织平台

国外智库与国际组织之间的合作已日渐成熟,主要表现在派遣员工前往国际组织任职以及任用国际组织退休员工上。国内智库应当增强与国际组织合作的意识,不仅在人才吸纳与培养方面,还在搭建国际合作平台方面。目前,国内智库与国际组织的合作并没有系统性展开,为推动对接和合作,应加强相关政府部门与智库的协调,尤其是发挥联合国机构成员国政府对口单位的桥梁作用。在推动可持续发展目标的进程中,知识应当被视为一种重要的资源和工具,并得到战略性的使用。对于智库而言,对外学术交流也不仅局限于与国外大学、科研机构的交流,通过国际组织开展的交流和分享可以搭建起更大的受众面和更广阔的国际合作平台。②

(三) 常态国际会议

极具权威性、高知识性、高互动性与学术性的国际会议,一直是国内外智库非常重视并盛行的会议形式。一场好的国际会议将极大地促进智库专家之间的学术交流互动,为智库界带来前沿的学术知识与未来研究趋势,启发与拓宽参会者的科研思路,发出权威的智库声音。国际会议常态化要求我们从中国国际会议的发展环境和

---

① CGTN 全球媒体峰会共话"媒体与科技" CGTN 智库成立[EB/OL].[2022-10-18]. http://m.news.cctv.com/2019/12/04/ARTIM9WBWnCjD22ABgCgp1CH191204.shtml.

② 智库与国际组织合作促进知识共享[EB/OL].[2022-10-18]. http://drc.sz.gov.cn/zkhz/content/post_9296162.html.

未来趋势出发,分析影响国际会议常态化的各种因素,并且树立智库积极主办国际会议的意识。

1. 国际会议的发展环境

近年来,中国国际会议数量不断增加。中国国际会议的发展环境如下:一是中国不断扩大开放,与世界的联系不断加深,更深地融入国际经贸体系中,成为多个国际组织和世界行业协会的主要成员;二是中国的综合国力不断提升,作为世界第二大经济体,影响力和吸引力持续提高,在国际会议中的作用不断提升;三是作为全球制造业大国,中国产业发展,产业链、供应链与国际联系更加紧密,一些行业会议、产业发展、制造业的会展经济加快发展;四是中国日益走向世界舞台中央,参与国际规则的制定,地缘政治和地缘经济影响不断加深,在重要国际会议中的中国地位举足轻重,选择在中国举办国际会议会不断增多;五是中国具有超大规模的国内市场,巨大的消费能力居世界前列,众多的跨国公司产品进入中国市场,也对国际会议形成强大吸引力;六是中国经济的活力和科技进步,经济持续发展,为科技创新、新经济、新业态、新模式、数字经济提供了巨大的、多样性的应用场景和实践的舞台,成为相关国际会议理想的举办地;七是中国会展经济快速发展,国际会议城市目的地建设能力不断提高,更多中国城市举办能力、成效以及国际会议服务体系的形成得到国际协会及企业的认可;八是中国会展领域体制改革和对国际会议的开放态度、各城市的支持政策将进一步促进国际会议的增加。[①]

从中国国际会议的发展环境可以得出,国际会议常态化要求中国,同时也要求世界各国进一步对外开放,参与建设好世界这个大家庭;发展经济,增强综合国力,以期在国际上掌握发言权;完善基础设施与上层建筑,从"硬件"(交通、通信、设备、场所与安全性等)与"软件"(思想、政策)两方面支持国际会议的常态化开展。

---

① 任兴洲. 新发展格局下中国国际会议业发展环境和趋势[EB/OL]. [2022-10-18]. https://new.qq.com/omn/20211026/20211026A01TND00.html.

2. 智库主办国际会议

西方国家一系列举足轻重的智库纷纷通过与海外研究机构合作设立分支机构、办事处，在积累一手资料、吸收所在国优秀学者的同时，实施本土化策略，近距离影响该国媒体和公众，抢占国际问题影响的"桥头堡"。从智库国际合作的软硬件基础来讲，其构建了一个全球智库网络，也为这些重量级智库在对象国开展活动提供了相当于"驻京办"一样的机构，方便了智库主办国际会议。西方知名智库，特别是美国高端智库利用自己的品牌优势和区域优势将自己打造成为实体的国际会议中心，是国际上各种势力勾兑的场所，作为第三方来交换信息、交换意见。它们的意见领袖、领军人才去其他开设分支机构的国家举办论坛、会议，比其他国家智库到美国开展活动要方便得多。

目前，中国智库在举办国际会议方面正在进行形式、内容、主体、地域、逻辑和组织形式上的转变。在形式上，从论坛、研讨会、峰会等传统形式向博览会、培训、研修班、年会，甚至揭牌仪式拓展；在内容上，从国家安全、国际关系、共建"一带一路"、G20、金砖等传统议题，向一些涉及中国国内治理的话题如长三角、新型城镇化、制造智能化等问题转化；在主体上，参会专家从传统的学者政要或者说是前政要，发展到企业、政要、政商学媒各主体要素的互动；在地域上，智库举办地从以北京、上海等超大城市为主体，拓展到全国范围，举办层次逐渐下沉，从传统官方智库、知名高校智库向很多地方智库转移；在交流逻辑上，从讲好中国故事向回应国际关切转变；在组织形式上，从面对面的沟通向线上线下结合、云端沟通转变。[1] 例如，人民大学重阳金融研究院于 2020 年 7 月 25 日举办的"任何针对中国的新冷战都违背人类利益"全球在线会议，吸引了 48 国学者参会，全球逾 2 亿人关注，是中国智库主办国际会议、发出中国声音的典范。

---

[1] 黄昊. 智库发挥中外人文交流功能的若干思考[EB/OL]. [2022-10-18]. http://rdcy.ruc.edu.cn/zw/hxly/hxlyzkjs/8059b2451f0a428c84bbd5659e0825d5.htm.

（四）国际媒体建设

智库的国际传播离不开全媒体建设，打造具有国际化影响力的出版物、完善国际化的智库网站、建设新媒体国际传播矩阵均能有力推动智库国际传播。

1. 具有国际影响力的出版物

创办有影响力的出版物是智库国际传播的重要手段，国际知名智库的出版物的专业性较强，目标读者也很高端，多为政府部门的决策者和各领域的专家学者，同时也被其他国家和地区的决策者、专家学者和媒体所关注。德国伍珀塔尔研究所（Wuppertal-Institut）是德国乃至全球领先的非营利性气候、环境与能源研究机构，它在出版物推广方面的表现值得借鉴。一方面，研究所尊重非德语使用者，提供人性化服务，大部分出版物都有德语和英语两种版本。除了德语与英语，研究所还用中文、法语、日语、韩语与西班牙语编写了相应的宣传手册，方便不同语种的用户初步了解相关信息。另一方面，研究所图书馆的数据库收纳所有研究成果，但是庞大复杂的成果规模不利于外界快速捕捉研究所的工作亮点，因此自 2012 年开始，研究所每年通过同行评议精选十份年度最具代表性的出版物，方便用户深入了解研究领域，扩大了成果的影响力。

目前，中国智库创办的科技领域的期刊已经在国际学术圈崭露头角，但人文社科领域仍缺少有国际影响力的出版物，并且缺少面向大众的出版物，还需在以下四方面着力突破：一是鼓励国内智库之间通力协作，或与海外智库开展合作，联合打造智库英文期刊；二是国家相关部门减少刊发国际杂志的门槛，创造环境让有实力的智库创办面向海外大众的高端杂志；三是与出版社加深合作，直接将智库的优秀成果翻译成外文出版，也可在出版纸质成果的同时将成果数字化，在线公开发布在知名网络平台上，提升传播速度；四是加强联系国际主流媒体，直接在其上针对热点话题发表见解。人民大学重阳金融研究院是较为高产的中国特色新型智库，其出版的系列图书包括中文、英文、俄文、波斯文、罗马尼亚文等多个语种，为中国在国际舞台的话语权构建发挥了重要作用。

2. 国际化的智库官方网站

制作精良的外语网站呈现了智库的发展现状、实时动态和最新成果等信息,是海外受众了解智库最直接的渠道,运营良好的外语网站无疑是智库面向国际传播影响力的首要媒介。

中国智库官方网站建设呈现严重滞后形势。据统计,在《全球智库报告》排行榜上名列前茅的中国智库,多家迄今没有英文网站,有一些智库虽然有英文网站,但徒有框架并无内容。有学者调研了上海社会科学院智库研究中心《2018年中国智库报告——影响力排名与政策建议》国际影响力排名前20的中国智库,发现这些智库中还有15%的智库没有建设英文网站,并且只有15%的智库英文网站实现了每日更新,50%都是月更甚至年更,大体处于停滞状态。可想而知,国际影响力前20的智库尚且如此,遑论其他的智库。[①]

建设国际化的智库官方网站需要分三步走,第一步是建立起标准的官方网站。有些智库尚未发挥单一语种官方网站的传播力量,做不到及时更新,更有甚者还未建立。建议此类智库应先加强完善网站本身的基础内容,将自身简介、智库产品与活动、人才团队、新闻公告等呈现在官网上,然后再设置专人负责网站运营,及时更新智库近期的研究动态。

第二步是建设标准的多语种官网。根据不同国家用户的阅读兴趣和习惯针对性地设计网站界面和内容,其他语种的网站不应是母语网站的机器翻译,而应树立起建设全新网站的意识,开辟一个新的互联网宣传阵地。智库在制作外语官网时应将受众习惯、搜索互动等纳入考虑,栏目设置向国际一流智库看齐。并且要充分考虑不同国家的国情,在涉及宗教信仰、民族习惯等敏感话题时多加注意,避免引起不必要的文化冲突。

---

① 杨云涛.中国智库国际传播实践发展现状及改进建议:以智库英文网站建设为例[J].智库理论与实践,2019,4(3):31-39.

第三步是完善官方网站功能,建设个性化的官方网站。标准的官方网站往往是最不吸引人的官方网站,在此阶段,智库可以跟专业的网页设计公司加强合作,增加图片、视频等多样化信息表达,并且开发手机版竖屏网站,方便手机用户随时查看。还可以增加邮件订阅功能,进一步培养用户黏性。

3. 新媒体国际传播矩阵

新媒体传播矩阵能够帮助智库吸引不同用户平台的粉丝,推广最新成果,并深化大众对智库研究领域的理解。图 11-1 是人民大学重阳金融研究院的新媒体布局,其中包括了目前国内外较有代表性的新媒体平台。

图 11-1　人民大学重阳金融研究院的新媒体布局图

图片来源:人大重阳微信公众号

布鲁金斯学会根据不同的媒体平台调整传播的方式,其在 Twitter 上发布的推文主要是转发官网的文章并附上简短的评论或总结,在 Instagram 这个主打图片分享的平台上则会通过一套精心编辑的组图覆盖报道重点,使其符合用户的浏览喜好,在 YouTube 视频平台上,则多采用视频的形式进行成果传播。布鲁金斯学会在各个社交媒体平台的粉丝均是数以万计,并且该智库在 YouTube 上发布的关于《埃塞俄比亚的安全局势及其与更广泛的区域的关系》长视频目前已收获了近两百万次观看量。德国伍珀塔尔研究所在 Twitter、领英(LinkedIn)、YouTube 和雅虎网络相册

(Flickr)等国外主流社交媒体平台均开设了账号，不定期更新研究成果，还设立了专门的播客栏目 Zukunftswissen.fm，邀请来自各个领域的专家解读和宣传可持续转型的重要性。

大多数中国智库还未形成在国际主流社交平台布局的意识，应加紧国际新媒体布局。智库建设新媒体国际传播矩阵可从以下三方面入手：一是针对受众偏好，精心设计内容；二是充分利用传播载体，创新传播手段，在 Twitter、Meta（Facebook）、Instagram、YouTube、LinkedIn 上开设账号；鼓励或包装有实力和魅力的研究人员开设社交媒体账号，就热点问题发表观点；培养固定的海外受众成为粉丝，发展庞大的国际朋友圈，形成智库宝贵的人脉资源；三是利用数据分析手段，实现精准传播，根据现有传播效果不断改进传播方式。

第十二章　开源情报工作与数字化建设

当前,以大数据、人工智能等为代表的新技术日新月异,开源情报与数字化工作对智库研究的支撑超越了以往任何时候,这两件工作的开展愈加重要且紧迫。现代智库的开源情报工作主要包括:识别智库可用的情报源,多渠道采集与获取有价值的情报,通过传统模式或新兴模式对采集到的情报进行存储与组织,以及最终根据情报源不同进行开发与利用。现代智库的数字化建设主要包括:建设包含运营数据、课题研究数据、产品数据与文档管理数据的信息化系统,推动智库管理规范化、流程化、自动化;进行资源库建设,让各类数据库、知识库、模型库为智库数字化发展奠基;强化数字化保障措施,为智库数字化工作提供政策制度、人才队伍与专项资金的支撑。开源情报工作与数字化建设是智库的重点发展领域,二者共同助力智库实现信息化、数据化、智能化发展。现代智库所开展的研究应该保质保量,在充分研究判断当下时势的基础上,发挥数字化思维的优势,提出行之有效的建议,为实现现代化国家治理保驾护航。

一、开源情报工作

(一)情报源

情报源,顾名思义,指的是获取情报的来源,但并不简单等同于情报资源。智库情报源,则是智库全体成员在理论研究、项目管理、实地调研等智库工作中形成的第一手资料,以及对这些资料进一步整理完善后得到的成果。目前常见的智库情报源有公开资料类情报、实地调研类情报与非正式渠道情报等。

1. 公开资料类情报

智库生存的先决条件在于是否掌握确切、完备的情报源。智库要想做好前瞻性、储备性的研究,依赖传统的文献情报源是远远不够的,还应该掌握智库成果情报源、专题数据库情报源与网络公开情报源等特有情报源。

传统的文献情报源就是各式各样的纸质文献,也是各行各业开展研究的前提和基础。其中与智库领域关系较为密切的经典文献情报源主要有图书、档案、政府出版物、刊物、会议文献等。国内外知名智库都十分重视对文献情报源的掌握。胡佛研究所一直致力于收集、储存、展示、赋能关于战争、革命、和平以及现代政治、经济、社会变革有关的重要文献,目前拥有一百多万卷藏书和六千多件档案馆藏,百年来一直为感兴趣的学者与大众提供阅览与讨论的平台图书馆与档案馆;英国查塔姆研究所图书馆收录了1920年至今有关国际关系的专业书籍与期刊,值得一提的是该图书馆还进行了书籍与档案的数字化,形成了电子图书馆与档案馆,供查塔姆研究所会员在线访问。

智库成果情报源为智库基于现今全球各领域的研究前沿与社会热点生成的期刊、指数、书籍等智力成果,是智库特有的新型文献情报源。此类情报源含有丰富的、稀缺的第一手资料,对智库学者去伪存真、开展实地调查非常有帮助,其本身也不失为可待挖掘的研究素材。

专题数据库情报源为智库项目的进一步深入提供了强有力的情报支撑。智库充分发挥大数据对智库研究的重要支撑作用,自建专精特新的数据库,能够帮助智库"见人所未见,思人所未思",是智库体现自身优势的关键法宝。

网络公开情报源包罗万象,为智库所用的网络公开资料一般有政府情报源、企业情报源、高校情报源、个人情报源、机构情报源与专题情报源等。在使用网络情报源的过程中要注意追本溯源,甄别真伪。

2. 实地调研类情报

实地调研是指智库研究人员在撰写研究报告前,亲自去研究对象所在地与管理人员进行面对面交流以及参观实体环境等一系列实地调查的研究行为。以高校智库评估项目为例，研究人员通过与高校社科处负责人、高校智库首席专家等不同层级人员进行交流，实地考察智库研究环境等，可以直观了解智库建设、管理、运营、维护等权责归属与落实情况，以便后续提出更有针对性的建议。典型的实地调研活动一般维持1—2小时，可能包含现场参观和问答环节等。

智库研究不应盲目跟风，优秀的研究成果往往经得起时间的检验，需要沉下心来做实地调研，甚至是长期跟踪调研，做评估项目的智库尤其如此，以此获得充分认识研究对象的物质条件。通过实地调研获取的情报源具有多种形式，包括访谈记录、文件收集、照片、录像等，这些情报源十分真实直观，但是也较为零散，智库通过实地调研获得的记录数据或访谈录音，经过整理后可以成为智库珍藏的独家情报源。

3. 非正式渠道情报

非正式渠道情报指的是正式渠道以外的情报获取来源，这类情报源未公开于社会，只为个人或某一团体使用。对智库来说能否充分发挥非正式渠道情报源的作用具有重要的意义，因为非正式渠道情报能弥补正式渠道来源情报的缺陷和不足。

非正式渠道情报与正式渠道情报的差异主要体现在可信度和可及性两方面。一方面，由于非正式渠道情报，如会议记录、机构报告和无法通过图书馆获得的论文，没有经过同行评审，所以质量难以保障，在使用时要审慎；另一方面，顾名思义，非正式渠道情报的获取比正式渠道情报来得更加困难，它们并未公开出版，缺乏按照特定主题或学科广泛编制的索引，盲目的搜索可能会一无所获。但随着信息技术的发展，许多组织可能会将其自有的非正式渠道情报数字化，融入官方网站的某个栏目，方便管理的同时，也可供大众自由阅览，大大降低了行业外人员对该领域非正式渠道情报的获取难度。

（二）情报采集与获取

情报采集就是通过各种渠道和传输手段，用一定的方法，对情报进行搜求、选择、鉴别、获取的活动。情报采集不能简单理解为情报收集获取的技术性工作，而应充分认识到它是对情报进行鉴别的更为复杂的指导性工作。只有对情报进行去粗取精、去伪存真、由表及里，才能保证情报采集的质量，为后续加工处理打下良好的基础。智库情报采集的工作好坏，将对整个智库研究工作的成败产生决定性的影响。情报采集所采用的方法依据情报源类型和性质的不同而有所不同，智库领域常采用的方法有调查方法、参与各种社会活动、购买国内外知名数据库以及媒介分析与网络采集等。

1. 调查方法

调查方法就是利用调查研究采集信息的方法，它是获取某一事件的规模、速度、质量及方向等方面的数据、内容、实质及规律等情报常用的方法，通过这种方法所获得的情报既有数量，又有质量，还具有先兆性，因此价值较高。调查方法很多，包括问卷调查、谈话调查、现场调查、普遍调查、抽样调查、电讯调查等，现代智库常采用问卷调查、电讯调查等方法。

问卷调查是由调查者根据调查内容设计调查问卷，由调查对象自己填写调查问卷的方法。该法技术性很强，要求问卷设计科学、合理、简明、语义清楚、符合逻辑，同时，要考虑被调查者的可接受性。优点是适用范围较广，调查人数不限，获得情报快，采集的情报可以定量化，易于电子处理；缺点是内容较单一，没有弹性，因此设计问卷题目就显得尤为重要。

电讯调查是指情报采集人员借助电话、信函、电子邮件等传播工具对调查对象进行调查并采集情报的方法。该法的优点是取得情报较快，形式灵活，适于异地调查，不仅能节省时间，回答率较高，而且可以在短时期内调查较多对象，成本较低，可节约调查经费；缺点是调查者与被调查者不在同一地点，不易得到对方默契的合作，如采用电话调查就不能询问较为复杂的问题，而用信函或电子邮件调查则易使被调查者搁置不理或敷衍了事，很难及时获得有价值的情报。

2. 社会交往

现代社会纵横交错的关系网络为情报交流提供了极为有利的条件，通过社会交往获取情报已成为智库获取情报的重要方式之一。在现实生活之中，人与人、团体与团体之间都有着非常广泛的社会交往，通过并利用这种人际社会交往关系也能收集到有用的情报。一个人只有一个头脑，不论怎样读书、学习，寻找到的情报是有限的，而通过与别人会面，听别人谈话，在言谈中针对自己想要知道的东西"请教"对方，就可将众多人的思想、观点、情报聚集起来。

国外智库广泛与社会各方面、各领域建立公共关系，其重要目的之一就是收集情报。国内智库欲采集情报，也需要广交朋友，多参加各种社交活动，并有效地利用自己周围庞大的人际关系情报网，及时捕捉有价值的情报。如参加智库论坛、政府会议、政策座谈会与研讨会等，通过非组织、非正式的个人接触、个人通信，或通过接待外国专家、学者、企业家来访等，都可收集到独特的情报。

利用社会交往来收集情报，一般都是以建立良好的人际关系作为前提。利用团体与团体之间的良好关系也可收集到所需要的情报。智库是社会活动的基本单位，既有相对的独立性，又是整个社会活动的有机组成部分，通过其他相关单位、部门和人士建立良好的交往关系，便可以组织团体交换，获取到有用的情报。

3. 购买数据库

经济途径是采集情报最主要、最常用的途径，其方式主要有订购、购买、复制、联机检索、有偿征集情报、转让情报等。通过经济途径获取情报主要是对那些具有独立经济利益的情报源，数据库就符合此种要求。数据库是由一种以上文档组成，并能满足某一特定目的或某一特定数据处理系统需要的一种数据集合。智库只要支付一定的费用，就可获得所需的数据。通过购买数据库获取情报，及时有效，充分实现了情报的商品化。数据库中的数据广而多，其定价就体现了其不凡的价值，权威数据库中的数据质量是有保障的。

高校智库在此方面有天然的优势，高校图书馆通常借助高校图书馆数字资源采购联盟（Digital Resource Acquisition Alliance of Chinese Academic Libraries，DRAA）平台对所需数据库进行集体采购。其他类型智库同样可以依托上级部门的数据库资源、自行购买，或通过联机计算机图书馆中心（Online Computer Library Center，OCLC）、研究之门（ResearchGate，RG）等平台获取免费但有限的数据库资源，也可与已拥有丰富数据库的机构开展合作，实现数据库资源的共享。

4. 网络采集

网络采集是网络技术发展的产物，在智库研究中，一方面，智库运用网络爬虫和网络调查收集海量数据，这些数据经过处理后可以转化为智库特有的情报。网络调查就是调查方法的网络版本，这里不再赘述。网络爬虫则是能够按照既定的条件，对网络上符合条件的数据进行抓取的程序。具有计算机编程能力的智库人员可以通过编写 Python 等程序语言进行爬虫，然而具有编程能力的人员目前对国内智库界来说是一种稀缺资源，而网络爬虫技术已日臻成熟，因此，现在更通用的方法是利用现有的、零基础的网络数据爬取软件如八爪鱼等，开展此项工作。在享受网络采集便捷高效的同时，莫忘规避使用爬虫技术可能带来的侵权、涉密等风险。

另一方面，智库通过网络采集可以对数据库采集进行丰富。一是专利资源的补充，当智库依托或自建的图书馆没有订阅索引专利文献的数据库或已订阅的数据库只支持某个语种的专利检索时，此时采用网络采集搜索需要的专利会很有用；二是会议记录的获取，有些组织会免费在官方网站上发布会议记录，所以直接进行网络采集或许可以避免联系对方索取文件的麻烦手续；三是硕博士学位论文的溯源，许多大学会将学生的硕博士论文发布在机构知识库中，其中有部分能被搜索引擎抓取，从而追根溯源，指示全文所属的机构知识库所在。

（三）情报存储与组织

情报存储与组织，是出于情报持续存在、可连续访问、不可销毁和保密的需求将情报按一定规律进行有序排列。智库如何对情报资源进行存储与组织加工将直接影响到智库工作与管理效率。合理的智库情报存储与组织模式不仅能提高智库营运水平，更有助于智库员工挖掘情报资源中的潜在价值，最大限度地发挥情报的作用，推动智库研究进程、提升智库成果质量。现代智库目前的情报存储与组织模式主要分为传统模式与新兴模式两种。

1. 传统模式

现代智库在开展研究工作的过程中一直受到图书馆、档案馆等实体资源存储机构的支持与服务。

一方面,图书馆、档案馆等公共机构具有天然的情报资源优势,持续发挥存储、整理、组织文献或档案等情报资源的作用,是重要的情报资源载体。公共图书馆天然的文献资源管理优势和日益丰富的网络资源已成为现代智库开展研究的重要依托单位,公共图书馆不仅直接为现代智库提供图书、文献等情报资源的存储与组织服务,还会与现代智库合作共建,形成情报资源基地,用于保存并整理文献等各类情报资源,为智库研究人员打造坚实的资源后盾。公共档案馆集中保存和管理的政府相关文件材料是各级政府部门实现科学决策的重要参考。作为提供决策咨询服务的现代智库,在开展学术研究、进行决策咨询时要了解手头可触及的情报,从现有的实践经验中总结教训,就必须依托公共档案馆保管和编研的各类档案资源,基于公共档案馆的丰富馆藏资源和档案机构提供的知识服务,更加准确地分析问题、深入问题本质。现代智库往往能够通过合作或购买等形式,直接从这些公共机构中获取到存储并有序组织后的情报资源,从而支撑智库研究工作。

另一方面,规模体量较大的现代智库往往已经完善了自身的组织架构,构建了智库内部的图书馆(室)、档案馆(室)或资料室,在存储与组织外部情报资源的同时更加注重保管与整理智库内部开展各项工作时使用或产生的文献情报或文件资料。智库图书馆主要分为实体图书馆和数字图书馆两种类型,存储并组织海量实体或数字图书文献资源,很多国内外知名智库均建设了有一定占地面积、基础设施完善的实体图书馆,馆藏资源十分丰富。现代智库在开展具体决策咨询服务活动中,还会产生大量有价值的过程记录,这些过程中产生的文件较为零散,也会分散在智库的不同业务部门,需要专业的档案管理人员进行统一存储与序化组织。因此,大部分现代智库都建立了一定规模的内部档案馆(室)或资料室,通过鉴定、整理、存储后形成完整的决策咨询档案服务。

2. 新兴模式

现代科学技术的飞跃发展和海量数据的喷薄而出对智库使用的情报存储与组织模式提出了新的要求。随着智库研究范围不断扩大、智库知识资源不断积累，现代智库开始充分结合情报资源管理理念与先进的计算机技术，开发利用新型情报资源存储与组织模式，推动智库数据驱动型研究进程。新兴模式能够有效快捷地处理规模大、多源异构的智库情报资源，弥补传统情报组织技术无法存储并处理半结构化和非结构化数据、无法快速清洗过滤海量数据的问题，基于先进技术高效存储与组织情报资源，协助智库完成复杂程度高、综合性强的研究任务。

新兴情报存储与组织模式主要有三种：一是将海量资源结构化为数据库或数据集；二是开发智库情报管理系统，按统一的元数据标准对情报资源进行科学归类；三是构建智库知识库，包括领域知识库或专题知识库与机构知识库。知识库是一个组织所拥有的数字化知识资源集合，结合管理手段和网络情报技术收集并长期保存知识资源，并最终为用户提供知识服务。如河南大学中原发展研究院的"百县千村"数据库，已连续8年采集涉及全省108个县的数据，相关数据分析对河南省相关政策分析意义重大。

（四）情报开发与利用

情报资源开发是将情报转化为资源，经过技术和智力劳动，促使情报资源增值的过程，目的在于提高情报资源的利用率和价值，以满足特定的情报需求。情报资源开发与利用的最终目的是向用户提供他们所需要的各种情报，即围绕用户开展情报提供服务。用户作为情报服务的对象始终处于中心位置，用户基本状况和要求不仅决定了情报服务的内容与方式，而且决定了情报资源组织机制与模式。

1. 情报开发与利用的意义

现代智库已深深意识到情报开发与利用的价值，明确了情报开发利用已成为研究咨询中不可分割的一部分，日益重视对情报资源的开发和利用，自觉地从事其实践活动。情报开发与利用既可以支持智库的实证研究和决策咨询,又能直接产出各类报告产品。

情报的价值分为客观价值和主观价值。一般而言,情报的价值取决于决策咨询的成败所导致的决策主体的利益得失程度,即在客观上,情报的类型决定了情报的价值。但是,受到价值观以及认识水平等的主观因素影响,不同的利益主体或同一个利益主体在不同的历史时期,对同一情报活动的价值评估存在着巨大的差异。情报的主观价值又可分为社会性评估价值和历史性评估价值两种,社会性评估价值是指在同一社会中由具有不同利益诉求的情报活动主体对同一决策结果的不同利益界定,而历史性评估价值则是指同一情报活动主体在不同的历史时期对同一决策结果的不同利益界定。

2. 情报开发与利用的原则

情报开发与利用需要正确的指导思想,遵循正确的原则。具体来说,智库情报开发与利用应以智库研究为导向,满足智库决策咨询的需求,具有预见性以供前瞻性研究,并以组织为基础,推动情报资源共享。

一是指向性,即情报活动必须绝对地服务于智库目前研究中的主要问题和整体要求,必须严格遵守整体情报的需要,否则将产生极大的负面价值,同时,情报活动必须让智库研究获得一定的实际成效,否则也是没有价值的。

二是决策性,即情报活动必须满足智库决策咨询的需要,从掌握情报需求方的环境开始,到制订出完整的行动方案,及时地反馈情况并不断地修订决策活动,推进咨询向有利于决策主体的方向演化。

三是先知性,即情报开发利用必须通过认识过程和实践过程,满足决策过程先于行动,从而取得决策的主动权。

四是组织性,即在决策和研究中,最大限度地利用现有组织优势和资源优势,并做到情报活动的高度统一和严密纪律,情报类型越是复杂,其组织性要求就越高。情报资源共享,就是智库与其他机构进行合作,分摊采购、开发某一部分的资源,然后将收集到的资源和开发出来的产品整合形成一个网络,供用户共同使用。

3. 情报开发与利用的方法

智库的情报开发与利用要明确研究导向、服务导向和传播导向,研究导向要求解读与预测政策信息、纵深影响议题设置。服务导向首先要求服务决策需求方精准匹配专业研究团队;其次,要服务智库研究人员,做个性化信息定制与推送;再次,服务智库管理人员,提升行政工作效率;最后,传播导向要求形成多元成果发布平台和社交媒体布局等。

智库最关键的情报开发利用的方式不在于一次二次情报,而在于三次情报。在我国明确智库这一概念之前,业界就将兰德公司和伦敦国际战略研究所等专门从事情报调研工作的机构归为情报研究机构。在智库实践中采用科学有效的方法开发利用情报资源,是情报社会中谋求良好的生存与发展机遇应当具备的基本素质和才能。那么,如何采用这些科学有效的方法呢？其关键是在掌握情报资源活动规律的基础上,准确地把握情报源,然后针对不同的情报源采取不同的开发利用情报的方法。

对于公开资料类情报,在智库研究中,要应搜尽搜,通过购买、交换等方法,占有尽可能多、尽可能全面的公开资料,然后运用理性思维法,对比与分类、分析与综合、证明与反驳,让情报为研究所用。理性思维法是开发和利用情报资源的一个重要方法。

对于实地调研类情报,应该注重观察分析,借助于直接感知和直接记录情报源所产生的各种情报,并加以利用,这种方法在实际生活中广泛使用;也可以采用社会调查分析法,通过随机取样或其他调查方法,取得相关的数据或情报资料,然后,对所得数据情报资料进行加工、分析,并将其结果提供给用户。

对于非正式渠道情报,因其零散和难及的特点,现代智库应该建有自己的机构知识库,在其中开辟一块区域存储此类数据。非正式渠道情报收集和检索较为困难,每次检索后及时收录进智库自有的机构知识库,方便之后复用。

二、信息化系统建设

当前,在大数据时代背景下,智库正加速向数字化方向演进,以大数据为核心,将智库数据、研究、产品和文档信息化,有助于创新智库研究方法、提升智库研究效率,推动智库从应急咨询向前瞻咨询的转变。智库信息化系统是实现数字化运作的主要工具,它能够对智库业务活动实现实时在线信息化管理,通过业务协同实现对科研过程产生的信息或数据进行有序积累和标准化,推动智库管理规范化、流程化、自动化。

(一) 智库数据信息化

为提高智库运营管理人员的工作效率,智库运营过程中产生的各类数据需要先经过信息化处理,该功能可以通过智库信息化系统的运营管理功能模块来实现。该模块需要进行信息化的智库数据主要包括专家数据、机构数据、研究数据与政府数据。

1. 专家数据

专家数据不仅包括专家基础信息、公开成果与人脉资源,还包括其他与专家相关,由专家归档的各类数据。具体来说,专家数据信息化要求分类存储专家档案,加强专家政策咨询类活动的文件存档,将会议指南、会议邀请函、会议论文集等辅助材料以数字化形式悉数归档,形成无形资产沉淀。如果一个数据库中只有"专家"一种数据录入类型,那么该数据库可被称为专家库。一般数据库持有大量的数据,这些数据可能用于各种项目,而专家库通常只持有少量集中的数据,并致力于执行有限范围的特定任务,例如,捕获库中的专业知识,通过与具体领域匹配,判断具体问题可以寻求哪位专家的帮助等。数据库用于数据处理已经较为成熟,而专家库在智能化发展这一方面还大有所为。

2. 机构数据

机构数据信息化可以通过机构管理功能实现,主要包括智库成员信息的采集录入、查询、修改和删除、项目承接情况查询等,借助图表可视化技术,将专家活跃度、成果产出量、工作动态、课题进展、机构荣誉、任务完成进度等信息以"一屏看"的方式全方位展现,便于实时查看机构状态,及时发现问题,调整工作对策。

需要说明的是,此处的机构数据信息化不是构建一个包含多个专业机构在内的信息化机构库,而是对智库运营过程中产生的各类机构层面的数据进行信息化,从而节省智库内部管理的成本。常见的机构数据有监管形成的数据、规章制度、行政产生的数据以及进行宣传产生的数据等。[①]

3. 研究数据

智库在进行研究数据管理,将研究数据信息化时,要从研究的全过程进行通盘考虑:在智库研究开展前,就要制定详细的数据信息化计划,概况介绍开展研究中以及研究结束后对研究数据的信息化处理,该计划可以规范数据采集,明确数据存储以及方便后期共享;研究过程中,智库内部会产生大量有价值的数据,也可能从外部合作机构获取各类数据,按照之前拟定的信息化计划对这些数据进行管理,并根据实际情况对计划进行完善;研究结束并不意味着数据信息化的结束,此时,研究人员需要将全过程的研究数据进行归档,以便后期的共享与复用。研究数据信息化不仅对于智库本身梳理研究脉络,开展后续研究具有较大帮助,还能让智库与外部机构开展交往时受益良多。[②]

4. 政府数据

由于决策咨询的职能使然,智库需要与决策部门建立常态化沟通关系。因此,智库从决策部门获取的文件也是智库数据来源的重要组成部分。具体来说,智库常接触的政府数据包括咨政过程中直接传输的相关文件,自行收集的公开政策文件等,智库在承接政府部门委托的课题项目时,尤其要注意保护前者的数据安全。一切非公开的政策文件都会显性或隐性地携带与决策相关的涉密信息,随着数据信息化的推进,电子文件将面临更多风险。因此,为保证智库政府相关数据的信息安全,智库需

[①] 邹婧雅,李刚,关琳.面向内部利用的智库文件管控框架研究[J].图书与情报,2019(3):29-37.
[②] 郭春霞.科研机构数据管理与共享政策研究[J].情报杂志,2015,34(8):147-151.

要充分评估政府数据使用中存在的隐患,做好风险控制工作,具体可参照本节"智库文档信息化"中的"风险控制",避免因为处理不当导致政府数据泄露,造成党和政府的利益损失。

(二)智库研究信息化

如果说智库数据的信息化是将智库运营过程中产生的各类数据的信息化,从而便于管理,那么智库研究信息化则是将智库研究课题全周期管理过程进行信息化,从而建立课题管理的规范。信息化系统的课题管理模块一方面可以确保课题管理过程的高效与可追溯,另一方面借助相关技术实现课题信息与人员、机构、衍生成果之间的自动关联,以及业务数据的自动统计分析,极大地提高课题管理的效率和研究质量。此外,将专家成果信息与课题进度、经费使用相关联,有效实现自动化的绩效统计分析和计算,提高资金使用效率与课题完成度。

1. 专家团队推荐功能

专家团队推荐功能可以针对不同课题需求,借助系统内收录的专家档案,通过专家上传的科研数据和用户行为数据,结合大数据和智能分析技术从中推荐相匹配的智库专家团队,建立跨地域、跨机构的线上线下互动虚拟课题组,联动整合不同界别的专家资源。

智库信息化系统提供专家团队推荐功能,能在短时间内最大限度地汇聚不同领域专家的智慧,为智库研究提供科研协同功能。一方面,智库可以通过系统快速、准确地识别与课题相匹配的专家,减少专家搜索的支出,有助于智库精准对接专家;另一方面,专家可以匹配到与自身研究方向相适应的智库课题,从选题方面就排除了专家自身知识和能力与课题不匹配的因素,为专家节省了时间。

2. 研究任务管控功能

研究任务管控功能可以依据不同成员在研究中扮演的不同角色来分配相应的访问权限。如理事会或咨询委员会成员主要负责重大问题决策、重大课题监督、重大事项审议等;学术委员会成员负责课题成果质量控制、学术指导、研究规划等;课题组组长负责具体任务分配和及时解决问题；课题组成员负责执行任务。

智库可以在信息化系统中分解细化研究任务内容和措施，明确研究进度，从而进一步理清研究重点，把握研究规律，完善研究机制，增强研究的计划性和主动性，提高研究质量和效率，形成权责对等、压力到位、主动工作的良好局面。

研究任务可以对照智库员工不同角色进行分级、分类审批、执行、反馈、评价，实现全过程闭环管理。已签订合同的研究任务进入"组长指导及任务反馈"环节，课题组成员可以对研究任务进度进行多次反馈，组长也可以对研究开展情况随时进行跟踪指导，形成上下级在任务执行过程中的多次互动。此外，会议、公务活动等也能够全面纳入信息化系统进行计划管控，压减会议数量，减少无必要陪会等对智库研究的干扰。

3. 过程性材料管理功能

过程性材料管理是指对研究过程中产生的相关文件的收集与归档。智库信息化系统的过程性材料管理功能可以将课题组成员实时上传研究过程的数据资源，如原始数据、二次加工数据等，按照数据类型或实施阶段进行分类整理与存储，以便实现资料复用。该功能也可以对内容进行智能分析和深度挖掘，把控课题实施过程的规范性。

现实情境下，智库研究人员往往重视最初签订合同的材料与最终形成的研究成果保存归档，却容易忽视研究过程中产生的丰富数据资源。智库过程性材料的管理要提前介入，指定统一的归口负责人。按照以往的经验，一般由课题组组长负责课题相关的所有材料的归档，但事实上，组长保存的往往只是按照要求修改过的最终稿，而过程中形成的资料翔实、逻辑缜密但超出合同字数要求的初稿、第二稿等材料，往往还在每个参与课题的研究人员手上。针对这种情况，在研究伊始，过程性材料管理就要指定统一的归口负责人，由负责人统一收集，并定期或不定期上传到信息化系统中。①

4. 研究评价与反馈功能

智库工作人员产出研究成果并不是一劳永逸的,由多人合作的研究成果整合并提交给上级或对方后,往往需要等待对方的评价与反馈,从而进一步对成果进行完善和修改,继而继续提交,这个过程可能需要重复多次,特别是对于要求严格的甲方和业务不太熟练的工作团队。研究评价与反馈功能就是为了支撑这一过程而研发的,上面收录了可供专家评审参考的意见模板,专家可以在系统中审阅成果和填写意见、批注是否通过,工作人员可以根据专家意见在线修订报告,直到获得肯定意见。

（三）智库产品信息化

智库产品信息化旨在实现智库产品生产与管理过程的高效化,可以通过智库信息化系统的产品管理功能模块发挥作用。该模块为智库的产品产出提供了便捷高效的管理工具,具体包含成果类产品管理、活动类产品管理、产品智能推荐等功能。完善智库产品管理的关键环节就是建立高效的产品管理系统,实现对产品产出的全过程控制,提高研究产品产出的效率和研究产品的质量。

1. 成果类产品管理

成果类产品管理功能是对智库专家的研究报告、决策内参、图书期刊、媒体咨文、决策参考性理论文章及其他具有决策咨询价值的成果类产品进行分级分类管理。系统会自动识别智库专家上传的相关成果,分析其擅长领域和研究特征,形成对应领域的知识库,便于资料查询与复用。

除了所有成果都需要填写的成果名称、作者、附件、研究领域等基础信息,内参成果有报送发情况、批示情况等特色字段,论文成果有期刊被收录情况、是否有电子文档等特色字段,图书成果有出版社级别、ISBN 号、学科类别等特色字段,音视频资料成果有出品方、是否为慕课、传播渠道等特色字段。除此之外,连续性内部资料、期

---

① 谢逸玫.重点工程项目档案过程性管理的要点分析[J].中国电业,2020(4):78-79.

刊、报告、文稿、报纸/网络文章、专利、软件著作权和其他出版物等成果类型都设计了相应的填报字段，在填报方面就最大限度地记录成果反映的各种信息。

2. 活动类产品管理

活动类产品管理功能是对智库举办的重大会议、小型闭门会议、内部座谈会等，以及专家参与的政策咨询会、座谈会、专题讲座、专家讲坛、工作坊和发挥决策咨询作用的文件起草、社会调研、领导授课、项目评估等活动类产品进行分级分类管理。

不同活动类产品之间需要明确的内容差异较大，如内部会议只需明确基本的会议主题、开始/结束日期、主持人、会议纪要、参会人员等信息，而公开的会议则还需明确主办单位、承办单位、协办单位、指导单位、学术支持、媒体支持、举办地点、会议级别、议程、平行/分论坛等错综复杂的信息，以便明晰该会议的影响范围。除会议外，对考察调研、接受调研、讲学培训、讲座等活动类产品管理也进行细分。

3. 产品智能推荐

对成果和活动两大类产品的管理进行整合组织后，即可实现产品智能推荐功能。该功能能够实现基于海量数据的智能推荐匹配以及基于匹配结果的主题热词自动化抽取，并能够根据定制化需求完成推荐结果实时更新。智能推荐的产品如能直接回应需求、解决问题，就避免研究人员的重复劳动，如不能，也可为即将开展的课题研究提供参考与价值证明。

江苏智库管理数字化平台是由江苏省委宣传部智库办牵头，南京大学长江产业经济研究院、汇智科技（南京）有限公司、南京莱科智能工程研究院协同开发建设的智库管理系统平台。该平台是国内智库信息化系统建设的先进成果，取代了烦琐、易错的手工整理，对智库的成果、绩效、资金进行自上而下的数字化管理和评估，同时，实现了面向机构单位的成果智能推荐功能，实现成果价值最大化。

（四）智库文档信息化

智库信息化系统的文档管理功能模块旨在实现智库文档管理与风险控制，确保文档为智库所用，服务智库研究。该模块除拥有文档采集、分类、保存与利用等功能，还需要具备风险控制功能,以保证系统的安全运行,实现智库文档管控的专业化、系统化。

1. 文档采集

智库文档的采集一般包括创建、流转、传输三种方式。创建是信息化文档无中生有的过程,直接的方式是在信息系统中新建电子文档,间接的方式可以将有价值的纸质文档经过光学字符识别(Optical Character Recognition,OCR)等技术处理转化为电子文档。在文档流转的过程中,容易生成多个版本,应加强版本控制,避免不必要版本的出现,保证归档的是最终版本,并保存必要的修改痕迹。传输方式有公共网络传输和专门网络传输两种,后者一般采用加密、数字签名等技术手段,安全性更高,党委政府部门的红头文档传输常采用此种渠道。除了安全因素,文档传输还需要关注格式问题(压缩/解压、加密/解密、转换)、传输软件与业务系统的集成问题(不同商业软件打开同一文档可能难以兼容,显示不全)等。

文档创建是文档采集的关键,主要包括命名、确定存储格式、分类、价值鉴定、存储位置、形成元数据六个步骤。第一,文档名是系统识别文档的主要标识,智库需要制定文档命名规则,以防命名随意所导致的重名、无法体现内容等不良情况;第二,在文档创建的时候建议采用通用格式或开放格式,以免事后格式转换造成信息损失,如果难以采用开放格式,应尽量选用覆盖面广、成为事实标准的存储格式,以降低未来格式迁移的难度;第三,根据文档反映的职能判断文档在整个分类体系中的位置;第四,鉴定文档价值,赋予其保管期限;第五,有条件的智库,公务活动中形成的文档不宜随意存储在个人计算机中,而应集中存储,以便保护和控制;第六,上述管理活动会产生许多有价值的元数据,如作者、标题、时间、存储格式、编号、类别、存储位置等,应该予以实时捕获、集中管理。

2. 文档分类

文档分类有实体分类和信息分类两种。实体分类是根据保存文档的载体类别进行划分,由于文档信息化后存储密度高,载体的数量较少,故而类别划分相对简单,可按照载体类型连续编号，亦可结合存储信息的媒体类型简单分类后编号。从整体管理的角度，文档分类可以支持检索、鉴定、存取权限控制和归档，揭示文档之间的有机联系，这些功能的发挥取决于合理的分类方法——职能分类法，即依据文档反映的智库职能进行类别划分的方法，该法可以反映文档最本质的有机联系，即来源联系。当然，组织机构、时间、媒体类型也是常用的、辅助的文档分类方法。

通常对于智库文档的一级类目，可以采取职能分类法，而对于二级以下的类目，可以结合其他分类方法。利用职能分类法对一个智库的所有文档进行分类，一是建立职能分类方案，智库职能有多项，为了完成某一项职能需要开展若干活动，而一项活动往往由若干单独的事务步骤组成，通过职能、活动、事务的关系分析，可以形成多层级的、结构化的树状职能分类方案；二是在系统中配置职能分类方案，智库信息化系统应支持文档的职能分类，并能够对之加以维护，跟踪其发展变化；三是对文档进行分类，在文档创建的时候，根据系统中已定义的分类方案，选择或填写文档的类目，并赋予其相应的分类标识符。

3. 文档保存

文档保存的基本任务是为文档选择合适的存储载体及设备、存储方式，并对载体实施保护，以实现文档的长期保存。大型信息系统一般选择磁盘阵列作为存储载体，其容量极大，数据传输速率高，可以很好地满足多人在线并发访问，安全性好，能够免除单块硬盘故障所带来的灾难性后果。磁带存储容量较大，成本低，以串行方式记录数据，存取速度较慢，通常作为硬磁盘可靠又经济的大容量备份。光盘采用激光技术写入和读出信息，一次写入光盘是档案部门常用的光盘类型，光盘塔和光盘库容量大，适用于具有海量多媒体信息的存储。

存储方式有在线存储、离线存储和近线存储三种，它们之间的对比见表12-1。

表 12-1　三种存储方式对比表

存储方式	定义	存储设备	特点
在线存储	存储设备和所存储的数据时刻保持可直接、实时、快速访问的状态	硬盘、磁盘阵列等	性能好,但价格相对昂贵
离线存储	也称脱机存储,存储设备和所存储的数据远离系统应用,无法直接访问	磁带、光盘等	价格相对低廉,需要离线存储的数据包括在线数据的备份,以及不常用的数据
近线存储	即近似在线存储,是介于在线存储和离线存储之间的一个存储级别	由廉价磁盘组成的磁盘阵列等	适合存储访问量不大的数据

对文档载体的保护重点在于对影响载体的物化因素的控制,具体措施包括:控制适宜的温湿度,防止灰尘、外来磁场、机械震动、光线(特别是紫外线)和有害气体的影响,加强日常管理维护工作,按照存储载体的寿命定期开展更新等。文档的长期保存,是指旨在保障文档可在所需时间段里被持续访问的一系列必要的管理工作,长期保存是文档保存工作的核心和关键。文档保存的基本要求要服从于文档管理的基本目标,即保证文档的真实、完整、可靠、可用。

4. 文档利用

在网络和计算机技术的支撑下,文档利用可借助的手段更多,比如,可以实现自动编目、影片剪辑,可以利用网站向全球用户发布信息,可通过短信、邮件、在线论坛等方式传递消息等;信息的表现形式更丰富,可根据需要灵活调用文字、表格、图像、声音、视频等多种信息表现形式;利用的效率更快,可实现跨时空、多角度、实时响应的检索;当然,安全问题也更为突出。文档利用应该协调好方便利用与安全保护、利用成本和利用效益的关系。

检索是最重要的文档利用工作。文档的检索工作,应满足以下要求:一是实现目录体系的标准化制定;二是提供多种检索途径;三是展现文档层次结构,文档检索系统,尤其是大型智库的检索系统应能展现从文档集合到单份文档的层次结构。这种按照文档来源组织而成的等级结构，体现了文档、档案管理者关于文档来源、文档形成背景、文档间内在联系等方面的专业知识，是文档检索的特色所在，其最大的好处是能够让用户获得对所需文档的完整的背景信息。

5. 风险控制

可能危害文档信息的因素，除了质量受损的存储设备，还包括计算机技术自身的固有缺陷，病毒、木马等恶意程序，地震、洪水等天灾，火灾、盗窃等人祸，不合理、不完善的安全保护制度，怀有恶意企图的用户等各种因素，因此，在智库内部应构筑涵盖制度、管理、人员、技术在内的全面的风险控制体系，包括制定出完善的规章制度，合理分配和有效监督各类人员的管理权限，培训和考核人员，采用可靠的安全保障技术等。

需要强调的是，文档的风险控制应纳入智库信息系统整体信息安全保障体系中，在此过程中，考虑档案价值的特殊性，需要采用一些特色的技术和要求。文档风险控制的关键技术包括加密、身份认证、权限控制、数字签名、时间戳、备份、物理隔离、防火墙和入侵检测等。智库档案部门在文档长期保存的过程中应谨慎使用加密存储的技术，以防解密措施出现纰漏造成文档信息丢失。口令认证、生物特征认证等身份认证技术一般和权限管理技术相结合，确保恰当的人在恰当的时间对恰当的信息实施恰当的操作，确保文档全程受控。数字签名和时间戳可以应用于归档、移交等归档保存工作，以确认文档交接双方的责任主体。备份可为受损或崩溃的信息系统提供良好的、有效的恢复手段。对于涉密文档，其所在智库局域网，务必采取与互联网物理隔离的措施，防火墙是智库局域网和互联网之间常见的隔离设备，入侵检测是对防火墙技术的有效补充，可以有效阻断发生在内部的非法访问。

三、信息资源库建设

智库基于数据、信息和知识产出成果，以各类文献资源和数据信息为支撑，通过对数据信息进行组织、分析、提炼，进而实现知识迁移与知识整合，形成包括决策咨询建议、政策研究报告、政策制定方案等智库成果。大数据时代对智库在开展研究与管理工作时对数据、信息和知识的处理与利用提出了新的要求,广义的信息资源包括智库各类数据资源、知识资源和模型工具资源,因此,各类数据库、知识库、模型库等建设是智库数字化发展的重要基础,也是智库信息资源库建设的重中之重。

(一) 数据库

1. 类型与特征

数据资源库是智库利用自身资源优势与外部数据资源建立起来的信息资源库,是为智库量身打造的集信息资源采集、推送、检索、监测与管理于一身的特色网络信息化平台。随着数字信息时代的到来,现代智库在数据资源库建设方面均有较大进展,规模与数量不断扩大,本节按内容与数据来源划分,分类归纳数据资源库类型与特征。

(1) 按数据库内容划分

综合数据库。综合数据库又称全局数据库,数据内容包含多种类型、多样领域和多元专题,既可能是某一智库内部的所有信息资源集成平台,也可能是多个智库的综合信息资源管理平台,具有明显的综合性、全局性、协同性特征。一方面,智库内部的综合数据库往往是该智库对所有信息资源进行数字化管理的重要工具,既提供科研数据的存储、组织、检索、利用服务,也能够服务智库人事、财务等行政工作;另一方面,多个智库联合共建或使用的数据库在数据集成的基础上更加突出共享合作的属性,往往由智库管理端建设开发,用于管理某一地域或某一联盟的智库群数据,不仅能够保证智库管理端更加直观、快捷、有效地管理辖内智库数据,也能够实现数据、信息、资源共享,避免智库开展同质性、重复性研究,提升智库总体研究效率。

文献数据库。文献数据库是指计算机可读的、有组织的相关文献信息的集合。[①]

---

① 《图书馆学百科全书》编委会. 图书馆学百科全书[M]. 北京:中国大百科全书出版社,1993. 408.

智库的文献数据库一般以购买为主,往往基于智库自身的研究需求采买并续订国内外较为知名权威的文献数据库。此外,一些体量较大、资源丰富的大型智库机构也会自建文献数据库,充分利用自身的版权优势、学术优势和资金优势等,建立专门的智库文献数据库,不仅能够为智库开展研究工作提供极大的便利和文献资源支撑,更能够发展成为特色化、专业化文献数据库,为其他学术研究机构提供文献数据资源,实现文献数据的资源共建共享。

专家数据库。专家库是结合机器学习、知识图谱等计算机技术,为智库提供专家信息自动更新、全面画像与智能服务等功能的数据库。随着智库业务的扩展,项目复杂度的提升,快速准确地为课题项目匹配到合适的外部专家是智库面对的现实难题。专家库的建设不仅能对智库内部专家成员进行管理,还能解决由于人际关系或名人效应造成的项目需求与专家实际能力不匹配的问题,实现对外部专家和项目实施的精准管理。人才库包含国家评审专家、地方评审专家和科研人员数据,具体为人员身份信息和人才教育经历。

成果数据库。成果数据库应包含图书、报告、内参、报纸文章、专利、项目等海内外相关领域的最新研究成果,为智库提供快速获取全球成果、广泛消除语言障碍、精准描绘研究成果等功能,以中国社会科学网数据中心为例,该中心将社会科学领域的学术期刊、社会调查资料和学术经典整合在开放成果数据库中,为研究者提供交流平台,其搭建的成果库包含国家科技成果、地方科技成果、科技报告和基础条件等,对中外文科技文献和中外专利信息也有所收集。

项目数据库。项目数据库以智库项目为主要数据源,为智库研究人员在选题审题、项目申请、查重查新、寻求智库内外部合作等方面提供重要支撑。中国科学技术信息研究所科技经济大数据中心基于本智库的项目信息资源,建立项目数据库,集中收集并存储国家级、地方级与其他来源的项目资源。中国人民大学国家发展与战略研究院自行建立了诸多服务政策研究的专业数据库,包括用于内参约稿、课题安排、过程管理的专家库和成果库以及依托项目建立的"一带一路"国别数据库等,还有与外部企业合作形成的专题数据集,为智库专家提供稳定持续的数据服务与保障。

(2) 按数据库来源划分

商业数据库。商业数据库是指由出版商或数据库商建设并进行商业销售的数据库,现代智库往往通过不同渠道引进各类资源信息后进行比对,基于避免重复同质的原则试用商业数据库的各项功能,直至正式采购,同时,根据研究需要和使用体验进行续订,目前现代智库的引进与购买重点是全文型商业数据库。商业数据库是现代智库开展研究工作的重要信息与数据支撑,提供基础保障型信息资源和重点领域支撑型信息资源。一方面,基础保障型商业数据库主要发挥保障智库信息资源结构完整性的作用,覆盖多元学科领域,通常需要智库进行连续订购,使得智库持续获取本领域研究的基础数据,以便开展分析研究,产生并不断扩大增值效应,实现智库信息资源的基础性与建设性。例如,德勤有限公司下属的成员事务所 GovLab 作为一家关注公共部门创新的智库,为了探索和分析政府当下面临的挑战,订购了世界上最大的统计数据门户网站 Statista 数据平台,该平台拥有超过 1.8 万个数据源,覆盖 170 多个行业、3 000 多个主题、超过 100 万条记录的英文统计资料。[①] 另一方面,重点领域支撑型商业数据库主要面向专业智库,提供对重点研究领域有重要参考价值的信息资源,通常是智库基于自身研究方向引进专题性、学科性特征显著的数据库,以此服务有专业需求的智库研究人员。以我国能源领域智库为例,国家电网能源研究院作为我国顶尖的能源企业智库,每年都会投入百万经费采购国际能源署的官方数据库,以及万得(Wind)、彭博(Bloomberg)等经济学、金融学领域的权威数据库,通过采买能源、经济等具体领域的专业数据库来支撑研究院重点研究领域的工作开展。国内外知名商业数据库汇聚了大量知识成果,有效有力支撑智库的研究工作,商业数据库的选择、采买与评估是现代智库信息资源与数字化建设的重要内容,是智库开展政策研究、实现理论创新的持续动力。

---

① 宋忠惠,郑军卫.支撑智库研究的信息源建设策略[J].智库理论与实践,2016,1(3):65-72.

自建数据库。自建数据库是指智库为采集、加工、组织、存储、开放利用信息而自行建立的数据库,发挥着智库各类信息与智库研究人员之间的沟通桥梁作用,智库的自建数据库具体可分为研究型数据库与管理型数据库。研究型自建数据库是智库通过明确自身发展定位、聚焦研究亮点自主设计建立的数据库,以挖掘本智库的资源优势和特色为主,同时,开展外部相关信息资源的跟踪、研判、抓取等工作,将外部信息资源转化形成自有特色资源。研究型自建数据库以智库特色资源为主要内容,以服务智库研究为主要目标。例如,美国国家经济研究局在分析研判联邦统计机构每月公布的经济数据的基础上建立了商业周期测定数据库(Business Cycle Dating),公开预测经济周期的开始、结束、持续时长,有效支撑了众多经济研究机构、商业机构和政府决策部门的政策研究工作。管理型自建数据库以将本智库科研工作、管理工作和相关业务内容信息化为基础,将自有文献信息、用户信息、科研信息和职能部门的管理信息进行数字化处理。管理型自建数据库侧重于服务智库管理,包括文档管理、行政管理等。但是,由于自建数据库是由智库自行建立的,因而资源量有限、数据管理周期较长、人财物成本较大,因此,一定程度上限制了智库自建数据库的规模,同时,自建数据库的中心化管理模式也会导致开放资源共享力度有限,导致智库与外部机构在天然的信任壁垒下缺少共享机制。

共建数据库。共建数据库是指智库通过不同方式、利用不同技术与其他机构或部门共同建立的数据库,以此实现信息资源的共建共享。智库共建数据库的主要合作方包括智库联盟、政府部门、高校和高新技术企业等。一方面,智库联盟往往会利用区块链等技术开发共建数据库,制定智库联盟内部的数据标准,强化联盟内部智库之间的合作共享,通过采用积分制度等形式对智库联盟成员单位共建数据库的使用与贡献情况进行量化考核,以此推动共建数据库的健康持续发展。例如,贵州省多家智库组建成社会科学创新工程智库联盟并实现联网运转,确保联盟成员单位可共享实时数据,提高工作效率,有效避免数据收集重复、研究内容同质而造成的资源浪费情况。另一方面,智库也会和高校、企业等机构共同搭建数据库,充分利用整合高校、企业的技术优势与人才优势,提高数据资源的共享与使用效率。例如,南方报业传媒集团与广东省大湾区发展办公室合作共建粤港澳大湾区信息资讯中心,推出了粤港澳大湾区系列主题数据库。德国国际政治与安全事务研究所(Deutsches Institut für Internationale Politik und Sicherheit, German Institute for International and Security Affairs, SWP)和其他研究机构合作构建了欧洲国际关系和地区研究学科信息网络,共同建立了可公开访问的国际关系与区域研究领域的世界事务在线数据库(World Affair Online, WAO),内含众多有关国际安全事务的公共文献工具、参考书目、新闻报道、学术报告等,是欧洲最大的国际关系研究文献数据库。[①] 除此以外,由于我国官方智库与半官方智库占比较大,因而也会倾向于和政府部门共建数据库,既能够得到政府部门的经费支持,扩大数据库的规模,也可以共享更多政府数据,有效支撑政策研究。

2. 主要功能

数据资源库的基本功能主要为管理智库特色信息资源、为智库研究工作提供数据服务,与此同时,相关科研机构的特色数据库还能够直接发挥推动机构智库化的转型。

(1) 资源管理。数据资源库基于高端数字化技术和先进信息化手段,更加全面广泛、更深层次、更有序地整合各类智库数据资源,形成并维护智库的特色资源,为智库研究人员提供持续稳定的信息资源支撑,并实现信息资源共建共享。例如,美国兰德公司重视数据资源库的开发与使用,将研究过程中产生的各类数据资源和项目成果的数据产品等整理集成到统一的数据库平台,实现对研究过程中涉及、利用和产生的原始数据资源进行集成管理。兰德公司的数据库平台不仅提供了数据的具体链接地址以供研究人员直接获取相关数据,还根据不同检索场景提供多种数据分类与查

[①] 董文轩,姚晗,晏裕生,等.新形势下国防科技智库信息资源建设模式研究[J].智库理论与实践,2021,6(2):33-39,55.

询路径,从而尽可能关联相关数据并提高智库数据资源的自主服务性。

(2) 数据服务。现代智库的数据服务以多元主体参与为主,包括智库研究人员、客户、媒体、公众及其他组织等。智库主体在开展研究的过程中生成的自有数据资源和对外采购的补充资源共同存储在智库数据资源库中,并对这些数据资源进行技术处理(包括采集、挖掘、分析等),同时,采用数据可视化技术将阶段性成果和最终成果通过多种图形、表格或用户交互功能向多元主体进行展示,以此获得反馈,也可在智库媒体平台上以开放的形式获取来自多元主体的反馈,根据双重反馈对当前的研究进行调整、完善,实现数据双向服务与修正,以此高质量推动智库项目与研究进程,优化智库的数据服务功能。[①]

3. 发展趋势

目前,现代智库的数据库技术经过多年发展,已逐渐趋于稳定,主要的发展趋势体现在数据库职能的扩展上。一方面,智库数据库中的各类数据不断加强关联分析,数据库孤岛现象逐步减少。随着区块链等技术的发展,现代智库逐步实现跨库检索等功能,提高了不同智库之间的数据资源共建共享,扩大了数据库规模;另一方面,去中心化管理的数据库建设理念也能够逐步打破智库之间、智库与资助单位、管理部门、政府和公众之间的信任壁垒,通过建立协议组成区块链联盟,通过网络节点进行联结,实现数据共享的基础上充分保证安全。

(二) 知识库

1. 概念与特征

机构知识库是一个组织所拥有的数字化知识资源集合,结合管理手段和网络信息技术收集并长期保存知识资源,并最终为用户提供知识服务。机构知识库的建设与国际开放获取运动息息相关,能够确保公共资助的研究及其数据集开放共享,而智

---

① 秦佳佳,刘海峰. 大数据背景下智库服务模式探究:以兰德公司为例[J]. 法制与社会,2019(24):146-147.

库作为提供决策支持、开展政策研究的机构,须通过建设和发展知识库保障智库知识能力。智库知识库泛指支持和服务于智库运作的知识库系统,是智库管理研究成果、传播智库成果、支持决策创新的重要工具,既是智库有序开展研究工作、高效生成决策产品的信息支撑工具,也是智库管理利用知识资产、实现知识管理的集成平台。

知识库的建设可以分为知识的定位、知识的组织以及知识地图的绘制三个层次,[①]建设智库知识库就是核查、整理、组织智库的所有显性知识和隐性知识,以便于智库研究人员更加清晰、快捷地获取智库知识、完成研究工作。[②] 智库知识库的主要特征可概括为两个"结合",一是显性信息资源与隐性专家知识相结合,二是知识服务与模型服务相结合。

(1) 显性信息资源与隐性专家知识相结合是指智库知识库的内容来源多样,既囊括智库内部开展研究过程中产生的所有信息资源和从外部系统、平台、数据库或网站等抓取收集的数据资源,更包括智库专家的隐性知识资源。一方面,智库基于研究过程中积累掌握的显性信息资源主题建设不同专题知识库,既通过某一专题知识库实现该专题、该领域知识的纵深组织与挖掘,又通过知识地图或关联技术等在这些专题知识库之间搭建联系,促进不同领域之间知识的横向融合,实现信息资源的序化、优化与增值,解决异构数据的集成问题,满足多样化研究需求。另一方面,智库通过开发知识库并引入各种技术,将专家学者的隐性知识资源转化为显性知识,并通过突破和创新隐性知识的共享渠道,实现专家隐性知识的开拓与共享。目前,智库往往会选择电子邮件、文档管理与工作应用等群件系统和将知识管理及工作流管理有效结合的管理系统等技术融入知识库建设中,实现对专家学者隐性知识的挖掘,并在此基础上通过标引和关联、可视化处理等手段存入知识库中,实现隐性知识的存储与管理、开发与共享。

---

① 闫安.咨询企业的知识管理[J].情报科学,2004(10):1160-1163.
② 邓理.基于知识管理的新型智库体系构建路径与策略研究[J].科技与创新,2020(11):105-107.

（2）知识服务与模型服务相结合是指智库知识库既通过收集、整理、保存、检索、利用信息为智库研究人员提供知识服务，又通过开发并存储研究模型、研究范式，为类型相同的智库研究提供模型服务。一方面，智库知识库的首要任务是围绕智库研究领域提供收、管、建、用等基础服务，例如，英国苏塞克斯大学图书馆承担起对智库成果的收集、整理、保存和传播等任务，通过建立知识库管理并建构智库所产生的文字、图像、音视频等知识资源。另一方面，智库知识库也能够通过构建语义模型，将面向决策研究的知识资源进行语义化处理，形成同类型决策研究过程中的通用模型，以此实现不同来源、不同类型的数据相互关联，从而便于挖掘潜在知识、实现模型服务，避免重复同质研究。

2. 主要功能

智库知识库不仅围绕智库研究和服务的决策领域发挥知识内容的收集、保存、组织等基础功能，更承担智库自身产出的决策咨询产品的发布与传播功能。具体来说，主要分为以下四个方面。

（1）实现跨部门、跨组织、跨领域智库知识共享。政策和社会问题的复杂性与学科交叉性要求智库提供的知识产品由不同领域的研究人员共同协作生产，因此，有效的智库知识库可以实现支持和保障不同部门、不同智库、不同领域的专家学者高效开展知识生产与服务，通过电子邮件、视频会议、工作流管理等方式进行协同交互、充分交流，促进群体的合作以及资源分享，提高研究团队的工作效率和成果质量。例如，中国科学院设有知识管理平台 CSpace6.0，集成了自主数字知识资产存储、管理和长期保存、知识对象管理、跨屏访问与协作、知识传播与交流、知识互联与融合、知识分析与评价等多项功能，是中国最大规模机构知识库群。[1]

（2）便于智库研究人员及时了解整体研究进程。智库知识库提供集成性、系统性的信息资源，从而有效贯穿研究人员知识管理的全流程。结构化的知识库能够汇

---

[1] 申静，杨家鑫. 数据驱动的智库知识服务流程优化[J]. 图书情报知识，2021,38(4):114-124.

聚全球精英学者的经验知识、全球最新政策研究成果和全球研究文献等知识,实现从信息管理到知识管理的跃升,不仅能够囊括知识成果的基本信息,还按照时间顺序、相关专家、系列项目进行整理归档,使得智库研究人员能够及时了解每一个项目的总体研究进程,迅速介入智库研究的各个阶段,熟悉阶段性研究成果和进展,避免因人员交接、岗位变动、部门壁垒等因素造成的重复研究问题。

(3) 统一规范具体领域研究术语与方向。智库知识库能够遵循公开标识符标准规范,通过将不同研究领域的信息资源、数据资源进行结构化处理,规范各领域的研究术语,从而基于标识符与全球相关领域的智库知识库实现互操作,并在规范性术语的基础上对数据格式进行识别或迁移转换,提高知识资源检索与下载效率,从而统一规范各研究领域的相关术语与研究方向,为实现科学全球化、智库研究全球化带来便捷。

(4) 发布和传播智库自身产出的决策咨询产品。智库知识库不仅是智库知识资源的集成与管理平台,更是智库知识资源与知识资产的展示与推广平台。一方面,智库知识库将智库成果与知识资产利用可视化软件和工具进行展示,为知识库用户提供直观、便捷的了解与获取渠道;另一方面,智库知识库能够通过区块链、开放获取等技术,在智库联盟内部、政府部门与资助单位等不同机构间实现成果共享与产品推广。

3. 发展趋势

(1) 从个体化、独立化到网络化、联盟化

全球智库在开展研究的过程中面临信息资源需求持续扩大、跨领域协作要求不断提高等挑战,因此智库学者需要从个体研究转变为群体研究,智库知识库需要进一步实现协同发展。目前,智库知识库的网络化、联盟化、协作化发展主要体现在技术协作、内容协作和机构协作等方面。

第一,基于技术协作的联盟化智库知识库,是指以技术系统为纽带,通过合作研发人工智能和机器学习等先进技术,共同构建语义搜索、数据挖掘、文本挖掘等知识

库模型并实现共建共用的智库共同体。

第二，基于专业内容的联盟化智库知识库，通过相似研究内容和研究领域的识别与匹配，使得拥有相同研究领域和相似专业优势的智库共建知识库，并基于知识库形成研究领域内部的学术交流社区，让智库之间通过注释、评论、订阅等服务实现自主交流与合作。

第三，基于机构协作的联盟化智库知识库，是指智库通过形成共投、共建、共享、共赢的信息化联盟，实现智库知识资源的集合应用，为智能决策模型提供丰富的定量科学数据和定性实时数据，扩展智库知识库的知识资源规模、提升智库知识库的建设效益。例如，广东省社科院建成了社科院领域的"小核心、大外围"智库信息化联盟平台，以广东省社科院为核心、以华南地区地方社科院为外围进行共建共享，有效促进了地方社科院的科研协同体系建设与发展。

（2）从被动管理与服务到个性化、智能化建设

目前，智库知识库不仅在知识资源收集、管理方面仍然处于被动，需要通过智库人员自行选取内容进行上传，知识服务的主动性与智能性仍然有待提高，知识库仍然仅包含检索、浏览、上传等基本操作。随着信息技术的发展，智库知识库需要逐步实现从被动的管理与服务模式向主动化、智能化模式转变。

第一，资源收集与获取的智能化，除了由智库相关人员从外界直接将原始信息资源录入或导入知识库平台，在机器学习、网络爬虫等先进技术的介入下，新一代智库知识库从被动录入转变为自存档、自动收割数据、代理提交、跨系统合作等多种主动型方式，逐步实现知识资源自动捕获、相关数据自动提交的智能管理模式。

第二，知识服务的个性化，增强用户识别、用户认证的功能，实现智库内外部用户与智库活动的自动连接和成果匹配，实现数据可视化、计量与分析功能，实时获取智库知识库的访问情况和用户情况，基于智库研究人员、行政人员和专家等不同身份分析其具体需求，提供个性化推送服务，摆脱"存储库"角色，转变为科研过程中提供主动服务、智能服务的知识平台，并强化知识库的交互性与创新增值。

(三) 模型库

1. 概念与特征

　　模型库是指以统一、标准的结构形式组织管理研究过程中开发形成的众多模型与工具,实现各类模型与工具的有效管理、重复利用与升级迭代的资源库。模型库不仅能够实现模型与工具的集成与共享,更能够通过有机组合实现模型创新和功能优化。支撑智库研究的模型库是一种结合决策任务和数据特征来动态优化的深加工手段。智库利用专门的计算机算法和大数据技术建立研究模型,实现对智库研究对象和研究议题的数字化挖掘和深度分析,推动智库成果及时有效对接决策需求。模型库主要有两大特征:一是可重复性,模型库的可重复性是指模型库中的所有模型均可以重复调用,在权限设置允许下可以由智库不同的部门实时调用,确保各模型成为智库的共享资源,既可以减少在智库研究中重复开发同一模型造成的时间成本与经济成本浪费,也可以实现研究模型的存储与识别,避免冗余;二是集成性,模型库的集成性是指基于模型库实现多个模型的整合,实现现有模型的螺旋式更新迭代和新模型的集成式开发。

　　科研工具平台是现代智库智能模型库的重要类型。近年来,有些智库尝试将获取的海量数据通过建立模型和算法的方式全面客观地分析研究对象,大大提升智库研究的水平和效率。例如,上海前滩综研运用量化分析技术手段,识别商办楼宇租金、建筑体量、企业性质等方面的关联性,构建楼宇基准租金和税收水平的评价模型,评价结果有效辅助政府决策;厦门大学数据科学与决策咨询研究中心与南方电网完成了"客户满意度评价模型"和"深圳电力需求分析及预测"平台系统,与银联商务联合开发了"互联网信用风险评估模型",有效发挥分析与预测作用;中石油经研院建成了国际油价预测等20余个经济分析预测模型,还专门建立"信息资源开发中心",负责文献与档案管理、工程方法模型的开发、信息资源采购加工处理等工作。

2. 重要功能

　　智库研究成果与思想产品的输出离不开模型、软件等科研工具的帮助,科研工具是将智库工作者大脑中的思想转化为现实政策建议的载体和桥梁，也是智库建设中不可或缺的重要资源。因此，智库模型库不仅是智库在政策研究中使用的模型、工具的集成管理平台，更是研究模型、工具的开发升级平台，在智库研究中发挥十分重要的功能。

（1）集成与管理。智库模型库的首要功能为"工具箱"，即分类收集并有效管理智库直接从外部引进购买或在政策研究过程中自主研发的工具与模型，辅助智库研究人员快捷使用各类智能工具，大幅提高科研工作效率和科学决策精准度，支撑数据及知识驱动的智库研究范式转型。例如，国网能源研究院建有公司级全球能源研究统一平台，管理该智库在研究工作中引入或开发的各类模型与工具，不仅能够发挥模型工具管理作用，更能够实现全院研究的串联与整合，打通各类研究成果，以此支持开展仿真模拟分析，此外，还便于智库研究人员模型与工具共建共享，简化研究流程，提高研究效率，为能源行业的重大决策提供强大技术支持。

（2）开发与升级。智库模型库收纳了智库研究过程中需要使用的各类工具与模型，因此也为智库开发与升级科研工具提供了重要的"原材料"，相关研发人员不仅可以在现有工具与模型的基础上实现工具的改造与升级、模型方法的创新与迭代，更能够及时发现现有工具与模型的缺陷与技术空白，从而基于科学决策、快速决策、动态决策的任务要求开发新型工具模型与研究方法，在避免重复研究的同时提升模型工具的规范性与实用价值。

3. 发展趋势

（1）全视角与多视角发展

智库在开发设计模型库过程中既要力求全视角，又要争取多视角。全视角是指智库的模型库既要从地域层面树立智库研究的全局观，全面分析地区、国家乃至全球发展新趋势，又要从领域层面树立智库研究的融合观，努力满足经济金融、文化教育、能源环境、社会发展、科学技术等不同学科领域的研究需求。多视角是指既能将采集到的数据与历史数据作横向或纵向的比较，针对事件变化及内在原因提供专业的决策建议,也能基于数据自动归类技术、数据可视化技术、数据关联分析技术等对事件的潜在发展趋势做出预测与判断,为决策者提供历史与未来结合、动态与静态兼具的多元分析视角,便于决策者做出更加精准的决策。

(2) 增值创新驱动发展

智库模型库的开发设计需要针对不同的研究主题设计专门性、特色化指标体系、测量方法与研究模型,以期解决不同环境、不同目标下的各类研究问题,并在不断创新与迭代下升级模型库,适应不断变化的环境和领域,丰富智库智能化模型体系,保障智库信息工作高效、准确、科学、权威。除此之外,智库研究模型的设计还应符合现实应用情况,需要在各类实践项目、实际研究中不断应用与完善,确保模型库能够满足智库日常的多样性需求,并在模型库正式投入使用前进行严密的评估测试,以解决实际问题、提高研究效能、赋能智库智能化发展为最终目标。

四、数字化保障体系建设

智库数字化工作的高效有序运作离不开稳定持续的后备力量保障。智库在推进可持续的数字化建设过程中,需要体系完备的政策制度保障,结构多元、水平较高的人才队伍保障和额度充足、利用率高的专项经费保障,保障智库更好地为党和政府科学决策提供信息支持。

(一) 政策制度保障

1. 构成性政策

西奥多·洛伊(Theodore J. Lowi)的政策类型理论指出"构成性政策(Constituent Policy)"是关于"游戏的规则",例如,重新任命、建立新机构、宣传等,是指对政府机构和组织制度进行设计、变更、完善的组织政策。[1]

顶层设计和战略规划是目前现代智库数字化建设过程中的重要构成性政策,旨

---

[1] 张国庆.MPA公共管理硕士系列·公共政策分析[M]上海:复旦大学出版社.2010:36.

在从宏观层面对现代智库的数字化建设体系进行规划与设计。从国内来看，党的十八届三中全会通过的《中共中央关于全面深化改革若干重大问题的决定》强调了"智库"概念，2014年10月27日中央全面深化改革领导小组第六次会议审议通过了《关于加强中国特色新型智库建设的意见》，此后中央又召开了专题会议，启动了国家高端智库试点方案，并在《国家高端智库管理办法（试行）》中明确提出，高端智库要"充分利用大数据、云计算等技术，加强专业数据库、案例库和信息系统平台建设，为决策咨询研究提供必要的信息和技术保障""具有功能完备的信息采集分析系统，拥有专业资料室和网站"，[1]为我国智库信息资源保障体系提供了良好的政策环境。从国际来看，美国拥有全球领先的信息产业，早在20世纪90年代就已从政府层面意识到信息化建设的重要性，推出信息基础设施建设和信息技术开发研究的重大战略与重点项目，发布《国家的关键技术》《全球信息基础设施》等重要战略计划，正因为美国在信息产业处于绝对优势地位，美国智库也充分引入开发各类信息技术，支撑智库研究。此外，欧盟早在2002年就已发布了布加勒斯特宣言（The Bucharest Declaration）——《迈向信息社会：原则、战略和优先行动》，重点强调了公共科学数据、公共当局持有的信息需要进行开放共享，公民享有获得信息和知识的权利等内容，有效引领了欧洲智库的信息化、数字化建设工作。

2. 规制性政策

规制政策是指政府为有效控制、规范和矫正具有负外部效应的行为所制定的政策。[2] 在现代智库推进数字化建设的过程中，信息产权受到侵犯、信息安全受到威胁等都是不容小觑的负外部效应行为，因而规制性政策的制定显得尤为重要，必须通过规制性政策对信息资源管理流程进行严谨细致的控制与约束，才能够保障智库推进

---

[1] 中共中央宣传部.国家高端智库管理办法（试行）[EB/OL]. https://www.pkulaw.com/chl/44d1bff626e4fdcdbdfb.html?keyword=国家高端智库管理办法（试行）&way=listView.
[2] 注释：负外部效应，经济学名词，是指未能在价格中得以反映的，对交易双方之外的第三者所带来的成本。此处"负外部效应的行为"是指在数字化建设过程中发生的知识产权、信息安全等问题。

数字化建设进程中完整的政策生态系统。目前智库数字化保障体系中的规制性政策分为配套政策和标准体系两个主要层面。

（1）配套政策。配套政策是指通过规范信息技术人才培养与引进、新兴信息资源管理技术、基础设施和资金投入等具体方面细化构成性政策，有效规范智库建设。例如，2019 年美国政府问责署（U. S. Government Accountability Office，GAO）推出《改善公众获取研究成果需要采取的额外行动》(Additional Actions Needed to Improve Public Access to Research Results)，通过开展公众获取成果计划，帮助公众及时了解国家科研领域最新的研究动态与成果，推动成果落地。[①]

（2）标准体系。数据标准体系是指基于元数据规范采集并整合智库研究数据、管理数据等与智库相关的各种多源数据，保障数据准确、统一、可追溯的规范标准。智库大数据标准体系应充分反映智库数据的内涵与特征，根据智库数据的类型分模块制定标准，包括研究类数据标准、模型类数据标准、成果类数据标准、管理类数据标准等模块，具体内容应全面涉及智库数据的专业术语、内涵外延、基本分类、质量控制、安全控制和共享机制等，是数据管理的根本遵循，也是保证数据价值发挥的重要前提。

（二）人才队伍保障

智库开展高质量的数字化建设工作、提供高水平数字化研究成果与信息产品离不开高级数字化人才队伍保障。从个人与团队层面而言，智库数字化建设既需要关注数字化人才的个人培养路径与能力水平，又需要组成梯次鲜明、分工细致的复合团队；从部门设置层面而言，智库数字化建设既需要设置专门的数据部门，又需要优化现有业务部门与行政部门的数字化岗位配置，还需要对数据岗位与职能进行精准定位与定义。目前，国内外现代智库的人才队伍保障体系建设均卓有成效，本节将从专

---

① 杨阳，魏弋，李刚. 美国高校运营的联邦资助研究与发展中心体制探究[J]. 智库理论与实践，2021,6(06):110-125.

业部门、复合团队、综合能力和系统培养四个层面进行具体介绍。

1. 专业部门

（1）设立专门数据部门

蓬勃发展的数据资源建设和智能技术应用,昭示着新型智库的组织架构也在向着数字化方向转型。在全球很多知名智库中,信息部门成为其组织架构中不可或缺的一部分,设立专门的数据部门或信息部门,有利于将数字化建设与信息管理等工作进行系统化、规范化整合,确保工作能够落实到部门、落实到岗位、落实到专人。在专门数据部门的设立方面,国际知名智库已形成了较为系统的经验。例如,布鲁金斯学会专设技术研究机构,开发并利用各种先进、高端的大数据分析处理技术,以供智库研究人员在开展研究工作时及时筛选目标数据、快速定位核心需求、有效提高研究成效;兰德公司设有独立的情报研究中心,一方面不断收集整理以往研究中产生的历史数据,另一方面不断完善专题数据库,并利用各种数据处理手段挖掘用户需求,发掘数据价值,形成针对性、特色化服务;英国发展研究院（Institute of Development Studies，IDS）为贯彻"将知识应用于发展实践"的理念,专门设立了知识服务信息部,内设各类信息收集、传递、互动和共享平台,如知识合作中心、资源中心、学习小组等,提供各类信息服务与咨询服务;日本著名的野村综合研究所建有自己的信息银行,专门收集国内外各类信息资料以及各地区、各行业的宏观与微观数据信息,为智库的咨询研究提供了完备的信息情报支持。

（2）在业务部门下设数据小组

现代智库机构的核心部门为不同研究领域的研究部门,一般以分部、子中心、子机构等形式存在,正是由于现代智库的研究方向更加精确、部门设置更加细化,因而对各部门产生的各类信息资源的管理与收集显得尤为重要又挑战重重,因此,不仅需要专门的信息部门或数据部门进行汇总管理,也需要在具体的业务部门内部设置数据小组,以兼职等形式进行信息资源管理与建设。例如,兰德公司在研究人员与研究计划之间实行矩阵式组织管理,即研究人员在行政上归属于依据学科和教育背景划分的四个"研究人员管理学部",同时,基于重点课题成立各研究所、研究部和研究中心,并均根据自身研究方向与需求配有专业数据小组,进行数据资源采集、组织、挖掘、利用,数据库开发等工作。

(3) 配备专业数据岗位与规定其他岗位数据技能相结合

除上述两种部门设置以外,现代智库也会采用专业数据岗位与培养现有岗位数据技能相结合的模式。一方面,当前国际上有关数据信息的工作岗位包括信息分析师、首席信息官、数据科学家、数据工程师等,国内外体量较大的智库均设置了专业数据岗位,包括全职、兼职、实习、临时等多种用工方式,这类岗位招募的人员学术背景丰富,包括金融、经济、外事、历史、政治学、社会学、国际关系等多种学科,主要负责与数据、信息、知识等相关的工作,包括收集并归类信息需求、整合各种信息源、基于已有数据资源分析挖掘变化态势并形成研究主题、开发数字产品、为重大项目提供数据支持、为智库专家提供研究支持和数字化保障等。

2. 复合团队

现代智库在数字化建设方面逐步形成了"领域知识专家＋计算机软件人才＋数据科学专家＋科辅人员"组成的复合团队,通过形成梯队化、层次化的团队,保障智库数字化建设工作的顺利开展。其中,领域知识专家是指智库研究领域内具有影响力的研究人员,他们通常十分熟悉本领域的研究范式、研究内容与研究需要,是智库数字化建设中把握整体方向、提出核心需求的重要人物;计算机软件人才是指负责各类适用于智库科研工作与管理工作的软件开发人员,具有丰富的软件开发知识与经验,帮助科研人员解决研究过程中的各类技术性问题、完成庞大繁杂的计算工作,以便于科研人员集中精力思考完成本领域内的问题而不受技术问题的困扰;数据专家是指具有数学、统计学、数据科学等学科背景,负责数据与信息收集、组织、挖掘、分析与利用的人员,例如,兰德公司建有调查研究小组,专门负责创新调查设计、数据采集、智库研究的方法体系,同时具备高端统计学小组,专门负责数据分析、实验设计和统计计算等工作,这些数据科学专家在智库数字化建设团队中担任重要的方法设计与数据分析工作，也是支撑智库研究的重要力量；科辅人员一般由硕博士生、实习生等构成，负责简单的技术辅助工作，包括图书档案、工具模型等的收集与管理等，为智库开展政策研究工作提供基础服务，减少核心研究人员的事务性工作负担。

3. 综合能力

一是情报与信息能力。智库信息化与数字化人才需要具有强大的情报与信息能力，能够把情报与信息转化为可以定量研究的数据进行研究分析。除此以外，智库数字化人才还需要有充分的情报敏锐度，对于开源情报的获取与挖掘能力需要着重培养。

二是学习与知识技术的迭代能力。由于数字化技术不断迭代与更新，因此需要智库培养形成学习型团队，保障智库信息技术人才的学习能力与技术的迭代能力，更需要将个人知识与智慧在学习型团队的基础上转化形成集体知识和集体智慧。

三是报告写作能力。写作能力是指智库报告与学术文章的风格转换转化能力和报告内容精练与概括能力。这一能力不仅直接影响到智库成果的效果和水平，也关乎智库整体的发展与进展。只有在传统的研究方法基础上不断拓展新型研究方法，熟练使用数据挖掘、智能爬取等新型研究技术，才能提高智库研究报告的质量与水平，也能够达成精练报告、强化主旨的目的。

四是资源传播能力。拥有较高资源传播能力的智库人才能够推进智库信息资源的创新增值与有效传播，进而有利于智库创建品牌、提升整体影响力。因此，现代智库的研究人员不仅需要具备一定的新闻传播学理论基础与媒介素养，还需要充分结合线上和线下各种形式的传播模式，跟进学习传播技术的迭代与演进，以此开发生成多元创新的知识产品和特色化定制服务，面向不同受众传播智库数据与信息资源。除此之外，现代智库研究人员还需积极嵌入各项实践项目、主动搭建社会网络，达成在实践中提升资源传播能力、拓宽资源传播渠道、跟进资源传播技术的目的。

4. 系统培养

一方面，智库基于内设研究生院开设数据体系建设相关课程。目前国内外部分智库下设研究生院，专门培养硕士生与博士生，并为本科生提供信息技术相关的科研辅助实习岗，定向培养智库型人才。此外，高校智库作为现代智库的重要组成部分，本身就拥有人才资源这一特殊优势。因此，在研究生院与现有人才培养体系中纳入数据体系建设相关课程成为培养相关人才的重要路径。

另一方面，通过参与数据分析与数据体系建设实践项目提升数字化建设素养。除了数字化建设方面的理论培养，现代智库还十分重视智库数据体系建设的实践经验，推进智库研究人员积极嵌入数据分析与数据体系建设实践项目。在实践项目中培养数据与信息素养、学习数字化技能。

（三）投入资金保障

稳定、持续地获取资金是智库生存与发展的前提和根本，而数字化专项资金能够有效保障智库及时获取国内外优质数据资料，引入或开发尖端信息技术、培养并引进高水平技术人才。

1. 信息化建设资金预算与决算报告

一方面，智库往往会根据国家和地方出台的各类智库经费管理办法和相关政策文件，以及自身的经费使用情况，制定科学详细的数字化建设经费使用细则，并撰写数字化建设年度预决算报告，确保智库在数字化建设资金使用方面有章可循。另一方面，智库要进一步细化数字化建设的经费需求，合理配置经费资源，既要继续投入充足的资金用于信息系统与平台的开发运维，也要加大对国内外优质数据资源的采买力度，更要加强对数字化智力成本的重视程度，划出充足资金投入数字化人才培养中，确保智库数字化建设全面、可持续发展。

2. 投入大量资金完善信息资源建设

目前，我国智库受体制机制的影响，以官方智库与半官方智库为主，建设资金以政府拨款与项目经费为主，因而在可支配资金方面有较为严格的管控与限制，在信息资源建设方面的投入比较有限。相比之下，海外智库对信息技术的资金支持力度相对较大，一般来自可自由支配的非定向收入。以布鲁金斯学会为例，其 2020 年非定向财政总收入为2492万美元,其中管理与总务支出费用为1978万美元,占非定向收入的79%,其中"信息技术类"支出250万美元,占管理与总务支出的13%。同时,布鲁金斯学会2018—2020年财政报表显示,三年间"信息技术类"支出占比在11%—13%之间,波动幅度虽然不大,但整体呈上升趋势,说明布鲁金斯学会比较重视智库数字化建设并逐步加大专项投入,持续加强以技术支撑推进智库高质量发展。

3. 提升薪资与福利待遇吸引高端数据人才

现代智库为提高智库整体的数字化建设水平、优化数字化建设人才团队配置,逐步加大了信息技术人才的薪资与福利待遇,以期吸引更多信息素养较高的人才。例如,兰德公司投入大量资金打造良好的数据分析硬件、高端的数据技术人才和坚实的数据平台基础,有效支撑智库数据体系的发展与完善。兰德公司数据体系相关工作人员的薪酬较同等资历的大学教授要高出1/3,在职研究人员年薪为6万至12.5万美元。[①] 此外,兰德公司不仅利用薪资吸引高端数字化人才,还为这类人才提供优质福利待遇,包括福利假期、健康保险、退休基金等,并对在数字化建设领域有突破性、创新性贡献的研究人员给予额外奖励。

---

① 勇美菁,钟永恒,刘佳,等.支撑兰德公司的智库数据体系建设研究[J].情报理论与实践,2019,42(9):69-75.

第十三章 研究与咨询

习近平总书记在哲学社会科学工作座谈会上强调:"智库建设要把重点放在提高研究质量、推动内容创新上。要加强决策部门同智库的信息共享和交流互动,把党政部门政策研究同智库对策研究紧密结合起来,引导和推动智库建设健康发展、更好发挥作用。"智库研究与咨询的过程就是决策咨询的过程,也是如何帮助决策者做出科学决策的过程。

智库研究跟学术研究既同根同源,又不能混作一谈。从创新的角度看,如果学术研究的目标是颠覆性创新,那么智库研究更多是渐进性创新。当然并不是说智库研究完全摒弃了颠覆性创新。智库咨询和商业咨询同样提供咨询服务,但智库咨询是非营利性的,注重政策研究,商业咨询是逐利的咨询。因此,智库研究和咨询的理论呈现、方法和成果都需要基于其特性而单独分析总结,不能直接跟学术研究和商业咨询画等号。

一、研究方法与技术

虽然智库研究与学术研究存在根本差异,但其研究思路较为相似,即发现问题、摸清现状、揭示规律、预测趋势、提出方案。从智库研究问题的基本特点可以发现,智库研究同时兼具专业性和集成性,因此,智库研究的方法也是多元化的。智库方法的分类较为多样,从现代化的角度可以分为传统研究方法和数字化研究方法;从应用情景角度可以分为机理研究方法、影响分析方法、政策分析方法和综合分析方法,等等,不一而足。

| 第十三章 研究与咨询 |

一个研究领域的成熟离不开研究方法的进步,智库研究也是如此,智库研究涉及人文科学、社会科学甚至自然科学领域。但立足于"中国特色"的基本国情,我国智库研究的核心仍然是社会科学研究,因此本书讨论的智库研究方法主要介绍了社会科学研究领域的实证研究、经验研究方法,而较少介绍数学方法。

本节主要讨论在智库研究中具有代表性和重要意义的若干方法。在社科研究中,研究方法一般可以划分为三个层次:方法论—研究方法—具体的技术和工具,智库研究也不例外。

(一) 智库方法论

方法论(Methodology)是关于人们如何认识和改造世界的方法理论,所涉及的主要是社会研究过程的逻辑和研究的哲学基础。方法论体现了发现、解决问题的不同方式方法和方法理论,是一种以解决问题的方法为核心的理论,通常涉及对问题阶段、任务、工具、方法技巧的论述。正如陈向明在《质的研究方法与社会科学研究》一书中提到的:"研究方法不仅包括具体技术和工具,还包括自身本体论、认识论和方法论。这一切与我们看待世界、建构世界的方式密不可分。对于方法本身和方法论进行研究,有助于反思自己惯用而无意识的思维模式和行为习惯。作为研究者,对使用方法进行反思不仅可以改进自己的实践,使研究更加具有解释力,而且可以使研究活动成为一种更加具有自觉意识的行为。因此,对方法进行反思对任何形式的研究活动都是至关重要的。"[1]

1. DIIS 智库理论

智库 DIIS 理论方法由中国科学院潘教峰于 2017 年在中国管理科学学术年会上提出,即收集数据(Data)—揭示信息(Information)—综合研判(Intelligence)—形成方案(Solution)的理论方法体系。[2] 智库 DIIS 理论方法指出,智库研究和成果产出

---

[1] 陈向明.质的研究方法与社会科学研究.作者前言[M].北京:教育科学出版社,2000:1-2,17.
[2] 潘教峰,杨国梁,刘慧晖.智库DIIS理论方法[C].第十九届中国管理科学学术年会论文集.2017:10-23.

应该基于问题导向,先根据问题有目的地收集数据,再分析数据揭示其内在信息价值,基于问题进行综合研判,提出最终的方案。潘教峰又进一步提出了智库 DIIS 评估方法①、智库 DIIS 三维理论模型②、多规模智库问题 DIIS 理论方法③以及智库研究双螺旋结构④,从多层次多视角总结了当代智库研究问题的全路径。

(1) 智库 DIIS 理论方法

智库的研究内容通常涉及多个学科,具有多元化、相关性、创新性、实用性等特点。潘教峰根据智库研究问题的一般范式,总结得出了智库 DIIS 理论,理论将智库研究分成了四个阶段,如图 13-1 所示,具体如下:第一阶段,智库以问题为导向,收集尽量全面、准确的数据资料(Data);第二阶段,把收集到的数据进行提炼、分析和总结,挖掘出数据中的信息价值,形成客观的认识和知识(Information);第三阶段,引入专家智慧(Intelligence),进行综合研判,得到符合实际情况的新认知;第四阶段,最终基于所有的客观认识,提出切实可行、真实有效的最终方案建议(Solution)。

| 收集数据 Data | 揭示信息 Information | 综合研判 Intelligence | 形成方案 Solution |

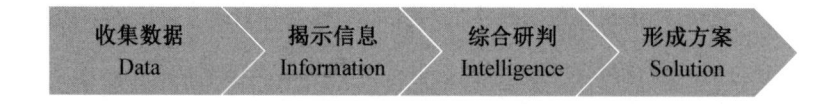

图 13-1 DIIS 理论方法

收集数据阶段需要注意:数据可靠,应该具有可重复性,直接数据的来源要权威、客观,间接数据要具有可求证性;数据真实,注明数据出处,主客观数据采集合理;数据一致,数据的处理应该合理、规范,并且数据之间的逻辑应该自洽。

揭示信息阶段需要:信息客观,研究人员应该保持客观中立,不能带入主观偏向去分析数据,尽可能地还原真实信息;信息相关,确定当前的智库研究和已有研究的

---

① 潘教峰,杨国梁,刘慧晖.科技评估 DIIS 方法[J].中国科学院院刊,2018,33(1):68-75.
② 潘教峰,杨国梁,刘慧晖.智库 DIIS 三维理论模型[J].中国科学院院刊,2018,33(12):1366-1373.
③ 潘教峰,杨国梁,刘慧晖.多规模智库问题 DIIS 理论方法[J].中国科学院院刊,2019,34(7):785-796.
④ 潘教峰.智库研究的双螺旋结构[J].中国科学院院刊,2020,35(7):907-916.

关系,阐述其发展关系或者创新点差异;信息即时,保证信息的时效性,是智库研究具有时效性的基础。

综合研判阶段需要:具备专业素养,引入的专家需要在对应的研究领域具备相关的专业背景和扎实的理论基础;多视角研判,智库研究应该通过多学科、多领域的视角对研究问题进行全方位的研究。

形成方案阶段需要:方案切实可行、严谨可靠,最终方案应该具有可落地性、条理性和逻辑性,要符合客观的实际条件,能够解决实际问题,切不可"假大空"。

(2) 智库 DIIS 三维理论模型

基于 DIIS 理论,潘教峰又从研究过程、智库导向和方法工具三个维度进一步阐释了智库研究的理论方法体系。

研究过程维。即前文提到的智库 DIIS 理论基础,此处略。

智库导向维。智库研究应遵循三大基本原则,即问题导向、证据导向和科学导向。问题导向是指智库研究需要以实际问题为基础,以解决问题为目的;证据导向是指智库研究要以事实证据为基础,要有客观的数据作为支撑;科学导向是指智库研究要有科学性,对于数据的处理、信息的挖掘等多个过程都要采取科学、合理的方式方法。

方法工具维。理论将智库的研究方法工具归为三类,包括定性研究方法、定量研究方法和综合性研究方法。定性研究方法主要是依据一定的理论和经验,从研究对象所具有的属性、规律和内在矛盾变化出发所进行的研究方法;定量分析方法是基于研究对象的某些客观数据,发现其中的一般规律和提出普遍性的解释;综合研究方法则是同时使用上述两种方法,一般用于综合性、复杂性问题的研究。

研究过程维、智库导向维和方法工具维形成了智库 DIIS 三维理论模型(如图 13-2 所示)。该模型从三个导向、四个研究过程和三类方法工具出发,系统性地完善了智库研究问题的普遍过程:以研究问题为引子,利用合适的方法进行数据采集、处理和关联性分析,结合多元的研究视角和专家智慧,提出主客观结合的有效方案。

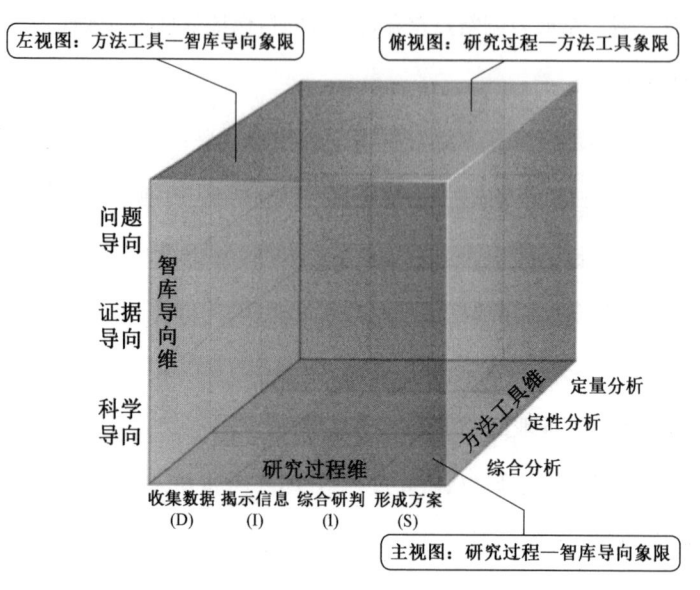

图 13-2　智库 DIIS 三维理论模型

图片来源:潘教峰《智库 DIIS 三维理论模型》①

（3）智库研究的双螺旋结构

基于对智库研究方法论的系统研究,潘教峰再次提出了基于问题导向、证据导向和科学导向三个导向下的双螺旋结构,该结构从研究问题出发,以解决方案为根本目的,形成了内、外循环的双螺旋结构体系,并分析了内外循环的内部逻辑关系。其外循环从整体角度分析了智库研究的"解析—融合—还原"过程;其内循环从研究环节的角度,分析了智库研究基于 DIIS（收集数据—揭示信息—综合研判—形成方案）的过程融合法和基于 MIPS 的逻辑层次法。MIPS 是指"机理分析（Mechanism Analysis）—影响分析（Impact Analysis）—政策分析（Policy Analysis）—形成方案（Solution）"的研究逻辑。

智库 DIIS 理论方法及其相关衍生理论从当前智库研究的实际出发,总结不足,

---

① 潘教峰,杨国梁,刘慧晖.智库 DIIS 三维理论模型[J].中国科学院院刊,2018,33(12):1366-1373.

凝练经验，提出了一套兼具系统性、完备性和可行性的方法理论体系，并解答我国智库研究长期存在的一系列"迷思"，具有重要的研究价值和实践意义。例如，江红玲将国防科技智库研究融入智库 DIIS 理论方法中，从问题凝练和分解—信息抽取与问题分析—信息汇聚与研判—生成解决方案和报告四个环节，提出了国防科技技术智库研究的 DIIS 方法体系和流程，推动国防科技智库研究发展。[1]

2. 中国特色智库研究理论

党的十八届三中全会提出"全面深化改革的总目标是完善和发展中国特色社会主义制度，推进国家治理体系和治理能力现代化"。中国特色新型智库作为国家治理体系和治理能力现代化的制度体现，受到了以习近平同志为核心的党中央高度重视。在中国特色社会主义理论体系下，中国特色新型智库应该坚持将中国具体实际和马克思主义基本理论相结合，充分吸收中华传统文化，为人民的美好生活、为国家的发展发挥智库职能。

没有调查就没有科学共产主义的创立。要批判地继承人类以往的优秀思想成果，离不开对以前思想资料的调查研究。同理，在与资本主义的斗争中发现新的世界，马克思主义的提出与发展也离不开调查研究。某种程度上，可以说没有调查研究就不可能有科学共产主义学说的创立。[2] 因此，理论是灰色的，实践之树是长青的。

智库研究不是根据理论空想出来的，也不是简单地看看材料、听听汇报、浏览一下网络报道、不从实际生活出发就能完成的，更不是全凭经验主义拍拍脑袋做决定的。智库研究一定要遵循党的实事求是的思想路线，党的从群众中来、到群众中去的根本工作路线。智库研究来自实践，智库研究的方法也不能脱离实际，要把"调查研究""铁脚板"结合到智库研究中，这是建党以来一直沿袭来下的优秀政策研究传统。

---

[1] 江红玲.基于 DIIS 理论方法的国防科技智库研究体系建设[J].中国电子科学研究院学报，2020,15(8):750-755.

[2] 范伟达,范冰.中国调查史[M].上海：复旦大学出版社，2015.

毛泽东同志极其重视调查研究。1930年,他在《反对本本主义》中提出"没有调查,没有发言权",点明了调查研究的重大作用。1941年,他又在《农村调查》中提出"调查研究是马列主义普遍真理与中国革命具体实践相结合的中心环节,调查第一是眼睛向下,第二是开调查会"等关于调查研究的著名论断。1941年8月1日,《中共中央关于调查研究的决定》(以下简称《决定》)指出,党对于中国历史、中国社会及国际情况的研究仍然是非常不足的,党内许多同志还不了解没有调查就没有发言权这一真理,还不了解系统的周密的社会调查是决定政策的基础;而实事求是,理论与实际密切联系,是一个党员的起码态度。

习近平总书记也十分强调调查研究。2021年9月,习近平总书记在中央党校开班式的讲话中指出:"要了解实际,就要掌握调查研究这个基本功。要眼睛向下、脚步向下,经常扑下身子、沉到一线,近的远的都要去,好的差的都要看,干部群众表扬和批评都要听,真正把情况摸实摸透。""不能搞作秀式调研、盆景式调研、蜻蜓点水式调研。"习近平总书记多次强调了在实际工作中调查研究的重要地位,指出要在调研中与人民群众紧密结合,使调研的过程成为加深对党的创新理论领悟的过程。调查研究可以说我们党优良的传统,是建党以来就十分强调的研究手段与方法,更是具有中国特色的智库研究方法。

(二)智库研究方法

1. 定性研究方法

(1)实地调研法

实地调研是指在实地进行的调研活动。所谓实地调研法,就是指对第一手、未经加工处理的资料进行调查收集的方法。在某些情况下,比如,当案头调研的数据缺乏准确性和实效性时,就需要采用实地调研法,以获取第一手的资料和情报,使得智库研究能够基于充分、翔实的数据支撑。

实地调研法主要有以下三种类型,分别是访问法、观察法和实验法。

访问法,是指根据某个调查主题,通过各种形式向被调查者提问并收集其回答的调查方法。访问内容通常是结构性访谈。它根据询问方式的不同,可以分为面谈访问法、书面访问法和媒介访问法。访问法的优点在于比较灵活,有利于反映调查对象的真实想法和观点;可能获得较多内容、较深问题、较高质量的数据;与另外两种实地调研的方法相比,获得信息更直接、快速。缺点是时间成本高;结果可能会受到人际沟通的影响,主观因素占主导。

观察法,是指观察者直接观察调研对象的情况,可以有选择性地借助工具收集数据的一种调查方法。根据观察者是否融入被观察群体,可以分为参与观察和非参与观察。根据观察渠道的不同,被观察群体未必会感觉到"正在参与调查",因此,观察法的优点是其结果受到主观的影响较小,收集的数据客观真实、准确可靠;操作难度低,具有较高的灵活度;缺点是只能观察到外部行为,无法探查其内部规律;尽管影响较小,但被观察者仍然可能会因为被观察而不完全处于自然状态;实验受到时空限制;对调研人员的专业素质要求较高。

实验法,是指在控制的条件下,对所研究的对象从一个或多个因素进行控制,控制其他变量不变,从而得出自变量对于研究对象的影响,推断内部发展规律。其优点是采用有控制组的对比实验,有利于消除外来因素的影响,具有一定的科学性和准确性,避免了主观偏差;缺点是实验法操作较为复杂,工作量大,经济成本高。

(2) 头脑风暴

头脑风暴法(Brain Storming)由美国 BBDO 广告公司(Batten, Barton, Durstine and Osborn)的亚历克斯·奥斯本(Alex Osborn)提出,又被称为智力激励法。一般情况下,头脑风暴法采取会议或者研讨会的形式进行,营造一个畅所欲言、不受约束的气氛,让参与者陈述观点、相互提问,进行思想碰撞,在头脑风暴中不断地激发新的灵感。在公共事务管理、军事、教育领域都得到了广泛的运用。

头脑风暴的提出是为了避免在传统群体性会议决策中,由于成员间相互影响而产生的"从众行为"。不可否认,在传统的群体性决策中,存在较大的人情世故的感性影响,群体成员之间心理相互作用影响,易趋于权威专家或者大众的认识,得出"共同"结论,这就是所谓的"群体思维"(Group Thinking)。群体思维是指高内聚力的群体要求所有成员保持决定的一致性,与群体决策相反的意见被忽略或者根本没有提出,是一种群体决策时的倾向性思维方式。群体思维不利于创造性思维,不利于高质量决策的产生。

头脑风暴法可以通过让所有参会人员都处于轻松自由、没有批评的讨论氛围中来避免群体思维,参会人员可以通过相互之间的思想交流而产生具有新颖性、创造性的想法。"其核心思想就是把产生想法和评价这种想法区分开来",头脑风暴法的实施必须严格遵循其基本原则:①

第一,禁止评头论足——头脑风暴中途不允许对他人的想法进行评价,这不利于畅所欲言的讨论氛围;

第二,鼓励天马行空和自由畅想——跳跃的想法可能蕴含着巨大的创新性;

第三,注重总结汇总观点——鼓励参与者在他人的点子上推陈出新,形成更进一步、更有价值的想法。

虽然头脑风暴法被广泛运用在各个行业,但它并不是毫无缺陷的。头脑风暴法的设想是基于一个非常理想化的环境中——没有批评议论、没有白眼冷场,所有参会人员都积极主动地参与讨论、分享自己观点,这在现实中是较难实现的。

(3) 德尔菲法

为了解决头脑风暴法中的常见问题,德尔菲法(Delphi method)在20世纪中叶被兰德公司提出。德尔菲法的核心是将若干位专家的独立判断通过多轮咨询最终形成一个被绝大多数专家认可的观点。德尔菲法最初用于军事战争的预测,现在因其具有良好的匿名性、反馈性,目前被广泛使用在军事、管理学、医学等各个领域中。

首先,由调查者根据研究对象拟定调查表,再将调查表通过函件的方式传送给专家,征询多轮专家组意见。调查者将每一轮征询结果进行匿名汇总整理,将结果随问

---

① A. F. 奥斯本. 创造性想象[M]. 盖莲香,王明利,译. 广州:广东人民出版社,1987:199.

卷发放给专家组进行下一次征询,供专家组分析判断,在上一轮征询结果的基础上提出新的论证意见,最终获得趋于集中的意见,步骤如图13-3所示。收集论证意见和统计反馈通常进行3至4轮。

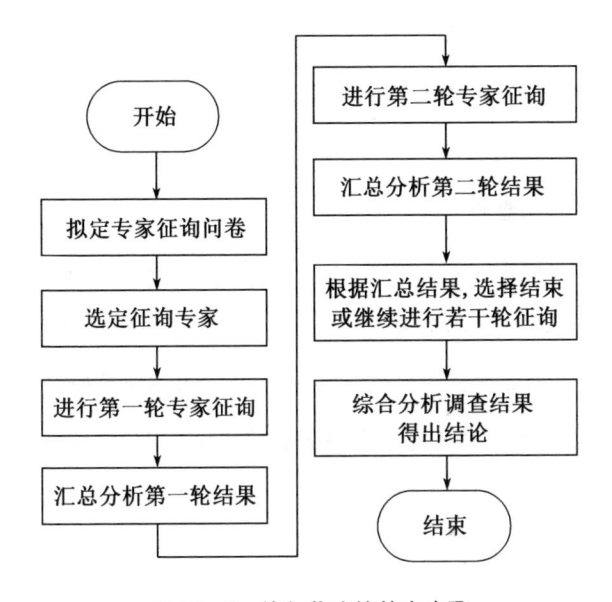

图 13-3 德尔菲法的基本步骤

德尔菲法的具体实施步骤如下:

明确调查目的,拟订征询问卷。根据研究主题的调查目标设计出具体专家组征询问卷,并附上相关背景资料以及填表说明。征询问卷需要目标明确、主题分明,问题不宜太过烦琐和分散。

确定专家组成员。选择专家应该遵循的原则是权威性、代表性和广泛性,应从与研究内容紧密相关的领域中选择具有专业背景和专业素养的权威专家。专家组数量根据研究课题的大小和涉及面的宽窄而定,由于德尔菲法的征询过程较长,为避免专家退出造成的影响,专家数量不宜过少;出于时间、经济成本的考虑,专家组一般不超过20人。

实施第一轮调查并进行汇总整合。向专家组发放征询问卷,对专家组反馈的问卷结果进行统计、分析总结,得到最大值、最小值、四分位数。值得注意的是对于反馈结果的统计分析需要匿名化处理,确保专家个人信息是脱离统计结果的,保证征询过程的独立客观。

实施第二轮调查并进行汇总整合。 再次向专家组发放征询问卷,并附前一轮的统计结果和该专家前一轮的问卷答案以做参考。让专家组可以根据统计结果,判断或修改自己的意见。如果专家上一轮的意见在上下四分点外并且坚持原来意见,则请专家说明论证理由。

实施第三、四轮调查并进行汇总整合。 过程与上一步骤相同,随问卷再附上匿名化的专家论证理由,以供专家组分析考量。征询次数根据统计结果决定,如果大多数意见已经接近中位数,则可以结束征询。但并不是为了得到结果的一致性就进行越多次越好,德尔菲法征询时间过长可能会导致专家退出从而影响结果准确性。

对专家的意见进行综合处理分析,得出最终结论。 可以根据专家积极指数、专家权威指数和专家意见协调指数进行研判,保留或去除专家意见,最终得到相对客观但又融合统一的专家组论证意见。

德尔菲法的重点在于专家组成员匿名发表看法,专家之间无法横向联系、相互讨论,可以有效避免个别专家屈从于领域大家的看法。但是德尔菲法得到的一致性的结果并不意味着绝对正确。想要提升结果的正确性,还需要结合前沿的科学文献和严谨的实验数据协助判断。

(4) SWOT 分析法

20 世纪 80 年代初,SWOT 分析法被美国旧金山大学的海因茨·韦里克(Heinz Weihrich)提出,适用于竞争分析、战略决策。SWOT 分析法将决策相关的优势(Strengths)、劣势(Weaknesses)、机会(Opportunities)、威胁(Threats)四个元素,按照内部资源和外部环境两个层次分别进行组配分析,分析外部环境的机会与威胁,结合自身内部的优势与劣势,最终得到系统性的、全面的战略决策判断。SWOT 分析法的适用范围已经延伸到产业群、城市经济乃至国家战略等领域,但是在其最初运用的企业战略领域相对成熟。

SWOT 分析过程包括两个主要步骤:第一,需要根据自身需求、发展方向等因素,了解内外部因素。具体来说,竞争优势(S)是指能够提高企业竞争力的因素,一般是企业所独有或者超越竞争者的某种能力;竞争劣势(W)是指降低企业竞争力的因素,一般是企业缺少的条件;潜在机会(O)是指市场机会,这里专指会影响到公司未来战略规划的市场机会;外部威胁(T)是指在市场环境中,会对公司造成负面影响的因素。第二,建立 SWOT 矩阵,在知悉 SWOT 四种因素的基础上,根据所得因素的影响因子大小、紧急情况,将四个因素两两组合,分别形成 SO、WO、ST、WT 四种战略的 SWOT 矩阵(表 13-1)。

表 13-1 SWOT 矩阵

		内部环境	
		S	W
外部环境	O	SO 优势—机会战略:利用本身的竞争优势配合外部环境所提供的恰当的机会,积极发展。	WO 弱点—机会战略:有效利用市场机会,改变自身劣势。
	T	ST 优势—威胁战略:利用自身优势避免或减弱外部市场的威胁。	WT 弱点—威胁战略:内部弱点和外部威胁同时存在,选择性保守发展或退出市场。

SWOT 分析法是一种可行的战略决策辅助工具,可以运用在任何具备内部条件、外部环境的决策上。但是 SWOT 分析法存在动态分析不足、缺乏定量分析等问题,国内外不少学者在 SWOT 的基础上引入前景假设、模糊综合评价法等,对 SWOT 分析法进行了改进。

2. 定量研究方法

(1) 问卷调查法

问卷调查法,也称为书面调查法,由法国学者弗朗西斯·高尔顿(Francis Galton)于 20 世纪 80 年代创立,基于实证主义,利用标准化的问卷搜集研究数据。

问卷调查法以文字为媒介，精心设计符合逻辑、简短准确的问卷，发放给相关人员填写并回收，从而收集研究对象的数据资料。问卷调查法被广泛运用于多个学科，正如英国著名社会学家莫泽（C. A. Moser）所说："社会调查十有八九是采用问卷方法进行的。"[①]

问卷调查法具有"标准化"的特征。第一，调查工具标准化：标准化问卷往往需要经过严密的设计、多轮修改，表达简洁准确、逻辑周全，还需要通过预实验检验其信度和效度；第二，调查过程标准化：问卷调查的操作过程要遵守程序要求；第三，调查结果标准化：问卷调查的结果具有较高的科学性和客观性，其答案又经过规范的编码和清理，便于统计分析。因此，问卷调查法适合标准化的研究问题，且具有调查效率高的优点，能够在短时间内搜集到大量的信息和资料，费时、费力，所需经费相对于其他研究而言要少。但是，问卷调查法也有不足之处：调查问卷作为问卷调查法的核心，设计难度较高，难以保障调查目的；由于问卷篇幅和时间的限制，收集的数据有广度却深度不足；问卷调查的填写质量具有较大的不确定性，回收率难以保证。

问卷调查法能够通过定量的方式发现研究对象的内部发展规律。此外，随着信息技术的不断发展，例如，SPSS等工具的出现，使得问卷调查更加准确、快速、科学，为问卷调查法的使用提供了更优化的技术支持。

（2）层次分析法

20世纪70年代初，美国运筹学家萨蒂（T. L. Saaty）提出了层次分析法（Analytic Hierarchy Process，AHP），是将涉及决策的若干因素按照逻辑关系分组，每组为一个层次，根据分析给每个层次赋值，再进行分析的决策方法。其核心原则是将复杂问题按照不同逻辑层级划分，再分出每个层次的相关因素，建立多个矩阵，通过计算矩

[①] C. A. Moser, G. Kalton. Survey Methods in Social Investigation (Second Edition) [M]. London: Heinemann Educational Books, 1971: 45.

阵的最大特征值和特征向量，可以得到每个方案的权重占比。层次分析法作为一种综合评价方法，在风险评价尤其是安全和环境风险评价中得到广泛应用。

层次分析法的基本步骤如下：① 分析问题，将相关因素根据内部联系层次化，划分为最高层（目的层）、中间层（准则层）、最底层（方案层），层次数与研究需要相关（例如，所需研究的详细程度和难易程度等），通常没有限制；② 构造判断矩阵，根据各元素的重要性给其赋值，形成矩阵；③ 层次单排序，计算本层次中每个元素对上一层次中元素的权重；④ 层次总排序，基于本层次所有的层次单排序结果，计算本层次所有元素对于上一层次的权重；⑤ 一致性检验。

层次分析法提供了一种具有广泛的应用性、不需要高深的数学知识的数学处理方法，具有高度的逻辑性、系统性和直观性等特点。

（三）数据处理技术

随着计算机技术的飞速发展与广泛应用，生活方方面面的信息都得以记录下来，数据信息量呈几何级的速度增长，传统的人工的数字处理手段已经无法满足海量数据的分析需求，各行各业都引入了数字技术进行分析研究，数字技术能够替代人类的部分机械化工作甚至部分智能工作，深入挖掘数据背后的关联，探索和预测社会发展的规律和趋势。智库研究与数字技术结合起来，一方面实现了研究方法的突破，另一方面也拓展了智库研究内容的深度和广度，数据处理技术正在成为智库研究领域的重要方法。

1. 数据分析工具

在数据工具和技术发展越来越全面的今天，智库最常用、最普遍的数据分析工具依然是 Excel 和 SPSS。在实践中，大量的数据科学都可以通过 Excel 或者 SPSS 实现。

（1）Excel

Excel 的使用门槛低、功能强大、适用范围广，是大部分数据分析师都必须掌握的最初级也是最有用的工具之一，它可以处理多种数据，并且能够统计分析和辅助决策,如果不考虑数据量和操作效率,它能够实现大部分数据分析工作。Excel 的数据分析功能的主要模块包括:① 函数模块:Excel 内置了大量函数,能够满足各种各样的需求;② 数据透视表/图:能够对原始数据进行各种加工和汇总,还能根据原始数据的变动实现自动刷新;③ 数据模块:主要分为获取外部数据、排序和筛选、数据工具、分组显示、数据分析等几大子模块,也是数据分析经常用到的一些操作;④ 图表模块:数据分析的重要一步就是数据可视化,Excel 的图表模块能够轻松将各种数据可视化为图表。例如,Excel 能够实现企业采购清单的汇总和透视分析、生成计划及完成情况统计分析、意见调查,等等。

(2) SPSS

SPSS 是由国际商业机器公司(International Business Machines Corporation, IBM)开发的数据分析工具,用于统计学分析运算、数据分析的软件及服务的综合体,可以读取多种形式的数据源。此外,SPSS 的操作简单易上手,只需要点击相应的功能即可实现,不需要复杂的操作流程即可实现数据分析,方便易用,可快速操作,可缩小数据科学与数据理解之间的差距;在具体的应用方向方面,SPSS 提供统计分析、文本分析、机器学习等功能,支持开源,可与大数据集成,并部署到应用程序中。

2. 数据挖掘

数据挖掘是指获得海量数据背后蕴含的情报和信息的技术。大数据时代下,数据挖掘技术是构成现代智库情报服务的关键技术之一,为智库研究需求提供技术和方法指导。一方面,针对结构化数据,数据挖掘技术能够实现对于预设研究问题的长期追踪,并结合专家智慧或者其他数字技术进行跟踪分析,为预测性观点提供数据支撑;另一方面,针对非架构数据,诸如音视频、图片等,可以利用数据挖掘和可视化技术对其进行文本提取、关联度分析和深度整合,使人类的思维方式转向智能化,甚至许多思想观念都可以通过大数据分析以非结构化的方式进行量化和归类,从而改变人类的认知模式,并推动公共决策向科学化的纵深发展。① 在面对含有较高的潜在研究价值的大量的多元异构数据时,数据挖掘技术能够在复杂的数据环境中挖掘出有效信息,其数据处理的能力和效率是传统人工筛选的方法无法比拟的,有利于提高智库服务社会的能力,有助于推进社会治理现代化。

许多智库跟企业、高校或者政府合作或是其下属衍生机构,本身就掌握着大量的数据资源,但是由于情报归档意识的缺失等种种原因,对于自身的数据资源不能彻底地开发利用,只能守着"金山"要饭吃,这样的智库应该着重引入、发展数据挖掘技术,激活存量,使得现有的资源焕发新的生机,为智库带来更大的价值和意义。

3. 机器学习

人工智能主要分为计算智能、感知智能、认知智能三个层面。计算和感知智能,机器的数据分析只是辅助人类思考。认知智能,即机器学习,则是模拟人类的思维模式,进行推理、分析并最终做出判断,不需要人类参与决策过程,代替人类的部分思考,承担了以前认为只能由人类完成的思考工作。机器学习的主要任务是指导计算机从数据中学习,通过经验实现自动优化自身性能的算法,它的数据量越大,优化度越高,准确率也就越高。

目前机器学习在智库中的重要应用是撰写稿件,根据数据库内的数据,进行分析和总结,快速成稿。机器学习的稿件优势在于反应速度快,具有较强的应急性,能够帮助智库在突发事件面前做出快速反应。目前,认知智能技术较多应用于媒体型智库。如新华社国家高端智库传播战略研究中心与新华网融媒体未来研究院等建立智能编辑部,将人工智能技术应用于线索发现、内容采集、内容写作、内容分发、内部协同、自动处理等智库产品生产的全过程。

机器学习可以提供新的工具和方法,提高智库工作的效率和准确度,甚至有可能

---

① 蔡蓉英,张志华.基于大数据驱动的智库研究模式构建研究[J].图书情报导刊,2020,5(9):22-27.

会取代部分智库的结构化工作岗位。虽然机器学习有诸多优点,但是机器智能与人类智慧存在着本质上的差异。一方面,智库研究的问题并不局限于常规性的、重复的问题,智库还兼顾前瞻性和战略性,需要创新性的思考,这一点是机器学习目前无法实现的。另一方面,机器学习与资料量息息相关,对于新兴的问题没有一定的数据积累较难实现精准判断。因此,智库对于机器学习的应用应该是综合的、有批判性的。

二、智库咨询

随着人类社会生活的不断发展,由于人的认知水平是有限的,常常需要面对难以解决的难题或者决断,但同时随着社会发展,人们累积的实践经验和通过阅历、思考产生的隐性知识就越多,因此,就产生了"咨询",也就是人们针对某个领域或者某个问题向该领域的专家寻求智力帮助的过程。渐渐地形成了一种产业,叫作咨询业,专门提供知识、智力的咨询服务。

智库的决策咨询服务也是咨询服务的一种。完整的咨询系统包含四个基本要素:(1) 咨询客体,也就是咨询需求方,是决策咨询服务的委托方,可以是党委政府也可以是外部的个体企业;(2) 咨询主体,即智库方。智库需要具有一定的知识储备和专业的研究领域,能够提供具有科学性、创造性的咨询服务;(3) 咨询关系,咨询主体与客体之间除了雇佣关系,还可能存在人际关系、信任关系,等等,咨询关系直接关系到咨询服务产品的接受度,因而咨询关系也非常重要;(4) 咨询产品,即咨询主体为客体提供的专门知识和技能的服务,这种服务可能是口头的建议,也可能是一篇简报或者是洋洋洒洒的报告。[①]

智库咨询都是从咨询机构和专家的立场出发的,通过多方面的实地调研、文献调研等分析总结工作,有针对性地对咨询需求方提出的问题给出具体的咨询建议。在建议提出后,需求方可以自由决定,不接受或者彻底贯彻都可能,因为智库只是通过

---

① 马广林主编.管理咨询:原理·方法·专题[M].3版.大连:东北财经大学出版社,2019:2-3.

咨询的方式为需求方提供智力服务,决策纳入科学轨道,而不是亲自进行管理或者运营。

综上所述,智库咨询可以定义为智库通过雇佣关系为咨询需求方提供的智力服务,目的是弥合双方在研究主题上的知识不对称,保障咨询需求方的决策科学性与准确性。

与大部分咨询服务一样,智库提供的决策咨询服务也应该保持客观、中立。尽管咨询需求方实际所做的决策可能并不完全站在科学的角度,还会基于政治、文化、伦理、风俗等多方面考量,但是,智库作为提供决策咨询服务的主体,职责就是从第三方视角提供相对客观的建议,辅助需求方决策科学正确,因此,智库提供咨询服务的过程中一定要远离利益集团,保证自身的中立性。

（一）咨询的类型

1. 咨询服务的类型

（1）按时代特征

按照时代特征,智库咨询可以分为古代咨询和现代咨询。古代咨询也是传统咨询,是基于专家智慧的咨询服务,凭借个人的信息、经验、隐性知识、智慧去提供咨询产品,此类智库咨询经常发生于政府领导和顶级智库专家之间。现代咨询是利用现代科学的工具、技术以及团队力量,依据事物发展的内在规律,利用科学的方法和手段,来实现咨询的科学性和可靠性。当前,我国正处于经济转型期和结构调整期,在新的形势下,工业化、信息化、城镇化、市场化和国际化深入推进,影响决策的因素越来越多,对决策的战略性、前瞻性、即时性和综合性提出了更高的要求,现代咨询更能满足复杂决策咨询的需求。

（2）按咨询客体

根据咨询客体,智库咨询可以分为服务政府的咨询服务和服务社会企业的咨询服务。服务政府的咨询服务一般是政策咨询和问题咨询。政策咨询是指服务于市委办局,针对发展战略规划或重大决策问题提供的咨询服务;问题咨询是指针对社会中存在或可能产生的某一问题，提供原因分析和对策建议。服务社会企业的咨询服务一般是发展管理咨询，是以企业经营管理为主体，单一地针对其提出的现实问题或全局性问题，诊断其经营管理中的问题，提供咨询意见、改进方案等产品的咨询服务。

（3）按咨询主体

根据咨询主体，智库咨询可以分为个体咨询和机构咨询。个体咨询是智库专家独立提供的决策咨询服务，通常是座谈口头交流或者聘请专家为顾问的形式进行。机构咨询则是咨询需求方向智库单位寻求智力辅助，智库作为一个单元，发挥团队的智慧提供咨询服务。

（4）按咨询领域

根据咨询具体内容，智库咨询可以按照咨询领域归类，比较常见的智库咨询有管理咨询、技术咨询、决策咨询和专题咨询等。

2. 咨询产品的类型

智库咨询产品类型可分为口头咨询和书面咨询。口头咨询一般的形式是召开座谈会，一个或多位专家根据咨询需求方的要求进行头脑风暴，积极发言，提供语言上的智力产品。书面咨询一般是以课题委托的形式委托给智库的，书面咨询的产品可以分为通知、简报、完整报告等多种形式。

在部分情况下，智库咨询并不是单一的咨询，而是多种咨询类型的结合。

（二）咨询过程

智库决策咨询的基本程序是指提供咨询服务所经历的若干步骤和环节，明确基本过程在一定程度上可以保证咨询服务的顺利开展、圆满落地。智库咨询项目的工作流程一般可以划分为以下四个阶段，即接洽阶段、业务阶段、开展阶段和其他工作，如图 13-4 所示。

| 第十三章　研究与咨询 |

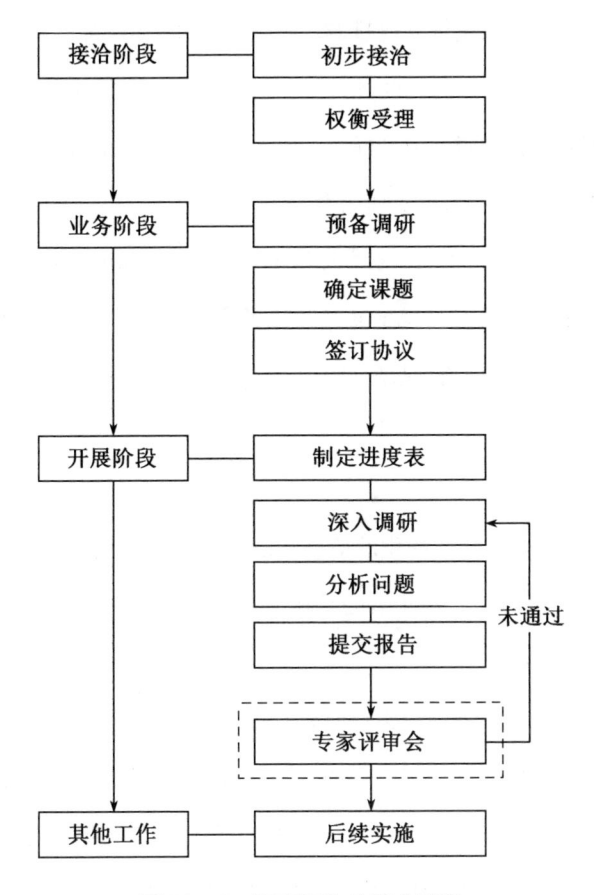

```
接洽阶段 ── 初步接洽
              │
              ▼
            权衡受理
              │
业务阶段 ── 预备调研
              │
              ▼
            确定课题
              │
              ▼
            签订协议
              │
开展阶段 ── 制定进度表
              │
              ▼
            深入调研 ◄──┐
              │         │
              ▼         │
            分析问题    │ 未通过
              │         │
              ▼         │
            提交报告    │
              │         │
              ▼         │
          ┌─专家评审会─┘
          └───┬───┘
              │
其他工作 ── 后续实施
```

图 13-4　智库咨询的基本流程

1. 接洽阶段

接洽咨询是智库开展决策咨询服务的第一步。接洽咨询的重点是通过双方初步的洽谈协商，明确主客体双方的客观情况、合作意向以及大致的合作条件，具体包括初步接洽和权衡受理两个工作环节。

（1）初步接洽

初步接洽的目的是智库和需求方双方初步了解，智库方了解需求方的咨询内容和领域，需求方权衡智库的研究实力是否与需求相匹配，初步了解达成一致是一切咨询工作开展的前提。初步接洽可能是需求方登门拜访，也可能是通过电话的形式进行,不管什么方式,智库都应该重视起来。智库参与的人员一般是智库的相关负责人和研究人员,智库负责人负责根据实情权衡项目的情况,研究人员则是从学术、理论或者技术的角度判断咨询服务的可行性。智库方应该尽量在初次接洽中明确、掌握需求方的核心需求和目的,衡量受理能力,判断受理条件。为了准确捕捉需求方的决策咨询服务需要,智库可以要求需求方提供不涉及保密和机密信息的相关背景材料。

值得一提的是,如果是专家咨询或者咨询的主客体双方已经有良好的合作基础,具备对彼此的需求能力的了解,那么初步接洽可以直接省略或者无须花费较多的时间和精力。

(2) 权衡受理

在初步接洽中咨询需求方提供的信息基础上,智库可能会另外进行部分背景调研工作后,对于是否接受咨询需求方的委托进行权衡,然后得出最终答案,受理的话就进入下一阶段。

2. 业务阶段

经过接洽阶段,可以明确主客体双方都有合作意愿,并且需求和供应是能够统一对应的,那么就可以进入业务阶段。这一阶段的任务是智库通过自身的知识储备和累积以及有针对性地展开的调研工作,提出初步的决策咨询方案,双方共同敲定课题项目,并落实到合同上。该阶段具体包括预备调研、确定课题和签订协议三个工作环节。

(1) 预备调研

为了提出合理的决策咨询方案,智库应该根据咨询需求方的委托需求,进行一次快速的基础调研,可以是网络调研、文献调研,也可以是实地走访等多种形式。咨询的主客体双方都需要做好相应准备并积极参与、配合调研。

调研的内容主要包括两个方面,第一是针对咨询客体,也就是咨询需求方本身的调研,根据研究主题有选择性地调研其组织架构、团队构成、业务范围、核心竞争力,等等;第二是针对研究主题的调研,如果是问题咨询那么就需要调研问题的起因、发展和影响因素等,如果是发展管理咨询,那么就需要调研一定时间跨度内的发展数据,进行研判分析。通过调研分析,对需求方所提出的咨询需求形成初步的看法,并据此提出预备课题方案。

(2) 确定课题

智库根据预备调研的工作,出具预备课题方案,与需求方进行商洽探讨,最终统一看法,敲定课题内容。

(3) 签订协议

智库与咨询需求方在达成一致意见后,将意见落实到书面并且正式签订合同,合同双方的权利和义务应根据合同的约定予以确定。合同包括但不限于以下内容:

- 咨询课题的内容要求和智库需要提供的产品;
- 咨询报酬金额以及支付的方式和期限;
- 咨询过程中产生的费用以及双方负担的比例和方式;
- 智库方所提出的建议、预测都必须真实可靠,以材料和事实为根据;
- 需求方应该配合研究工作;
- 智库方根据客户的要求,保密机密信息。

3. 开展阶段

第三阶段是智库正式开展决策咨询服务的阶段,应该组织完成深入调研、对课题领域进行研究分析、总结原因或者提出解决方法、提交服务产品等多项工作。本阶段具体包括制定进度表、深入调研、分析问题和提交报告四个工作环节。

(1) 制定进度表

课题进度计划表的制定有利于智库咨询工作的顺利开展,有效把控课题各阶段进展的期限,具体内容包括课题各阶段的计划安排,明确各阶段的工作内容、时间节点、负责人和研究团队,等等。在执行计划的过程中,要核查计划要求与实际进度之间是否存在偏差,尽量将偏差控制在可控范围内,如果偏差较大,那么智库应该立刻找出原因、采取措施补救或者修改课题进度计划表,形成自监督体系。

(2) 深入调研

基于上一阶段所做的预备调研和提出的课题方案,智库可以更有针对性地开展深度调研工作,根据研究内容的不同,确定咨询的类型,选择合适的调研方式、手段、工具、数据体量和时间跨度等。智库研究人员可以通过查阅相关历史文件、收集整理法律法规、组织专家头脑风暴、实地调研、大数据爬取等多种形式,围绕咨询课题展开深入调查,厘清各影响因素的关系,为进一步的总结分析提供数据、材料支持。

智库可以根据研究课题的复杂程度和团队的大小进行分工,一般是子项目研究人员需要明确分段目标、细化调研方案,项目总负责人负责协调统筹各子项目的调研进度。

(3) 分析问题

在深入调研的基础上,智库研究团队要进一步进行理论分析,将调研资料与理论相结合,结合事件发生顺序、内在逻辑、相关程度等,分析事件的起因、发展,总结提炼出决策咨询的思路和框架,这一步是智库决策咨询服务的核心竞争力的体现。证据以及对证据的分析能力,决定了智库和咨询需求方之间的知识不对称程度,决定了智库咨询服务的价值高低。因此智库和咨询需求方之间,就咨询的问题要存在着知识不对称,才有可能提供让需求方眼前一亮、合格的智力产品。

(4) 提交报告

提交咨询报告是智库咨询开展阶段的最后一个环节,基于上述步骤所得到的数据材料和咨询意见,智库方应将其文本化、书面化,用合适的语言和结构清楚地阐述出来,形成逻辑通顺、条理清晰的智库咨询报告。

报告的具体内容由签署的合约规定,一般报告的主要内容包括:咨询需求方的总体情况和咨询课题的内容,咨询的需求、目标、计划和实施过程,调研的具体过程和得到的结果(可以用图表等形式可视化呈现),针对课题问题和原因的分析,得出的结论或者是提供的措施、方案、附录(相关调研或者实验的完整数据)等。

智库咨询服务的合格与否通常会通过专家评审会来判定,如果智库提交的报告通过专家评审,那么智库的决策咨询报告就得到采纳,本阶段工作结束;如果并未通过专家评审会,那么智库还需根据评审会提出的问题进行补充完善,提交新的咨询报告,组织下一场专家评审会,直至通过为止。

4. 其他工作

大部分智库咨询服务结束于上一阶段的报告采纳,但是,根据咨询类型以及签署合约的内容,部分智库咨询工作一直延续到方案实施阶段,可能会负责参与制定具体的实施计划、组织办法,也可能是履行顾问的义务,对于需求方自行制定的文件办法给出参考意见,为需求方将智库咨询建议落地保驾护航。

(三)咨询的原则

1. 智库咨询的工作原则

(1) 以重视调研为原则

智库研究团队应该充分认识到调研的重要性,智库咨询过程中提出的理论、建议和对策都应该是基于确凿、准确的材料和数据,不能凭空臆想、捏造,要充分落实材料采纳和收集工作。尽管智库咨询很多时候都有较大的时效性,但是不能为了追求时效性而轻视忽略调研工作,智库咨询服务始终是以科学性和准确性为基石的。

(2) 以坚持群众路线为原则

智库提供决策咨询服务的过程中,要坚持走群众路线。对内应该与咨询需求方的领导和职员建立良好的沟通,尽管难以避免本位主义思维,但是,实际工作人员对于问题的理解和角度是智库研究人员难以替代的,听取吸收他们的意见和见解,有利于更好地传达需求、落实工作。对外应该将调研落到实处,以人为本,做好群众工作,从群众的角度出发进行调研,是智库提出切实可行、真实有效的民生见解的先决条件。

(3) 以科学性为原则

智库咨询服务于真实的问题和现状,以事实为基础,不能主观臆断、凭空推断,智库所提出的问题、做出的假设、建议的路径都应该具有科学性和真实性,虽然智库咨询很大程度是基于专家智慧,难以量化,但是专家智慧不等于主观臆断,也应该是基于事实和数据的看法。此外,智库咨询的研究过程也应强调科学合理性,所做的分析、推测、策划,都要求以充分的事实为依据,在现有的研究水平和数字技术范围内,尽量确保准确性。

(4) 以激活存量为原则

智库咨询所提出的措施应该强调激活存量,充分考虑咨询需求方既有的资源禀赋,充分利用其现有的人才团队、资金设备、数据资源和关系网络等条件,着力于激活存量,以尽可能小的成本将需求方激活出新的社会效益。智库咨询服务应该避免假大空,"改革"说易行难,智库提出的措施应该注重可落地性和成本控制。

2. 智库咨询的职业道德

职业道德对于咨询工作的开展具有指导、规范和约束、控制作用,智库研究人员在提供决策咨询服务的过程中,必须恪守职业道德,这样才能保证咨询产品的高水平,提供优质的咨询服务。

(1) 保持客观公正的立场

不能偏听偏信,主观片面地得出结论,必须以事实为根据,做深入调查,掌握真实的数据,用数据来说服人。智库的研究人员应该远离利益因素,不考虑私交私情,不能靠咨询谋取不当利益,不屈从于外界的压力,不能为了迎合咨询需求方或者不敢指出问题而放弃自己的立场与态度。

(2) 要有科学务实的态度

在智库咨询的过程中,咨询人员应该以"切实解决问题"为原则,力图为咨询需求方解决现实问题,而不是只做表面文章、应付了事。

(3) 保证咨询产品的质量

高品质的产品才是智库立足于咨询市场的根本,智库在撰写咨询报告、提出咨询方案的过程中,重视质量把关,提出具有前瞻性、创新性的见解,打出智库口碑。智库在接洽之初就不应受理超过智库研究能力范围的咨询任务,如果在深入调研后发现课题无法完成,也不能企图蒙混过关,应该立刻向需求方阐明情况,或引入其他咨询机构一起合作完成课题,或直接放弃课题。

(4) 有信息保密安全意识

智库机构作为党委政府的"内脑"机关,具备接触内部信息的渠道,智库在履行咨询职责的时候,出于研究需要往往能够获得很多内部的保密信息,智库的研究人员有保密的责任和义务,因此智库咨询的研究人员应该具备信息安全意识,不得泄露机密信息。

(5) 遵守道德和法律的红线

智库研究人员在工作中,必须严守法律红线,遵守道德纪律,爱岗敬业,诚实守信,这是智库咨询要求的职业道德,也是所有工作都必须具备的职业道德。

三、智库报告撰写

智库研究报告是针对某一问题、某一现状或某一政策进行研究分析,根据研究过程中收集、产生的数据资料分析研判,得到最终成果,并将整个研究过程都呈现出来的报告。作为研究的最终表现形式,研究报告是翔实、系统、可靠的总结和表述,是研究成果的结晶和贮存,是智库提供智力服务的最后一环。

(一) 报告的特点

1. 专业性

智库报告是由专业的智库专家或团队撰写的研究文章,内容需要具备较强的专业性和科学性,可以着重深度、广度或两者兼具地提出智库的观点,但是不能既没有深度又没有广度,不能做"表面文章";立论时应公正客观,就事论事,摒弃作者自身的主观好恶。

2. 针对性

智库研究报告应具有针对性,针对特定的问题、事务等主题深入分析研究,做到有的放矢。一方面,任何智库研究报告都应该有明确的受众群体和研究领域,根据报告的内容、受众的不同,报告类型也不同,就有着不同的写作风格和体裁,因此智库报告需要量体裁衣,进行有针对性的写作;另一方面,报告研究的问题应该具有一定的针对性,不论是解决某些实际问题还是学理研究等,都应该明确主旨,一针见血,不要陈词滥调,流于表面。

3. 准确性

智库的研究是基于事实、基于证据的研究,智库报告也必须是真实可信的报告,描述问题要具体、完整,引用真实数据,不能含糊其词、不能断章取义。报告要提出准确的问题和观点,智库报告中提出的问题既不能夸大也不能粉饰太平,提出的观点一定是反复论证过的、经得起推敲的。

4. 实用性

智库报告也要强调实用性和可操作性的结合,要做到"求实效、讲实际、重实用",应该是基于现实中的问题和现状,力图解决实际问题,改善民生,提出的措施应该是具有可落地性的操作,不能是"空中楼阁",要避免智库空投现象。

5. 时效性

智库研究要紧扣发展脉搏,讲究时效性。一般来说,智库是在有效的时段里分析研究特定的问题并提出解决措施或者潜在危害等,报告内容需要及时传达、发布,因此,智库报告的时效性很强。如果智库报告的发布错过了问题窗口,那么报告的价值将大打折扣,失去部分或全部实用价值。

(二)报告分类

1. 政策建言型

政策建言型报告是针对特定问题、通过特定渠道、递交给特定受众的报告,可以细分为以下三种类型:(1)决策咨询报告,是市委办局已经确定某项事务或决策后,或者即将敲定时,为了确保决策的科学性、合理性,咨询智库等决策咨询机构或者决策咨询专家的意见而产生的报告,一般有听证报告、建议内参等形式;(2)决策支持报告,是智库给相关决策者针对某一主题提供相关背景资料和情报的报告,需要进行必要性、可行性分析论证，为决策提供支持；(3) 决策评价报告，是在政策、法规、文件出台后，智库针对政策执行的动态过程以及实施效果，进行评价分析而得到的评价报告。

2. 调研情报型

（1）调研报告

智库或有针对性或广泛地进行调查研究，将得到的情报数据处理分析，并呈现于报告中，可以只提供情报、信息、资料。用智库独特的智力资源禀赋和信息收集能力，呈现出准确、真实、有价值的一手资料，不偏不倚地完善报告受众关于对应问题的视角。

（2）调研总结报告

报告可以只呈现重要的、有价值的一手数据情报，也可以结合数据进行总结分析，提炼出智库自己的有创新性、突破性、前瞻性的观点。例如，经验总结报告，在调研中对各地的经济社会发展政策执行当中的一些探索经验进行总结，得出具有先进典型性且可复制可推广的做法与经验，拓展优秀经验的应用范围，杜绝不良经验的再次发生，进一步推动市委办局有效开展工作。

3. 针对具体事务型

（1）事件情况报告

事件情况报告是指向上级有关单位汇报某些特殊的临时事件的报告，需要详略得当、真实可信、事实清楚、报送及时。事件情况报告不同于分析报告，不需要长篇大论的论证，只需要阐述清楚事件的起因、过程、结果、涉及的人和事以及处理意见等，让上级单位可以在短时间内了解事情发展的全貌即可。

（2）事件回应报告

事件回应报告就是对国内外发生的重大事件从专业的角度对大众进行回应，在事件回应的过程中，报告发布要"快准狠"，占据主动权，引导舆论，不留滋生谣言的空间。报告的回应核心取决于大众的关注点，或强调事件的起因或提出合理的解决方案。

(3) 事件解决报告

事件解决报告是针对存在的某些问题和矛盾进行分析,并提出该问题的解决措施的报告,此类决策咨询报告内容包括三项:一是存在什么问题;二是存在问题的原因;三是如何解决此问题,即解决问题的方式方法。

(三)研究报告的撰写

1. 报告选题

智库报告的选题应该遵循"见人人之所见,但能说人人之所未能说,独家分析,独家见解,洞见深刻"的原则。

(1) 从窗口切入的角度

智库报告的选题应该围绕中心,聚焦重点,评估选题的实效性、重要性和取得一定影响力的可能性,可以根据三个评估指标判断。

一是政治窗口,也就是政治氛围,符合政治氛围的选题一定是紧贴局势、关涉全局的宏观战略问题。智库选题的时候应该将政治窗口纳入考量,围绕党和政府的中心工作,聚焦重大问题。比如党的百年华诞就是 2021 年的一个关键政治窗口,智库可以围绕"党的百年华诞系列研究""总结百年党史的经验教训"等进行选题,正切政治窗口。

二是政策窗口,是指根据国家将要出台或者刚刚出台相关的政策进行选题,分析中央、地方重要决策与重大部署出台后社会的反映、执行中形成的新探索、出现的新动态及解决办法。但需要注意的是,政策窗口具有一定的时效性,比如,国家已经明确暂缓发展的某些产业,那么其政策窗口就关闭了,这个时候智库再对此做文章就很难产生影响力,智库报告的价值也难以体现。

三是问题窗口,基于当前经济社会发展正在面临的、具有紧迫性的问题进行研究分析。公共卫生事件与公共安全带来的海量问题和威胁亟待解决,这也是大众和决策中心关注的重点,如果智库能够把握机会,发挥自己的资源禀赋,抓住问题窗口及时发布切实可行的对策报告,那么智库报告就能发挥应用价值。

智库报告的选题可以充分参考政治窗口、政策窗口和问题窗口,结合智库自身研究领域的独特优势,提出专业见解。

(2) 从目标受众的视角

第一,智库在起草任何一个报告的时候,需要想清楚该报告的目标受众是谁,把目标受众的关注点作为选题的着力点,重点关注领导和社会强调的大事、要事、难事。第二,这个报告是否有报送至目标受众的提交渠道,需要提前明确,如果没有相应的报送渠道,智库报告无法根据内容传达到对应的受众手中,那么报告的价值很难完整地体现出来,甚至可能成为一堆废纸。

2. 材料收集与运用

决策除了基于证据、基于科学考量,可能还基于政治考量,基于文化、伦理、风俗的考量,还有大量的决策是基于利益集团(Interest Group)的利益。智库作为专业的决策咨询机构参与决策分析,是为了保障决策的科学性和准确性,因此,智库的研究和报告一定基于证据,而不能基于利益或者其他角度。所以报告写作的材料、证据的可靠性是极其关键的。

证据和材料包括一次文献,例如,文件、数据、情报、档案以及二次文献,即论文和汇编等。基于材料的不同,分为两种类型的报告写作:第一,"见人人之未见",独家材料,可以写反映情况为主的政策简报;第二,"见人人之所见,但能说人人之所未能说",独家分析,可以写结合智库自身的研究优势提出独家见解的分析性智库报告。

(1) 材料的收集

第一,智库通常有自身独特的研究优势和研究领域,那么智库在平时就应该注意自身研究领域中相关素材的积累,厚积薄发,而不是临时抱佛脚。智库可以聚焦若干有研究潜力的主题,进行跟踪采集数据,建立自己的专题数据库,使得智库的研究有据可查、有据可依,同时,材料累积也保障了智库面对突发事件的应急能力和反应速度。第二,应该注重收集数据的深度和精度,要关注小众数据库。例如 CNKI 是网络开放数据库,里面的数据人人都可以查到,缺少独特性;另外,由于期刊发表流程,能够检索到的期刊内容的撰写时间都在数月之前,其中提出的问题和数据未必还能适用,时效性难以保障。智库研究远不止综述研究,因此,如果智库报告的研究材料仅仅基于此类大型数据库,那么一定程度上报告的创新性和实用性是大打折扣的。第三,要关注国际组织和国际会议的数据库,收集特色的数据,特别是研究国际经济、外贸等领域,应该积极利用国外数据库,打开国际视野,充分吸收和利用国外的先进经验和数据,不能闭门造车。第四,报告撰写应该重视实地调研,收集实实在在的信息和数据,不能完全依赖大数据和网络数据,应该将网络数据和实地数据结合起来,全面客观地支撑报告撰写。

(2) 材料的运用

空有材料不够,还需要合理的运用材料,才能呈现出一篇成形的、创新性和可读性兼备的智库报告。材料的运用需要遵循以下几个原则。第一,报告类型的不同,报告的长度文风也不同,在文体合适的情况下,可以通过介绍典型案例的方式,来说明引入智库的观点,更加生动具体,容易被阅读者记住并且具有较高的传播性。第二,报告可以将材料适当可视化,比如,利用可视化工具将数据变成图表,其中数据的异常问题和趋势走向可以直观地体现出来,免于读者阅读海量的数字信息、容易遗漏重点,尤其是科技类的咨询报告。具体的数据信息也可以作为附录放在报告最后,以证明科学性和真实性,也便于受众群体再次利用该数据。第三,通过提炼材料形成新的概念,智库收集到的材料要靠一些新颖的、有创新性的、抓人眼球的概念并组合起来,让受众能够直观地接收到材料背后的含义和报告想传递的信息,而不能只是简单的材料罗列和堆叠。第四,如果掌握高质量的、准确的、时间跨度大的持续性数据,可以利用智库的大数据技术或者基于专家智慧大胆地做出预测,发挥长时段数据的潜在价值。

3. 行文风格

（1）修辞

修辞，修饰文辞，亦指作文。鲁迅《书信集·致李桦》："正如作文的人，因为不能修辞，于是也就不能达意。"如果说智库报告的内容是灵魂所在，那么修辞就是报告的骨架，没有合适的骨架，灵魂再精妙也难以阅读，就更难以传播了。

20世纪50年代，在新中国成立后，中国共产党为了更快地适应新形势、解决新问题，开展了"十大关系"调查，全面探索中国社会主义建设。毛泽东同志提出调研材料不要"枯燥无味、千篇一律"，要"有骨有肉，生动活泼"，奠定了我国研究报告的风格基调：准确写实而不失生动。此外，智库决策咨询报告作为夹叙夹议的文本，行文风格要文从字顺，简明扼要，不需要出现太华丽的修辞。

（2）话语体系

撰写智库报告还需要强调的地方就是不同语言之间的转化，比如，有学术语言与政治语言、学术语言与商业语言的转化，合格的智库报告应该根据报告服务对象的不同，注重话语体系的转变。

① 对政府体系内的研究报告：

政治语言也就是中国共产党百年以来培育出来的独特的话语体系，比如，报告经常使用的方式就是讲处理好几大关系，这几大关系是从毛泽东同志的《论十大关系》发展演变来的。政治语言强调数字化表达、对仗工整和熟练运用政治词汇，比如"四个意识""四个自信""两个维护"，用对仗工整的数字化表达的政治词汇来适当地转变决策咨询报告的风格，熟悉的话语体系能够让政府决策者高效地领悟报告的观点，更有利于报告的传播和运用。还应该注重问题导向，因为决策者的时间有限，很难花大量的时间在一篇报告上，因此，应该省略大段的背景介绍和学理分析，直击重点，着重讲问题、问题对策或者理论创新点，条理清晰，结构紧凑。在文辞简练的基础上，可以上通"天气"也可以下接"地气"。

② 面对市场的研究报告：

一般情况下，决策市场需要的研究报告对于字数的要求比较宽泛，没有严格的字数限制，智库可以根据研究的复杂程度扩充篇幅，详细描述取材、论证、分析过程，要做到充分翔实、有据可依、有迹可循。可以适当利用可视化工具，将数据和材料进行总结整理，形成图标，丰富报告的可读性，辅助受众更精准直观地接收报告观点和信息。对于常见的语言用词没有定论，需要尽量贴合决策委托方的需求，选择委托方熟悉的词语、表达方式。

4. 报告体量与结构

在《新型智库质量提升与国家治理现代化》中，刘西忠结合智库专家观点，提出智库决策咨询成果"3696"的标准："3"代表3页纸；"6"代表6段话，现状、问题各1段，再加上4条左右的建议；"9"代表受过九年义务教育的人都能看懂，主要在于说明并简要证明自己的观点；"6"代表6秒内能否让决策者把握主要观点并且产生阅读兴趣。[①] 智库报告根据议题的复杂性和受众群体有不同的体量，可以参考"3696"的标准，根据情况做出调整。

报告的结构问题也非常重要。报告结构不能松散，结构内容的规划、布置、顺序都应该是遵循内在逻辑的，不能随心所欲没有章法。结构不能重复、冲突，同样或者有极大关联的内容一定要合并起来，不能散乱地在报告里出现多次，整篇报告的前后文逻辑不能冲突，必须保持一致。报告的篇幅结构也应该有一定的考量，尽量做到详略得当，布局合理匀称，不要一段特别长、一段特别短，在符合逻辑的情况下特别长的段落可以分段，短的段落可以合并。如果是关于问题对策的报告，问题和对策的结构应该前后对应，有内在联系和对应关系。

智库报告是应用文本，描述事实、挖掘问题、表达观点、提出方案和结论，给人"知"，启人"思"。研究报告的结构可能会随着决策咨询对象的不同、类型的不同而有

---

① 刘西忠.新型智库质量提升与国家治理现代化[M].南京:江苏人民出版社,2021:94-96.

不同的侧重点,结构也各不相同,但究其本质都是以"提出问题——分析问题——解决问题"为框架,部分报告为了行文精简,可能会省略分析问题的部分,直接从问题和建议进行写作。

  一是问题部分,问题也就是智库报告要讨论的核心对象,可能是一个现象,也可能是一件事情,智库报告要说明白问题,开篇就要明确本文讨论的问题,让读者有目的性、有思考地阅读;二是论证部分,论证是咨询结果成立的根本,应该结合可靠的数据材料和合理的分析方法,选择切题、翔实、深入的材料进行分析,充分运用适宜的研究方法,分析得出结论,引出建议部分;三是建议部分,智库报告最终的落脚点是中肯的建议或者有价值的解决方案,也是提供解决方案。一篇报告不可能解决所有提出的问题,不可能针对每一个问题都能提出创新性的解决路径,但是,只要有一两条措施是能够实现的,能够被党委政府采纳的,这篇报告就发挥了决策咨询报告应有的职能,实现了咨政建言的作用。也就是说,报告的对策建议一定要具有一定的科学性、前瞻性、创新性、针对性、可操作性。报告聚焦现实问题,深入调研充分论证后,提出可行的对策建议,将智库的智力禀赋对外转化、落地。部分报告类型不需要提出完整的解决方案,仅需描述当前亟待处理的问题,也应该将问题的起因、结果论述清楚,让读者明确事件的紧急性和重要度,知道下一步行动的方向。

参考书目

(按出版年份排列)

[1] 安东尼奥·葛兰西. 狱中札记[M]. 曹雷雨,姜丽,张跣,译. 北京:中国社会科学出版社,2000.

[2] 约翰·W. 金登. 议程、备选方案与公共政策[M]. 2版. 丁煌,方兴,译. 北京:中国人民大学出版社,2004.

[3] 周三多,陈传明,鲁明泓. 管理学:原理与方法[M]. 上海:复旦大学出版社,2009.

[4] 托马斯·R. 戴伊. 理解公共政策[M]. 谢明,译. 北京:中国人民大学出版社,2011.

[5] 罗伯特·A. 达尔. 多元主义民主的困境[M]. 周军华,译. 长春:吉林人民出版社,2011.

[6] 王辉耀. 人才战争:全球最稀缺资源的争夺战[M]. 北京:中信出版社,2012.

[7] 张志刚. 非政府组织文化建设[M]. 北京:人民出版社,2012.

[8] 彼得·布洛克. 完美咨询:咨询顾问的圣经[M]. 黄晓亮,译. 北京:机械工业出版社,2013.

[9] 胡鞍钢. 中国特色新型智库:胡鞍钢的观点[M]. 北京:北京大学出版社,2014.

[10] 王佩亨,李国强,等. 海外智库:世界主要国家智库考察报告[M]. 北京:中国财政经济出版社,2014.

[11] 詹姆斯·麦甘,理查德·萨巴蒂尼. 全球智库:政策网络与治理[M]. 韩雪,王小文,译校. 上海:上海交通大学出版社,2015.

[12] 钱小龙. 大学文化视野下美国研究型大学开放教育资源发展研究[M]. 南京:南

京大学出版社,2015.

[13] 王莉丽.智力资本:中国智库核心竞争力[M].北京:中国人民大学出版社,2015.

[14] 詹姆斯·麦甘,安娜·威登,吉莉恩·拉弗蒂.智库的力量:公共政策研究机构如何促进社会发展[M].王晓毅,等译.北京:社会科学文献出版社,2016.

[15] 崔树义,杨金卫.新型智库建设理论与实践[M].北京:人民出版社,2016.

[16] 高翔.新型智库建设与哲学社会科学研究:"第九届中国社会科学前沿论坛"论文集[C].北京:中国社会科学出版社,2016.

[17] 郑永年等.内部多元主义与中国新型智库建设[M].北京:东方出版社,2016.

[18] 柯银斌,吕晓莉.智库是怎样炼成的:国外智库国际化案例研究[M].南京:江苏人民出版社,2016.

[19] 王文.伐谋:中国智库影响世界之道[M].北京:人民出版社,2016.

[20] 雷蒙德·J.斯特鲁伊克.完善智库管理:智库、"研究与倡导型"非政府组织及其资助者的实践指南[M].李刚,等校译.南京:南京大学出版社,2017.

[21] 赖先进.国际智库发展模式[M].北京:中共中央党校出版社,2017.

[22] 唐纳德·E.埃布尔森.北部之光:加拿大智库概览[M].复旦发展学院,译.上海:上海社会科学院出版社,2017.

[23] 唐纳德·E.埃布尔森.国会的理念:智库和美国外交政策[M].李刚,等译.南京:南京大学出版社,2017.

[24] 张伟.新型智库基本问题研究[M].北京:中共中央党校出版社,2017.

[25] 张伟,金江军.智库研究与管理方法[M].北京:中共中央党校出版社,2017.

[26] 张述存.地方高端智库建设研究[M].北京:人民出版社,2017.

[27] 张大卫,元利兴等.国际著名智库机制比较研究[M].北京:中国经济出版社,2017.

[28] 詹姆斯·G.麦甘.美国智库与政策建议:学者、咨询顾问与倡导者[M].肖宏宇,

李楠,译.北京:北京大学出版社,2018.

[29] 戴维·M.里奇.美国政治的转变:新华盛顿与智库的兴起[M].李刚,等译.南京:南京大学出版社,2018.

[30] 詹姆斯·麦甘.第五阶层[M].李海东,译.北京:中国青年出版社,2018.

[31] 朱旭峰.改革开放与当代中国智库[M].北京:中国人民大学出版社,2018.

[32] 袁曦临,吴琼.智库咨询理论、方法与实践[M].南京:东南大学出版社,2018.

[33] 元利兴.美国智库与政治[M].北京:中国经济出版社,2018.

[34] 周湘智.中国智库建设行动逻辑[M].北京:社会科学文献出版社,2019.

[35] 克里斯托弗·J.拉斯特里克.美国与欧盟智库:华盛顿与布鲁塞尔政策研究机构比较[M].上海社会科学院智库研究中心,译.上海:上海社会科学院出版社,2019.

[36] C.赖特·米尔斯.权力精英[M].李子雯,译.北京:北京时代华文书局,2019.

[37] 唐纳德·E.埃布尔森,斯蒂芬·布鲁克斯.智库、外交政策和地缘政治:实现影响力的路径[M].严志军,周诗珂,译.南京:南京大学出版社,2019.

[38] 魏礼群.新型智库:知与行[M].北京:人民出版社,2019.

[39] 王艳.中国特色新型智库舆论影响力研究[M].北京:中国社会科学出版社,2019.

[40] 林南.社会资本:关于社会结构与行动的理论[M].张磊,译.北京:社会科学文献出版社,2020.

[41] 陈媛媛.网媒时代新型智库影响力传播[M].苏州:苏州大学出版社,2020.

[42] 胡薇.日本智库研究:经验与借鉴[M].北京:中国社会科学出版社,2021.

[43] 刘西忠.新型智库质量提升与国家治理现代化[M].南京:江苏人民出版社,2021.

[44] 王贵辉,宋微,史琳.全球高端智库建设[M].北京:科学技术文献出版社,2021.

[45] 李刚等.推动智库建设健康发展研究[M].北京:经济科学出版社,2022.

［46］马科斯·冈萨雷斯·赫尔南多.影响力的终结：2008年全球金融危机后的英国智库[M].李刚,雷嫒,朱建敏,等译.南京：南京大学出版社,2022.

机构名中外文对照表

(按首字母排序)

机构名外文全称	机构名外文简称	机构中文名称
Adam Smith Institute	ASI	亚当·斯密研究所
Africa Institute of South Africa	AISA	南非非洲研究所
African Institute for Economic Development and Planning	IDEP	非洲经济发展和计划所
Al Furat Center for Development and Strategic Studies	/	伊拉克卡尔巴拉大学幼发拉底河发展与战略研究中心
Al-Ahram Center for Political & Strategic Studies	ACPSS	金字塔政治和战略研究中心
Alternate Solutions Institute	/	替代方案研究所
American Enterprise Institute	AEI	美国企业研究所
Arab Planning Institute	API	科威特阿拉伯规划研究所
Arab Thought Forum		阿拉伯思想论坛
ASEAN Institute for Peace and Reconciliation	IPR	东盟和平与和解研究所
ASEAN Institutes of Strategic and International Studies	Asean-ISIS	东盟战略与国际问题研究所
Aspen Institute	/	阿斯彭研究所
Atlantic Institute for Market Studies	/	大西洋市场研究所
Avenir Suisse	/	瑞士未来
Bahrain Center for Studies & Research	BCSR	巴林研究中心
Batten, Barton, Durstine and Osborn	BBDO	天联广告公司

| 机构名中外文对照表 |

(续表)

机构名外文全称	机构名外文简称	机构中文名称
Belfer Center for Science and International Affairs	/	贝尔福科学与国际事务中心
Belgian Royal Institute for International Relations	/	比利时皇家国际关系研究所
BHP Foundation	/	必和必拓基金会
Bill & Melinda Gates Foundation	/	比尔及梅琳达·盖茨基金会
Brookings Institution	/	布鲁金斯学会
Bruegel	/	布鲁盖尔研究所
Brunei Darussalam Institute of Policy and Strategic Studies	IPS	文莱政策与战略研究所
C. D. Howe Institute	/	贺维学会
Caledon Institute	/	卡莱登研究所
Cambodia Development Resource Institute	CDRI	柬埔寨发展资源研究所
Cambodians for Resource Revenue Transparency	CRRT	柬埔寨资源收入透明度研究所
Canada Strong and Free Network	/	自由网络
Canadian Centre for Policy Alternatives	/	加拿大政策选择中心
Canadian Council on Social Development	/	加拿大社会发展理事会
Canadian Foreign Policy Institute	CFPI	加拿大外交政策发展中心
Canadian Institute of Strategic Studies	/	加拿大战略研究所
Canadian International Council	CIC	加拿大国际理事会
Canadian Tax Foundation	/	加拿大税务基金会
Cardus	/	卡杜斯
Carnegie Endowment for International Peace	CEIP	卡内基国际和平基金会
Carnegie Foundation for the Advancement of Teaching	CFAT	卡内基教学促进会

（续表）

机构名外文全称	机构名外文简称	机构中文名称
Catalyst	/	促进研究会
Cato Institute	/	卡托研究所
Center for a New American Security	CNAS	新美国安全中心
Center for American Progress	CAP	美国进步中心
Center for Arab Unity Studies	CAUS	阿拉伯统一研究中心
Center for European Reform	CER	欧洲改革中心
Center for People Empowerment in Governance	CenPeg	人民赋权治理研究中心
Center for Policy Center for the New South	PCNS	新南方政策中心
Center for Policy Research	CPR	马来西亚政策研究中心
Center for Research on Economic and Social Transformation	/	经济和社会转型研究中心
Center for Southeast Asian Studies	CSEAS	东南亚研究中心
Center for Strategic and International Studies	CSIS	美国战略与国际问题研究中心
Centre for International Governance Innovation	CIGI	国际治理创新研究中心
Centre for Policy Research	CPR	印度政策研究中心
Centre for Policy Studies	CPS	政策研究中心
Centre for Strategic and International Studies	CSIS	战略与国际问题研究中心
Centre national de la recherche scientifique	CNRS	法国国家科学研究中心
Centro Brasileiro de Relações Internacionais	CEBRI	巴西国际关系中心
Centro de Implementación de Políticas Públicas para la Equidad y el Crecimiento	CIPPEC	公共政策公平与增长实施中心
Civitas	/	市民研究所
Conference Board of Canada	/	加拿大咨询局

机构名外文全称	机构名外文简称	机构中文名称
Conference of Defense Associations Institute	/	国防协会研究所
Consejo Argentino para las Relaciones Internacionales	CARI	阿根廷国际关系委员会
Council of Economic Advisers	CEA	总统经济顾问委员会
Council on Foreign Relations	CFR	美国外交关系协会
David Suzuki Foundation	/	大卫铃木基金会
Delhi Policy Group	DPG	德里政策集团
Demos	/	狄莫斯
Deutsche Gesellschaft für Auswärtige Politik	DGAP	德国外交政策协会
Deutsches Institut für Internationale Politik und Sicherheit (German Institute for International and Security Affairs)	SWP	德国国际政治与安全事务研究所
Diplomatic Academy of Vietnam	DAV	越南外交学院
East Asian Institute, National University of Singapore	EAI	新加坡国立大学新加坡东亚研究所
Egyptian Council for Foreign Affairs	ECFA	埃及外交事务委员会
Emirates Center for Strategic Studies and Research	ECSSR	阿联酋战略研究中心
Energy and Resources Institute	/	能源与资源研究所
European Policy Centre	EPC	欧洲政策中心
European Policy Research Center	/	欧洲政策研究中心
Exxon Mobil Corporation	/	埃克森美孚石油总公司
Fabian Society	/	费边社
Fondation pour la recherche stratégique	FRS	法国战略研究基金会
Foraus	/	瑞士外交政策论坛
Ford Foundation	/	福特基金会

（续表）

机构名外文全称	机构名外文简称	机构中文名称
Fraser Institute	/	弗雷泽研究所
French Ministry for Higher Education Research and Innovation	MESRI	法国国家高等教育研究暨创新部
Friedrich Ebert Stiftung	FES	弗里德里希·艾伯特基金会
Friedrich Naumann Stiftung	FNS	弗里德里希·瑙曼基金会
Friends of Europe	/	"欧洲之友"
Frontier Centre for Public Policy	/	前沿公共政策中心
Fujitsu Research Institute	FRI	富士通综合研究所
Fundação Getúlio Vargas	FGV	巴西瓦加斯基金会
Fundación Libertad	/	自由基金会
Gaidar Institute for Economic Policy	/	盖达尔经济政策研究所
Gateway House: Indian Council on Global Relations	/	梵门阁
German Marshall Fund	GMF	德国马歇尔基金会
Gottlieb Duttweiler Institute	/	戈特利布·杜特雅勒研究所
Graduate School of Asia-Pacific Studies	GSAPS	亚太平洋研究生院
Hamburgisches Welt-Wirtschafts-Archiv	HWWA	汉堡世界经济档案馆
Hanns Seidel Stiftung	HSS	汉斯·赛德尔基金会
Harvard Center for International Development	CID	哈佛大学国际发展中心
Heinrich Böll Stiftung	/	海因里希·伯尔基金会
Heritage Foundation	/	美国传统基金会
Hess Corporation	HES	赫斯公司
Hudson Institute	/	哈德逊研究所
Hutchins Family Foundation	HFF	哈钦斯家族基金会
Indian Council for Research on International Economic Research	/	印度国际经济研究理事会

(续表)

机构名外文全称	机构名外文简称	机构中文名称
Indian School of International Studies	/	印度国际研究院
Institut de Relations Internationales et Stratégiques	IRIS	法国国际和战略关系研究所
Institut français des relations internationales	IFRI	法国国际关系研究所
Institut Montaigne	/	巴黎蒙田研究所
Institute for Defense Studies and Analyses	IDSA	印度国防研究与分析研究所
Institute for Marriage and Family Canada	/	加拿大婚姻与家庭研究所
Institute for National Security Studies	INSS	国家安全研究所
Institute for Policy Studies	IPS	新加坡政策研究所
Institute for Population and Social Research of Mahidol University	IPSR	玛希隆大学人口与社会研究所
Institute for Public Policy Research	IPPR	公共政策研究所
Institute for Research on Public Policy	IRPP	加拿大公共政策研究院
Institute for Science, Society and Policy	ISSP	科学、社会与政策研究所
Institute of Chinese Studies	ICS	印度中国研究所
Institute of Defense and Strategic Studies	IDSS	国防与战略研究所
Institute of Developing Economies, Japan External Trade Organization	IDE-JETRO	日本贸易振兴会亚洲经济研究所
Institute of Development Studies	IDS	英国发展研究院
Institute of Economic Affairs	IEA	英国经济事务研究所
Institute of Policy Research	JPI	日本政策研究院
Institute of Social Order	ISO	雅典耀大学社会秩序研究所
Institute of South Asian Studies	ISAS	新加坡南亚研究所
Institute of Strategic and Development Studies	ISDS	菲律宾战略和发展研究所

（续表）

机构名外文全称	机构名外文简称	机构中文名称
Institute of Strategic and International Studies	ISIS	马来西亚战略与国际研究所
Institute of Strategic Studies Islamabad	/	伊斯兰堡战略研究所
Institute of Water Policy	IWP	水政策研究所
Institute on Governance	/	治理研究所
Instituto de Pesquisa Econômica Aplicada	IPEA	巴西应用经济研究所
International Affairs and Diplomacy Strategy	/	国际事务与外交战略研究中心
International Institute for Strategic Studies	IISS	伦敦国际战略研究所
Islamic Parliamentary Research Center	IPRC	伊斯兰议会研究中心
Japan Institute of International Affairs	JIIA	日本国际问题研究所
Jerusalem Center for Public Affairs	JCPA	耶路撒冷公共事务中心
Jewish National Policy Planning Institute	JPPI	犹太民族政策研究所
Jordan University Strategic Studies Center	CSS	约旦大学战略研究中心
Kazakhstan Institute for Strategic Studies under the President of the Republic of Kazakhstan	KazISS	哈萨克斯坦共和国总统下属的哈萨克斯坦战略研究所
KEIO Institute of East Asian Studies	KIEAS	庆应义塾大学东亚研究所
King Abdullah Petroleum Studies and Research Centre	KAPSARC	阿卜杜拉国王石油研究中心
Konrad Adenauer Stiftung	KAS	康拉德·阿登纳基金会
Korea Advanced Institute of Science and Technology	KAIST	韩国科学技术研究院
Korea Development Institute	KDI	韩国开发研究院
Korea Energy Economics Institute	KEEI	韩国能源经济研究院
Korea Institute for Industrial Economics and Trade	KIET	韩国产业经济和贸易研究院

（续表）

机构名外文全称	机构名外文简称	机构中文名称
Korea Institute for International Economic Policy	KIEP	韩国对外经济政策研究院
Korea Labor Institute	KLI	韩国劳动研究院
Korea Legislation Research Institute	KLRI	韩国法制研究院
Korean Educational Development Institute	KEDI	韩国教育研究院
Lebanese Center for Policy Studies	LCPS	黎巴嫩政策研究中心
Leibniz-Gesellschaft	/	莱布尼茨学会
Lemhannas	/	印尼国家韧性研究所
Liberales Institut	/	自由主义研究所
L'Institut du développement durable et des relations internationales	IDDRI	法国可持续发展与国际关系研究所
L'Institut français des relations internationales	IFRI	法国国际关系研究所
Lisbon Council	/	里斯本委员会
Macdonald-Laurier Institute	MLI	麦克唐纳-劳里埃研究所
MacKenzie Institute	/	麦肯齐研究所
Malhalla Group Strategic and Social Research Foundation	MGSSR	马尔马拉海战略与社会研究基金会
Manning Centre	/	曼宁中心
Manohar Parrikar Institute for Defense Studies and Analyses	/	国防研究与分析研究所
Montreal Economic Institute	/	蒙特利尔经济研究所
Moscow Carnegie Center	/	莫斯科卡内基中心
Mowat Centre	/	莫厄特中心
National Bureau of Economic Research	NBER	美国国家经济研究局
National Centre for Middle East Studies	NCMES	国家中东研究中心
National Institute for Defense Studies	NIDS	日本防卫研究所

(续表)

机构名外文全称	机构名外文简称	机构中文名称
National Institute for Environment Studies	NIES	国立环境研究所
National Institute of Development Administration	NIDA	国家发展管理研究院
National Institute of Information and Communications Technology	NICT	情报通信研究机构
National Opinion Research Center	NORC	美国民意研究所
National Research and Innovation Agency	BRIN	印尼科学研究所和国家研究与创新署
National Research Council for Economics Humanities and Social Sciences	NRCS	韩国国家经济人文社会研究会
National Science Board	NSB	美国国家科学委员会
New Economics Foundation	NEF	新经济基金会
Nigerian Institute of International Affairs	NIIA	尼日利亚国际问题研究所
Nippon Institute for Research Advancement	NIRA	日本综合研究开发机构
Nomura Research Institute	NRI	株式会社野村综合研究所
North South Institute	/	南北研究所
Observer Research Foundation	ORF	观察家研究基金会
Observer Research Foundation	/	印度观察家研究基金会
Overseas Development Institute	ODI	海外发展研究所
Pakistan Development Economics Institute	/	巴基斯坦发展经济研究所
Pakistan Institute of Development Economics	/	巴基斯坦发展经济研究所
Pakistan Institute of International Affairs	/	巴基斯坦国际事务研究所
Parkland Institute	PI	帕克兰研究所
Peterburg Academy of Sciences	/	彼得堡科学院
Peterson Institute for International Economics	PIIE	彼得森国际经济研究所

(续表)

机构名外文全称	机构名外文简称	机构中文名称
Pew Research Center	PRC	皮尤研究中心
Philippine Institute for Development Studies	PIDS	菲律宾发展研究所
Philippine Institute for Strategic and Development Studies	ISDS	菲律宾战略和发展研究所
Policy Center for the New South	PCNS	新南方政策中心
Policy Horizons Canada	/	加拿大政府政策前瞻中心
Policy Research Centre	/	公共政策研究中心
Public Policy Institute of California	PPIC	加利福尼亚公共政策研究所
Public Policy Research Centre	/	公共政策研究中心
RAND Corporation	/	兰德公司
Reform	/	改革研究所
Research Institute of Economy, Trade & Industry	RIETI	日本经济产业研究所
Rockefeller Foundation	/	洛克菲勒基金会
Rosa Luxemburg Stiftung	/	罗莎·卢森堡联邦基金会
Royal Institute for Strategic Studies	IRES	皇家战略研究院
Royal United Services Institute/Chatham House	/	英国皇家国际事务研究所
Sagamore Institute	/	萨加莫尔研究所
Samsung Advanced Institute of Technology	SAIT	韩国三星经济研究院
Shizuoka Economic Research Institute	SERI	静冈经济研究所
Singapore Institute of International Affairs	SIIA	新加坡国际事务研究所
Social Market Foundation	SMF	社会市场基金会
Social Policy and Development Centre	/	社会政策与发展中心

(续表)

机构名外文全称	机构名外文简称	机构中文名称
Social Research and Demonstration Corporation	/	社会研究与示范公司
South African Institute of International Affairs	/	南非国际事务研究所
St. Petersburg Academy of Sciences	/	彼得堡科学院
Stockholm International Peace Research Institute	SIPRI	斯德哥尔摩国际和平研究所
Strategia Development Research Institute	SDRI	战略发展研究所
Strategic Foresight Group	SFG	战略远见集团
Sustainable Development Policy Institute	/	可持续发展政策研究所
Tata Group	/	印度塔塔财团
Thailand Development Research Institute	TDRI	泰国发展研究所
The Arab Planning Institute	API	科威特阿拉伯规划研究所
The Asan Institute for Policy Studies	/	现代峨山政策研究院
The Asia Pacific Foundation of Canada	APF Canada	加拿大亚太基金会
The Center for Security Studies	CSS	瑞士国际关系与安全政策研究所
The Center for the Implementation of Public Policies Promoting Equity and Growth	CIPPEC	平等与增长公共政策研究中心
The Centre for the Study of Living Standards	/	生活水平研究中心
The Chulalongkorn University Intellectual Repository	CUIR	朱拉隆功大学知识库
The Council for the Development of Social Science Research in Africa	CODESRIA	非洲社会科学研究发展理事会
The Earth Institute	/	地球研究所
The Emirates Center for Strategic Studies and Research	ECSSR	阿联酋战略研究中心

(续表)

机构名外文全称	机构名外文简称	机构中文名称
The Energy and Resources Institute	/	能源与资源研究所
The Foreign Policy Centre	FPC	外交政策中心
The Genron NPO	/	特定非营利活动法人言论
The Hoover Institution on War, Revolution, and Peace	/	胡佛战争、革命与和平研究所
The Indonesian Institute of Sciences	LIPI	印尼科学研究所
The Institute for Strategic and Development Studies	ISDS	菲律宾战略和发展研究所
The Japan Institute of International Affairs	/	日本国际问题研究所
The Learning Institute	LI	柬埔寨学习学院
The Liu Institute for Global Issues	LIU Global	刘氏全球议题研究中心
The Mitsubishi Research Institute	MRI	三菱综合研究所
The Stimson Center	/	史汀生中心
The United Nations Development Programme	UNDP	联合国开发计划署
Tokyo Foundation for Policy Research	/	东京财团政策研究所
Toyonaka Institute for Urban Management	/	丰中都市创造研究所
Turkish Economic and Social Studies Foundation	TESEV	经济和社会研究基金会
University of Wisconsin-Madison-Institute for Research on Poverty	IRP	威斯康星大学麦迪逊分校贫困研究所
Urban Institute	UI	城市研究所
Uzbekistan Institute for Strategic and Regional Studies	ISRS	乌兹别克斯坦总统下属战略与地区研究所
Vivekananda International Foundation	/	辩喜国际基金会
World Resources Institute	WRI	世界资源研究所
Wuppertal-Institut	/	德国伍珀塔尔研究所
Yusof Ishak Institute	ISEAS	尤索夫·伊萨东南亚研究所

人名中外文对照表

（按首字母排序）

外文人名	中文译名
Aaron Wildavsky	阿伦·威尔达夫斯基
Adam Smith	亚当·斯密
Alex Osborn	亚历克斯·奥斯本
Alfred Radcliffe-Brown	阿尔弗雷德·拉德克利夫-布朗
Antonio Gramsci	安东尼奥·葛兰西
Barbara A. M.	芭芭拉·米兹塔尔
Barry Wellman	巴里·威尔曼
C. A. Moser	莫泽
Carl Schmitt	卡尔·施米特
Carole Weiss	卡罗尔·韦斯
Charles O. Jones	查尔斯·琼斯
Charles Wright Mills	C. 赖特·米尔斯
David M. Ricci	戴维·M. 里奇
David Ricardo	大卫·李嘉图
Doris Fischer	多丽丝·菲舍尔
Eamonn Butler	埃蒙·巴特勒
Edwin Forner	埃德温·福尔纳
Émile Durkheim	埃米尔·涂尔干
Fernando Henrique Silva Cardoso	费尔南多·恩里克·卡多佐
Francis Galton	弗朗西斯·高尔顿
Frank Collbohm	弗兰克·科尔博姆

(续表)

外文人名	中文译名
Gaetano Mosca	加塔诺·莫斯卡
Gary Brewer	加里·布鲁尔
George A. Akerlof	乔治·阿克罗夫
Getúlio Dornelles Vargas	热图利奥·瓦加斯
Glen Loury	洛瑞
Harold Lasswell	哈罗德·拉斯韦尔
Harrison C. White	哈里森·科利亚尔·怀特
Heinz Weihrich	海因茨·韦里克
Henry Ford	亨利·福特
Herbert Alexander Simon	赫伯特·西蒙
Herbert Clark Hoover	赫伯特·胡佛
James Allen Smith	詹姆斯·艾伦·史密斯
James E. Anderson	詹姆斯·E.安德森
James G. McGann	詹姆斯·G.麦甘
James Samuel Coleman	詹姆斯·塞缪尔·科尔曼
James Simon	詹姆斯·西蒙
Jane Jacobs	简·雅各布斯
Jean-Baptiste Say	让-巴蒂斯特·萨伊
Jeffrey Winters	杰弗里·温特斯
John Davison Rockefeller	约翰·戴维森·洛克菲勒
John Stuart Mill	约翰·穆勒
John W. Kingdon	约翰·W.金登
Josef Braml	约瑟夫·布拉姆尔
Joseph Coors	约瑟夫·库尔斯
Joseph Eugene Stiglitz	约瑟夫·斯蒂格利茨
Joseph Schumpeter	约瑟夫·熊彼特
Kenneth J. Arrow	肯尼思·J.阿罗

(续表)

外文人名	中文译名
Kenneth R. Andrews	肯尼斯·安德鲁斯
Kent Weaver	肯特·韦弗
Lenin	列宁
Linton C. Freeman	林顿·克拉克·弗里曼
Madsen Pirie	马德森·皮里
Mark Granovetter	马克·格兰诺维特
Michael Bloomberg	迈克尔·布隆伯格
Michael E. Porter	迈克尔·波特
Michael Spence	迈克尔·斯彭斯
Michel Kelly-Gagnon	米歇尔·凯里-加尼翁
Nathan Caplan	内森·卡普兰
Patricia Linden	帕特里夏·林登
Paul Dickson	保罗·迪克森
Paul Weyrich	保罗·韦里奇
Peter Deleon	彼得·德利翁
Pierre Bourdieu	皮埃尔·布尔迪厄
Richard Feasey	理查德·费塞
Richard Sabatini	理查德·萨巴蒂尼
Robert Alan Dahl	罗伯特·A.达尔
Robert Michels	罗伯特·米歇尔斯
Robert S. Brookings	罗伯特·布鲁金斯
Robert Strange McNamara	罗伯特·麦克纳马拉
Robin Cook	罗宾·库克
Ronald S. Burt	罗纳德·斯图尔特·伯特
Russell Sage	拉塞尔·赛奇
Sismondi	西斯蒙第
Stuart Butler	斯图尔特·巴特勒

(续表)

外文人名	中文译名
Theodore J. Lowi	西奥多·洛伊
Thomas R. Dye	托马斯·R. 戴伊
Tim Hames	蒂姆·哈姆斯
Tony Blair	托尼·布莱尔
Vilfredo Pareto	维尔弗雷多·帕累托

后　记

现代智库最早起源于西方,是工业化和城市化加速背景下,为应对日益复杂的社会治理问题,逐步形成的从事公共政策分析的专业公益性研究机构。21世纪以来,发展中国家的智库建设也如火如荼,现代智库的内涵、外延和职能不断演化,形成了大量的理论知识与实际经验,不同国家与地区也在国家文化、法律、体制、属性等路径依赖下各自形成了鲜明多元的现代智库特色。

尽管现代智库的概念对于我国来说是一个舶来品,但"智者谋士""学为政本"等传统治国理念与文化始终贯穿我国历史长河,战略决策体系也是中国共产党百年来推动中国式现代化高歌猛进的重要保障。在党和国家的高度重视和科学指导下,我国智库朝着民主化、法治化、科学化、专业化、开放化、多元化方向不断迈进,逐步形成兼具中国特色、国际视野和时代意义的新型智库。中国特色新型智库历经十年有余的锤炼与提升,所形成的理论与框架已成为现代智库研究中的重要组成部分,而不断积累的实践经验也成为全球智库事业中无法忽视的独特案例。

在此背景下,《现代智库概论》一书从理论与实务两个宏观角度出发,对现代智库进行全面系统的阐述。在理论篇,本书首先对现代智库的范畴、类型、功能等进行探讨,再从政治学、社会学、公共管理学、经济学等多元学科视角梳理现代智库的理论基础,并从智库在政策过程中的重要角色出发,阐明了智库如何通过问题构建、议程设置、政策解读等方式影响决策。最后,分别介绍世界智库和中国特色新型智库,揭示不同国家与地区的智库特色与发展趋势。在实务篇,本书对智库管理体制、内部治理、人才管理、项目管理、传播与信息化建设等方面进行详细论述,为智库研究界与智

| 后 记 |

库行业提供参考与指导。

  本书的初衷是提出具有一定科学性与包容性的"现代智库"概念与框架,构建中国特色的现代智库自主知识体系,廓清现代智库理论应用于智库具体业务的路径,为智库管理者与工作人员、智库研究领域的学者提供相对全面的理论框架与实务指南。坦率地说,国际上并没有类似的兼顾理论、管理和实务的专著,希望本书能够为国际智库实务界和理论界贡献基于中国智库历史、中国智库建设与研究经验的现代智库话语,创造全球智库发展、合作与交流的新契机。

  《现代智库概论》全书是南京大学中国智库研究与评价中心在近十年的学理研究、项目承接、数据采集、案例收集基础上撰写完成的,由中心主任李刚教授领衔,负责统筹规划、组建撰写组、敲定框架、编撰书稿、审稿定稿等工作,各章初稿执笔者包括:第一章——陈霏、钱楚涵(现就职于南京图书馆),第二章——陈洁、韩盈月,第三章——陈霏、江子辰,第四章——魏弋、席玥(现就职于鄂尔多斯市第二中学),第五章——陈洁、吕春、卢柯全、李梓萌,第六章——陈洁、钱楚涵,第七章——钱楚涵,第八章——席玥,第九章——钱楚涵,第十章——江子辰,第十一章——吴玉松(现就职于丽水市图书馆),第十二章——魏弋、吴玉松,第十三章——韩盈月。

  《现代智库概论》得以顺利付梓,需要感谢各合作单位提供的支持与配合,感谢南京大学出版社编辑的付出。同时,在此也对为本书撰写与修改过程中提供指导与建议的领导、专家、同仁表示衷心感谢!由于水平与时间有限,书中难免存在不足之处,也敬请各位批评指正!

2024 年 10 月